Netzbasiertes Outsourcing
in kleinen und mittleren Unternehmen

Europäische Hochschulschriften
Publications Universitaires Européennes
European University Studies

Reihe V
Volks- und Betriebswirtschaft

Série V Series V
Sciences économiques, gestion d'entreprise
Economics and Management

Bd./Vol. 3185

PETER LANG
Frankfurt am Main · Berlin · Bern · Bruxelles · New York · Oxford · Wien

Roger Nolting

Netzbasiertes Outsourcing in kleinen und mittleren Unternehmen

Eine transaktionskostentheoretische Analyse unter Berücksichtigung des Application Service Providing als innovative Bankdienstleistung

PETER LANG
Europäischer Verlag der Wissenschaften

Bibliografische Information Der Deutschen Bibliothek
Die Deutsche Bibliothek verzeichnet diese Publikation in der Deutschen Nationalbibliografie; detaillierte bibliografische Daten sind im Internet über <http://dnb.ddb.de> abrufbar.

Zugl.: Lüneburg, Univ., Diss., 2005

Lün 4
ISSN 0531-7339
ISBN 3-631-54702-1

www.peterlang.de

Für meine Familie

Inhaltsverzeichnis

Abbildungsverzeichnis

Tabellenverzeichnis

Abkürzungsverzeichnis

AGB	Allgemeine Geschäftsbedingungen
ASP	Application Service Providing/Application Service Provider
ASPIC	Application Service Providing Industry Consortium
CRM	Customer Relationship Management
DV	Datenverarbeitung
ERP	Enterprise Resource Planning
FAQ	Frequently Asked Questions
GP	Gliederungspunkt
IDC	International Data Corporation
IM	Informationsmanagement
ISP	Internet Service Provider
ISV	Independent Software Vendor
IT	Informationstechnologie
IuK	Information und Kommunikation
IV	Informationsverarbeitung
KMU	Kleine und mittlere Unternehmen
PC	Personalcomputer
ROI	Return on Investment
SCM	Supply-Chain-Management
SLA	Service Level Agreements
TCO	Total Cost of Ownership
UDDI	Universal Description, Discovery and Integration
Vgl.	Vergleiche
VPN	Virtual Private Network
WTS	Windows Terminal Server
WWW	World Wide Web

1. Einleitung

1.1. Problemstellung und thematische Eingrenzung

Die deutsche Bankenbranche befindet sich in einem tief greifenden Wandel. Dieser Wandel ist unter anderem auf eine zunehmende Marktsättigung im Finanzsektor, eine steigende Transparenz von Produkten und Preisen, den demografischen Wandel, einen steigenden Kostendruck sowie auf Regulierungs- und Deregulierungstendenzen zurückzuführen.[1] Insbesondere in ihren traditionellen Geschäftsfeldern sehen sich Banken einer zunehmenden Wettbewerbsintensität und einer stetig ansteigenden Disintermediationsgefahr ausgesetzt. Wesentliche Handlungsnotwendigkeit besteht neben dem Privatkundengeschäft im Firmenkundengeschäft der Banken. Eine sehr hohe Zahl von Firmeninsolvenzen, geringe Margen im Kreditgeschäft, hohe Eigenkapitalanforderungen, hoher Beratungsbedarf und die dadurch verursachten hohen Vertriebskosten sowie hohe Kosten der Risikobewertung führen zu einer andauernden Schwäche der Eigenkapitalrendite im deutschen Firmenkundengeschäft.[2] Als Reaktion auf diese Herausforderungen sind vor allem eine fortschreitende Standardisierung der Finanzprodukte, eine Verlagerung des Vertriebs von zins- zu provisionstragenden Geschäften,[3] eine Veränderung, Optimierung und Automatisierung der Vertriebswege und Abwicklungsprozesse, Rationalisierungen und damit einhergehende Personalfreisetzungen sowie fortschreitende Bankenfusionen zu beobachten.[4]

---

[1] Weitere Faktoren sind beispielsweise ein beschleunigter Wertewandel, eine weitgehende Homogenität von Produkten, sinkende Markteintrittsbarrieren, die generelle Entwicklung eines Finanzdienstleistungsweltmarktes, eine Auflösung klassischer Organisationsstrukturen und die wichtige Rolle des Personals als Aktivum der Bank. Vgl. zum Beispiel Moormann (2000), S. 3-4; Krcmar (1997), S. 82; Weber (2001), S. 516-517.

[2] Die Eigenkapitalrendite deutscher Kreditinstitute ist von 20% im Jahr 1983 auf 4,4% im Jahr 2002 gesunken. Diese Minderung ist vor allem auf den sinkenden Zinsüberschuss zurückzuführen. Vgl. BdB (2004), S. 8; ähnlich Gloystein (2001), S. 108.

[3] Vgl. Baxmann (2002), S. 4-5.

[4] Vgl. zu Konzentrationsprozessen in Banken Baxmann (1999), S. 11-21; zum Wandel bankbetrieblicher Vertriebswege Baxmann (1997).

Ein wesentlicher Auslöser der wandelinduzierenden Faktoren, aber auch ein Instrument, um den Herausforderungen zu begegnen, sind die neuen Informations- und Kommunikationstechnologien. Diese gestatten den Bankkunden bisher nicht gekannte Möglichkeiten des Informationszugangs, verändern die Prozesse und Strukturen in den Kundenunternehmen, fördern die Entstehung neuer Unternehmenstypen, ermöglichen neue Formen der Abwicklung von Markttransaktionen und verändern die Formen der inner- und zwischenbetrieblichen Zusammenarbeit. Banken sind gefordert, auf diese neuen Umweltbedingungen einzugehen, und nutzen dafür wiederum die neuen Technologien. Zudem ergeben sich im Hinblick auf die Versorgung der Kunden mit Dienstleistungen für das Leistungsspektrum von Banken innovative Chancen. Herkömmliche Leistungen von Banken, genauer Basisdienstleistungen[5] und Standarddienstleistungen,[6] sind aufgrund sinkender Gewinnmargen in der alten Form nicht mehr zukunftsträchtig.[7] Einen Ausweg können technologisch orientierte Spezialdienstleistungen[8] als innovative Bankdienstleistungen bieten.[9] Neben der Gefahr einer zunehmen-

---

[5] Basisdienstleistungen sind beispielsweise das laufende Konto, der Inlands- und Auslandszahlungsverkehr, das Cash-Management oder das Wertpapierdepotgeschäft.

[6] Eine Standarddienstleistung ist zum Beispiel das Kreditgeschäft. Standarddienstleistungen unterscheiden sich von Basisdienstleistungen vor allem dadurch, dass sie in Verbindung mit einer gleichzeitigen Beratung erbracht werden und der Preis nicht ex ante festgelegt ist. Zu der Aufteilung in Basis-, Standard- und Spezialdienstleistungen vgl. Rometsch (1996), S. 588-591; ähnlich Grebe (1998), S. 13-14.

[7] Vgl. Werner (2002), S. 508; auch Picot/Neuburger (2000), S. 319, die jedoch, obwohl Bezug nehmend auf Rometsch (1996), unter den angegebenen Begrifflichkeiten zur Originalquelle divergierende Auffassungen der Begriffe haben.

[8] Spezialdienstleistungen werden wiederum unterteilt in banktypische (zum Beispiel Auslandsgeschäft, Währungs- und Zinsmanagement, Wertpapiergeschäft), bankmäßige (zum Beispiel ergänzende Beratungs- und Informationsleistungen, Unterstützung bei Börseneinführungen und Emissionen) und bankneutrale (zum Beispiel Vermittlung von Versicherung und Bausparverträgen, Unternehmensberatung, Vermittlung beziehungsweise Angebot von E-Commerce-Lösungen) Dienstleistungen. Vgl. Picot/Neuburger (2000), S. 320.

[9] Vgl. Picot/Neuburger (2000), S. 319; Rometsch (1996), S. 589; Bundesverband deutscher Banken (2000), S. 41-42. Ähnlich Grebe (1998), S. 24. Priewasser (2000), S. 9 misst dem Geschäftsfeld E-Commerce die höchste zukünftige Bedeutung für das Firmenkundengeschäft von Banken bei. Auf das Angebot von Spezialdienstleistungen geht auch Dambmann (2001) ein, der anhand des Firmenfinanzportals der Dresdner Bank die Erschließung neuer Geschäftmodelle durch den Einsatz moderner Informationstechnologien beschreibt.

den Disintermediation besteht damit für Banken die Möglichkeit der Re-Intermediation.[10] Sie positionieren sich entgegen der Disintermediationshypothese unter Verwendung vorhandener Ressourcen in neuen Geschäftsfeldern. Neue Informations- und Kommunikationstechnologien stellen daher nicht nur einen wesentlichen Auslöser für die Veränderungen im Bankgewerbe dar, sondern auch ein Instrument zur Bewältigung dieser Veränderungen.[11]

Die zunehmende Leistungsfähigkeit informations- und kommunikationstechnologischer Infrastrukturen, die steigende Verfügbarkeit globaler Informations- und Kommunikationsnetzwerke in Verbindung mit einer Konvergenz in der Softwaretechnologie und der Automatisierung von Geschäftsprozessen haben zu einem neuen Geschäftsmodell für netzbasierte Dienste geführt, dem Application Service Providing (ASP). ASP beschreibt ein Konzept, welches einen Wandel in der Nutzung und Bereitstellung von informationstechnologischen Infrastrukturen und Softwareprodukten aufzeigt, und gestattet eine Form des Outsourcing informationstechnologischer Leistungen. Dem ASP-Markt wurde von Marktforschern ein sehr schnelles und starkes Wachstum vorausgesagt,[12] welches jedoch bisher nicht eingetreten ist. Wesentlich für die vorherrschenden Probleme auf dem ASP-Markt, die zu einer deutlichen Verringerung der Markttransaktionen führen, sind erhebliche Informationsasymmetrien und Vertrauensdefizite. Ein denkbares Instrument, diese Probleme zu verringern, könnte der Einsatz von marktunterstützenden Institutionen wie beispielsweise Banken sein.

Im Rahmen dieser Arbeit wird das Application Service Providing (ASP) als innovative Bankdienstleistung betrachtet. ASP-Lösungen können als bankneutrale Spezialdienstleistung im Hinblick auf das Offerieren banktypischer und bankmäßiger Spezialdienstleistungen und Basis- sowie Standarddienstleistungen eine Ergänzung darstellen, sodass dem Kunden ein individuelles, ganzheitliches und

---

[10] Vgl. Kiefer (2001), S. 93-96.

[11] Vgl. Krcmar (1997), S. 82; Weber (2001), S. 518.

[12] Vgl. GP 4.6.

nutzenstiftendes Leistungsbündel bereitgestellt werden kann.[13] Das Angebot von ASP-Lösungen über Banken mag sehr innovativ erscheinen, da die Attraktivität und Umsetzbarkeit eines solchen Angebots zunächst nicht direkt greifbar sind. ASP-Lösungen werden jedoch von Banken zunehmend selbst genutzt und in der Praxis sind erste Ansätze für ein ASP-Angebot von Banken zu erkennen. Im Rahmen dieser Arbeit wird untersucht, ob ein solches Angebot über Kreditinstitute attraktiv sein kann.

Die erhebliche Dynamik im Bereich der Informationstechnologie und die Bedeutung der Informationstechnologie für einen erfolgreichen Geschäftsbetrieb fordern von allen Unternehmen den Einsatz moderner und stets aktueller Informationssysteme. Outsourcing ist eine Möglichkeit, dieser Herausforderung zu begegnen, was sich nicht zuletzt in der wachsenden Inanspruchnahme von Outsourcing-Lösungen sowie der Verbreitung des ASP-Konzeptes in den letzten Jahren abgezeichnet hat.[14] Ein mögliches ASP-Angebot kann sich dabei an die kleinen und mittelständischen Firmenkunden der Banken richten, die im Regelfall das Kernsegment des Firmenkundengeschäfts darstellen.[15]

Da eine weitgehend anerkannte und einheitliche Definition der Begrifflichkeit kleiner und mittlerer Unternehmen (KMU) nicht existiert, wird folgend eine Eingrenzung für diese Arbeit vorgenommen.[16] Eine Definition von KMU, für

---

[13] Ähnlich Picot/Neuburger (2000), S. 319.

[14] Vgl. Hormozi/Hostetler/Middleton (2003), S. 19.

[15] Der Begriff des Firmenkundengeschäfts ist nicht eindeutig definiert. Grundsätzlich kann eine solche Definition sowohl Groß- als auch Mittel- und Kleinunternehmen umfassen. Verschiedene Banken nutzen unterschiedliche Begriffsdefinitionen, wobei unter dem Firmenkundengeschäft häufig Unternehmen verstanden werden, die sich im gehobenen Umsatzsegment der KMU befinden. Vgl. dazu auch Hamm-Beckmann/Kohl (2003), S. 19. Im Folgenden werden alle kleinen und mittelständischen Kunden als Firmenkunden aufgefasst.

[16] Vgl. auch Lücke (1967), S. 95; Mugler (1993), S. 15. Häufig werden Abgrenzungen in Anlehnung an bekannte Institutionen wie zum Beispiel dem Institut für Mittelstandsforschung (IfM) Bonn, der Kreditanstalt für Wiederaufbau (KfW) oder der Europäischen Union (EU) getroffen. Vgl. IfM (2004); KfW (2002), FN 1. Auch wird des Öfteren die Definition nach § 267 HGB verwendet, die sich jedoch aufgrund ihrer Ausrichtung auf die Erstellung des Jahresabschlusses nur auf Kapitalgesellschaften erstreckt. Die Uneinigkeit über die Definition

die häufig auch synonym mittelständisch, Mittelstand, Klein- und Mittelbetrieb verwendet wird, erscheint aufgrund der Vielfalt an Definitionsversuchen in der Literatur und der Praxis zunächst schwierig.[17] Gebräuchliche Definitionen orientieren sich an quantitativen, qualitativen oder beiden Merkmalen.[18] Quantitative Definitionsversuche verfolgen das Ziel, mithilfe bestimmter Kennziffern eine Abgrenzung der Begrifflichkeit KMU von anderen Unternehmen zu erreichen. Dabei stellt es sich jedoch als nicht praktikabel heraus, mithilfe einer oder weniger Kennzahlen eine gewünschte konsistente Abgrenzung zu erreichen.[19] Bei einer qualitativen Abgrenzung hingegen wird versucht, eine Definition hinsichtlich qualitativer Unternehmensmerkmale, wie zum Beispiel des Unternehmenstyps, der rechtlich-finanziellen und sozialen Struktur, der Leistung oder der Wirtschaftsweise, vorzunehmen.[20]

Eine Definition kleiner und mittlerer Betriebe hat vor dem Hintergrund des jeweiligen Forschungs- und Erkenntnisinteresses stattzufinden. Das primäre Interesse der Arbeit richtet sich auf den Einsatz informationstechnologischer Systeme im Rahmen eines ASP-Konzeptes in KMU. Für diese scheint das ASP-Modell besonders attraktiv, da es ein interessantes Modell für Unternehmen darstellt, die über Ressourcendefizite, im Speziellen vor allem finanzielle Defizite

---

der KMU zeigt sich beispielsweise bei Dibbern/Heinzl/Leibbrandt (2003b), S. 538, Anmerkung 2, für die KMU bis zu 3000 Mitarbeiter und bis zu 500 Mio. € Umsatz p.a. aufweisen. Das IfM (2004) hingegen definiert KMU lediglich bis zu einer Beschäftigtenanzahl von 500 und einem Jahresumsatz von 50 Mio. €. Im Gegensatz zu einer einheitlichen Definition ist die volkswirtschaftlich immense Bedeutung von KMU unbestritten. Vgl. dazu Schotters (1992), S. 59; Gantzel (1962); Mugler (1993), S. 28-33; Hamer (1997); Stadelmann (1995), S. 20-24; Grebe (1998), S. 44-45. Auch die Bedeutung der KMU für die Informationstechnologiebranche wird als sehr hoch angesehen. Vgl. Müller (2002).

[17] Vgl. zur Begriffsvielfalt auch Gantzel (1962), S. 29-40.

[18] Vgl. weitergehend Mugler (1993), S. 16-28; Gantzel (1962); Hanke (1993), S. 47-51.

[19] Vgl. auch Schotters (1992), S. 60. Zur Problematik der Abgrenzung über die Unternehmensgröße vgl. auch Lücke (1967), S. 19-22. Eine quantitative Abgrenzung stellt sich vor allem bei der Betrachtung über mehrere Branchen als problematisch dar. Vgl. zu einer quantitativ orientierten Definition unter branchenspezifischer Berücksichtigung zum Beispiel Pfohl (1997), S. 11; IFM (2004).

und Defizite im Know-how, informationstechnologischen Nachholbedarf und geringe Machtpositionen auf Beschaffungsmärkten verfügen. Diese Merkmale treffen auf Unternehmen zu, die im Regelfall als KMU definiert werden.[21] Eine abschließende Eingrenzung kleiner und mittelständischer Unternehmen ist aufgrund fehlender eindeutiger Differenzierungsmöglichkeiten der Unternehmen nicht konsistent realisierbar. Dieses Defizit ergibt sich aus den sehr unterschiedlichen Ausprägungen der Informationsverarbeitung in Unternehmen. Kennzahlen, beispielsweise in Form von Mitarbeiterzahlen oder Umsatzzahlen, können zu einer Beurteilung der informationstechnologischen Leistungsfähigkeit nur eingeschränkt beitragen. Ebenso gestaltet sich auch die Betrachtung über mehrere Branchen hinweg als sehr schwierig, da einige Branchen technologieaffiner sind als andere.[22] Um eine unnötige Komplexität zu vermeiden, wird daher im Folgenden generell von KMU gesprochen und lediglich eine Richtlinie für die Charakterisierung von Unternehmen als kleine oder mittelständische Unternehmen gegeben. In Anlehnung an das Institut für Mittelstandsforschung (IfM) werden hier daher Unternehmen mit einer Beschäftigtenanzahl von bis zu neun und einem Umsatz von bis zu 1 Mio. € p. a. als kleine Unternehmen, von bis zu fünfhundert Mitarbeitern und einem Umsatz von bis zu 50 Mio. € p. a. als mittelständische Unternehmen und darüber hinaus als Großunternehmen verstanden. Eine weitere grundsätzliche Orientierung, was im Rahmen dieser Arbeit unter KMU zu verstehen ist, wird anhand einiger qualitativer Kriterien geboten, die im Anhang 1 aufgeführt sind. Eine Entscheidung, ob ein bestimmtes Unternehmen aufgrund seiner individuellen Eigenschaften tendenziell als KMU oder als Großunternehmen einzustufen ist, kann fallweise aufgrund der Zuordnung der verschiedenen Bereiche zu den im Katalog aufgeführten unternehmensgrö-

---

[20] Vgl. Gantzel (1962), S. 136-270. Zu qualitativen Kriterien vgl. zum Beispiel Pfohl (1997), S. 19-22 und Anhang 1.

[21] Vgl. Thürbach (1974), S. 11; Schotters (1992), S. 87, S. 128-129; Mugler (1993), S. 37; zu weiteren Defiziten von KMU vgl. im Allgemeinen Schotters (1992); Hanke (1993), S. 56-60.

[22] Schotters (1992), S. 61 schlägt unter dem Sachverhalt informationstechnologischer Systeme zum Beispiel eine Eingrenzung anhand der Merkmale „Existenz einer DV-Abteilung“ und „Anzahl der Mitarbeiter der DV-Abteilung“ vor. Eine solche Eingrenzung ist jedoch ebenfalls kritisch zu sehen, da aus entsprechenden Kriterienausprägungen keine verallgemeinerte Empfehlung hinsichtlich des Einsatzes von ASP-Lösungen getroffen werden kann.

ßenspezifischen Merkmalsausprägungen erfolgen. Die aus Sicht des Autors bedeutendsten qualitativen Kriterien sind folgend aufgeführt. Von kleinen und mittelständischen Unternehmen wird gesprochen, wenn:

(a) die rechtliche Selbstständigkeit des Unternehmens besteht,

(b) eine bei einer Person oder einem begrenzten Kreis natürlicher Personen liegende Eigentumsmehrheit am Unternehmen vorliegt,

(c) eine Beteiligung mindestens eines Inhabers an der Geschäftsführung des Unternehmens besteht und

(d) die wesentliche Abhängigkeit der wirtschaftlichen Existenz mindestens eines Geschäftsführers vom Bestand und Erfolg der Unternehmung abhängt.

Im Zweifelsfall ist die Zuordnung eines Unternehmens in das Segment der KMU oder der Großunternehmen vor allem nach den qualitativen Kriterien vorzunehmen.[23]

Die hier aufgeführten Kriterien werden auch von dem Bundesverband deutscher Banken verwendet. Nach diesen Kriterien bilden kleinere Unternehmen circa 80% und mittlere Unternehmen circa 19% aller deutschen Firmenkunden von Banken.[24] Unter dem Firmenkundengeschäft von Banken wird im Rahmen dieser Arbeit das Geschäft mit KMU verstanden, da diese den wesentlichen Teil des Firmenkundengeschäfts ausmachen. In dieser Arbeit wird eine Betrachtung deutscher Banken angestrebt, die eine Vielzahl von Bankgeschäften anbieten und traditionelle Partner deutscher KMU sind. Dies trifft vor allem auf die in Deutschland ansässigen Universalbanken zu. Zu diesen gehören die privatwirtschaftlich organisierten Kreditbanken, die öffentlich-rechtlichen Sparkassen mit ihren Girozentralen und die Genossenschaftsbanken mit ihren genossenschaftlichen Zentralbanken. Der in dieser Arbeit verwendete Begriff „Bank“ soll als

---

[23] Ähnlich Stadelmann (1996), S. 14-17.

[24] Vgl. Juncker/Lippmann (2002), S. 182.

Synonym für die Art von Kreditinstituten gelten, die als Universalbanken auf dem deutschen Markt tätig sind.[25]

Häufig wird die Frage gestellt, wie sich Banken in Zukunft positionieren sollen. Eine vielfach verwendete Einteilung von Banken hinsichtlich ihrer zukünftigen Fokussierung unterscheidet diese in die Formen der Vertriebs-, Produkt- und Transaktionsbank.[26] Für die hier erwähnten Universalbanken kommt aufgrund ihrer Historie, ihrer Kompetenzen und ihrer Geschäftsfelder insbesondere eine Positionierung als Vertriebsbank mit zunehmender Fokussierung auf die Kundenbeziehung und nicht auf die einzelne Kundentransaktion in Betracht.[27] Dieser bereits heute vorfindbare Charakter der Universalbanken soll ein weiteres Merkmal der in dieser Arbeit angesprochenen Banken sein.

KMU sehen sich der Notwendigkeit gegenübergestellt, ihre informationstechnologischen Systeme zu erneuern, zu verbessern und auszubauen. ASP kann dabei, vor allem als Outsourcing-Lösung,[28] eine attraktive Alternative zu anderen Lösungsmöglichkeiten darstellen. Eine Beurteilung möglicher Outsourcing-Projekte kann unter Verwendung des Transaktionskostenkriteriums stattfinden. Im Fokus dieser Arbeit stehen die Konzeption eines transaktionskostentheoretischen Modells sowie seine Anwendung zur Beurteilung möglicher Outsourcing-Projekte im Rahmen eines ASP-Modells für KMU. Dazu bedarf es einer adäqua-

---

[25] Dem Bankbegriff sind damit ebenfalls die Sparkassen zu subsumieren. Insoweit der Begriff „Kreditinstitute" in dieser Arbeit verwendet wird, ist dieser ebenfalls auf den Universalbanktypus bezogen.

[26] Vgl. Picot/Neuburger (2000). Übernommen haben diese Einteilung zum Beispiel Weber (2001), S. 521-523; Gloystein (2001), S. 109; Kiefer (2001), S. 291-292.

[27] Die primäre Funktion der Vertriebsbank liegt in der Funktion als Schnittstelle zum Kunden. Sie kann daher auch als Beziehungsbank bezeichnet werden. Diese tritt als Berater sowie Vermittler und Händler von Problemlösungen und Dienstleistungen auf. Dazu gehört eine stetige und konsequente Analyse und Auswertung aller Kundendaten im Rahmen eines Customer Relationship Managements. Die Vertriebsbank bietet dem Kunden in all seinen Lebenszyklusphasen Problemlösungen an und konzeptioniert, strukturiert und bündelt die Einzelleistungen zu einer ganzheitlichen Lösung.

[28] Neben einer Inanspruchnahme von ASP-Diensten über Fremdanbieter als Outsourcing-Lösung besteht auch die Möglichkeit innerbetrieblicher ASP-Lösungen.

ten und zielorientierten Aufbereitung der Transaktionskostentheorie. Von Interesse wird vor allem die mögliche Rolle von Intermediären auf dem ASP-Markt sein; entsprechend erfolgt eine Auseinandersetzung mit Intermediären im Rahmen der Transaktionskostentheorie. Aufbauend auf diesen Überlegungen wird die mögliche Rolle von Banken auf dem ASP-Markt ermittelt. Der ehemals vielversprechende und hochgelobte ASP-Markt ist nach wie vor von tief gehenden Marktunvollkommenheiten geprägt, sodass nur ein Bruchteil potenzieller Transaktionen tatsächlich stattfindet. Von Interesse ist daher die Rolle von Kreditinstituten im ASP-Markt in einer unterstützenden Funktion für KMU.

1.2. Zielsetzung und Aufbau der Arbeit

Folgende inhaltliche Zielsetzungen werden hinsichtlich einer Einschätzung der Rolle von Banken als unterstützende Institutionen auf dem ASP-Markt unter Verwendung des transaktionskostentheoretischen Ansatzes verfolgt:

I. Erarbeiten einer transaktionskostentheoretisch orientierten Methodik, um Empfehlungen zur effizienten Bereitstellungsform von ASP-Lösungen für KMU treffen zu können, insbesondere:
   - Darstellung wesentlicher Elemente der Neuen Institutionenökonomik, vor allem der Transaktionskostentheorie,
   - definitorische Abgrenzung relevanter Inhalte,
   - Erweiterung des herkömmlichen Transaktionskostenansatzes zur Berücksichtigung weiterer Einflussfaktoren der Transaktionskosten,
   - Berücksichtigung von Intermediären und deren Wirkung auf die Transaktions- und Produktionskosten bei arbeitsteiliger Leistungserbringung sowie
   - Beachtung der speziellen Situation der KMU im Kontext der Inanspruchnahme informationstechnologischer Lösungen.

II. Aufarbeitung und Darstellung des komplexen Themas des Application Service Providing in den wesentlichen Zügen, insbesondere:
   - definitorische Abgrenzung und Einordnung des Application Service Providing in das Outsourcing informationstechnologischer Lösungen,

- Herausarbeiten von im ASP-Modell angebotenen Leistungen,
- Ermittlung möglicher strategischer Positionierungen im ASP-Modell aus Anbietersicht,
- Segmentierung von ASP-Lösungen unter Verwendung transaktionskostentheoretischer Elemente sowie
- Analyse der Nachfrage nach ASP-Lösungen, des zu beobachtenden Marktversagens und der Einflussfaktoren auf das ASP-Modell.

III. Ermittlung der effizienten Koordinationsform von ASP-Lösungen für KMU unter Verwendung der ausgearbeiteten Methodik unter Berücksichtigung intermediärer Arrangements

IV. Erörterung der Eignung von Banken als Anbieter von ASP-Lösungen für KMU, insbesondere:
- näherungsweise Ermittlung der Verbreitung des ASP-Modells in der Bankenbranche,
- Betrachtung einer stärkeren Gewichtung des Dienstleistungsspektrums von Banken um informationstechnologische, insbesondere ASP-basierte Lösungen, sowie
- transaktionskostentheoretische Betrachtung von Banken als marktunterstützende Institutionen bei einem Angebot von ASP-Lösungen für KMU unter Berücksichtigung der bankenspezifischen Transaktionsatmosphäre.

Die Zielsetzungen spiegeln die Inhalte der Kapitel 3 bis 5 wider. In Kapitel 2 erfolgt vorab eine Erläuterung grundlegender Begriffe und Inhalte des Outsourcing von Leistungen der Informationsverarbeitung. Als Ausgangspunkt für die weiteren Überlegungen hinsichtlich einer Methodik zur Beurteilung von Outsourcing-Entscheidungen in diesem Kontext, werden neben dem Themengebiet der Informations- und Kommunikationstechnologien (GP 2.1.) und dem Outsourcing informationstechnologischer Leistungen (GP 2.2.) bereits einfache Verfahren zur Unterstützung von Outsourcing-Entscheidungen vorgestellt (GP 2.2.5.). In Kapitel 3 wird auf Grundlage der Transaktionskostentheorie eine Methodik zur Hilfestellung bei Outsourcing-Entscheidungen im Hinblick auf den in den späteren Kapiteln gegebenen Sachverhalt erarbeitet (Zielsetzungen I). In Kapitel 4 erfolgen die Darstellung, Betrachtung und Analyse des ASP-Modells bereits unter Verwendung des transaktionskostentheoretischen Instrumentariums (Zielsetzungen II). In Kapitel 5 findet anschließend eine Anwendung der in Kapitel 3 erarbeiteten Methodik auf die ASP-Outsourcing-Entscheidung in KMU unter besonderer Berücksichtigung von Banken als marktunterstützende Institutionen statt (Zielsetzungen III und IV). Kapitel 6 bietet zusätzlich zu dem in GP 5.3.5 und 5.4.5. stattfindenden Zwischenfazit beziehungsweise Fazit ein Resümee zur vorliegenden Arbeit. Die Vorgehensweise der Arbeit ist in Abbildung 1 übersichtsartig dargestellt.

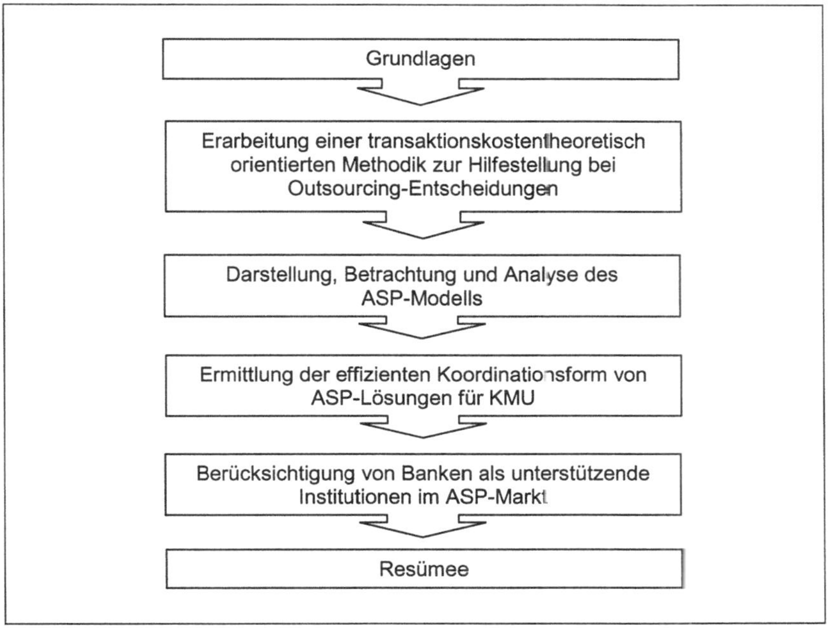

Abbildung 1: Aufbau der Arbeit

2. Outsourcing von Leistungen der Informationsverarbeitung

Die in dieser Arbeit stattfindende Auseinandersetzung mit dem ASP-Modell bedarf eines Verständnisses für moderne Informations- und Kommunikationstechnologien (IuK-Technologien) und für das Outsourcing informationstechnologischer Leistungen. Die folgenden Ausführungen skizzieren daher die grundlegenden Entwicklungstendenzen der IuK-Technologien und deren Bedeutung für wirtschaftliche Aktivitäten (GP 2.1.3.). Zudem wird eine Grundlage für die späteren Ausführungen über das ASP-Modell geschaffen, indem sowohl eine Systematisierung der Leistungen der Informationsverarbeitung (GP 2.1.2.) als auch eine tiefer gehende Auseinandersetzung mit dem Outsourcing informationstechnologischer Lösungen vorgenommen wird (GP 2.2.). Für eine entsprechende Diskussion ist es zudem notwendig, sowohl grundlegende Begrifflichkeiten im Rahmen der IuK-Technologie-Diskussion als auch im Rahmen der Diskussion um das Outsourcing von Leistungen der Informationsverarbeitung zu erläutern und ihre Eingrenzung und Definition für diese Arbeit vorzunehmen (GP 2.1.1.; GP 2.2.1.). Als Grundlage für die Ausführungen in Kapitel 3 über die Transaktionskostentheorie werden anschließend andere wesentliche Verfahren zur Unterstützung von Outsourcing-Entscheidungen vorgestellt (2.2.5.).

2.1. Implikationen neuer IuK-Technologien

2.1.1. Begriffliche Abgrenzungen und Grundlagen

Die Diskussion über Aspekte der neuen Informations- und Kommunikationstechnologien ist von einer kaum überschaubaren Begriffsvielfalt geprägt, die eine Abgrenzung und Definition der grundlegenden Begriffe erforderlich macht.[29] Die zentralen Begrifflichkeiten der Thematik der Informations- und Kommunikationstechnologie sind die der Information, Kommunikation und Technologie, die zunächst im Mittelpunkt der Betrachtung stehen. Ebenso sind

[29] Für eine Abgrenzung neuer IuK-Technologien von den traditionellen IuK-Technologien werden vor allem die Entwicklungen herangezogen, die sich seit 1998 abgezeichnet und maßgeblich für den temporären Aufschwung der New Economy beigetragen haben. Dazu zählen insbesondere die zunehmende Vernetzung und die verbesserten Datenübertragungsmöglichkeiten durch die Nutzung von Internet und Intranet.

auch weitere Begrifflichkeiten zu erläutern, die in Zusammenhang mit der Nutzung von IuK-Technologien stehen. Auch wenn eine klare Begriffstrennung nicht immer vorgenommen werden kann, so erscheint es doch sinnvoll, die grundlegenden Begrifflichkeiten zumindest im Hinblick auf diese Arbeit einzugrenzen.

Als *Information* kann nach dem pragmatischen Informationsbegriff zweckorientiertes Wissen definiert werden,[30] wobei als Zweck die Vorbereitung von Entscheidungen gilt.[31] In diesem Zusammenhang werden bestimmte Ausprägungen von Informationen in Verbindung mit speziellen Verarbeitungsfunktionen unter dem Begriff der *Informationsverarbeitung (IV)* zusammengefasst.[32] Das Ziel der betrieblichen IV, die auch häufig als betriebliche Datenverarbeitung (DV) bezeichnet wird,[33] ist die Lösung betriebsbezogener Probleme unter Einsatz von Informations- und Kommunikationssystemen.[34] Die Programme beziehungswei-

---

[30] Vgl. Wittmann (1959), S. 14. Neben dem pragmatischen existieren aus einer semiotischen Betrachtungsweise (Semiotik ist die allgemeine Lehre von Zeichen und Zeichenreihen) noch der syntaktische, der sigmatische und der semantische Informationsbegriff. Vgl. dazu detaillierter Bongard (1994), S. 10-19. Im Weiteren wird jedoch aufgrund seiner in Zusammenhang mit der Datenverarbeitung in der Literatur starken Verbreitung und häufigen Verwendung der pragmatische Informationsbegriff verwendet. Vgl. Ernst (1990), S. 55; Bongard (1994), S. 12; Picot/Reichwald/Wigand (2001), S. 25.

[31] Vgl. Bongard (1994), S. 13. Ein Beispiel für Informationen in diesem Sinne sind aktuelle Daten bezüglich eines Marktes, auf dem das Unternehmen agiert, und die Verwendung der Marktdaten als Entscheidungsgrundlage für weitere Handlungen. Vgl. Krcmar (2003), S. 14-15.

[32] Ausprägungen sind dabei zum Beispiel Daten, Texte, Bilder, Sprache und Messwerte. Verarbeitungsfunktionen sind verschiedene Aktivitäten wie zum Beispiel Verarbeiten im engeren Sinne (Verknüpfen von Informationen zu neuen Informationen), Speichern, Erfassen und Übertragen. Vgl. Schmitz (1992), S. 959-960. Aufgabe der Verarbeitungsfunktionen ist die Transformation und Kombination der ursprünglichen Information in die für den vorliegenden Entscheidungsprozess notwendige Information. Ähnlich Reese (1994), S. 104.

[33] Ursprünglich wurde der Begriff der Datenverarbeitung verwendet. Es setzt sich jedoch aufgrund der steigenden Nutzung des Informationsbegriffs zunehmend der Begriff Informationsverarbeitung durch. Vgl. Stahlknecht (1999), S. 14.

[34] Vgl. Finken (1997), S. 5.

se die Software, die zu dieser Zielerreichung genutzt werden, werden auch als Anwendungen oder Applikationen bezeichnet.[35]

Als *Informationssystem (IS)* beziehungsweise IV-System kann eine Menge aufeinander abgestimmter personeller, organisatorischer und technischer Elemente bezeichnet werden, die bewusst geschaffen und gepflegt werden, um die Versorgung handelnder Personen mit Information für die Aufgabenerfüllung zu gewährleisten.[36] Die Kombination der personellen, organisatorischen und technischen Komponenten mündet dabei in eine Struktur des Informationssystems beziehungsweise in eine informationstechnologische Infrastruktur (IT-Infrastruktur).[37] Die Teilmenge eines Informationssystems, die sich direkt auf ein konkretes betriebliches Anwendungsgebiet bezieht und in deren Mittelpunkt die Anwendungssoftware steht, kann allgemein als *Anwendungssystem* bezeichnet werden. Konkreter kann zwischen Anwendungssystemen im engeren Sinne und im weiteren Sinne unterschieden werden. Im erst genannten Fall wird unter einem Anwendungssystem die Gesamtheit aller Programme (Anwendungssoftware) zuzüglich der zugehörigen Daten für ein konkretes betriebliches Anwendungsgebiet verstanden. Im zweiten Fall, der deutlich die Elemente eines Informationssystems umfasst, werden zu einem Anwendungssystem im engeren Sinne zusätzlich die für die Nutzung der Software notwendige Hardware und Systemsoftware, die erforderlichen Kommunikationseinrichtungen und eventuell noch die Benutzer hinzugezählt.[38]

In direkter Verbindung mit dem Begriff der Information ist der Begriff der *Kommunikation* zu sehen, da beide einander bedingen. Kommunikation wird als

---

[35] Während Hardware die materiellen Bestandteile einer automatisierten Datenverarbeitungsanlage beschreibt, umfasst Software im Allgemeinen alle Programme als Arbeitsanweisungen an diese Datenverarbeitungsanlage. Dabei wird Software weitergehend unterteilt in Programme, die der Steuerung des Betriebsablaufs einer automatisierten Datenverarbeitungsanlage dienen (Systemsoftware), und in Programme, die Problemlösungen eines Anwendungsbereichs darstellen (Anwendungssoftware). Vgl. Griese (1992), S. 969.

[36] Vgl. Picot (1990), S. 296; Krcmar (2003), S. 25-27.

[37] Vgl. dazu Maurer (2002), S. 55-60.

[38] Vgl. Stahlknecht (1999), S. 344.

der allgemeine Austausch von Information zum Zweck der Verständigung bezeichnet und kann als notwendige Voraussetzung für soziale Gemeinschaften, Gesellschaften und einen arbeitsteiligen Wirtschaftsprozess verstanden werden.[39] Aufgrund des engen Zusammenhangs von Information und Kommunikation wird der Begriff der Kommunikation häufig nicht weiter in Begriffsdefinitionen aufgeführt, sondern dem der Information subsumiert.[40] Beispielsweise umfassen die Begriffe des Informationssystems und der Informationstechnologie sowohl Informations- als auch Kommunikationsaspekte.[41]

Generell können unter den IuK-Technologien alle technischen Einrichtungen, das Wissen und die Verfahren zur Informationsspeicherung, Informationsverarbeitung und Informationsübertragung verstanden werden. IuK-Technologien ermöglichen damit die Transformation von Informationsinputs zu Informationsoutputs.[42] Während sich *Kommunikationstechnologie* spezieller auf den Bereich der Informationsübertragung bezieht, beschreibt *Informationstechnologie (IT)* im eher Allgemeinen und die Kommunikationstechnologie einschließend die Art und Weise „... der Informationserfassung, -übermittlung, -verarbeitung undspeicherung mithilfe von Computer- und Telekommunikationseinrichtungen. Der Begriff Informationstechnologie impliziert dabei einen sehr innovativen Prozess der digitalen Datenverarbeitung, der die Entwicklung und Einführung neuer Erkenntnisse und Methoden der Informationsverarbeitung zur Steigerung der Verfügbarkeit von Information beinhaltet."[43] Zusammenfassend kann unter IT demnach „die Gesamtheit aller Verfahren ... und Werkzeuge ... zur Unterstützung informatorischer Prozesse im Unternehmen"[44] verstanden werden.

---

[39] Vgl. Kubicek/Rolf (1985), S. 75.

[40] Heinrich (2002), S. 7 spricht in diesem Zusammenhang vom „siamesischen Zwillingscharakter" von Information und Kommunikation.

[41] Vgl. Wollnik (1988), S. 38.

[42] Vgl. Martiny (1987), S. 7.

[43] Brockhaus (1999).

[44] Stadelmann (1996), S. 138.

Der Begriff der IT wird in der deutschsprachigen Literatur von dem der *Informationstechnik* unterschieden beziehungsweise die Informationstechnik ist Teil der Informationstechnologie. Informationstechnik sind in diesem Sinne die technischen Mittel (Hardware und Systemsoftware), mit denen Informationssysteme ausgestattet sind.[45]

Ein weiterer zentraler Begriff im Zusammenhang mit der betrieblichen IV ist der Be-griff des *Informationsmanagements (IM)*.[46] Als Informationsmanagement können die gesamtunternehmerischen Aufgaben, die in Verbindung mit dem Management der betrieblichen IV die wirtschaftliche Versorgung aller Stellen mit Information garantieren sollen, bezeichnet werden. Auch wenn in Zusammenhang mit dem IM nicht explizit von Kommunikation gesprochen wird, so umfasst das IM sowohl Aufgaben der Information wie auch der Kommunikation.[47] Aus den gesamtunternehmerischen Aufgaben des IM, wie im folgenden Gliederungspunkt aufgeführt, können die Leistungen der Informationsverarbeitung (IV-Leistungen) abgeleitet werden.

2.1.2. Systematik von Leistungen der Informationsverarbeitung

Die gesamtunternehmerischen Aufgaben des IM werden von WOLLNIK in die drei Ebenen des Informationseinsatzes, der Informations- und Kommunikationssysteme und der Infrastrukturen der IV und Kommunikation eingeteilt.[48] Das so genannte Drei-Ebenen-Modell von WOLLNIK kann genutzt werden, um verschiedene IV-Leistungen beziehungsweise IV-Funktionen[49] aufzuzeigen und zu

---

[45] Vgl. Martiny (1987), S. 7. Vgl. zur Abgrenzung Informationstechnologie und -technik Bongard (1994), S. 25-26.

[46] Zu einer ausführlichen Diskussion über den Begriff des Informationsmanagements vgl. Bongard (1994), S. 7-10. Zur Entwicklungsgeschichte des Informationsmanagements vgl. Bongard (1994), S. 21-29.

[47] Vgl. Heinrich (2002), S. 7.

[48] Vgl. Wollnik (1988).

[49] Unter einer Funktion soll im Folgenden eine Tätigkeit oder Verrichtung verstanden werden, die von einem Aufgabenträger zur Erfüllung seiner Aufgaben ausgeübt wird. Vgl. dazu ausführlich Selchert (1971), S. 16.

systematisieren.[50] Die den Ebenen zugehörigen Aufgaben unterscheiden sich, wie im Folgenden dargestellt, durch ihre Nähe zur Technologie und durch ihre strategische Relevanz.

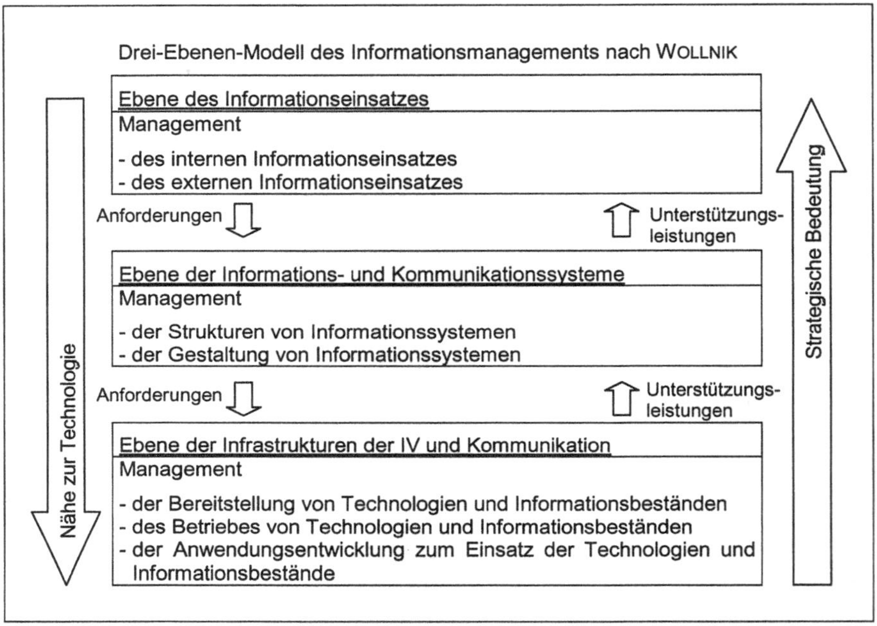

Abbildung 2: Drei-Ebenen-Modell des Informationsmanagements nach WOLLNIK
Quelle: in Anlehnung an Wollnik (1988), S. 38-43 und Finken (1997), S. 4.

Die Ebene des Informationseinsatzes umfasst vornehmlich inhaltliche Fragestellungen, die den Einsatz der Ressource „Information“ klären sollen, das heißt die Planung, Organisation und Kontrolle des Informationsbedarfs sowie dessen Deckung für alle auftretenden internen und externen Verwendungszwecke. Die zweite Ebene, die der Informations- und Kommunikationssysteme, beinhaltet das Management der Strukturen und der Gestaltung der Informationssysteme. Auf dieser Ebene wird die Art der Abwicklung von Informationsverarbeitungs- und Kommunikationsprozessen personell (Motivation, Qualifikation), organisatorisch (Ablauf-, Aufbauorganisation) und technisch (Hard-, Software) festge-

50 Vgl. Picot/Maier (1992), S. 16; Krcmar (2003), S. 38, S. 45-48; Szyperski/Schmitz/Kronen

legt. Die dritte Ebene wiederum stellt die Basis der institutionellen Informationshandhabung dar und wird durch die informationstechnologischen Infrastrukturen gebildet. Auf dieser Ebene erfolgen die Bereitstellung und der Betrieb beziehungsweise die Verwaltung der Komponenten aus der Ebene der Informations- und Kommunikationssysteme.

Für die Funktionsfähigkeit der einzelnen Ebenen muss grundsätzlich gewährleistet sein, dass bestimmte Anforderungen einer übergeordneten Ebene von der untergeordneten erfüllt werden beziehungsweise dass die untergeordnete Ebene entsprechende Unterstützungsleistungen für die übergeordnete leistet. Der Funktionalzusammenhang zwischen den Ebenen impliziert damit auch einen Qualitätszusammenhang. Die Qualität der Ergebnisse des Informationseinsatzes ist abhängig von der Qualität der Informationssysteme und diese wiederum von der Qualität der vorhandenen Infrastrukturen.[51]

Strategie und Organisation	Informations- und Kommunikationssysteme	Technische Infrastrukturen
- Strategische Ausrichtung der Informationsverarbeitung - Festlegung von Struktur und Prozessorganisation - Priorisierung von Einsatzfeldern für Informationssysteme - Bestimmung des Informationsbedarfs	- Analyse und Definition der Anforderungen - Spezifikation von Funktionen und Daten oder Objekten - Analyse der Kommunikationsbeziehungen - Systementwurf - Systementwicklung - Implementierung - Systemintegration, Installation und Test - Benutzerservice - Softwarepflege	- Installation, Betrieb und Wartung von technischen Infrastrukturen - Rechenzentrumsdienste - Netze und Kommunikationssysteme - Backupleitungen - Hardwarewartung

Tabelle 1: Leistungen der Informationsverarbeitung I
Quelle: in Anlehnung an Picot/Maier (1992), S. 15.

PICOT/MAIER leiten unter Verwendung des Drei-Ebenen-Modells von WOLLNIK konkrete IV-Leistungen ab. Die IV-Leistungen werden, wie in Tabelle 1 dargestellt, den drei Aufgabenbereichen „Strategie und Organisation" (beziehungsweise Ebene des Informationseinsatzes), „Informations- und Kommunikations-

(1993), S. 229-230; Bongard (1994), S. 33-40.

systeme" (beziehungsweise Ebene der Informations- und Kommunikationssysteme) und „Technische Infrastrukturen" (beziehungsweise Ebene der Infrastrukturen der IV und der Kommunikation) zugeordnet.[52]

Wird eine weitergehende Differenzierung der IV-Leistungen angestrebt, kann dieses ebenfalls unter Verwendung des Referenzmodells von WOLLNIK geschehen. Eine etwaige eingehende Darstellung der IV-Leistungen bieten DIBBERN/HEINZL,[53] indem sie die IV-Leistungen noch weiter ausführen und die ursprünglichen drei Schichten von WOLLNIK weiter untergliedern (vgl. Abbildung 3).

IV-Planung und IV-Management	Information Center/ Benutzersupport	Anwendungsentwicklung, -einführung, -pflege	Telekommunikation/ Netzwerke	Systembetrieb/ Rechenzentrum
Langfristige IV-Planung Integration von Unternehmensplanung und IV-Planung Grundsatzfragen Identifizieren von zukünftigen IV-Innovationen IV-Controlling Konzeption von Systemarchitekturen Standards und Methoden	Beratung und Unterstützung der Benutzer Schulung, Aus- und Weiterbildung der Benutzer Problemmanagement Brückenfunktion zwischen Fachbereichen und IV-Bereich Test, Beschaffung, Installation, Einführung und Wartung von Hardware und Software	Eigene Software- und Anwendungsentwicklung Systemanalyse Projektmanagement Wartung bestehender Anwendungen Daten(bank)-administration Qualitätssicherung Einführung und Anpassung von Standardsoftwarepaketen	Aufbau, Betrieb und Wartung von Netzwerken Einbindung und Administration von Daten- und Anwendungsservern in Netzwerke Einführung und Betrieb von entsprechenden Diensten für den inner- und überbetrieblichen Informationsaustausch	Installation, Betrieb und technische Wartung zentraler und dezentraler Rechner beziehungsweise systemnaher Software Systemprogrammierung Systemsteuerung Sicherheit und Katastrophenvorsorge
← Strategische Relevanz			Nähe zur Technologie →	

Abbildung 3: Leistungen der Informationsverarbeitung II
Quelle: in Anlehnung an Dibbern/Heinzl (2001), S. 343.

[51] Vgl. Wollnik (1988), S. 39.
[52] Vgl. Picot/Maier (1992), S. 16.
[53] Vgl. Dibbern/Heinzl (2001), S. 343.

2.1.3. Entwicklung und Bedeutung der betrieblichen Informationsverarbeitung

Die IV ist in den letzten Jahrzehnten für Unternehmen zunehmend zu einem strategischen und operativen Erfolgsfaktor geworden.[54] Durch die schnelle technologische Entwicklung sowohl im Hard- als auch im Softwarebereich wurden die Möglichkeiten der Unterstützung von unternehmensinternen und -übergreifenden Prozessen stets verbessert.[55] Die Informationsverarbeitung ist inzwischen ein bedeutender Bestandteil in der Gestaltung des Leistungserstellungsprozesses von Unternehmen und hat erheblichen Einfluss auf deren Wettbewerbsposition.[56] Die neuen IuK-Technologien ermöglichen zum Beispiel die Einbindung weltweiter Filialen und Geschäftsstellen, den Einsatz räumlich verteilter Workflowsysteme, den Aufbau von unternehmensweiten Data-Warehouse-Systemen sowie die DV-technische Anbindung und Integration von Kooperationspartnern und Lieferanten. Zusätzlich kann mit ihrer Hilfe die Integration von Mitarbeitern mittels mobiler Endgeräte, die Unterstützung virtueller Unternehmensstrukturen oder die Schaffung von Onlinesystemen als aktuelle, weltweite, interne und externe Informations- und Abwicklungsplattform verwirklicht werden.

Die große Bedeutung der IV für Unternehmen, insbesondere im Hinblick auf die Eigen- oder Fremderstellung bestimmter Leistungen, wird dadurch deutlich, dass sie „als wesentliche Einflussgröße für die Erklärung von Veränderungen der überbetrieblichen Arbeitsteilung in den betrieblichen Kernfunktionen angesehen“[57] wird.[58] Positive allgemeine Effizienzeffekte der neuen IuK-Technologien, die sich im Nutzen der betrieblichen IV widerspiegeln, ergeben sich beispielsweise aus dem Abbau räumlicher und zeitlicher Friktionen, der

---

[54] Vgl. Picot/Maier (1992), S. 14. Zur Entwicklungsgeschichte der betrieblichen IV vgl. Stadelmann (1996), S. 140-157.

[55] Vgl. Ebers (1994), S. 23.

[56] Vgl. Heinzl (1992), S. 1; Porter/Millar (1985); Fischbacher (1986), S. 21-55.

[57] Knolmayer (1991), S. 329.

[58] Vgl. dazu Picot/Neuburger (2000), S. 311; Picot (1989), S. 368-369; Gurbaxani/Whang (1991), S. 68-71.

Reduktion von Marktinstallations- und -eintrittskosten, der Reduktion von Informationsbeschaffungskosten und dem Abbau von Informationsasymmetrien.[59] Zusätzliche Effizienzeffekte beruhen auf der Substitution menschlicher Arbeitskraft, der Erhöhung unternehmerischer Flexibilität,[60] der Steigerung der unternehmerischen Qualität und Produktivität sowie der Verdrängung von Tauschmittlerinstitutionen.[61]

Die Bereitstellung von IV-Leistungen beziehungsweise IV-Funktionen kann aus technologischer Sicht auf zwei grundlegende Arten geschehen: Zum einen können zentrale IT-Infrastrukturen vorliegen. Diese zentral orientierte Konzeption von Informationssystemen, die durch ein zentralistisches Datenhaltungs- oder Anwendungskonzept geprägt ist, zeichnet sich dadurch aus, dass spezielle Rechner, wie beispielsweise Mainframe-Computer, den Mittelpunkt der IT-Infrastruktur bilden und den Großteil der IV übernehmen. Auf die zentralen Rechner wird dann mit zum Teil erheblich einfacheren Endgeräten zugegriffen. Als Beispiel für ein zentrales IV-Konzept sei auf Kapitel 3 verwiesen, in welchem die ASP-Technologie vorgestellt wird. Zum anderen kann die IV auch auf einer dezentralen IT-Infrastruktur basieren. Diese zeichnet sich durch die Bereitstellung der IV-Leistung durch miteinander vernetzte, dezentral orientierte Arbeitsplatzrechner aus. Eine dezentrale IT-Infrastruktur ist beispielsweise eine Client-Server-Architektur, die sich durch eine verteilte, kooperative IV auszeichnet, wobei neben der Kooperation von Software- auch eine Kooperation von Hardwarekomponenten unterschiedlicher Rechner eine bedeutende Rolle spielt.[62] Das Informationsmanagement hat in diesem Zusammenhang die Aufgabe, zentrale und dezentrale IV-Konzeptionen einzusetzen, um eine optimale IV

---

[59] Die modernen IuK-Technologien fördern eine schnellere, effizientere und kostengünstigere Beschaffung und Auswertung umfangreicher Information.

[60] Unternehmerische Flexibilität wird hier als Maß für die Fähigkeit des Unternehmens verstanden, sich unterschiedlichen internen und/oder externen, gegenwärtigen und zukünftigen Situationen anpassen zu können.

[61] Vgl. Wüllenweber (2002), S. 45-58; Reuss (1998), S. 57-62, der zwar Effizienzeffekte für elektronische Märkte aufführt, die sich jedoch auf allgemeine Effizienzeffekte neuer IuK-Technologien übertragen lassen.

[62] Vgl. dazu Wirth (1996), S. 26-30.

zu gewährleisten. Die folgende Abbildung verdeutlicht die Möglichkeiten der Bereitstellung von IV-Leistungen:

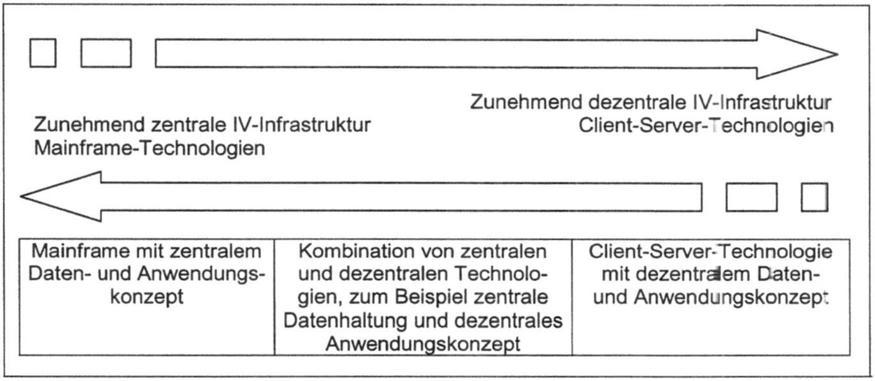

Abbildung 4: Technologische Dimension der Bereitstellung von IV-Leistungen
Quelle: Wirth (1996), S. 30.

Zentrale und dezentrale Konzeptionen haben sehr unterschiedliche Vorzüge beziehungsweise Nachteile. Eine dauerhafte Tendenz zur Zentralisation oder Dezentralisation kann nicht festgestellt werden, da die Vorteilhaftigkeit einer Konzeption immer von diversen und sich im Zeitablauf ändernden Faktoren abhängt. Daher sind auftretende Tendenzen vielmehr temporärer Natur und resultieren insbesondere aus den jeweils aktuellen Fortschritten der Informationstechnologie.[63] Während seit den 60er-Jahren vor allem eine Zentralisierung der IS stattfand, kehrte sich dieses in den 80er-und 90er-Jahren um.[64] Inzwischen kann jedoch wieder eine Tendenz zur Zentralisierung festgestellt werden, die vor allem auf neuen Datenübertragungsmöglichkeiten beruht.[65]

---

[63] Vgl. Krüger (1993), S. 593.

[64] Vgl. Martiny (1987), S. 63-66. Vgl. auch Buchanan/Linowes (1981), deren Ausführungen sich insbesondere auf das Konzept der dezentralen Datenverarbeitung, die seit Anfang der 80er-Jahre zunehmend zentrale Datenverarbeitungskonzepte ablöste, beziehen.

[65] Vgl. Ekanayaka/Currie/Seltsikas (2002), S. 192; Stahl/Wimmer (2000), S. 10. Vgl. auch Kapitel 3.

Die IV stellt einen Bereich mit zunehmender strategischer Bedeutung dar. Während sie ursprünglich eingesetzt wurde, um Kostenvorteile und Produktivitätsverbesserungen[66] zu realisieren, wurde die Erringung strategischer Vorteile unter Verwendung der IV zunehmend bedeutender (vgl. Abbildung 5).[67] Gründe für die gestiegene Bedeutung sind darin zu suchen, dass zum einen Informationssysteme in Wertschöpfungsprozessen immer wichtiger und zum anderen die Produkte selbst zunehmend informationsintensiver werden.

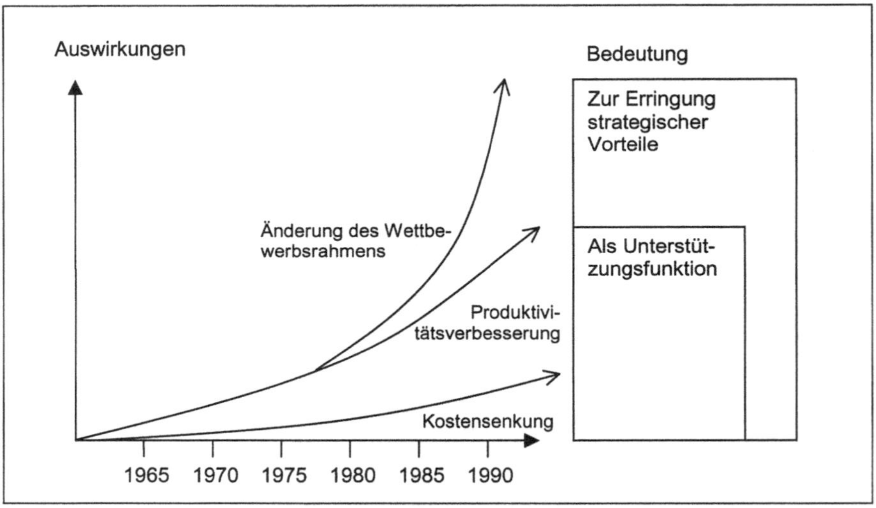

Abbildung 5: Entwicklung der Zielorientierung in der Informationsverarbeitung
Quelle: Nagel (1990), S. 27.

Auch wenn der IV im Allgemeinen eine hohe strategische Bedeutung beigemessen wird, stellt sich die Frage, ob dieses auf die gesamte IV oder nur auf Teilas-

[66] Der Nachweis einer Produktivitätsverbesserung durch den Einsatz moderner Informationstechnologien kann nicht immer erfolgreich geführt werden. In diesem Zusammenhang wird häufig vom Produktivitätsparadoxon der Informationstechnologie gesprochen. Dieses drückt den Sachverhalt von steigenden Investitionen in IuK-Technologien, sinkenden Preisen für diese Technologien und einer gleichzeitigen Stagnation der Produktivität aus. Vgl. hierzu Gründler (1997).

[67] Vgl. auch Bongard (1994), S. 42-43. Zu Beispielen der zunehmenden strategischen Bedeutung der IV vgl. Pietsch/Martiny/Klotz (1998), S. 68-69.

pekte der IV zutrifft. Bei einer Betrachtung der IV-Leistungen beziehungsweise IV-Funktionen, die in ihrer Summe das gesamte Spektrum der IV widerspiegeln, lassen sich entsprechende Differenzierungen treffen.

In der Regel sind die Bereiche der IV strategisch bedeutsam, die unternehmensspezifisch sind. Die Leistungen in diesen Bereichen sind weder durch Wettbewerber imitierbar noch substituierbar und von diesen Leistungen hängen Wettbewerbsfähigkeit und Leistungserstellung des Unternehmens ab.[68] Die materiellen Ressourcen, die in den IV-Leistungen gebunden sind, wie Hardwarekomponenten und Standardsoftware, werden häufig vom Markt bezogen und sind im Regelfall nicht strategisch bedeutsam.[69] Immaterielle Ressourcen hingegen, die in der IV Verwendung finden, können von strategischer Bedeutung für die Unternehmung sein, da sie zum Teil für die Unternehmung spezifische Fähigkeiten oder spezifisches Wissen umfassen.[70] Insbesondere das Management des internen und externen Informationseinsatzes, dessen Qualität von den Fähigkeiten und dem Wissen der „Manager" abhängt, ist eine übergeordnete IV-Leistung mit einer grundsätzlich hohen strategischen Bedeutung. LACITY/WILLCOCKS/FEENY stellen in einer Studie fest, dass „Managers often make the mistake of assuming that just because a function is strategic, the IT systems supporting that function are strategic, too"[71] und verdeutlichen damit ein häufig verbreitetes Missverständnis, das mit der Frage nach der strategischen Relevanz der IV einhergeht. Während heute durchaus von einem Missverständnis in diesem Zusammenhang gesprochen werden kann, galt das Vorhalten einer eigenen, unternehmensindividuellen IT jedoch lange Zeit tatsächlich als strategischer Wettbewerbsfaktor und

---

[68] Vgl. Knolmayer (1995), S. 164.
[69] Eine Ausnahme kann Individualsoftware sein, die eine strategische Bedeutung für ein Unternehmen besitzen kann.
[70] Vgl. Dibbern/Heinzl (2001), S. 340-342.
[71] Lacity/Willcocks/Feeny (1995), S. 90.

wurde als Garant für organisatorische Effektivität betrachtet.[72] Dieses hat sich jedoch im Zeitablauf geändert, da unternehmensspezifische IT-Ressourcen zunehmend imitierbarer und substituierbarer wurden und der Nachteil einer zu unflexiblen und undynamischen unternehmensinternen IT die vorhandenen Vorteile kompensierte. Wichtig bei der Betrachtung der strategischen Bedeutung der Informationsverarbeitung ist daher, zwischen der Information beziehungsweise der Nutzung der Information zum einen und der (technischen) Verarbeitung der Information zum anderen zu unterscheiden.[73] Als strategisch bedeutsam werden zunehmend der Zugang zu Information und Informationssystemen und deren Nutzung beziehungsweise Nutzungsfähigkeit angesehen, nicht jedoch der Besitz oder das Betreiben der Technologie.[74] So beschreibt HOPPER bereits 1990, dass „Companies will be technology architects rather than systems builders, even for their most critical applications".[75] und kennzeichnet damit den Trend, der sich in den Folgejahren abzeichnen sollte: den zunehmenden Fremdbezug von Leistungen der IV und die Rolle des übertragenden Unternehmens in der primären Funktion als Architekt des IV-Leistungsportfolios.[76] Die gestiegene strategische

---

[72] Vgl. Hopper (1990), S. 118.

[73] So ist zum Beispiel zu beobachten, dass Unternehmen, deren IS eine wichtige Rolle für den Erhalt von Wettbewerbsvorteilen darstellen, zunehmend Dienste von Application Service Providern in Anspruch nehmen. Das heißt, sie beziehen etliche Leistungen aus der IV fremd, nutzen die IS jedoch nach wie vor in der für sie notwendigen Art und Weise für die Verarbeitung relevanter Informationen. Vgl. Chen/Soliman (2002), S. 181.

[74] Vgl. Krass (1990), S. 31; Huber (1993), S. 85-86; Lacity/Willcocks/Freeny (1995), S. 90; Lee/Huynh/Kwok/Pi (2002), S. 211. Auch Szyperski/Schmitz/Kronen (1993), S. 238 stellen fest, dass der Betrieb von Informationssystemen von ihrer Anwendung losgekoppelt werden kann. Ähnlich betonen Lacity/Willcocks/Feeny (1995), S. 87, dass selbst geschäftskritische und strategisch bedeutsame informationstechnologische Aufgaben oder Teilaufgaben nicht zwangsläufig in der Unternehmung zu erbringen sind.

[75] Hopper (1990), S. 119.

[76] Vgl. Grover/Cheon/Teng (1994), S. 33. Auch Mata/Fuerst/Barney (1995) stellen unter Verwendung des Ressourcenorientierten Ansatzes heraus, dass eine nachhaltige strategische Bedeutung nur die Fähigkeiten des IT-Managements besitzen. Zu diesen Fähigkeiten gehören

Bedeutung der Ressource „Information“[77] kann nämlich insbesondere dann entsprechend berücksichtigt werden, wenn eine professionelle Handhabung dieser Ressource gewährleistet ist. Eine professionelle Betreuung kann jedoch häufig nur durch die Inanspruchnahme externer Dienstleister gesichert werden, da eine interne Betreuung unternehmensintern zu aufwendig wäre.[78]

Der strategisch bedeutsame Einsatz von Information und die Nutzung der Systeme kann jedoch gefährdet werden, wenn die dazu erforderlichen Infrastrukturen oder Systeme nicht die notwendigen oder vereinbarten Leistungen erbringen beziehungsweise wenn die notwendigen IV-Leistungen nicht in adäquater Weise erbracht werden.[79] Für das Modell von WOLLNIK heißt das entsprechend, dass Aufgaben des IM, die eine erhöhte strategische Relevanz besitzen, nur dann einwandfrei ausgeführt werden können, wenn auch die Aufgaben mit der größeren Nähe zur Technologie funktionieren. Insofern besteht eine starke Abhängigkeit der Nutzung der strategisch bedeutsamen Ressource „Information“ von den eher technisch geprägten Leistungen der IV. Für ein Unternehmen muss entsprechend gewährleistet sein, jederzeit Zugang zu relevanten Informationen und zu funktionsfähigen Informationsverarbeitungsfunktionen zu haben, ohne diese jedoch selbst vorrätig halten zu müssen.[80]

---

beispielsweise das Erkennen zukünftiger und aktueller IT-Bedürfnisse des Unternehmens und die Koordination von IT-Aktivitäten.

[77] Zum Begriff der Information als Ressource und Produktionsfaktor vgl. Krcmar (2003), S. 18.

[78] Vgl. Esser (1994), S. 70. So hat Dearden (1987) bereits 1987 die These aufgestellt, dass die innerbetriebliche IV in Unternehmen verschwinden werde. Dieses betreffe vor allem Unternehmen, die keine große IV-Abteilung mit ausreichend Kapazitäten besitzen, da externe Anbieter durch Spezialisierung einen Qualitäts- und Kostenvorteil bieten könnten.

[79] Vgl. Finken (1997), S. 26.

[80] Zur hohen Bedeutung der strategischen Aufgaben des IM für Unternehmen vgl. Eckardt (2002).

2.2. Outsourcing

2.2.1. Begriffliche Abgrenzungen und Grundlagen

In der Literatur liegt dem Outsourcing-Begriff bis heute keine einheitliche Definition zugrunde. Übereinstimmung besteht jedoch darin, dass der Begriff „Outsourcing“ sich aus den englischen Wörtern „outside“ und „resourcing“ beziehungsweise „outside“, „resource“ und „using“ zusammensetzt und im Allgemeinen den Bezug von Leistungen über externe Marktteilnehmer beschreibt.[81] Auch wenn der Begriff des Outsourcing erstmals in den 90er-Jahren verwendet wurde, ist die in Verbindung mit dem Outsourcing der DV zentrale Fragestellung, ob Konzipierung, Erstellung und Betrieb eines Informationssystems in Eigen- oder Fremdfertigung erfolgen soll, nicht neu.[82] Bereits seit den 60er-Jahren wird die grundsätzliche Problematik der Koordination der Leistungserstellung diskutiert.[83] Während die Frage nach der Eigen- oder Fremderstellung von Leistungen sich nicht auf Leistungen der IV beschränkte, wurde der Gegenstandsbereich des Outsourcing ursprünglich rein auf die IV bezogen und wird auch heute noch vielfach mit dieser assoziiert.[84]

---

[81] Zur ausführlichen Erläuterung der Begriffsbildung vgl. Nagengast (1997), S. 47-53; Bongard (1994), S. 80-87. Zu einer ausführlichen Diskussion des Outsourcing Begriffs vgl. Bongard (1994), S. 80-87. Zu wesentlichen Beiträgen zum Thema Outsourcing vgl. Selchert (1971); Knolmayer (1991); Knolmayer (1992b); Knolmayer (1994); Knolmayer (1995); Picot (1991); Picot (1992b); Szyperski (1993); Szyperski/Schmitz/Kronen (1993); DiRomualdo/Gurbaxani (1998). Zu Beispielen von Outsourcing-Projekten vgl. Heinrich (1992); Krass (1990); mit Fokus auf Finanzinstitutionen zum Beispiel McLellan/Marcolin (1994); Takac (1994); Gillis (2002).

[82] Vgl. Szyperski/Schmitz/Kronen (1993), S. 229; Knolmayer (1992), S. 325-326; Huff (1991), S. 62. Zur Geschichte des Outsourcing vgl. Hirschheim/Dibbern (2002), S. 5-7; Lee/Huynh/Kwok/Pi (2002), S. 197-199; GP 4.3.1.

[83] Vgl. weiterführend Schätzer (1999), S. 43-44; Knolmayer (1992b), S. 356.

[84] Vgl. Schätzer (1999), S. 43; Szyperski/Schmitz/Kronen (1993), S. 229; Bongard (1994), S. 81. Bühner/Tuschke (1997), S. 21 unterscheiden in diesem Kontext zwischen Outsourcing im engeren Sinne (Fremdvergabe von Aufgaben der IV) und Outsourcing im weiteren Sinne (Externalisierung all jener Aufgaben, die nicht zum Kerngeschäft eines Unternehmens gehören).

Häufig werden in der Literatur zwei grundsätzliche Formen des Outsourcing unterschieden.[85] Zum einen wird von Auslagerung (externes Outsourcing) gesprochen, wenn die Erbringung der Leistung durch eine vertraglich geregelte Funktionsübertragung an einen wirtschaftlich und rechtlich selbstständigen Dienstleister abgegeben wird. Zum anderen wird von Ausgliederung (internes Outsourcing) gesprochen, wenn die Erbringung der Leistung einem zwar rechtlich selbstständigen, jedoch kapitalmäßig verbundenen Dienstleister übertragen wird.[86] Während bei der Auslagerung das übertragende Unternehmen keinen unmittelbaren Einfluss mehr auf die Dienstleistung hat, besteht bei der Ausgliederung noch ein Einfluss auf die Funktionsausübung, da die Leistungserbringung auf Tochter-,[87] Gemeinschafts-[88] oder Beteiligungsunternehmen[89] übertragen wird oder das Unternehmen selbst Profit- oder Cost-Center[90] einrichtet.[91]

---

[85] Diese Formen werden nach dem Kriterium der (wirtschaftlichen) Selbstständigkeit des übernehmenden Unternehmens unterschieden. Zu weiteren Unterscheidungskriterien vgl. Tabelle 3.

[86] Selchert (1971), S. 51-53 sieht in der Funktionsausgliederung den Übergang von der Selbst- zur Fremdausübung von Funktionen und charakterisiert die Ausgliederung durch den fortbestehenden Einfluss der ausgliedernden Unternehmung auf den Leistungserstellungsprozess. Vgl. auch Heinzl (1992), S. 35-38; Picot/Maier (1992), S. 17.

[87] Ein Tochterunternehmen ist ein Unternehmen, das von einer Muttergesellschaft mit Eigenkapital ausgestattet wird und den Weisungen des Managements der Muttergesellschaft untersteht. Vgl. Siepermann (2002), S. 1049.

[88] Unter einem Gemeinschaftsunternehmen soll eine Servicegesellschaft verstanden werden, die von mehreren rechtlich und wirtschaftlich selbstständigen Unternehmen gegründet und mit Eigenkapital ausgestattet wird, um eine bestimmte Dienstleistung zu erbringen. Das Gemeinschaftsunternehmen kann neben finanziellen Mitteln auch weitere Ressourcen, wie beispielsweise Know-how, von den beteiligten Unternehmen erhalten. Vgl. Zahn/Barth/Hertweck (1998), S. 120. Das Gemeinschaftsunternehmen führt dabei für alle Eigenkapitalgeber Funktionen aus. Vgl. Schotters (1992), S. 214-217.

[89] Ein Beteiligungsunternehmen (Beteiligungsgesellschaft) soll als ein Betrieb verstanden werden, an welchem das ausgliedernde Unternehmen eine anteilige Eigenkapitaleinlage tätigt, wobei keine Übertragung weiterer Ressourcen stattfindet. Vgl. Zahn/Barth/Hertweck (1998), S. 119-120. In einem Beteiligungsunternehmen ist das ausgliedernde Unternehmen in der Regel der einziger EK-Geber, der an die Gesellschaft Funktionen überträgt. Die anderen eigenkapitalgebenden Beteiligten sind lediglich an einer Gewinnmaximierung und nicht an der Sicherung der Funktionsausübung interessiert. Vgl. Schotters (1992), S. 217.

[90] Die Bildung von Profit- beziehungsweise Cost-Centern, so Gruhler (1994), S. 164, ist häufig ein Hilfsmittel des eigentlichen Outsourcing, indem eine vorweggenommene Verselbst-

Einen Überblick zum Übergang von einer rein hierarchischen (Eigenerstellung) zu einer zunehmend marktlichen Koordination (externes Outsourcing) der Leistung und eine Darstellung möglicher Organisationsformen des Outsourcing gibt Abbildung 6:

Eigenerstellung	Ausgliederung (internes Outsourcing)				Auslagerung (externes Outsourcing)		
	Profit-/Cost-Center	Tochterunternehmen	Gemeinschaftsunternehmen	Beteiligungsunternehmen	Langfristige Zusammenarbeit	Kurz- und mittelfristige Zusammenarbeit	Spontane Zusammenarbeit
← Zunehmend hierarchische Koordination					Zunehmend marktliche Koordination →		

Abbildung 6: Formen des Outsourcing
Quelle: in Anlehnung an Siepermann (2002), S. 1049; Zahn/Barth/Hertweck (1998), S. 118.

Eine weitere in der Literatur verbreitete Auffassung des Outsourcing-Begriffs versteht unter Outsourcing hingegen ausschließlich die Auslagerung von Funktionen,[92] häufig in direkter und alleiniger Verbindung mit der betrieblichen DV. KNOLMAYER definiert beispielsweise das Outsourcing als „vollständige oder teilweise Übertragung von zuvor innerbetrieblich erfüllten IS-Aufgaben an wirtschaftlich unabhängige Dienstleistungsunternehmen".[93] Diese Definition schließt neben Ausgliederungen auch die Betrachtung bisher nicht innerbetrieblich getätigter Funktionen aus.[94]

In diesem Zusammenhang kann eine Abgrenzung des Outsourcing-Begriffs von dem des Make-or-Buy (MoB) vorgenommen werden.[95] Die Make-or-Buy-

---

ständigung und Dezentralisierung der Dienstleistungserbringung den Ausgangspunkt weiterer Aktivitäten bildet. Vgl. auch Cross (1995), S. 96. Zur detaillierten Vorgehensweise einer sukzessiven DV-Übertragung vgl. Bongard (1994), S. 87-91.

[91] Eine nahezu identische Einteilung verwendet auch Schotters (1992), S. 212-217.

[92] Vgl. zum Beispiel Bühner/Tuschke (1997), S. 21.

[93] Knolmayer (1992a), S. 3. Ähnlich Picot/Maier (1992), S. 14-15; Szyperski (1993), S. 32; Szyperski/Schmitz/Kronen (1993), S. 229; Schwarze (1995), S. 4.

[94] Zu weiteren Auffassungen des Outsourcing-Begriffs im Kontext von Ausgliederung und Auslagerung vgl. Nagengast (1997), S. 58-60.

[95] Diese Abgrenzung findet nicht immer statt. Vgl. zum Beispiel Grover/Cheon/Teng (1994), S. 36; Barthélemy (2003), S. 546 oder Ruthekolck/Kelders (1993), S. 57, die Outsourcing als Make-or-Buy-Entscheidung bezogen auf den IV-Bereich verstehen.

Entscheidung beinhaltet die Frage nach der Eigenerstellung oder dem Fremdbezug von Produkten und Leistungen, wobei es unerheblich ist, ob das Produkt oder die Leistung bereits in der Unternehmung erstellt wird oder nicht.[96] Outsourcing wird häufig als spezielle Form der Make-or-Buy-Problematik gesehen, da es beim Outsourcing ebenfalls um die Frage nach der Eigenerstellung, dem Fremdbezug oder der Kombination aus beiden Bezugsvarianten geht, jedoch in der Regel nur bisher innerbetrieblich erstellte (Dienst-)Leistungen berücksichtigt werden.[97]

Eine weitere Abgrenzung ist zwischen Outsourcing und einer vertikalen beziehungsweise horizontalen Integration vorzunehmen.[98] Unterschiede bestehen vor allem in der Richtung der Übernahme der Dienstleistungen beziehungsweise Aktivitäten, da bei einer Integration, völlig gegensätzlich zum Outsourcing, Markttransaktionen durch interne Transaktionen ersetzt werden. Während zudem die Zugehörigkeit einer Dienstleistung bei der vertikalen beziehungsweise horizontalen Integration eine Rolle spielt, ist dieses für das Outsourcing irrelevant. Das Outsourcing, in diesem Zusammenhang auch als Desintegration zu verstehen, kann sowohl vertikalen wie auch horizontalen Charakter haben.[99]

Grundlegend für die Arbeit soll die ursprüngliche und bis heute überwiegend verwendete Auffassung des Outsourcing-Begriffs sein.[100] Entgegen einer häufig stattfindenden Differenzierung von der Make-or-Buy-Problematik werden im Folgenden jedoch auch Leistungen unter die Begrifflichkeit des Outsourcing, die bisher nicht in der Unternehmung erstellt wurden, um die Argumentation über Fragen der Eigen- oder Fremderstellung nicht durch unnötige begriffliche Diffe-

---

[96] Vgl. weiterführend Männel (1981).
[97] Vgl. Bliesener (1994), S. 278-279; Nagengast (1997), S. 58.
[98] Eine Integration von Leistungen in diesem Sinne wird auch als Insourcing bezeichnet.
[99] Vgl. Nagengast (1997), S. 62-63.
[100] Vgl. Minoli (1995), S. 1; Bongard (1994), S. 87; Nagengast (1997), S. 48; Knolmayer (1992a), S. 3; Picot (1991), S. 338.

renzierungen zu erschweren.[101] Ausgehend vom Verständnis des Outsourcing als Summe aus Ausgliederung und Auslagerung von Leistungen wird unter Outsourcing daher die permanente oder zeitlich befristete Übertragung einzelner[102] oder aller bisher innerbetrieblich erfüllter oder neu zu beziehender Leistungen der IV an ein rechtlich unabhängiges Dienstleistungsunternehmen verstanden.[103]

2.2.2. Voraussetzungen für die Durchführung von Outsourcing-Vorhaben

Eine tiefer gehende Betrachtung des Outsourcing von Leistungen der Informationsverarbeitung ergibt nur Sinn, wenn grundsätzliche Rahmenbedingungen für ein Outsourcing erfüllt sind. Werden diese Bedingungen nicht ausreichend erfüllt, ist eine Leistungsübertragung von vornherein auszuschließen und die Koordinationsalternative des Fremdbezugs bedarf keiner eingehenden Betrachtung mehr. Die Einhaltung oder Nichteinhaltung einer Rahmenbedingung muss jedoch immer im sachlichen Kontext des Betrachtungsobjekts gesehen werden. Häufig können nicht einfach pauschale Aussagen über die Möglichkeit eines Outsourcing getroffen werden. Der Verstoß gegen eine einzelne Bedingung darf

---

[101] Die Zweckmäßigkeit der Begriffsdefinition des Outsourcing soll dazu dienen, im späteren Verlauf eine Handlungsempfehlung bei Entscheidungen hinsichtlich der Eigenerstellung oder des Fremdbezugs von IV-Leistungen geben zu können. In diesem Zusammenhang kann es nicht sinnvoll sein, nur bisher innerbetrieblich erstellte Leistungen zu betrachten. Gerade die Möglichkeit des Fremdbezugs von Leistungen, die bisher aufgrund einer mangelnden Realisierbarkeit in der Unternehmung nicht von Interesse waren, kann für das Unternehmen von Bedeutung sein. KMU nehmen häufig die Möglichkeit in Anspruch, neue IV-Leistungen durch Fremdbezug zu nutzen. Vgl. Grover/Cheon/Teng (1994), S. 36. Insbesondere das in Kapitel 4 beschriebene Application Service Providing wird häufig als eine Variante des Outsourcing beschrieben, stellt jedoch in vielen Fällen eine Make-or-Buy-Problematik nach obiger Definition dar, da ASP-Lösungen im Regelfall in der Unternehmung noch nicht erbracht werden. Vgl. auch Krcmar (2003), S. 310.

[102] Das Outsourcing einzelner Aufgaben der IV wird auch als partielles beziehungsweise selektives Outsourcing bezeichnet. Lacity/Willcocks (2003), S. 116 sprechen vom selektiven Outsourcing, wenn einzelne IT-Funktionen von externen Anbietern erfüllt werden, jedoch 20-80% der IV-Funktionen, gemessen am laufenden IT-Budget, unternehmensintern erbracht werden. Dem selektiven Outsourcing wird eine sehr hohe Bedeutung bei Outsourcing-Vorhaben beigemessen. Vgl. zum selektiven Outsourcing auch Lacity/Willcocks/Feeny (1996); Cross (1995); Dibbern/Güttler/Heinzl (2001).

[103] In Anlehnung an Knolmayer (1995), S. 152; Picot/Maier (1992), S. 15-16.

nicht zwangsläufig als alleiniges Ausschlusskriterium herangezogen werden, wobei aber Bedingungen existieren, deren Einhaltung notwendige Voraussetzung für ein Outsourcing ist.[104] Der Grad der Erfüllung der Bedingungen kann anhand einer stetigen Skala zwischen den Extremwerten „Bedingung erfüllt" und „Bedingung nicht erfüllt" angegeben werden. Zudem sollte eine Gewichtung der Bedingungen vorgenommen werden und die Interdependenzen zwischen den einzelnen Bedingungen sollten einer genaueren Betrachtung unterzogen werden.[105]

Nach NAGENGAST[106] können die Bedingungen in drei Kategorien eingeteilt werden, die im Folgenden in einer Übersicht dargestellt sind:[107]

Voraussetzungen für die Dienstleistung	**Voraussetzung für das potenziell übernehmende Unternehmen**	**Voraussetzung für das potenziell übertragende Unternehmen**
Isolierte Existenzfähigkeit der zu übertragenden Leistung Zugehörigkeit zu Nicht-Kernbereichen des Unternehmens Nichtentgegenstehen eines rechtlichen Verbots des Fremdbezugs Vertretbarer negativer Einfluss auf andere Leistungen	Existenz übernahmefähiger Unternehmen[108] Eignung der übernahmefähigen Unternehmen Bereitschaft zur Übernahme der Dienstleistung Transparenz des Dienstleistungsmarktes	Wille zum Outsourcing der Dienstleistung Fähigkeit zum Outsourcing der Dienstleistung (Bewältigung der anstehenden Tätigkeiten und Aufgaben)

Tabelle 2: Voraussetzungen für die Durchführung des Outsourcing von Dienstleistungen
Quelle: in Anlehnung an Nagengast (1997), S. 67-74.

---

[104] Einen solche Bedingung ist zum Beispiel die rechtliche Auflage des §25 KWG.

[105] Vgl. dazu Nagengast (1997), S. 67.

[106] Vgl. Nagengast (1997), S. 67-74.

[107] Eine ähnliche Aufteilung, jedoch nur in Bezug auf die Ausgliederungsfähigkeit betrieblicher Funktionen, nimmt auch Selchert (1971), S. 91-96 vor. Vgl. zu einzelnen Bedingungen Gruhler (1994), S. 165-166; Finken (1997), S. 13-15. Vgl. detaillierter zu den Voraussetzungen für das potenziell übernehmende Unternehmen Schotters (1992), S. 192-217.

[108] Beispielsweise beschreibt Gillis (1998), S. 23 als Grund für den geringen Grad des Outsourcing in großen amerikanischen Banken, dass keine Anbieter existieren, die groß genug sind oder die Fähigkeiten besitzen, eine entsprechende Outsourcing-Herausforderung zu bestehen.

Da die Einhaltung der Voraussetzungen vom jeweiligen konkreten Outsourcing-Objekt abhängt, werden die grundsätzlichen Voraussetzungen der Durchführung eines Outsourcing an einem späteren Punkt der Arbeit erneut aufgegriffen und anhand einer betrachtungsobjektspezifischen Prüfung erläutert.[109]

2.2.3. Outsourcing-Dimensionen

Aufgrund der sehr allgemein gehaltenen Begriffsdefinition ergibt sich eine Menge von Ausgestaltungsmöglichkeiten von Outsourcing-Lösungen. Je nach Charakter der einzelnen Lösung lassen sich in der Praxis verschiedene Varianten des Outsourcing finden. Für die Outsourcing-Varianten bestehen jedoch in den meisten Fällen keine eindeutigen Definitionen und somit bleibt eine klare Abgrenzung zwischen diesen häufig unerreicht.[110] Beispielhaft für die begrifflichen Unschärfen ist der häufig diskutierte Begriff des „Facilities Management“ (FM), der bereits vor dem Begriff des Outsourcing verwendet wurde. Von einigen Autoren wird FM als die klassische Form des Outsourcing bezeichnet,[111] von anderen aufgrund einer umfassenderen Definition als die extremste Form des Outsourcing[112] verstanden und wieder von anderen als Bestandteil des Outsourcing definiert,[113] wobei die unterschiedlichen Sichtweisen sich nicht gegenseitig ausschließen müssen.[114]

Die Vielfalt der Outsourcing-Varianten macht eine Systematisierung von Outsourcing-Lösungen anhand allgemeiner Kriterien sinnvoll. Eine nähere Beschäf-

---

[109] Vgl. GP 5.2.

[110] Vgl. zu unterschiedlich definierten Outsourcing-Varianten beispielsweise Grover/Cheon/Teng (1994), S. 34-35.

[111] Vgl. zum Beispiel Szyperski (1993), S. 32; Huff (1991), S. 62; Currie (2000), S. 173.

[112] Vgl. zum Beispiel Meyer/Leuppi (1992), S. 49.

[113] Vgl. zum Beispiel Knolmayer (1992), S. 356; Huff (1991), S. 62.

[114] Generell und im Kontext dieser Arbeit ist unter FM jedoch der Betrieb des Rechenzentrums durch Dritte zu verstehen und stellt somit eine Teilmenge des Outsourcing dar. FM wird demnach durch den Umfang der übertragenen Leistung definiert. Zu einer Differenzierung nach dem Umfang der übertragenen Leistung vgl. auch Finken (1997), S. 7-9, der unter anderem Varianten wie das Applications Management, Systems Operations, Professional Services,

tigung mit den unterschiedlichen Erscheinungsbildern des Outsourcing erfordert daher Überlegungen hinsichtlich einer Klassifikation der im Rahmen der Outsourcing-Definition möglichen Formen des Outsourcing. Hierfür können die so genannten Outsourcing-Dimensionen genutzt werden, welche die Gestaltungsspielräume bezeichnen, die sich aus der allgemeinen Begriffsdefinition des Outsourcing ableiten. Sie sollen der Charakterisierung verschiedener Outsourcing-Formen dienen und durch ihre jeweiligen Ausprägungen eine Outsourcing-Lösung möglichst strukturiert definieren.[115] Wichtige, für diese Arbeit relevante Dimensionen sind im Folgenden skizziert:[116]

	Unterscheidungskriterium	Formen des Outsourcing
A. Klassifizierung hinsichtlich der übertragenen Dienstleistung		
A.1.	Zahl der übertragenen Dienstleistungen	Outsourcing von ein/zwei/drei/... Dienstleistungen
A.2.	übertragene Phase der Dienstleistung	Outsourcing der Durchführung (Outsourcing ersten Grades)/Outsourcing von Planung, Durchführung und Kontrolle (Outsourcing zweiten Grades)
A.3.	Outsourcing-Intensität	totales/partielles Outsourcing
B. Klassifizierung hinsichtlich des übernehmenden Unternehmens		
B.1.	Anzahl der Dienstleister	single/dual/triple/.../multiple sourcing
B.2.	Selbstständigkeit des übernehmenden Unternehmens	externes/internes Outsourcing
B.3.	Standort des übernehmenden Unternehmens	regionales/nationales/internationales Outsourcing
C. Klassifizierung hinsichtlich der Übertragung der Dienstleistung		
C.1.	Anzahl der Übertragungsprozesse	primäres/sekundäres/tertiäres/... Outsourcing
C.2.	Dauer der Übertragung	kurz-/mittel-/langfristiges Outsourcing
C.3.	Häufigkeit der Übertragung	Permanentes (einmaliges)/fallweises (mehrmaliges) Outsourcing

---

Systems Management, Systems Integra-tion und CoSourcing beschreibt. Ähnlich Hirschheim/Dibbern (2002), S. 7-10; Bongard (1994), S. 80-87.

115 Vgl. dazu auch Selchert (1971), S. 30-40.

116 Zu weiteren Ausführungen zu einzelnen Dimensionen des Outsourcing vgl. Nagengast (1997), S. 74-87; Bongard (1994), S. 91-93; Selchert (1971), S. 30-40.

C.4.	Umfang der übertragenen Ressourcen (inklusive Eigentumsverhältnisse von Anlagen und Software)	Outsourcing mit/ohne Übertragung von Ressourcen
C.5.	Bedeutung des Outsourcing für das übertragende Unternehmen	strategisches/taktisches/operatives Outsourcing
C.6.	Form der Gegenleistung	Outsourcing mit/ohne Entgelt; Outsourcing mit/ohne Kompensationsleistungen; gesondertes Entgelt für Dienstleistung/Entgelt für Absatzbündel

Tabelle 3: Dimensionen und Formen des Outsourcing von Dienstleistungen
Quelle: in Anlehnung an Nagengast (1997), S. 86; Bongard (1994), S. 91.

Die aufgeführten Formen des Outsourcing unterscheiden sich lediglich hinsichtlich eines einzigen Kriteriums. Es sei darauf hingewiesen, dass ebenso Systematisierungen hinsichtlich mehrerer Kriterien vorgenommen werden können und eine Vielzahl von Mischformen zwischen den einzelnen Ausprägungen des Outsourcing auftreten können.

2.2.4. Vor- und Nachteile des Outsourcing

Die Entscheidung über den Fremdbezug oder eine Mischform des Bezugs von Leistungen hat umfangreiche Auswirkungen auf die wettbewerbsstrategische Position und die Struktur der betreffenden Unternehmung. So kann Outsourcing dazu beitragen Ziele der Prozessorganisation, wie zum Beispiel Schnelligkeit, Reaktionsfähigkeit, Innovationsfähigkeit, Ergebnisqualität und Kostensenkung, zu erreichen.[117] Der strategischen Bedeutung des Outsourcing wird daher eine hohe Bedeutung beigemessen.[118] Outsourcing kann beispielsweise zur Verwirklichung strategischer Ziele, wie „Konzentration auf das Kerngeschäft", „Reorganisation im Unternehmen",[119] „Transfer von Risiken"[120] und „Diversifikation

---

[117] Vgl. Krüger (1993), S. 580; ähnlich Herff (2002), S. 5-8; Wildemann (1998), S. 2.

[118] Vgl. Schätzer (1999), S. 44-47; Szyperski/Schmitz/Kronen (1993), S. 236. Die günstige Beurteilung von Outsourcing-Entscheidungen unter strategischen Gesichtspunkten spiegelt sich auch in einer amerikanischen Studie wider, in der aufgezeigt wird, dass die Aktienmärkte signifikant positiv auf Ankündigungen von Outsourcing-Projekten reagieren. Vgl. Huff (1991), S. 65.

[119] Zum IV-Outsourcing als Reorganisationsinstrument vgl. Esser (1994); McLellan/Marcolin (1994), S. 96-98. Auch Szyperski/Schmitz/Kronen (1993), S. 229 beschreiben in diesem Zusammenhang Outsourcing als probates Mittel, bestimmte strategische Entscheidungen (wie

des Leistungsangebots" beitragen.[121] Durch Outsourcing soll die strategische Fitness und Flexibilität eines Unternehmens verbessert werden.[122] Nach HUBER werden zunehmend die Unternehmen Vorteile haben, die flexibel genug sind, die besten Technologien zu akzeptablen Kosten zu nutzen.[123] Häufig ist dieses Ziel nur zu erreichen, indem auf andere Partner zurückgegriffen wird. Der Trend des Fremdbezugs oder teilweisen Fremdbezugs von IV-Leistungen zeichnet sich speziell bei den eher technisch geprägten Leistungen ab.[124] Bei der Diskussion über die Fremdvergabe von IV-Leistungen ist zu beachten, dass durch das Outsourcing nicht das Informationsmanagement der Unternehmung obsolet wird, sondern - im Gegenteil - aufgrund der erhöhten Koordinationsanforderungen zwischen Leistungsnachfrager und -erbringer die Qualität des Informationsmanagements von zunehmender Bedeutung ist.[125] Moderne IuK-Technologien können dazu führen, dass sich das Ausmaß an Dezentralisationsbestrebungen

---

zum Beispiel Reorganisationen) zu unterstützen oder erst zu ermöglichen. Zur Frage, ob Reorganisation isoliert von den betrieblichen Informationssystemen stattfindet und sich diese im Nachhinein den neuen Strukturen anpassen soll oder ob Reorganisation als Folge veränderter informationstechnischer Potenziale und Möglichkeiten auftritt oder aber eine Reorganisation simultan zur Neugestaltung der Informationssysteme vorgenommen werden sollte, vgl. Knolmayer (1993), S. 78-79. Auch wird ein Outsourcing im Kontext der Reorganisation häufig als Instrument bei der Durchführung von Unternehmenszusammenschlüssen, -übernahmen oder beim Verkauf eines Unternehmensteils verwendet. Vgl. McLellan/Marcolin (1994), S. 96-98.

120 Hiermit sind beim Outsourcing von IV-Leistungen vor allem die Risiken und Gefahrenpotenziale gemeint, die aus Investitions- und Technologieentscheidungen hervorgehen. Vgl. Szyperski/Schmitz/ Kronen (1993), S. 238; McLellan/Marcolin (1994), S. 98.

121 Vgl. Schätzer (1999), S. 45-46; DiRomualdo/Gurbaxani (1998). Zu Outsourcing-Beispielen, die unter anderem die Verfolgung dieser Ziele verdeutlichen, vgl. Huber (1993); Cross (1995). Auch Selchert (1971), S. 55 sieht die Funktionsausgliederung als ein Mittel im Dienste des Zielstrebens einer Unternehmung an, betont jedoch noch nicht explizit den strategischen Aspekt.

122 Vgl. Zahn/Barth/Hertweck (1998), S. 111. Insbesondere in Zeiten tief greifender Veränderungen wird Outsourcing als attraktive Handlungsalternative angesehen. Vgl. Szyperski (1993), S. 41. Die Flexibilität, die Outsourcing bietet, wird auch dadurch deutlich, dass gerade sehr stark wachsende Firmen Outsourcing-Lösungen in Anspruch nehmen Vgl. Hormozi/Hostetler/Middleton (2003), S. 19.

123 Vgl. Huber (1993), S. 86.

124 Vgl. Szyperski (1993), S. 32.

verstärkt. Grundsätzlich bedeutet eine Dezentralisation von Entscheidungen einen Verlust an Führbarkeit und Koordinierbarkeit der dezentralen Einheiten. Eine Dezentralisation bringt zwar im Gegensatz zu einer Zentralisation Stabilitätsverluste mit sich, ermöglicht jedoch zusätzliche Flexibilitätsgewinne. Der gezielte Einsatz neuer IuK-Technologien kann hier zu einer Abschwächung der Nachteile einer Dezentralisation beitragen und letztendlich positiv auf die Entscheidungsfindung eines solchen Konzeptes einwirken.[126]

Neben der Verfolgung strategischer Unternehmensziele kann Outsourcing ebenfalls eine Handlungsnotwendigkeit darstellen. Wichtige Argumente, die in diesem Zusammenhang das Outsourcing vorteilhaft erscheinen lassen, beziehen sich auf steigende Anforderungen der betrieblichen IV (zum Beispiel unflexible unternehmensinterne Soft- und Hardwaresysteme, sich ständig wandelnde Technologien), einen zunehmenden Kostendruck[127] und ein sich ständig änderndes Know-how.[128] Den gestiegenen Anforderungen an die Unternehmung stehen häufig veraltete Organisationsstrukturen und IT-Systeme sowie ein Mangel an qualifiziertem Personal gegenüber.[129] Der von einer besonderen Dynamik gekennzeichneten Veränderung im IT-Bereich kann daher von unternehmensinternen Abteilungen in aller Regel nicht ausreichend Rechnung getragen werden.[130] Ein externer, spezialisierter Anbieter ist viel eher in der Lage, dem Unternehmen bessere beziehungsweise neuere Informationstechnologien in kürzerer Zeit und

---

[125] Vgl. Szyperski/Schmitz/Kronen (1993), S. 229.

[126] Vgl. Krüger (1993), S. 593-594. Vgl. zu den transaktionskostensenkenden Effekten der IuK-Technologien GP 3.6.3.2.

[127] Outsourcing-Entscheidungen finden häufig allein aufgrund des Kostenaspektes statt. Dibbern/Heinzl/Leibbrandt (2003b), S. 534 weisen jedoch darauf hin, dass insbesondere Ressourcen- und Leistungsunterschiede zwischen dem in der Entscheidung befindlichen Unternehmen und dem externen Dienstleister zu berücksichtigen sind.

[128] Vgl. Picot/Maier (1992), S. 17-18. Zu weiteren Gründen vgl. Keppler (1998), S. 47-52; Esser (1994), S. 70-72; auch Schwarze (1995), S. 4, der in diesem Zusammenhang das Ziel des Outsourcing weniger als eine Kostenreduzierung, sondern eher allgemein als eine Problem- und Risikoreduzierung beschreibt.

[129] Vgl. Picot/Maier (1992), S. 16-18; Szyperski/Schmitz/Kronen (1993), S. 236-237. Zur komplexen Problemstruktur der innerbetrieblichen IV vgl. Heinrich (1992), S. 49.

[130] Vgl. Hans/Warschburger (1998), S. 577.

zu geringeren Kosten zur Verfügung zu stellen sowie zusätzlich die IT-Personalproblematik zu entschärfen.[131] Durch die Reduzierung des Wartungs- und Administrationsaufwands für Hard- und Software[132] im Rahmen eines Outsourcing können die freigesetzten Ressourcen für strategisch bedeutsamere Unternehmensfunktionen eingesetzt werden.[133] Neben einer Verbesserung des Kosten-Nutzen-Verhältnisses der IV kann das outsourcende Unternehmen ferner von hochwertigen Sicherheitsvorkehrungen profitieren.[134]

In Abhängigkeit von den zugrunde liegenden Zielen können Unternehmen zwei grundsätzliche Outsourcing-Strategien oder eine Mischform beider Strategien verfolgen. Die *Standardisierungsstrategie* beschreibt den Bezug von wenig spezialisierten Leistungen, die mit standardisierten IuK-Technologien (zum Beispiel Standardsoftware, Standardbetriebssysteme) erbracht werden können. Die durch diese Strategie freigesetzten Ressourcen (zum Beispiel Kapital, Personal) können für die eigentlichen Kernaufgaben der Unternehmung eingesetzt[135] und „Altlasten" (wie zum Beispiel veraltete Infrastruktur und Individualsoftware) durch moderne, standardisierte Leistungen ersetzt werden. Zudem erhöhen standardisierte Lösungen die Flexibilität, besonders im Hinblick auf Unternehmens-

---

131 Vgl. Szyperski/Schmitz/Kronen (1993), S. 238; McLellan/Marcolin (1994), S. 98-99. Als gewichtiges Kriterium für ein Outsourcing werden daher von Szyperski (1993), S. 41 auch die kürzeren Lebenszyklen von Produkten und Dienstleistungen angeführt, die eine häufige Anpassung der Informationssysteme erfordern. Durch eine Risikoübertragung können Unsicherheiten aus der Personalbeschaffung, -administration und -weiterbildung sowie das Risiko steigender Personalkosten auf den Anbieter abgewälzt werden.

132 Den Kosten für Wartung und Pflege von Hard- und Software in den Unternehmen werden bereits seit einigen Jahren überproportionale Steigerungsraten attestiert. Vgl. Szyperski (1993), S. 41.

133 Vgl. Picot/Maier (1992), S. 17; Cross (1995), S. 94-95. Picot (1990), S. 296 stellt die umfangreiche Inanspruchnahme von Ressourcen durch betriebliche IS heraus, die durch ein Outsourcing bestimmter Leistungen der IV anderen, wichtigeren betrieblichen Funktionen zugeführt werden können.

134 Vgl. Picot/Maier (1992), S. 17. Hochwertige Sicherheitsvorkehrungen sind zum Beispiel verbesserte Sicherungs- und Ausweichmöglichkeiten bei Abstürzen oder Datenverlusten.

135 Womit das strategische Ziel „Konzentration auf das Kerngeschäft" verfolgt wird.

zusammenschlüsse oder weitere Outsourcing-Aktivitäten.[136] Die *Differenzierungs- und Innovationsstrategie* hingegen beschreibt den Fremdbezug von spezifischen Technologien und spezifischem Know-how, um dem raschen Wissenszuwachs und dem technologischen Wandel in der IV Rechnung tragen zu können.[137] Die institutionelle und organisatorische Einbindung der Dienstleister ist je nach Strategie unterschiedlich. Während bei einer Standardisierung klassische Marktbeziehungen genutzt werden können, ist mit zunehmender Differenzierungs- und Innovationsstrategie eine engere Einbindung der Dienstleister anzustreben.[138]

Die Leistungstiefenentscheidung, die mit einem Outsourcing einhergeht, hat erheblichen Einfluss auf Höhe und Struktur der Kosten,[139] Qualität und Flexibilität des Leistungsangebots, Umfang der internen und unternehmensübergreifenden Koordinationsaufgaben und der damit zusammenhängenden notwendigen Kompetenzen und Qualifikationen sowie den Grad der Abhängigkeit von (externen) Dienstleistungsunternehmen.[140] Die durch das Outsourcing implizierten Veränderungen können nicht nur Vorteile für das übertragende Unternehmen mit sich bringen, sondern bergen auch eine Reihe von Risiken, beziehungsweise Nachteilen in sich.[141] Die Abhängigkeit als einer der wichtigsten potenziellen Nachteile besteht insbesondere darin, dass der Leistungsnachfrager auf die Kompetenz und

---

[136] Vgl. Heinrich (1992), S. 52-53.

[137] Insbesondere das strategische Ziel „Diversifikation des Leistungsangebots" wird mit dieser Outsourcing-Strategie verfolgt. Vgl. dazu Schätzer (1999), S. 49. Die beiden strategischen Ziele „Reorganisation im Unternehmen" und „Transfer von Risiko" werden von beiden Outsourcing-Strategien unterstützt.

[138] Vgl. Picot/Maier (1992), S. 18-19.

[139] Zu Kosteneffekten des Outsourcing vgl. auch Finken (1997), S. 34-38. Auch wenn dem Outsourcing grundsätzlich ein positiver Kosteneffekt beigemessen wird, stellen Willcocks/Fitzgerald/Lacity (1996), S. 156-158 in einer Studie auch die möglicherweise eintretende Variante einer konträren Entwicklung dar. Einige Unternehmen, die befragt wurden, konnten nicht das angestrebte Ziel einer Kostenreduktion durch ein Outsourcing erreichen. Ebenso stellen sie fest, dass eine Kostenreduktion auch durch unternehmensinterne Maßnahmen erreicht werden kann.

[140] Vgl. Picot/Maier (1992), S. 15.

[141] Vgl. Tabelle 5; vgl. zu Risiken des Outsourcing insbesondere Aubert/Party/Rivard (2002).

Zuverlässigkeit des Leistungserstellers angewiesen ist. Dabei wird die Gefahr einer Abhängigkeit vom Outsourcing-Anbieter mit zunehmender Komplexität der übertragenen Leistung bedeutsamer.[142] In diesem Sinne muss großes Vertrauen bezüglich Diskretion, Verarbeitungssicherheit, kontinuierlicher Dienstleistungsqualität und andauernder Geschäftstätigkeit des Geschäftspartners vorhanden sein.[143] „Die Risikoabwälzung bei der Leistungserstellung erkauft das Unternehmen mit dem Risiko der Zusammenarbeit, das durch unterschiedliche Unternehmenskulturen und Schnittstellenprobleme zwischen eigenerstellter und fremdbezogener Leistung besteht".[144] Die Wahl des Outsourcing-Anbieters ist daher von entscheidender Bedeutung.[145] Vertrauen und eine gegenseitig nutzenstiftende Zusammenarbeit sollten demzufolge jeder Geschäftsbeziehung zugrunde liegen.[146] Der Aufbau von Vertrauen bedarf jedoch langfristiger Anstrengungen. Aus diesem Grund resultieren viele Outsourcing-Beziehungen aus bereits bestehenden Geschäftsbeziehungen.[147] Als wesentliche Faktoren für eine erfolgreiche Partnerschaft werden neben dem langsamen Anwachsen eines Vertrauensverhältnisses unter anderem die Unterstützung durch das Topmanagement, kontinuierlicher Austausch vertraulicher Information und ernsthaftes Interesse an einer langfristigen Zusammenarbeit zur Stiftung beiderseitigen Nutzens be-

---

[142] Vgl. Szyperski (1993), S. 41; Zahn/Barth/Hertweck (1998), S. 116. Allerdings kann auch bei einfachen Leistungen eine hohe Abhängigkeit vom Dienstleister auftreten vor allem wenn diese essenziell für andere Leistungen sind (vgl. GP 2.1.2.). Eine Möglichkeit, die Abhängigkeit von externen Dienstleistern zu vermindern, ist auf mehrere, teilweise konkurrierende Dienstleister zuzugreifen, um der Gefahr eskalierender Gebühren und inflexiblen Services durch Wettbewerb unter den Anbietern entgegenzuwirken. Vgl. Cross (1995), S. 94-95. Die Notwendigkeit der Bildung eines wettbewerbsorientierten Outsourcing-Umfelds für den Fremdbezug von Leistungen beschreiben auch Lacity /Willcocks/Feeny (1995), S. 84-85.

[143] Vgl. Szyperski/Schmitz/Kronen (1993), S. 238; Bruch (1995), S. 26.

[144] Schätzer (1999), S. 47. Auf die für den Outsourcing-Erfolg zu bewältigende Komplexität der Partnerschaft zwischen Anbieter und Nachfrager und die damit verbundenen notwendigen Vertrags- und Managementmaßnahmen verweisen auch DiRomualdo/Gurbaxani (1998), S. 69.

[145] Eine Übersicht zu möglichen Kriterien bei der Wahl des Outsourcing-Partners bietet Finken (1997), S. 45-47.

[146] Vgl. Jarillo (1988), S. 34; Knolmayer (1991), S. 329.

[147] Vgl. Takac (1994), S. 153.

schrieben.[148] Das Beziehungsmanagement, das heißt die Koordination der Zusammenarbeit und die Pflege der Beziehung zum Outsourcing-Partner, ist somit von entscheidender Bedeutung für den Erfolg der Outsourcing-Aktivitäten.[149]

Motive beziehungsweise Vor- und Nachteile[150] des IT-Outsourcing sind zusammenfassend und ergänzend im Folgenden dargestellt:[151]

Vorteile und Motive des Outsourcing
Kosten:
- Kostenreduktion - Skaleneffekte[152] - Umwandlung von Fixkosten in variable Kosten - bessere Planbarkeit und Transparenz des Kostenanfalls - indirekt bessere Verhandlungsposition gegenüber Systemanbietern - verstärktes Kostenbewusstsein und dadurch verbesserte Ressourcennutzung[153] (zunehmende Disziplinierung bei den Kostenverursachern) - kein Vorhalten von Maximalkapazitäten

---

[148] Vgl. Bliesener (1994), S. 287.

[149] Vgl. Finken (1997), S. 26. Zum Management einer IT-Outsourcing-Partnerschaft vgl. McFarlan/ Nolan (1995).

[150] Zu weiteren Ausführungen hinsichtlich der Vorteile und der Hemmschwellen beziehungsweise möglichen Nachteile des Outsourcing vgl. zum Beispiel Esser (1994), S. 72; Grover/Cheon/Teng (1994), S. 37-39; Huff (1991); Krass (1990); Bongard (1994); Hendry (1995), der sich vor allem mit den möglichen indirekten Nachteilen des Outsourcing befasst. Vgl. zudem Knüppel/Heuer (1994), die anhand einer empirischen Untersuchung zum Outsourcing mögliche Vor- und Nachteile aus Sicht potenzieller und tatsächlicher Nutzer darstellen. Zu Risiken des Outsourcing vgl. insbesondere Aubert/ Party/Rivard (2002).

[151] Vgl. zu folgender Aufstellung und weiteren Ausführungen Nagengast (1997), S. 88-107.

[152] Skaleneffekte und daraus resultierende Kostenersparnisse waren ursprünglich das Hauptargument bei Outsourcing-Entscheidungen. Vgl. hierzu Krass (1990). Die Skaleneffekte wurden jedoch zunehmend weniger durch Effekte bei der Hardware generiert, sondern vielmehr durch eine Mehrfachverwendung des Wissens, den Einsatz moderner, standardisierter Anwendungssoftware, geringere Raum-, Sicherheits-, Administrations- und Softwarekosten, zunehmende Kommunikationsstandards und wachsende Kompatibilität der Systeme sowie verbesserte Automatisierungsmöglichkeiten. Vgl. Knolmayer (1992b), S. 356; Knolmayer (1995), S. 167; Finken (1997), S. 34-36; Szyperski (1993), S. 41. Der Generierung von Skaleneffekten muss laut Ruthekolck/Kelders (1993), S. 57 als Nachteil eines Outsourcing entgegen gehalten werden, dass Synergieeffekte verloren gehen, da der Outsourcing-Anbieter auf die Optimierung jedes einzelnen Projektes abzielt und Synergien zu vor-, nach- oder parallel gelagerten Projekten bei interner Leistungserbringung dabei vernachlässigt werden. Dem ist jedoch entgegenzuhalten, dass gerade beim Outsourcing vom leistungserbringenden Betrieb

Personal:
- mittelfristig Reduzierung der Personalprobleme (zum Beispiel Unabhängigkeit von temporären oder chronischen Personalengpässen) - Entschärfung der Personalbeschaffungsproblematik - Verringerung des Personalbestands - geringere Abhängigkeit von mitarbeiterspezifischen Wissen und Fähigkeiten - Verbesserung der Karrieremöglichkeiten unternehmenseigener IT-Spezialisten[154] - Entlastung des internen DV-Managements von Routinearbeiten
Risiko:
- allgemeiner Risikotransfer (zum Beispiel Beschäftigungsrisiko oder Risiko der Technologieentwicklung) - Verringerung beziehungsweise Verlagerung von Risiken aus der wachsenden technologischen Dynamik und der zunehmenden Komplexität des Einsatzes moderner IuK-Technologien - auf vertraglicher Basis geregelte Abwälzung von Risiken und Gefahrenpotenzialen an Vertragspartner
Strategie/Konzentration:
- Konzentration auf das Kerngeschäft (zum Beispiel durch Komplexitätsverringerung der Planungs- und Steuerungsprozesse) - Verbesserung der Wettbewerbsfähigkeit durch eine Konzentration der eigenen DV-Ressourcen auf die wesentlichen Aufgaben - Freisetzung von Kapazitäten für wichtige Aufgaben - Vorteile kleinerer Organisationen - Erhöhung der Flexibilität[155] - Standardisierung - Unterstützung bei Reorganisationen - Ausweitung des Geschäfts[156] - klar definierte Leistungen und Verantwortlichkeiten - starke Serviceorientierung

erhebliche Synergieeffekte zu erkennen sind, die in Kostenersparnissen an den Leistungsnachfrager weitergegeben werden können. Die Annahme von Ruthekolck/Kelders ist eventuell dann teilweise vertretbar, wenn eine vorher intern erbrachte Leistung auf mehrere völlig unabhängige externe Leistungs-erbringer übertragen wird. Somit muss nicht zwangsläufig eine Gegenläufigkeit von Markteffekten und Synergieeffekten eintreten.

[153] Vgl. Picot/Maier (1992), S. 16; Esser (1994), S. 70-71.

[154] Dow Chemical beispielsweise ist ein Outsourcing-Joint-Venture eingegangen, um den unternehmenseigenen Mitarbeitern bessere Karrieremöglichkeiten zu bieten, als sie nur unternehmensintern gehabt hätten, und damit der hohen Fluktuation der Mitarbeiter und dem Abfluss geschäftskritischen Wissens entgegenzuwirken. Vgl. DiRomualdo/Gurbaxani (1998), S. 68. In mittelständischen Unternehmen verstärkt sich dieses Argument sogar noch. Vgl. Dibbern/Heinzl (2001), S. 347.

[155] Bereits Selchert (1971), S. 56-57 hebt als Motiv die Anpassungsfähigkeit einer Unternehmung an sich ändernde Märkte hervor. Einzelne Funktionen mit besonders häufigen und kostspieligen Anpassungen, wie beispielsweise IV-Leistungen, sind demnach auf andere Unternehmen zu übertragen.

Finanzen:

- Finanzmittelbeschaffung (zum Beispiel Liquidierung jetzt überflüssiger Vermögensgegenstände), das heißt höhere Liquidität[157]
- Verringerung des Finanzierungsbedarfs (geringere Investitionen) beziehungsweise geringere Kapitalbindung
- Auswirkungen auf Jahresabschluss (Verbesserung der Bilanzkennzahlen durch Verringerung des betriebsnotwendigen Anlagevermögens)
- steuerliche Vorteile[158]

Technologie/Know-how:

- hohe, vielfältige Kompetenz des Dienstleistungsunternehmens
- Steigerung der Qualität und Geschwindigkeit (zum Beispiel qualitativ hochwertigere und schnell zur Verfügung stehende moderne IT-Systeme)
- Zugang zu speziellem Know-how, das selbst nur schwer und teuer aufzubauen oder zu halten ist
- kontinuierliche Nutzung modernster Technologien ohne eigene Investitionen (Steigerung der Innovationskraft)
- die Anwendung moderner Entwicklungsmethoden oder die Erstellung von Dokumentationen erfolgt bei Outsourcing-Anbietern meist disziplinierter als in der eigenen Entwicklungsabteilung
- Flexibilität bezüglich Kapazitätsanpassungen
- Erhöhung der Datensicherheit

Tabelle 4: Vorteile und Motive des Outsourcing im Überblick

Quelle: in Anlehnung an Bongard (1994), S. 152-153; auch Knolmayer (1995), S. 163; auch Finken (1997), S. 23.

Nachteile und Risiken des Outsourcing

Kosten:

- steigende Transaktionskosten (höherer Kommunikations-, Koordinations- und Kontroll- und Anpassungsbedarf)[159]
- einmalige Umstellungskosten (Wechselkosten)
- Probleme bei Softwarelizenzen
- Bezugsgrößenbestimmung für Entgelt
- steigende Telekommunikationskosten
- Risiken einer vertraglichen Preisfixierung
- Intransparenz und Unkontrollierbarkeit der vom Outsourcing-Anbieter verlangten Preise
- Nichteintreffen erwarteter Kostensenkungen

---

[156] Die Idee hierbei ist, unternehmensinterne Applikationen, Prozesse, Infrastruktur und Wissen am Markt über eine Outsourcing-Lösung (im Rahmen einer Ausgliederung) anzubieten und damit zusätzliches Geschäft zu generieren oder die bereits bestehenden Lösungen unter Verwendung eines Outsourcing-Vorhabens noch weiter zu entwickeln und am Markt als neuen Service anzubieten. Vgl. dazu DiRomualdo/Gurbaxani (1998), S. 69, S. 76-79.

[157] Vgl. Szyperski/Schmitz/Kronen (1993), S. 237.

[158] Vgl. dazu Finken (1997), S. 41.

[159] Vgl. Zahn/Barth/Hertweck (1998), S. 117.

Personal:
- personalpolitische und arbeitsrechtliche Probleme (insbesondere bei der Übertragung von Personal zum Outsourcing-Anbieter) - Personalprobleme in der Umstellungs- und Übergangsphase - Motivationsprobleme (zum Beispiel wenn die im Unternehmen verbleibenden Restaufgaben keine ausreichende Motivation für das verbleibende DV-Personal schaffen) - eventuell fehlende Akzeptanz in Fachabteilungen (zum Beispiel von IT-Mitarbeitern aus Angst vor einem Arbeitsplatzverlust) - Verlust von qualifiziertem Personal und personalspezifischem Know-how
Strategie/Konzentration:
- Monopolbeziehungen bei Individuallösungen - unterschiedliche Unternehmenskulturen - Störung zusammengehörender Prozesse - Risiko der Zusammenarbeit - Gefahr einer zu großen Standardisierung (zum Beispiel mögliche Minderung von Wettbewerbsvorteilen) - Gefahr strategischer Fehlentwicklungen[160] - erschwerter Schutz sensibler Daten - schwierige qualitative Beurteilung der Dienstleistung - Übervorteilung durch Informationsdefizite
Technologie/Know-how:
- starre Bindung an die Technologie des Outsourcing-Anbieters - Gefahr einer zu großen Standardisierung - Transfer von Know-how und damit verbundenen Wettbewerbsvorteilen an Konkurrenten - zunehmende Auslagerungsaktivitäten ziehen unweigerlich einen Verlust von DV-Kompetenz und -Know-how mit sich - Überwindung räumlicher Distanzen
Rückkehr zur eigenen Informationsverarbeitung:
- Entstehen irreversibler Abhängigkeiten - Wiederaufbau von Know-how nach gescheiterten Outsourcing-Projekten - langfristige Bindung an Outsourcing-Verträge - Aufwand für den Wiederaufbau einer DV-Abteilung - bei völliger Aufgabe der Informationsverarbeitungs-Know-how-Basis durch Outsourcing ist es fast unmöglich, nach mehreren Jahren den Auslagerungsschritt rückgängig zu machen

Tabelle 5: Nachteile und Risiken des Outsourcing im Überblick

Quelle: in Anlehnung an Bongard (1994), S. 152-153; Knolmayer (1995), S. 163; Finken (1997), S. 23.

---

[160] Vgl. Picot/Maier (1992), S. 15.

2.2.5. Verfahren zur Unterstützung von Outsourcing-Entscheidungen

Um das in der Betriebs- und Volkswirtschaftslehre auftretende Organisationsproblem bei arbeitsteiligen Aufgaben lösen zu können, wurden in den Wirtschaftswissenschaften zahlreiche Instrumente und Modelle entwickelt, mit deren Hilfe eine Bestimmung dieser Aufgaben und die Auswahl geeigneter Koordinationsformen für die Aufgabenerbringung erfolgen sollen.[161] Eine Lösungsmöglichkeit des Organisationsproblems stellt das Outsourcing bestimmter Aufgaben dar. Bei Outsourcing-Entscheidungen sind jedoch nicht nur die Extreme der Eigenerstellung oder des Fremdbezugs denkbar. Auch hybride Formen, die sich im Fall des Outsourcing auf verschiedene Alternativen der Ausgliederung und Auslagerung erstrecken, sind zu beachten.[162] Die im Folgenden vorgestellten Instrumente beziehungsweise Modelle können dazu dienen, geeignete Organisationsformen für die Erbringung von unternehmerischen Aufgaben herauszuarbeiten beziehungsweise unternehmerische Aufgabenbereiche hinsichtlich der Eignung für das Outsourcing zu untersuchen. Die vorgestellten Analyseverfahren sollen es dem Entscheidungsträger ermöglichen, das komplexe Problem zu strukturieren, und ihm eine Entscheidungsgrundlage bieten. In der wirtschaftswissenschaftlichen Literatur lässt sich eine Reihe von häufig diskutierten und zum Teil sehr unterschiedlichen Ansätzen zur Unterstützung der Outsourcing-Entscheidungssituation auffinden. Grundsätzlich können dabei quantitative und qualitative Ansätze unterschieden werden.[163]

---

[161] Vgl. Picot/Reichwald/Wigand (2001), S. 38-39.

[162] Vgl. Picot (1991), S. 339-340.

[163] Diese Ansätze sollen jedoch, mit Ausnahme der Transaktionskostentheorie, nur kurz erläutert werden. Für zum Teil ergänzende Ausführungen sei beispielsweise auf Schätzer (1999), S. 52-62; Beer (1997), S. 26-29; Nagengast (1997), S. 173-184; Bongard (1994), S. 167-194 hingewiesen.

2.2.5.1. Quantitative Ansätze

Quantitativen Ansätzen, die auch als „kostenrechnerische Ansätze“[164] oder „produktionskostenorientierte Verfahren“[165] bezeichnet werden, liegt die Beurteilung von alternativen Organisationsformen anhand monetärer Kriterien zugrunde.[166] Sie sind ein in der Praxis weit verbreitetes Instrument zur Unterstützung von Entscheidungen über den Eigen- oder Fremdbezug von Leistungen.[167] Die kostenrechnerischen Verfahren stellen in erster Linie einen statischen Kostenvergleich zwischen den Vollkosten des Fremdbezugs und den entscheidungsrelevanten Kosten der Eigenerstellung dar.[168] Die entscheidungsrelevanten Kosten sind im Einzelfall besonders abzugrenzen und ihre Relevanz hängt von der Fristigkeit der Entscheidung sowie der Auslastung bereits vorhandener Kapazitäten zur Leistungserstellung ab. Gerade bei kurzfristigen Entscheidungen und freien Kapazitäten findet eine Differenzierung zwischen bereits getätigten fixen Kosten (sunk costs) und entscheidungsrelevanten, variablen Kosten Anwendung. Bei nicht ausreichend freien Kapazitäten müssen zusätzlich die engpassspezifischen Opportunitätskosten berücksichtigt werden und bei einer langfristigen Betrachtung muss abgewogen werden, inwiefern die fixen Kosten zu dispo-

---

164 Vgl. zum Beispiel Picot (1991), S. 340-342.

165 Vgl. zum Beispiel Scherer (1995), S. 53.

166 Eingehend zur Beurteilung der Eigenfertigung oder des Fremdbezugs von Leistungen unter Verwendung von kostenrechnerischen Ansätzen vgl. Männel (1981); Baur (1990), S. 13-24.

167 Vgl. Picot (1991), S. 340.

168 Neben den statischen Verfahren, zu denen die Kostenvergleichs-, Gewinnvergleichs-, Rentabilitätsvergleichs- und Amortisationsrechnungen zählen, finden in geringerem Maße noch dynamische Verfahren in der Praxis Anwendung. Zu den bedeutendsten dynamischen Verfahren gehören die Annuitätenmethode, die Interne-Zinsfuß-Methode, die Kapitalwertmethode und die dynamische Amortisationsrechnung. Vgl. Siepermann (2002), S. 1050; Bliesener (1994), S. 286; Nagel (1990), S. 59-70; Harff (2002), S. 51-68.

niblen Kosten werden und entsprechend als Entscheidungsgrundlage mit einzubeziehen sind.[169]

Probleme der kostenrechnerischen Ansätze werden unter anderem in der sehr eingeschränkten Beachtung möglicher Alternativen und in einer zu starken Fokussierung auf kurzfristige Daten bei der Lösungsfindung gesehen. Neben der Beachtung der Alternativen Eigenerstellung und Fremdbezug werden verschiedene institutionelle Einbindungsformen nicht berücksichtigt.[170] Zudem ist die Kostenbasis, die den Entscheidungen zugrunde gelegt wird, nicht ausreichend objektiv. Diese mangelnde Objektivität gilt sowohl für die Vergleichsdaten der Eigenerstellung als auch die des Fremdbezugs. Beispielsweise besteht die Gefahr, dass Fremdanbieter in ihrem Ausgangsangebot die angebotenen Leistungen zu einem von ihnen auf Dauer nicht tragbaren Preis anbieten. Im Laufe der Geschäftsbeziehung werden dann Änderungen vorgenommen, die vorherige Einnahmeverluste kompensieren. Zudem ist eine korrekte und genaue Zurechenbarkeit von fixen Kosten auf bestimmte Funktionen nur selten möglich.[171] Die Anwendung der kostenrechnerischen Ansätze setzt daher gut definierbare oder strukturierte Aufgaben voraus, die eine entsprechende objektivierbare Datenbasis bieten.[172]

---

[169] Bei der Betrachtung von Outsourcing-Entscheidungen der IV handelt es sich meist um längerfristige Entscheidungen, womit in der Regel auf eine Berücksichtigung der Besonderheiten von kurzfristigen Entscheidungssituationen weitgehend verzichtet werden kann. Vgl. Finken (1997), S. 16-17. Finken (1997), S. 17 argumentiert zudem, dass selbst bei Entscheidungen, die ein nur temporäres Outsourcing vorsehen, häufig die notwendige Verfügbarkeit von Kapazitäten dominiert und Kostenaspekte damit bei der Entscheidung eine sekundäre Rolle spielen. Zu einer umfangreichen Analyse der Entscheidung hinsichtlich Eigenfertigung und Fremdbezug unter Verwendung von Kostenkriterien vgl. Männel (1981).

[170] Vgl. Knolmayer (1994a), S. 319-320.

[171] Eine Verbesserung der kostenorientierten Auslagerungsentscheidung wird unter anderem durch die Prozesskostenrechnung erwartet, die eine genaue Zuordnung der Gemeinkosten auf einzelne Funktionen ermöglicht. Vgl. Bühner/Tuschke (1997), S. 25.

[172] Vgl. Picot/Maier (1992), S. 20.

Insbesondere für eine Outsourcing-Beurteilung, die immaterielle Leistungen wie Leistungen der IV zum Gegenstand hat, sind die kostenrechnerischen Ansätze mit grundlegenden Problemen behaftet.[173] Sie weisen speziell Defizite bezüglich einer umfassenden und korrekten Kostenerfassung auf. Die ausschließliche Produktionskostenbetrachtung stellt sich für eine Beurteilung im Kontext der IV als sehr problematisch dar. IV-Leistungen sind in der Regel nicht klar zu definieren und zu bewerten. Selbst bei grundsätzlich guten Voraussetzungen für die Anwendung der kostenrechnerischen Ansätze kann deren Anwendung zu unbefriedigenden Entscheidungen führen, da weiche Kriterien wie Macht- und Abhängigkeitsaspekte oder der Einfluss der Entscheidung auf die unternehmerische Flexibilität nicht genügend beachtet werden. Weitere bedeutsame Kriterien wie Datensicherheit, Unabhängigkeit und Risikominimierung können zudem erst in ergänzenden Entscheidungskalkülen, wie beispielsweise einer Argumentenbilanz, berücksichtigt werden.[174] Die Konzentration auf die Produktionskosten führt zu einer Vernachlässigung der Transaktionskosten. Diese stellen jedoch häufig einen nicht zu unterschätzenden Gesamtkostenanteil dar, können aber von den kostenrechnerischen Ansätzen nicht erfasst werden. Ohne eine Erfassung der Transaktionskosten kann eine Betrachtung von Effizienzproblemen allerdings nicht stattfinden.[175] Zusätzlich sollte dem Zeitwert der Zahlungsströme Beachtung geschenkt werden.[176] Ebenso muss die Qualität der aus rein kostenrechnerischen Aspekten betrachteten Leistungen identisch sein, um eine Vergleichbarkeit zu gewährleisten. Auch die bei den kostenrechnerischen Ansätzen vollzogene, isolierte Betrachtung der jeweiligen Leistung birgt die Gefahr, dass

---

[173] Vgl. Wurl/Lazanowski (2002), S. 1544.

[174] Vgl. Picot/Maier (1992), S. 20.

[175] Vgl. Picot (1991), S. 342; Siepermann (2002), S. 1050; Wißkirchen (1999), S. 305-306.

[176] Diese wird zwar von den dynamischen Ansätzen geleistet, jedoch ist die Erfassung der Zahlungsströme, insbesondere der zukünftigen, in der Regel mit großen Unsicherheiten belastet.

Interdependenzen mit anderen Gütern oder Leistungen außer Acht gelassen werden.[177]

Die kostenrechnerischen Ansätze bieten trotz der aufgeführten Problemfelder ein wichtiges und einfaches Hilfsmittel bei der Entscheidungsfindung. Sie ermöglichen eine Beurteilung der am Markt angebotenen Leistungen und Preise und können Potenziale der internen Optimierung der Unternehmung aufzeigen.[178] Es muss jedoch festgehalten werden, dass die kostenrechnerischen Ansätze nur in seltenen Fällen als alleiniges Entscheidungskriterium geeignet sind und im Regelfall in Ergänzung mit anderen Verfahren Anwendung finden sollten.

Ein auf den kostenrechnerischen Ansätzen basierendes Entscheidungsmodell ist das *Modell der linearen Programmierung* von KNOLMAYER.[179] Dieses Modell bezieht sich explizit auf den Bereich der IV und integriert in einen kostenrechnerischen Ansatz transaktionskostentheoretische Aspekte. KNOLMAYER schlägt in seinem Modell eine Zerlegung der gesamten IV in Elementaraufgaben vor, um darauf aufbauend mittels linearer Programme die minimalen Kosten bei unterschiedlicher Aufgabenerfüllung (Eigenfertigung oder Fremdbezug) zu ermitteln. Neben den Kosten für Eigenfertigung beziehungsweise Fremdbezug wird der Versuch unternommen, möglichst weitgehend die Schnittstellenkosten zwischen den Elementarfunktionen in die Betrachtung einzubeziehen. Das Modell wird jedoch für den Einsatz in der Praxis als wenig geeignet erachtet, denn vor allem die Datenbeschaffung, die statische Betrachtungsweise, die Bildung der Elemen-

---

[177] Vgl. Knolmayer (1994a), S. 319. Als Interdependenzen führt Knolmayer hier beispielsweise die gemeinsame Nutzung knapper Ressourcen oder leistungsübergreifende Lieferantenpolitiken auf.

[178] Vgl. Beer (1997), S. 29.

[179] Vgl. Knolmayer (1991); Knolmayer (1992a); Knolmayer (1994a).

taraufgaben und die weitgehende Vernachlässigung strategischer Elemente sind als problematisch anzusehen.[180]

2.2.5.2. Qualitative Ansätze

Qualitative Ansätze versuchen alle entscheidungsrelevanten, qualitativen Faktoren in die Entscheidungsfindung einzubeziehen und zeichnen sich durch eine Fokussierung auf die möglichen Vor- und Nachteile von Eigen- beziehungsweise Fremdbezugsentscheidungen aus. Als qualitative Ansätze seien Argumentenbilanzen, Punktbewertungsverfahren, Portfoliomodelle, Checklisten und Clusteranalysen genannt, die im Folgenden skizziert werden.[181] Ebenso wird auch die Transaktionskostenanalyse zu den qualitativen Ansätzen gezählt, auf die jedoch in Kapitel 3 gesondert eingegangen wird.[182]

Argumentenbilanzen stellen in systematisierter Form die Vor- und Nachteile eines möglichen Eigen- beziehungsweise Fremdbezugs einer Leistung, die gegebenenfalls entsprechend ihrer Bedeutung zu gewichten sind, in einem bilanzähnlichen Schema gegenüber.[183] Diese Aspekte stellen in der Regel rein qualitative Gesichtspunkte dar. Eine vollständige Ausführung aller Vor- und Nachteile für alle denkbaren Alternativen ist jedoch häufig nicht möglich und eine Einschät-

---

[180] Vgl. Knolmayer (1992), S. 337-338; Bongard (1994), S. 170.

[181] Folgend sollen nur die Grundlagen dieser Ansätze und deren wichtigste Kritikpunkte dargelegt werden. Zu detaillierteren Ausführungen vgl. die in den einzelnen Abschnitten angegebene Literatur.

[182] Vgl. Wurl/Lazanowski (2002), S. 1545. Die der Transaktionskostenanalyse zugrunde liegende Transaktionskostentheorie gehört zu den Theorien der Unternehmung. Andere Theorien der Unternehmung sind beispielsweise die Industrieökonomik, der verhaltenswissenschaftliche Ansatz und die Neoklassische Theorie. Zu einer exemplarischen Übersicht und Argumentation zur Anwendung dieser Theorien für den Aspekt von Make-or-Buy-Entscheidungen vgl. Dibbern/Güttler/Heinzl (2001), S. 678-681.

[183] Eine Argumentenbilanz zu den bedeutendsten Vor- und Nachteilen einer Auslagerung von IV-Leistungen bietet Knolmayer (1991), S. 333; Knolmayer (1992), S. 358. Vgl. auch GP 2.2.4.

zung der Vorteilhaftigkeit einer möglichen Entscheidung kann nicht durch quantitative Werte unterlegt werden. Ein weiteres Problem ist die Referenzentscheidungsalternative. Liegen mehrere wählbare Alternativen vor, so müssten diese einzeln miteinander verglichen werden, um zumindest einen Trend herauszuarbeiten, der zu einer Entscheidung beitragen könnte. Die Gefahr, dass eine Entscheidung letztendlich durch Eigeninteresse geprägt ist und der Mangel einer fehlenden Quantifizierung der entscheidenden Aspekte nicht behoben werden kann, ist zu groß, um einen ausschließlichen Einsatz der Argumentenbilanz zuzulassen. Zudem sind die Auswahl und die Operationalisierung der entscheidungsrelevanten Kriterien fraglich und eine Beachtung des Zusammenhangs zwischen den einzelnen Kriterien bleibt ebenfalls ungenügend berücksichtigt.[184] Die in der Argumentenbilanz aufgeführten und strukturierten Pro- und Kontraargumente können jedoch durch eine möglichst vollständige Auflistung aller bekannten Vor- und Nachteile eines Outsourcing als Grundlage für andere Verfahren dienen.

Punktbewertungsverfahren, im Speziellen Nutzwertanalysen und Scoringmodelle, bieten im Gegensatz zur Argumentenbilanz die Möglichkeit, eine eindeutige Reihenfolge nach dem Kriterium der Vorteilhaftigkeit der Alternativen aufzustellen.[185] Neben der Definition der alternativen Strategien werden möglichst alle relevanten Beurteilungskriterien erfasst und hinsichtlich ihrer Bedeutung gewichtet. Durch mehrere weitere Schritte wird im Anschluss versucht, eine ordinal skalierte Reihenfolge der Alternativen zu erstellen.[186] Die vorzunehmende, bedeutsame Gewichtung der einzelnen Kriterien birgt jedoch einen großen Un-

---

[184] Vgl. Wißkirchen (1999), S. 285-287. Die Kritik an den Argumentenbilanzen wird insbesondere bei Bongard (1994), S. 182 deutlich, der diese als überhaupt nicht geeignet sieht, Outsourcing-Entscheidungen glaubwürdig zu unterstützen.

[185] Zur Vorgehensweise der Punktbewertungsverfahren vgl. Saliger (1993), S. 37-39; Harff (2002), S. 39-45. Zur Nutzwertanalyse vgl. auch Nagel (1990), S. 88-98.

sicherheitsfaktor, der sich nachhaltig auf die Entscheidung auswirken kann. Ebenso problematisch ist die Integration von quantitativen Kriterien. Auch bleiben bei diesem Verfahren Interdependenzen zwischen den einzelnen Kriterien unberücksichtigt und die scheinbare Objektivität des Beurteilungsverfahrens ist zu hinterfragen, da die Punktevergabe meist auf subjektiven Einschätzungen basierend stattfindet.[187] Punktbewertungsverfahren können jedoch trotz der vorgebrachten Argumente eine wichtige Entscheidungshilfe bieten und zudem die Entscheidungssicherheit, insbesondere durch die Bildung einer Reihenfolge alternativer Handlungsmöglichkeiten, deutlich erhöhen.

Ziel der *Portfoliomodelle* ist die Vorgabe von Handlungsempfehlungen für den Einsatz von Unternehmensressourcen zur Generierung oder Stärkung von Wettbewerbsvorteilen.[188] Dafür werden existierende Objekte in einem mehrdimensionalen Raum positioniert, wobei die Positionierung anhand bestimmter Kriterien erfolgt, welche die Achsen der entstehenden Matrix bilden. In aller Regel wird das Portfolio jedoch zweidimensional sein, da eine Verdichtung der Kriterienmenge auf zwei Klassifizierungsmerkmale stattfindet und folglich auf eine weitgehende Detaillierung des Entscheidungsproblems verzichtet wird. Nach der Positionierung der Objekte wird die Matrix in verschiedene Felder unterteilt, welche die Objekte mit jeweils ähnlichen Kriterienausprägungen wiedergeben.[189] Die Felder beschreiben jeweils eine bestimmte Normstrategie, aus der

---

[186] Vgl. Wurl/Lazanowski (2002), S. 1546.

[187] Vgl. Nagengast (1997), S. 179.

[188] Zur Grundidee der Portfolioanalyse und einer Übersicht zu verschiedenen Varianten der Portfoliomodelle vgl. Bongard (1994), S. 232-244.

[189] Im Regelfall werden die Felder für die Matrix im Fall einer Outsourcing-Entscheidungssituation bereits vor der Platzierung der Objekte vorgegeben. Eine auf der Transaktionskostentheorie beruhende Matrix mit Normstrategien für Outsourcing-Entscheidungen wurde bereits von Picot/Reichwald/ Schöneker (1985), S. 1032-1033 vorgestellt und seitdem häufig in der Praxis und in der Literatur als Grundlage verwendet. Vgl. zum

Handlungsempfehlungen für das Unternehmen oder den Unternehmensbereich bezüglich zu treffender Outsourcing-Entscheidungen abgeleitet werden können. Die Empfehlungen hinsichtlich der im Fokus der Entscheidungsfindung stehenden Leistung können zum Beispiel den Fremdbezug, den koordinierten Einsatz interner und externer Leistungserbringung oder die Eigenfertigung umfassen.[190] Kriterienvorschläge zur Beurteilung der Organisationsform der IV sind vornehmlich die Spezifität und strategische Bedeutung einer Leistung.[191] Aber auch die Unsicherheit und Häufigkeit einer Leistung können in die Entscheidungsfindung einbezogen werden.[192] PICOT erweitert seine Überlegungen dahingehend, dass er dem für die Eigenerstellung notwendigen Know-how eine bedeutsame Stellung einräumt, eine Differenzierung der gebildeten Aufgabenklassen nach der Höhe der Know-how-Barrieren vornimmt und daraus abgeleitet differenzierte Normstrategien aufzeigt.[193]

Portfoliomodelle bergen jedoch aufgrund ihrer häufig zweidimensionalen Darstellung die Gefahr, die Entscheidungssituation mit ihren alternativen Entscheidungsmöglichkeiten unvollständig darzustellen. Zwar werden mehrere wichtige Determinanten der Outsourcing-Entscheidung im Ergebnis der Analyse konzeptionell berücksichtigt, jedoch findet eine Vereinfachung der multikriteriellen Entscheidungssituation statt, aus der einhergehend die Gefahr eines Informati-

---

Beispiel Wildemann (1998), S. 32. Zu einem Beispiel der Anwendung im Kontext des Outsourcing von IV-Leistungen vgl. Alpar/Saharia (1995).

[190] Vgl. Picot (1990), S. 299-300; Knolmayer (1992a), S. 6-7; Knolmayer (1991), S. 331-334. Ein Beispiel zur Anwendung der Portfoliomethode bieten Hans/Warschburger (1998), S. 581-583.

[191] Vgl. Bongard (1994), S. 175; Picot/Maier (1992), S. 21.

[192] Zwischen den Portfoliomodellen und der Neuen Institutionenökonomik besteht ein enger Zusammenhang, der sich insbesondere in der hier erläuterten Kriterienfindung widerspiegelt. Vgl. Knolmayer (1991), S. 331. Die übergeordneten Kriterien können dabei durch untergeordnete Einzelkriterien konkretisiert werden, welche unter Verwendung eines Punktbewertungsverfahrens gewichtet werden können. Vgl. Hans/Warschburger (1998), S. 581-582.

onsverlustes resultiert. Für eine Entscheidung über die Zweckmäßigkeit eines Fremdbezugs sind in der Regel zusätzliche Kriterien zu berücksichtigen, die nicht ausreichend in den genutzten Kriterien reflektiert werden.[194] Beispielsweise können sich verzerrte Ergebnisse ergeben, wenn bei der Beurteilung von Outsourcing-Entscheidungen über Leistungen der IV die strategische Bedeutung der IV als Portfoliodimension berücksichtigt wird. In diesem Fall findet keine Trennung von Informationsnutzung und (technischer) Informationsverarbeitung statt.[195] In der Folge werden Funktionen beziehungsweise IV-Leistungen als nicht übertragbar eingestuft, obwohl zumindest der technische Teil dieser Funktionen ausgelagert werden könnte. Diesem Problem kann nur durch eine geeignete Aufgliederung der Gesamtfunktionen in Teilfunktionen begegnet werden. Auch werden die Wechselbeziehungen zwischen den betrachteten Funktionen[196] ebenso wie auftretende Kommunikations- und Koordinationsprobleme nicht ausreichend in die Betrachtung einbezogen. Häufig werden zudem nur wenige Handlungsalternativen für die Erstellung der betrachteten Leistungen angeboten.[197] Die aus den Normstrategien abgeleiteten Handlungsempfehlungen sind daher relativ unvollständig sowie unspezifisch und bedürfen einer näheren, auf den Einzelfall bezogenen Konkretisierung.[198]

---

[193] Vgl. Picot (1990), S. 301; Picot (1991), S. 347-353; Picot/Maier (1992), S. 21.

[194] Vgl. Knolmayer (1991), S. 332.

[195] Vgl. dazu auch GP 2.1.3.

[196] Vgl. Selchert (1971), S. 58.

[197] Im Regelfall sind dieses die drei grundsätzlichen Alternativen „reine Eigenerstellung", „reiner Fremdbezug" und „koordinierter Einsatz interner und externer Aufgabenträger". Vgl. Knolmayer (1992a), S. 6. Dabei werden in anderen Quellen vor allem die dritte Alternative noch weiter konkretisiert und zusätzliche Matrixfelder mit entsprechend alternativen Handlungsempfehlungen wie zum Beispiel „gemeinsame Servicegesellschaft" oder „langfristige vertragliche Reglung" aufgeführt. Vgl. im Speziellen Picot/Maier (1992), S. 22; auch GP 3.7.1.

[198] Vgl. auch Nagengast (1997), S. 180-181.

Checklisten sind ein weiteres Hilfsmittel zur Unterstützung bei Outsourcing-Entscheidungen. Sie stellen eine Auflistung von Fragen zur Entscheidungssituation dar, die jeweils mit „Ja“ oder „Nein“ zu beantworten sind.[199] Aus der Anzahl der jeweiligen Ja- oder Nein-Fragen ergeben sich dann Handlungsempfehlungen. Checklisten berücksichtigen keine expliziten Zielsetzungen und können auch keine optimale Bezugsalternative anbieten. Zudem erlauben sie keine ausreichende Berücksichtigung unterschiedlicher Gewichtungen einzelner Fragen beziehungsweise Antworten und eröffnen gerade bei komplexen Fragen ein unzureichendes Antwortspektrum.[200] Sie sollten daher allenfalls für sehr einfache Entscheidungen oder in Verbindung mit anderen Verfahren verwendet werden.

Clusteranalysen segmentieren eine größere Menge von Objekten in kleinere Gruppen. Diese Gruppen sind im Vergleich zu anderen Gruppen heterogen, jedoch sind die Objekte in der Gruppe selbst weitgehend homogen zueinander.[201] Handlungsempfehlungen werden dann für jede Gruppe einzeln gegeben. Clusteranalysen berücksichtigen weder mehrere Ziele noch explizite Zielsetzungen. Zusätzlich vernachlässigen sie die eigentlichen Kosten der Leistungserstellung und unterlassen eine Bestimmung der optimalen Bezugsform.[202]

Auch wenn die qualitativen Ansätze, vor allem in Kombination untereinander, eine gute Hilfestellung für Outsourcing-Entscheidungen geben können, weisen sie doch zum Teil erhebliche Schwächen auf. Ihnen fehlt es vor allem an Systematik, da Auswahl, Operationalisierung und Zusammenwirken der als relevant

---

[199] Zu einem umfangreichen Beispiel einer Checkliste vgl. Siebecke (1999).
[200] Vgl. Knolmayer (1992a), S. 8.
[201] Knolmayer (1992a), S. 17 schlägt beispielsweise vor, die outsourcingproblemorientierte Clusterbildung unter Berücksichtigung von Schnittstellenkosten zwischen den betrachteten Objekten vorzunehmen. Eine Gruppe beinhaltet demnach immer die Objekte, die untereinander hohe Schnittstellenkosten aufweisen.
[202] Vgl. Knolmayer (1992a), S. 17.

betrachteten Kriterien unbestimmt bleiben. Die Qualität der Ergebnisse hängt deshalb in großem Maße von dem Können und der persönlichen Einstellung der Entscheidungsträger ab. Die mangelnde Objektivität der Verfahren, die fehlende Berücksichtigung von Interdependenzen jeglicher Art und die lediglich tendenzielle Aussage hinsichtlich verwertbarer Handlungsempfehlungen wirken wenig überzeugend.[203] Die Kritik an den qualitativen Verfahren stellt die Forderung nach einem umfassenden, systematischen, markt- und organisationstheoretisch fundierten Hilfsmittel auf, das unter Verwendung des Transaktionskostenansatzes bereitgestellt werden kann.[204]

---

[203] Vgl. Nagengast (1997), S. 183-184.
[204] Vgl. Picot (1991), S. 343.

3. Transaktionskostentheorie als Instrumentarium zur Beurteilung unternehmerischer Outsourcing-Entscheidungen

Dieses Kapitel widmet sich der Erarbeitung eines methodischen Rahmens auf Basis der Transaktionskostentheorie, der zur Unterstützung von Outsourcing-Entscheidungen im Rahmen der ASP-Diskussion dienen kann. Obwohl eine Beschränkung auf einen einzigen Ansatz argumentatorisch elegantere Ausführungen ermöglicht, wird eine Erweiterung der Transaktionskostentheorie um weitere Erkenntnisse aus anderen Ansätzen angestrebt. Diese eklektische Vorgehensweise, die vor allem Erkenntnisse der Prinzipal-Agenten-Theorie und der Property-Rights-Theorie sowie des Ressourcenbasierten Ansatzes berücksichtigt, ermöglicht einen umfassenderen und realitätsnäheren Analyserahmen. Neben einer Erörterung der Transaktionskostentheorie findet daher auch eine grundlegende Ausführung über andere Elemente der Neuen Institutionenökonomik statt (GP 3.1.). Auf eine intensive Behandlung der Elemente der Neuen Institutionenökonomik wird wegen der zahlreichen und umfassenden bereits vorliegenden Arbeiten zu diesem Thema verzichtet. Indes erfolgt aber eine Einführung und Behandlung der für das Verständnis der Neuen Institutionenökonomik im Rahmen dieser Arbeit aus betriebswirtschaftlicher Sicht wichtigen Bausteine. Neben einer Diskussion über wesentliche Grundlagen und definitorische Abgrenzungen (insbesondere GP 3.1.; GP 3.2.; GP 3.3.) wird im Hinblick auf die Unterstützung von Outsourcing-Entscheidungen bei informationstechnologischen Lösungen ein entsprechendes Modell entwickelt, welches das klassische transaktionskostentheoretische Modell um für diese Arbeit relevante Aspekte erweitert (insbesondere GP 3.6.). Hinsichtlich der Ausführungen in Kapitel 5 wird zudem eine Vorgehensweise zur Transaktionskostenanalyse vorgestellt (GP 3.7.2.1.) und eine weitere Ergänzung des transaktionskostentheoretischen Modells (neben den in GP 3.6. aufgeführten Erweiterungen) um den möglichen Aspekt intermediärer

Arrangements im Sinne einer mehrstufigen Arbeitsteilung vorgenommen (GP 3.7.3.).

3.1. Instrumentarium der Neuen Institutionenökonomik

3.1.1. Grundlagen der Neuen Institutionenökonomik

Die Neue Institutionenökonomik trägt der Bedeutung der Organisation wirtschaftlicher Beziehungen Rechnung, indem sie diese in den Mittelpunkt ihrer Betrachtungen stellt.[205] Sie erweitert das Anwendungsfeld der Mikroökonomik, die sich auf die Preistheorie unter der Fiktion des Ausschlusses von Transaktionskosten bezieht.[206] Während die Neoklassische Theorie wirtschaftliche Institutionen als gegeben hinnimmt und auf eine tiefer gehende Diskussion der wirtschaftlichen Rolle von Institutionen verzichtet, stellen diese ein zentrales Erkenntnisobjekt in der Neuen Institutionen-ökonomik dar. Neben der Betrachtung von Institutionen an sich sind zudem die Wechselwirkungen zwischen Wirtschaftssubjekten[207] und Institutionen sowie die Effizienz[208] von Institutionen weitere zentrale Erkenntnisobjekte.

Zentraler Aspekt der Neuen Institutionenökonomik ist das Organisationsproblem wirtschaftlichen Handelns, das wiederum in das Koordinations- und Motivationsproblem unterteilt werden kann. Das Organisationsproblem wird von

---

[205] Grundsätzlich ist die Neue Institutionenökonomik auch geeignet, politische und rechtliche Phänomene und Prozesse zu analysieren.

[206] Vgl. Richter/Bindseil (1995), S. 132-133. Zur Einordnung der Neuen Institutionenökonomik in die Theorien der Unternehmung vgl. Windsperger (1999).

[207] Im Speziellen können Wirtschaftssubjekte auch als Akteure bezeichnet werden, die sowohl Individuen als auch organisatorische Einheiten beziehungsweise ganze Organisationen sein können. Wirtschaftssubjekte können (wie beispielsweise im Falle eines Unternehmens) selbst Institutionen sein.

[208] Unter Effizienz wird im Folgenden die Nutzung eines gegebenen Ressourcenbestandes zur Erreichung eines höchstmöglichen Ziels beziehungsweise die Erreichung eines gegebenen Ziels unter möglichst geringem Ressourceneinsatz verstanden. Vgl. Picot/Dietl/Franck (2002), S. 43.

PICOT/DIETL/FRANCK als Problem der Mängelbeseitigung im Prozess des Wirtschaftens definiert.[209]

Das Koordinationsproblem beschreibt die Problematik der optimalen Durchführung einer Transaktion.[210] Die optimale Durchführung hängt dabei insbesondere von der für die Transaktion relevanten, zur Verfügung stehenden Information ab.[211] Folglich beschreibt das Koordinationsproblem „die Überwindung des Nichtwissens der Akteure“[212]. Die optimale Festlegung der Art und Weise der Transaktionsdurchführung, das heißt, welche Form der Arbeitsteilung und Kooperation zwischen den Akteuren gewählt wird, stellt die Lösung des Koordinationsproblems dar.[213] Es reicht jedoch nicht aus, nur das Koordinationsproblem zu lösen. Vielmehr muss auch ein eventuelles „Nichtwollen“ der Akteure überwunden werden.[214]

Das Motivationsproblem beschreibt somit die Probleme, die sich aus dem Verhalten der Akteure ergeben können, und soll durch entsprechende Motivationsinstrumente behoben werden.[215] Zur Lösung des Motivationsproblems werden Anreize festgelegt,[216] die ein zielkonformes Verhalten der Akteure in der Transaktionsbeziehung bewirken sollen.[217]

---

209 Mängel sind im Sinne der Arbeitsteilung und Spezialisierung nicht ausgeschöpfte Produktivitätspotenziale. Mängel im Sinne der Abstimmung und des Tausches hingegen sind (wieder) verspielte Produktivitätsgewinne. Vgl. Picot/Dietl/Franck (2002), S. 5.

210 Unter einer Transaktion soll im Folgenden vorerst vereinfachend ein Leistungsaustausch zwischen Wirtschaftssubjekten mit den dazugehörigen Prozessen verstanden werden, die sowohl logisch wie auch zeitlich dem eigentlichen Leistungsaustausch vorausgehen und dazu dienen, Informationsdefizite und Unsicherheiten in der Tauschbeziehung abzubauen. Vgl. zum Begriff der Transaktion GP 3.3.

211 Vgl. Milgrom/Roberts (1992), S. 26.

212 Picot/Dietl/Franck (2002), S. 8.

213 Vgl. Erlei/Jost (2001), S. 36; ähnlich Milgrom/Roberts (1992), S. 25.

214 Vgl. Picot/Dietl/Franck (2002), S. 8; Ripperger (1998), S. 39.

215 Vgl. Milgrom/Roberts (1992), S. 25.

216 Unter einem Anreiz soll im Folgenden vereinfachend eine organisatorische Maßnahme verstanden werden, die das Verhalten von Entscheidungsträgern in Richtung von Verhaltenserwartungen beeinflusst. Vgl. Reese (1994), S. 151. Dieses können nichtmonetäre (zum Bei-

Für die Mängelbeseitigung im Prozess des Wirtschaftens werden entsprechend Koordination (Beseitigung des Nichtwissens) und Motivation (Beseitigung des Nichtwollens) vorausgesetzt.[218] Zu beachten sind hier die Wechselwirkungen zwischen Koordinations- und Motivationsproblemen.[219] Die Entscheidung über eine Lösung des Koordinationsproblems kann Auswirkungen auf die Motivation der Akteure haben, genauso wie eine Lösung des Motivationsproblems Auswirkungen auf die Koordination haben kann. Am Beispiel der Kompetenzzuweisung hieße das, dass eine genaue Festlegung der Aufgaben eines Akteurs motivationsmindernd wirken kann, wenn der Kompetenzspielraum zu sehr eingeschränkt wird. Eine Kompetenzerweiterung eines Akteurs mit dem Ziel der Motivationssteigerung hingegen hat jedoch in der Regel auch Einfluss auf bereits festgelegte Aufgabenbereiche.[220]

Ein Instrument zur Koordination und Motivation sind Institutionen.[221] Dem Schlüsselbegriff der Institution liegt bis heute keine einheitliche Definition zugrunde. Grundsätzlich bestimmen Institutionen jedoch langfristig gesehen die Richtung individuellen Handelns, indem sie das institutionelle Umfeld von Transaktionen verkörpern.[222] Im Rahmen dieser Arbeit stellen Institutionen anthropogene Bedeutungs- und Anreizstrukturen dar. Das heißt, sie werden als ein auf ein bestimmtes Zielbündel abgestelltes, von Menschen geschaffenes System von Normen, Gesetzmäßigkeiten, Regeln oder Vorkehrungen inklusive der

---

spiel Herausstellen besonderer Leistungen, Maßnahmen zur Förderung des Images des Leistungserbringers, Bereitstellung von neuen Informationen oder neuem Know-how, Hinzugewinnung eines neuen Nachfragerpotenzials, gemeinsame Grundwerte) oder monetäre (zum Beispiel Prämien, Gewinn- und Vermögensbeteiligungen, besondere Gehälter, Nebenleistungen) Anreize sein.

217 Vgl. Erlei/Jost (2001), S. 37.

218 Vgl. Picot/Dietl/Franck (2002), S. 5-6.

219 Vgl. Erlei/Jost (2001), S. 38-41.

220 Vgl. Erlei/Jost (2001), S. 37.

221 Vgl. Picot/Dietl/Franck (2002), S. 11.

222 Vgl. zum Begriff und zu Formen von Institutionen weiterführend auch Picot/Dietl/Franck (2002), S. 10-25.

dazugehörigen Garantieinstrumente[223] verstanden. Institutionen strukturieren das Gemeinschaftsleben, verringern Unsicherheit und bestimmen damit „ökonomisch gesehen, die Anreizstruktur der menschlichen Gesellschaft‘.[224] Die Wirkungsweise von Institutionen hängt insbesondere von den Fähigkeiten der Benutzer ab und deren Errichtung, Betreibung und Umgestaltung führen zur Entstehung von Transaktionskosten.[225]

Beispiele für Institutionen sind Staaten, Unternehmen oder Märkte.[226] Bei der Frage nach der effizienten Organisationsform einer Transaktion und den dazugehörigen Institutionen sind im Rahmen der Transaktionskostentheorie insbesondere Unternehmen und Märkte von Bedeutung. Der klassische Markt zeichnet sich durch unabhängige Einzeltransaktionen (Markt) und das Unternehmen (Hierarchie) durch eine hierarchische Gliederung sowie eine zentrale Steuerung aus. Jedoch existiert eine Menge weiterer Organisationsformen, die eine Mischung von Markt und Hierarchie sind und als hybride Organisationsformen bezeichnet werden. Die rein marktliche Koordination einer Transaktion ist dadurch charakterisiert, dass diese durch vertragliche Vereinbarungen abgewickelt wird, die eindeutig Leistung und Gegenleistung bestimmen. Die rein hierarchische Koordination hingegen beschreibt eine Transaktion, deren Abwicklung durch vertragliche Vereinbarung erfolgt, die jedoch nur grob festgelegt ist. Es wird lediglich ein gewisser Handlungsrahmen vorgegeben, in dem sich die Parteien bewegen können.[227]

Die neue Institutionenökonomik hat drei bedeutende Forschungsrichtungen hervorgebracht: die Theorie der Verfügungsrechte, den Prinzipal-Agenten-Ansatz

---

223 Unter einer Garantie soll im Folgenden die Zusage eines Auftragnehmers verstanden werden, im Fall geringerer Ergebnisse als vereinbart, den Nutzenrückgang des Auftraggebers zu kompensieren beziehungsweise eine Nachbesserung zu leisten. Vgl. Spremann (1988), S. 620.

224 Richter/Bindseil (1995), S. 132; dazu auch Windsperger (1996a), S. 6.

225 Vgl. Richter/Bindseil (1995), S. 133-134.

226 Unter dem Begriff der Institutionen versteht Williamson (1985), S. 15 vor allem Märkte, Unternehmen und Kooperationen.

227 Vgl. Jost (2001), S. 24; weiterführend GP 3.7.1.

und die Transaktionskostentheorie.[228] Das gemeinsame theoretische Fundament der Neuen Institutionenökonomik besteht im Wesentlichen aus drei Annahmen:[229]

(a) Der *methodologische Individualismus* bezeichnet eine der drei Annahmen. Dieser schenkt vor allem der Interdependenz der Handlungen, Einstellungen und Verhaltensweisen der Akteure Beachtung. Übergeordnete Einheiten, wie zum Beispiel „der Staat“, „der Markt“ oder „die Unternehmung“, sind demnach nicht als eigenständige Wesen anzusehen, sondern die Individualität der Mitglieder ist vorrangig zu beachten und für Erklärungen heranzuziehen.[230]

(b) Eine weitere Annahme ist die der *beschränkten* beziehungsweise *begrenzten Rationalität*. Während die Neoklassik von perfekter Rationalität und vollständiger Information ausgeht, spielen eine Beschränkung der Rationalität und die damit zusammenhängende unvollkommene Informationsbasis der Akteure in der Neuen Institutionenökonomik eine bedeutende Rolle.[231] Unvollkommene Information kann aus der beschränkten menschlichen Informationsaufnahme- und -verarbei-tungskapazität und aus den Informationsbeschaffungskosten, die sich durch steigende Grenzkosten auszeichnen, abgeleitet werden. Die Gründe hierfür können auf Beschränkungen des vorhandenen Wissens, der erlangten Ausbildung, der vorhandenen Merkfähigkeit, der zur Verfügung stehenden Zeit und des beschränkten Informationszugangs beruhen. Probleme ergeben sich zudem aufgrund der sprachlichen beziehungsweise expressiven Grenzen der Akteure, denen es nicht immer

---

[228] Weitere Forschungsgebiete führen zum Beispiel Richter/Bindseil (1995), S. 134 und Hummel (2000) auf.
[229] Vgl. Picot/Dietl/Franck (2002), S. 54-55.
[230] Vgl. Richter (1990), S. 573.

möglich ist, ihre Gedanken oder ihr Wissen für andere verständlich und vollständig darzulegen.[232] Bei zwischenmenschlicher Kommunikation tritt beispielsweise das Problem von schwer übermittelbarem, tazitem[233] und damit personengebundenem Wissen auf. Obwohl die beteiligten Individuen bestrebt sind, rational zu handeln, gelingt ihnen dieses Vorhaben nicht, sodass sich in der Folge subjektiv rationale Entscheidungen ergeben. Der Akteur kennt in der Regel nicht alle Handlungsmöglichkeiten und kann die Konsequenzen der Handlungen auf seine Zielerreichung nicht vollständig abschätzen.[234] In der realen Welt ist daher im Regelfall das Erlangen vollkommener Information, wenn überhaupt möglich, sehr teuer und kaum realisierbar.

(c) Die dritte Annahme ist die der *individuellen Nutzenmaximierung*, die bereits in der Neoklassischen Theorie verwendet wurde. Es wird unterstellt, dass die Individuen primär eigene Interessen und Ziele verfolgen. Ausgehend von der Konsistenz und Stabilität der individuellen Präferenzen,[235] wird ein Streben der Akteure angenommen, innerhalb gegebener Handlungsmöglichkeiten, einen denkbar hohen Grad an Nutzen zu erlangen beziehungsweise die individuellen Ziele zu erreichen.[236] Im Rahmen der Prinzipal-Agenten-Theorie und der Transaktionskostentheorie wird aufbauend auf der individuellen Nutzenmaximierung noch einen Schritt weiter gegangen und zusätzlich eine *opportunistische Verhaltensweise* der Akteure bei ihrer Zielerreichung un-

---

[231] Vgl. Richter/Bindseil (1995), S. 133.
[232] Vgl. Williamson (1975), S. 21-23.
[233] Tazites beziehungsweise idiosynkratisches Wissen ist Wissen, das nur in den Köpfen bestimmter Personen existiert und nirgendwo expliziert wurde. Es beinhaltet somit eine große Bandbreite von subjektiven Einsichten, Werten, Idealen und Gefühlen, die sich häufig in langwierigen Lern- beziehungsweise Erfahrungsprozessen gebildet haben.
[234] Vgl. Jost (2001), S. 17.
[235] Vgl. Richter (1990), S. 573.
[236] Vgl. Jost (2001), S. 16.

terstellt.[237] Opportunistisches Verhalten beschreibt die strategische Handlung von Individuen in der Art und Weise, dass diese zur Verwirklichung ihrer eigenen Interessen auch zum Nachteil beziehungsweise Schaden anderer und unter Missachtung sozialer Normen handeln.[238] Opportunistisches Verhalten manifestiert sich zum Beispiel in der wissentlichen Zurückhaltung von Informationen oder in Falschaussagen über Produktqualitäten.

Da alle Modelle der Neuen Institutionenökonomik ein gemeinsames theoretisches Fundament besitzen, werden im Folgenden die zwei bedeutenden Ansätze der Theorie der Verfügungsrechte und der Prinzipal-Agenten-Theorie als Grundlage und Verständnishilfe für die späteren Ausführungen zur Transaktionskostentheorie skizziert.[239]

---

[237] Vgl. Picot/Dietl/Franck (2002), S. 88.

[238] Dabei wird entgegen der ursprünglichen Konzeption, insbesondere des Transaktionskostenansatzes, häufig nicht mehr davon ausgegangen, dass alle Akteure sich definitiv und in gleicher Art und Weise opportunistisch verhalten. Es wird nur davon ausgegangen, dass mit einer opportunistischen Verhaltensweise gerechnet werden muss. Vgl. Williamson (1985), S. 48; Ebers/Gotsch (1995), S. 227-228. Um dem durchaus berechtigten Kritikpunkt der Unterstellung einer vereinfachten menschlichen Verhaltensweise zu entgehen, wurde der Transaktionskostenansatz auch zunehmend um Aspekte bereichert, die versuchen, die Komplexität menschlichen Handelns und Verhaltens zu erfassen. Vgl. weiterführend GP 3.6.

[239] Aufgrund der Übereinstimmung der zugrunde liegenden Annahmen der drei Ansätze können Elemente der Theorie der Verfügungsrechte und der Prinzipal-Agenten-Theorie in den Transaktionskostenansatz übernommen beziehungsweise eingebunden werden. Dieses kann zu einem zusätzlichen Erkenntnisgewinn und einer besseren Fundierung von Leistungstiefenentscheidungen unter Verwendung der Transaktionskostentheorie führen. Vgl. Burr (2003), S. 127-128. Ein häufig eigenständig diskutierter Ansatz in der Neuen Institutionenökonomik ist die Informationsökonomie, die erhebliche Schnittmengen mit den in dieser Arbeit beschriebenen Ansätzen aufweist. Insbesondere auf die Einteilung von Produkten nach Such-, Erfahrungs- und Vertrauenseigenschaften wird zu einem späteren Zeitpunkt noch einmal zurückgegriffen. Aufgrund der Ähnlichkeit der Informationsökonomie mit den beschriebenen Ansätzen unterbleibt eine tiefer gehende Auseinandersetzung mit diesem Ansatz jedoch.

3.1.2. Theorie der Verfügungsrechte

Die Grundlage ökonomischer und sozialer Beziehungen sind sogenannte Verfügungsrechte (Property-Rights). Die Theorie der Verfügungsrechte (Property-Rights-Theorie) stellt die an einem (Wirtschafts-)Gut bestehenden Verfügungsrechte vor den Eigentumsverhältnissen und den Eigenschaften des Gutes in den Mittelpunkt der Betrachtung.[240] Verfügungsrechte sind spezielle Institutionen, da sie Verhaltensnormen in Bezug auf die Ressourcenverteilung und -übertragung festlegen.[241] Ziel der Theorie ist die Analyse der Auswirkungen verschiedener Gestaltungsformen und der Verteilung von Verfügungsrechten über knappe Ressourcen auf das Verhalten der betroffenen Individuen und auf die Faktorallokation. Zudem wird eine Erklärung der Entstehung von Verfügungsrechten angestrebt und die ökonomische Bedeutung einer Änderung dieser Rechte untersucht.

Die Ausgestaltung von Verfügungsrechten kann durch die an einem Gut bestehenden vier Einzelrechte dargestellt werden. Diese Einzelrechte sind:

(a) das Recht, ein Gut zu nutzen (usus),
(b) das Recht, seine Erträge einzubehalten (usus fructus),
(c) das Recht, seine Form und Substanz zu ändern (abusus), und
(d) das Recht, das Gut zu einvernehmlichen Konditionen anderen ganz oder teilweise zu überlassen.

Die Nutzung der Verfügungsrechte hängt davon ab, inwiefern diese Rechte einem einzigen Träger oder vielleicht mehreren Trägern zufallen und ob Nutzungsbeschränkungen vorliegen.[242] Hat der Rechtsinhaber nicht alle Verfügungsrechte an einem Gut oder kann er diese nicht wahrnehmen, liegt eine unvollkommene Spezifizierung vor, die auch als „Verdünnung“ seiner Rechte bezeichnet wird. Eine Einschränkung der Rechte an einem Gut kann jedoch nicht

---

[240] Vgl. Coase (1960), S. 43-44. Zur Theorie der Verfügungsrechte vgl. zum Beispiel Alchian/Demsetz (1972); Furubotn/Pejovich (1972).
[241] Vgl. Laux (1989), S. 521.
[242] Vgl. Alchian (1977), S. 129-132.

nur durch Nutzungsbeschränkungen, wie zum Beispiel gesetzliche Auflagen, entstehen, sondern auch durch die Existenz von Transaktionskosten auftreten.[243] Transaktionskosten fallen bei der Herausbildung, Zuordnung, Übertragung und Durchsetzung von Verfügungsrechten an und haben damit je nach Art und Höhe der Kosten Einfluss auf die Nutzung der Rechte. Das Bündel der an einem Gut bestehenden Rechte unter Beachtung der vorhandenen Einschränkungen determiniert entsprechend den Wert und die Nutzungsintensität des zugrunde liegenden Guts.[244]

Erfährt der Inhaber der Verfügungsrechte nicht alle Vor- und Nachteile der Nutzung eines Guts, sondern wirkt sich die Nutzung in einer bestimmten Weise wirtschaftlich auf Dritte aus, wird dieser Zustand je nach Wirkungsrichtung als negativer oder positiver externer Effekt bezeichnet.[245] Externe Effekte können nicht über den Markt entgolten oder auf andere Weise als einzelwirtschaftliche Kosten angesetzt werden. Eine besondere Beachtung finden die negativen externen Effekte, die eine Belastung für Dritte darstellen.[246] Als Effizienzkriterium zur Beurteilung der Verteilung von Verfügungsrechten werden daher die Höhe der Transaktionskosten und das Ausmaß der externen Effekte verwendet. Es ist entsprechend die Verfügungsrechtsverteilung zu wählen, bei der die Summe aus Transaktionskosten sowie (positiven und negativen) externen Effekten minimal ist.[247]

3.1.3. Prinzipal-Agenten-Theorie

Untersuchungsgegenstand der Prinzipal-Agenten-Theorie, die auch häufig als Agency-Theory, Principal-Agent-Theory oder ökonomische Theorie der Vertre-

---

[243] Bei Abwesenheit von Transaktionskosten würde laut Coase (1960), S. 6-8 eine vollkommene Spezifizierung der Verfügungsrechte realisiert werden. Diese, zusammen mit vollkommener Vertragsfreiheit, würde dann unabhängig von der Anfangsverteilung zu einer effizienten Verteilung der Verfügungsrechte führen (Coase-Theorem).

[244] Vgl. Cezanne/Mayer (1998), S. 1346.

[245] Vgl. Cezanne/Mayer (1998), S. 1347.

[246] Vgl. Picot/Reichwald/Wigand (2001), S. 47.

[247] Vgl. Picot/Dietl/Franck (2002), S. 59.

tung bezeichnet wird, ist die Analyse und Gestaltung vertraglich geregelter Austauschbeziehungen. Diese Austauschbeziehungen werden auch als Agency-Beziehungen bezeichnet und treten zwischen einem Auftraggeber (Prinzipal) und einem Auftragnehmer (Agent) auf.[248] Der Prinzipal erhält das aus den Handlungen des Agenten resultierende Ergebnis, wofür der Agent im Gegenzug eine entsprechende Gegenleistung erfährt.[249]

Zentraler Ausgangspunkt der Überlegungen sind die Interessendivergenzen (Zielasymmetrien) und Informationsasymmetrien zwischen Prinzipal und Agent.[250] Dabei spielen vor allem die Entscheidungen des Agenten eine Rolle, die sowohl einen Einfluss auf das Nutzenniveau des Agenten selbst wie auch auf das des Prinzipals haben.[251] Probleme in der Beziehung treten dann auf, wenn die Informationsbeschaffung nicht vollständig und nicht kostenlos erfolgen kann.[252] Die daraus resultierende unvollständige und asymmetrisch verteilte Information fördert vor allem die Unsicherheit in der Vertragsbeziehung und eröffnet dem Agenten Handlungsspielräume, die er entsprechend seiner Interessen und der möglichen opportunistischen Handlungsweise nutzen kann.[253]

Neben der asymmetrischen Risikostruktur und der Unsicherheit sind weitere Merkmale der Agency-Beziehung die unterschiedlichen Risikoneigungen[254] und eine rationale Verhaltensweise der Akteure sowie das Streben nach einer beiderseitigen Nutzenmaximierung mit jeweils unterschiedlichen Zielfunktionen. Würden aufgrund vollständiger Information keine Prinzipal-Agenten-Probleme vorliegen, würde stets die so genannte First-best-Lösung in kooperativen Agency-Beziehungen erreicht. Aufgrund der besonderen Merkmale der Beziehung

---

[248] Vgl. Jensen/Meckling (1976), S. 308.
[249] Zum Prinzipal-Agenten-Ansatz vgl. Arrow (1985); Spremann (1990).
[250] Vgl. Gurbaxani/Kemerer (1989), S. 142.
[251] Vgl. Arrow (1985), S. 37.
[252] Vgl. Spremann (1988), S. 614-615.
[253] Aber auch bei symmetrischer Informationsverteilung können durch den Opportunismus der Akteure Probleme auftreten, indem ein Transaktionspartner versucht, sich zum Beispiel durch bewusste Falschaussagen Vorteile zu verschaffen. Vgl. Picot (1990), S. 180.
[254] Dem Prinzipal wird Risikoneutralität und dem Agenten Risikoaversion unterstellt.

und der daraus folgenden Agency-Problematik ergeben sich jedoch nur Lösungen, die von der First-best-Lösung abweichen.[255]

Das aus dem Informationsgefälle resultierende Agency-Problem wird grundsätzlich in drei Problemfelder unterteilt (vgl. auch Tabelle 6):[256]

(a) Zum einen existiert das Problemfeld der *Hidden characteristics*. Dieses liegt vor, wenn der Agent über handlungsrelevante Informationen verfügt, die dem Prinzipal nicht ausreichend bekannt sind. Täuscht der Agent dem Prinzipal vor Aufnahme der Leistungsbeziehung (ex ante) falsche Eigenschaften vor, entsteht die Gefahr der *Adversen Selektion*.[257] Die wahren Informationen erfährt der Prinzipal erst nach Aufnahme der Leistungsbeziehung (ex post). Diese Unsicherheit, auch als Qualitätsunsicherheit bezeichnet,[258] kann sich in einer für den Prinzipal nachteiligen Auswahl der Vertragspartner widerspiegeln, denn der Prinzipal läuft Gefahr, aufgrund unvollkommener Information einen Agenten zu wählen, der für ihn nicht das optimal erreichbare Ergebnis liefert, welches jedoch von einem anderen Agenten hätte erbracht werden können.[259]

(b) Des Weiteren kann das Problem der so genannten *Hidden action* beziehungsweise *Hidden information* nach Vertragsabschluss (ex post) auftreten.

---

[255] Vgl. Spremann (1988), S. 617.

[256] Vgl. zu den folgenden Ausführungen auch Spremann (1990), S. 565-572; weiterführend Picot/Dietl/Franck (2002), S. 96-147.

[257] Vgl. Arrow (1985), S. 39-40; Erlei/Jost (2001), S. 44. Das Problem der Adversen Selektion wurde erstmals von Akerlof (1970) thematisiert.

[258] Vgl. Spremann (1990), S. 567.

[259] Vgl. Picot/Dietl/Franck (2002), S. 88-89. Bei Outsourcing-Vorhaben kann sich das Problem der Adversen Selektion beispielsweise in der Wahl eines Outsourcing-Partners niederschlagen, der Leistungen in der Quantität und Qualität nicht so erbringen kann, wie es andere Anbieter hätten tun können, die jedoch aufgrund informatorischer Defizite nicht gewählt wurden.

Der Prinzipal kann die Handlungen des Agenten nicht hinreichend beobachten (Hidden action) oder beurteilen (Hidden information).[260] Zudem wirken auf die Leistung des Agenten zusätzliche, exogen vorgegebene Einflussgrößen. Der Prinzipal kennt aufgrund der Informationsasymmetrie nicht alle möglichen Handlungsalternativen und kann das tatsächliche Leistungsverhalten des Agenten nicht genügend einschätzen sowie die vom Agenten erbrachte Leistung nicht eindeutig aus dessen Handlungsergebnissen ableiten. Die hier auftretende Gefahr des *moral hazard* besteht darin, dass der Agent seine Verhaltensspielräume und Informationsvorsprünge zu Lasten des Prinzipals opportunistisch ausnutzt.[261] In diesem Zusammenhang tritt auch die Gefahr des Trittbrettfahrerverhaltens auf. Gelingt es einem Akteur, seine eigenen Leistungen zu reduzieren, ohne dass dieses individuelle Verhalten für ihn negative Folgen haben oder für den Leistungsnachfrager offensichtlich wird, wird er seine Anstrengungen beziehungsweise seine Leistungen auch unter Inkaufnahme des Schadens anderer vermindern.[262] Ohne ausreichende Mechanismen, die die Handlungen des Agenten an die Ziele des Prinzipals binden, wird die Leistung des Agenten reduziert oder es findet eine Nutzung der Ressourcen zu eigennützigen Zwecken statt.[263]

---

[260] Vgl. Franck/Bagschik/Opitz (1997), S. 209; Windsperger (1996a), S. 24.

[261] Vgl. Arrow (1985), S. 38-39; Williamson (1985), S. 47; Erlei /Jost (2001), S. 45.

[262] Vgl. Erlei /Jost (2001), S. 45. Die drei grundsätzlichen Probleme der Adversen Selektion, des Moral hazard und des Trittbrettfahrerverhaltens sind für Erlei/Jost unter anderem Ursache für die nicht ausreichende Messbarkeit der durch eine Transaktion geschaffenen Werte. Je weniger der Wert einer Transaktion gemessen werden kann, desto höher ist auch die Unsicherheit. Die Messbarkeit der durch die Transaktion geschaffenen Werte hat damit einen Einfluss auf die Höhe der Transaktionskosten. Vgl. Erlei/Jost (2001), S. 43-45. Da die Problematik einer nicht genügenden Messbarkeit einer Transaktion sich jedoch vornehmlich auf eine erhöhte Unsicherheit auswirkt, soll diese weitere Transaktionskostendeterminante im Folgenden der Unsicherheit zugeordnet werden. Vgl. zur Unsicherheit GP 3.6.2.3.

[263] Im Kontext der Outsourcing-Thematik liegt Moral hazard zum Beispiel dann vor, wenn vereinbarte Leistungen vom Dienstleister nicht erbracht werden. Im Fall der Vereinbarung von Sicherheitskopien geschäftskritischer Daten wird diese Leistung erst offensichtlich, wenn

(c) Der dritte Problembereich beschreibt die so genannte *Hidden intention*, das heißt die Gefahr, die aus versteckten Absichten des Agenten erwächst. Die hiermit verbundene *Hold-up-Problematik* ergibt sich aufgrund von der Gegenleistung zeitlich vorgelagerten getätigten spezifischen Investitionen seitens des Prinzipals in die Transaktionsbeziehung (sunk costs). Der Prinzipal begibt sich durch die getätigten Vorleistungen nach Vertragsabschluss in eine Abhängigkeitsbeziehung zum Agenten, die dieser opportunistisch ausnutzen kann.[264]

Agency-Problem	**Adverse Selektion**	**Moral hazard**	**Hold-up**
Zeitpunkt	Vor Vertragsabschluss	Nach Vertragsabschluss	Nach Vertragsabschluss
Ursache	Hidden characteristics aufgrund von Informationsasymmetrien	Hidden action und Hidden information aufgrund von Informationsasymmetrien	Hidden intention aufgrund von einseitig spezifischen Investitionen (sunk costs)
Lösungsmechanismus	Selektion	Anreizsysteme	Selbstbindung
Gestaltungsvarianten	- Signaling - Screening - Selbstselektion beziehungsweise Selbstauswahl	- Ergebnisorientierte Entlohnungssysteme in Abhängigkeit von Umweltdynamik und Risikoneigung - Verbesserung der Informationssysteme	- Vertragsgestaltung - Risikosetzung von Vermögenswerten - Immobilisierung - Reputation als Geisel
Beispiele	- Wahl eines Outsourcing-Anbieters	- Leistungsverhalten des Outsourcing-Anbieters	- Spezifische Investition bei einem Outsourcing-Angebot (zum Beispiel Schulungen, Integrationsleistungen)
Möglichkeiten zur Problembegrenzung (beispielhaft)	- Referenzen - Reputation des Ver-	- Ergebnisbeteiligung des Vertragspartners - Einsatz von Planungs-	- Stellung von Sicherheiten (zum Beispiel Leistungsgarantien, Bürg-

auf diese zurückgegriffen werden muss. Eine unterlassene Leistung wird damit erst im Schadensfalle erkannt. Als Mechanismus können vertragliche Strafen festgelegt werden, die im Falle der Nichteinhaltung der Leistungsvereinbarung und eines Schadensfalles greifen.

[264] Vgl. Picot/Dietl/Franck (2002), S. 89-90. Das Hold-up-Problem verdeutlicht die Beziehung zwischen Principal-Agent-Theorie und Transaktionskostentheorie. In beiden Fällen ist die Spezifität der getätigten Investition das risikoauslösende Moment in der Vertragsbeziehung, wobei das Risikopotenzial mit steigendem Spezifitätsgrad zunimmt. Hat beispielsweise ein Leistungsnachfrager erhebliche spezifische Investitionen in die Integration und Anpassung einer neuen Applikation geleistet, die nicht anderweitig verwertbar sind, ist er aufgrund der sunk costs abhängig vom Leistungserbringer. Bei einem Wechsel des Anbieters würden erhebliche Wechselkosten anfallen.

	tragspartners	und Kontrollsystemen	schaften) - Vertikale Integration

Tabelle 6: Agency-Probleme und Lösungsmechanismen im Überblick
Quelle: in Anlehnung an Spremann (1990), S. 572; Picot/Dietl/Franck (2002), S. 92.

Probleme in der Auftragsbeziehung können durch bestimmte Mechanismen, wie Anreiz-, Kontroll-, Sanktions- und Informationssysteme, vermindert werden (vgl. auch Tabelle 6).[265] Die zur Verfügung stehenden Mechanismen sind jedoch zum Teil mit erheblichen Kosten verbunden und spiegeln sich in den Agency-Kosten wider. Nach JENSEN/MECKLING setzen sich die Agency-Kosten aus den Kontrollkosten des Prinzipals, den Signalisierungskosten des Agenten sowie dem verbleibenden Wohlfahrtsverlust zusammen.[266] Die Kontrollkosten sind Aufwendungen seitens des Prinzipals für Maßnahmen, die eine auftragsgemäße Vertragserfüllung durch den Agenten sichern sollen, indem der Informationsnachteil des Prinzipals verringert wird.[267] Signalisierungskosten entspringen den Anstrengungen des Agenten, die Informationsasymmetrie zwischen ihm und dem Prinzipal zu vermindern.[268] Da trotz der Mechanismen im Regelfall das für

---

[265] Der Prinzipal kann durch die Sammlung zusätzlicher Informationen über den Agenten (screening), die Überwachung und Kontrolle dessen Handelns (monitoring) und durch Androhung von Sanktionen die bestehende Unsicherheit verringern. Auch besteht die Möglichkeit, dass der Agent seinerseits, beispielsweise durch die Herausgabe zusätzlicher Informationen (signaling), versucht, das Informationsdefizit des Prinzipals zu verringern. Eine weitere Möglichkeit insbesondere die Gefahr einer Adversen Selektion zu vermindern, ist die self-selection (Selbstauswahl). Hierbei werden die Rahmenbedingungen der Geschäftsbeziehung so gestaltet, dass eine Selbstauswahl von Anbietern beziehungsweise Nachfragern stattfindet. Beispielsweise können Versicherungsverträge durch differenzierte Beiträge oder Selbstbeteiligungsklauseln so ausgestaltet werden, dass die Kunden entsprechend ihrem Risiko und ihrer Risikoneigung einen passenden Vertrag selbst auswählen. Vgl. Picot/Dietl/Franck (2002), S. 93; Spremann (1990), S. 578.

[266] Vgl. Jensen/Meckling (1976), S. 308. Zum Zusammenhang zwischen Aktivitäten der Kontrolle, Überwachung, Garantie und Agency-Kosten vgl. Jensen/Meckling (1976), S. 323-326. Auf die verschiedenen Möglichkeiten, ein Signaling seitens des Agenten oder ein Screening seitens des Prinzipals zu betreiben, wird im Folgenden nicht weiter eingegangen. Hierzu sei auf die betreffende Literatur verwiesen. Vgl. vor allem Spence (1974).

[267] Dieses sind beispielsweise Kreditwürdigkeitsprüfungen bei Banken oder die Durchführung von Assessment-Centern bei der Bewerberauswahl (screening).

[268] Dieses sind beispielsweise die Angabe von Referenzen, die Vorlage von Arbeitszeugnissen oder die Zusage von Garantien (signaling).

den Prinzipal maximale Nutzenniveau nicht erreicht wird, entsteht zusätzlich noch eine Residualgröße, die den Wohlfahrtsverlust beschreibt.

Die Agency-Problematik mit den Agency-Kosten spiegelt sich in den drei Zielsetzungen der Agency-Theorie wider. Zum einen sollen die spezifischen Ursachen und Charakteristika eines Agency-Problems herausgearbeitet werden. Des Weiteren findet eine Beschreibung und Bewertung eines verwendeten oder möglichen institutionellen Arrangements zur Lösung des Agency-Problems statt und ferner soll die effiziente Vertragsform zur organisatorischen Gestaltung der Agency-Beziehung ermittelt werden. Die Agency-Kosten werden dabei als Maßstab zur Auswahl des effizienten institutionellen Arrangements herangezogen und die zentrale Untersuchungseinheit der Prinzipal-Agenten-Beziehung ist der der Beziehung zugrunde liegende Vertrag.[269]

Die Ziele finden sich auch in den beiden grundsätzlichen Forschungsrichtungen der Agency-Theorie wieder. Diese sind die normative und die positive Agency-Theorie.[270] Erstere versucht unter Verwendung mathematischer Modelle die effiziente Vertragsform zu ermitteln und Gestaltungshinweise für Prinzipal-Agenten-Beziehungen zu geben. Hierbei sollen vor allem die Agency-Kosten minimiert werden. Ziel ist es, eine Entlohnungsfunktion des Agenten festzulegen, auf deren Basis sowohl der eigene Nutzen wie auch der Nutzen des Prinzipals maximiert wird. Die normative Vertretungstheorie stellt eine direkte Fortsetzung des Neoklassischen Ansatzes dar.[271] Die positive Agency-Theorie hingegen ist empirisch orientiert.[272] Ausgangspunkt sind in der Realität beobachtbare institutionelle Arrangements zur Regelung von Agency-Beziehungen und die Annahme, dass sich die Arrangements durchsetzen werden, die zu einer Einspa-

---

269 Vgl. Jensen/Meckling (1976).

270 Vgl. hierzu Gurbaxani/Kemerer (1989), S. 142.

271 Vgl. hierzu Richter/Bindseil (1995), S. 134.

272 Eine grundlegende Arbeit im Rahmen dieser Theorieausrichtung bieten Jensen/Meckling (1976).

rung von Agency-Kosten führen. Ziel ist es, eine Erklärung für die Existenz der vorhandenen Agency-Beziehungen zu finden.[273]

3.2. Entwicklung und Bedeutung der Transaktionskostentheorie

Die Transaktionskostentheorie ist in das Forschungsgebiet der Neuen Institutionellen Ökonomie (auch Neue Institutionenökonomik oder Neue Institutionenökonomie) einzuordnen. Sie beschäftigt sich im Kern mit der Frage nach der effizienten Organisation wirtschaftlicher Leistungsbeziehungen beziehungsweise, in den Worten der Transaktionskostentheorie, mit der Frage nach dem optimalen institutionellen Arrangement (beziehungsweise der Organisationsform, Koordinationsform oder Einbindungsform) einer Transaktion.

Anerkannt ist, dass der Ursprung der Transaktionskostentheorie auf den von COASE publizierten Aufsatz „The nature of the firm"[274] zurückgeht.[275] COASE machte bereits 1937 in seinem berühmten Aufsatz zwei wesentliche Aussagen, welche die bis dahin allgemein gültige Neoklassische Theorie erweiterten.[276] Zum einen beschrieb er die Existenz von Kosten der Nutzung des Preismechanismus als wichtigste Ursache des Entstehens von Unternehmen. Unternehmungen können demnach durch das Zusammenfassen von bestimmten Transaktionen eine bessere Überschaubarkeit und Kontrolle von Transaktionen realisieren, als dieses vom Markt über den Preismechanismus zu leisten wäre.[277] Zum anderen fügte er hinzu, dass der Markt als Koordinationsform in bestimmter Hinsicht zweckmäßiger ist als die Unternehmung, denn auch die Koordination von Aktivitäten in einer Unternehmung verursacht Kosten, die mit zunehmender Über-

---

[273] Beispielsweise wenden Gurbaxani/Kemerer (1983), S. 146-148 die Agency-Theorie an, um die in den 80er-Jahren zunehmende Dezentralisation der Informationsverarbeitung zu erklären. Zur positiven Agency-Theorie vgl. weiter Fama (1980); Jensen/Meckling (1976).

[274] Vgl. Coase (1937).

[275] Vgl. unter anderem Tirole (1995), S. 67; Scherer (1995), S. 63; Eigler (1996), S. 33.

[276] Coase versuchte Antworten auf Fragen zu finden, die sich mit rein produktionstechnischen Einflussfaktoren beziehungsweise mit der Neoklassischen Theorie nicht begründen ließen und schuf dafür bereits die Grundbausteine der jedoch erst später entwickelten Transaktionskostentheorie.

[277] Vgl. Bössmann (1983), S. 107.

nahme von Aktivitäten in die Unternehmung (überproportional) ansteigen. Es existiert demnach eine bestimmte Unternehmensgröße, ab der die Kosten, eine zusätzliche Transaktion firmenintern zu organisieren, größer sind als die bei Nutzung des Marktes oder bei Fremdvergabe anfallenden Kosten.[278] COASE unterstellte damit, dass die Existenz und Größe von Unternehmen nicht, wie bisher geschehen, als gegeben hingenommen werden müsse, sondern von der Existenz und Höhe der Transaktionskosten abhänge und dass die Koordination ökonomischer Aktivitäten sowohl in marktlicher wie auch in unternehmerischer Form Kosten aufweise.[279] Er kritisierte auf diese Weise die Neoklassische Theorie, die das Unternehmen lediglich als Produktionsfunktion betrachtet und die Nichtexistenz von Transaktionskosten fordert.[280]

Die heutige gebräuchliche Ausgestaltung des Transaktionskostenansatzes wurde insbesondere von WILLIAMSON in den Jahren 1971 bis 1985 vorangetrieben, indem er die von COASE geschaffenen und bis zu diesem Zeitpunkt relativ unbeachteten Grundlagen systematisierte und erweiterte. WILLIAMSON legte in seinen Arbeiten vor allem einen Fokus auf die Herausarbeitung transaktionskostenbestimmender Merkmale einer Transaktion.[281] Die von ihm weiterentwickelte Transaktionskostentheorie wurde auch von PICOT aufgegriffen, der besonders im deutschsprachigen Raum als weiterer einflussreicher Vertreter der Transaktionskostentheorie angesehen werden kann und maßgeblich zu einer Weiterentwicklung und zur Anerkennung der Theorie beitrug.[282]

---

[278] Vgl. Coase (1937), S. 394-395.

[279] Vgl. Bössmann (1983), S. 106-107.

[280] Vgl. Coase (1937), S. 390-394; Picot (1992a), S. 79-80. Die Neoklassische Theorie geht vom Abschluss perfekter Kontrakte aus, die sich aus vollkommener und für alle Akteure kostenlos erhältlicher Information ableiten. Zudem wird vollkommene Konkurrenz postuliert. Die Existenz der Unternehmen wird in der Neoklassik ausschließlich über Produktionskostenvorteile erklärt und die Größe der Unternehmen wird als technisch vorgegeben angesehen.

[281] Vgl. Williamson (1975); Williamson (1985).

[282] Vgl. Picot (1981); Picot (1989); Picot (1990); Picot (1991). Eine beispielhafte Übersicht zu weiterführenden Arbeiten des Transaktionskostenansatzes findet sich bei Sydow (2001), S. 259 und Burr (2003).

Bis heute hat sich als primäres Erkenntnisobjekt der Transaktionskostentheorie der Wertverzehr an Gütern und Dienstleistungen, der durch wirtschaftliche Tauschprozesse verursacht wird, herausgebildet beziehungsweise verfestigt. In diesem Zusammenhang wird als Kriterium für die Beurteilung der Koordination der wirtschaftlichen Tauschprozesse in der Regel die organisatorische Effizienz verwendet.[283] Als sekundäre Erkenntnisobjekte werden die Transaktion, das institutionelle Umfeld, die sonstige Umwelt und die Transaktionspartner angesehen.[284]

Die Transaktionskostentheorie gilt als interdisziplinärer Ansatz, der Erfahrungen aus der Wirtschaftstheorie, der Rechtswissenschaft und der Organisationstheorie über wirtschaftliche Organisationen verbindet. Während COASE mit seinen Überlegungen vor allem die Existenz und die Grenzen von Unternehmen erklären wollte, wird die heutige Anwendung des Transaktionskostenansatzes, der sich neben der Verwendung in der Volkswirtschaftslehre zunehmend in der betriebswirtschaftlichen Forschung wiederfindet, vermehrt in der Beurteilung von Outsourcing-Entscheidungen, häufig in Zusammenhang mit der betrieblichen Informationsverarbeitung,[285] gesehen.[286] Die Plausibilität dieser Verwendung

---

[283] Vgl. Milgrom/Roberts (1992), S. 23. Die Fokussierung auf die Effizienz als alleiniges Kriterium für die Auswahl institutioneller Arrangements wird häufig als Kritikpunkt der Transaktionskostentheorie angeführt. Von einigen Autoren wird daher beispielsweise die Berücksichtigung von Machtaspekten oder der organisatorischen Flexibilität als weiteres Kriterium gefordert. Vgl. Dorow/Weiermair (1984), S. 202-204; Ebers/Gotsch (1995), S. 229; Schätzer (1999), S. 113-115. Die Ergänzung des Transaktionskostenkriteriums um weitere Kriterien bei der Analyse geeigneter Koordinationsformen fordert auch Grote (1990), S. 69. Ebers/Gotsch (1995), S. 229 argumentieren jedoch zumindest für Machtaspekte weiter, dass eine Berücksichtigung dieser in der Transaktionskostentheorie implizit stattfindet, indem transaktionskostenspezifische Investitionen und die Möglichkeit der Kontrolle von Unsicherheit wichtige Machtbasen darstellen. Dieser Meinung schließt sich auch Eigler (1996), S. 55 an. Zu einer empirischen Analyse bezüglich des Outsourcing der IV unter Verwendung der Transaktionskostentheorie und des simultanen Einbezugs des Machtaspekts sowie des Ressourcenbasierten Ansatzes vgl. Dibbern/Heinzl (2001).

[284] Vgl. Langerfeldt (2002), S. 653.

[285] Die Bedeutung der Transaktionskosten wird insbesondere bei informationstechnologischen Lösungen hervorgehoben, da eine Transaktion, der IV-Leistungen zugrunde liegen, sich durch erhebliche Transaktionskosten auszeichnet. Vgl. Gurbaxani/Whang (1991), S. 63-64.

lässt sich bereits aus dem von COASE 1937 veröffentlichten Referenzwerk herleiten. COASE berücksichtigte bereits damals implizit den Aspekt der Eigen- beziehungsweise Fremdfertigung[287] und schuf mit seinen Argumentationsmustern die heute häufig verwendeten Grundlagen.[288]

Vor allem wird der Transaktionskostentheorie zugemessen, die organisatorischen Veränderungen in einer Unternehmung weitgehend zu berücksichtigen. Insbesondere im Hinblick auf Entscheidungen in der IV, die in aller Regel organisatorische Änderungen induzieren, kann die Transaktionskostentheorie von großem Nutzen sein. Sie berücksichtigt explizit die Kosten, die sich durch organisatorische Änderungen ergeben und die sich durch andere Verfahren nur schwer ermitteln oder abschätzen lassen.[289]

---

[286] Die Bedeutung der Transaktionskostentheorie für die Beurteilung von Outsourcing-Entscheidungen und die damit verbundenen Problematiken wird unter anderem von Bongard (1994); Nagengast (1997); Schätzer (1999); Picot (1990), S. 182; Picot (1992a), S. 80; Picot/Maier (1992), S. 20; Knolmayer (1991), S. 328; Knolmayer (1992a), S. 4; Dibbern/Güttler/Heinzl (2001), S. 680-681; Keppler (1998), S. 55, S. 93-96; Kim/Chung (2003) herausgestellt. Deutlich wird die Bedeutung der Transaktionskostentheorie im Rahmen der wissenschaftlichen Betrachtung des Outsourcing auch in einer umfangreichen Übersicht von Klein (2002), S. 39-44 zur theoretischen Fundierung ausgewählter wissenschaftlicher Aufsätze und Vorträge. Die meisten von ihm aufgeführten Arbeiten nutzen als theoretische Fundierung den Transaktionskostenansatz.

[287] Coase versuchte die Frage zu beantworten, warum Unternehmen manche Leistungen vom Markt beziehen und warum andere Leistungen unternehmensintern erstellt werden, um daraus Aussagen für seine Untersuchungen über die Existenz und Größe von Unternehmen abzuleiten.

[288] Etliche empirische Analysen auf Basis des Transaktionskostenansatzes bestätigen weitgehend die grundlegenden Hypothesen des Transaktionskostenansatzes beziehungsweise die Empfehlungen, die unter Verwendung der Transaktionskostenanalyse getroffen werden. Vgl. zum Beispiel Joskow (1988); Dibbern/Heinzl (2001). Zu einer Übersicht empirischer Arbeiten, die die Hypothesen unterstützen, vgl. Kaas/Fischer (1993), S. 691-692.

[289] Vgl. Picot (1990), S. 297.

3.3. Zum Begriff der Transaktion

Zentraler Diskussionsgegenstand der Transaktionskostentheorie ist die Transaktion,[290] für die sich noch keine einheitliche und allgemein anerkannte Definition durchgesetzt hat.[291] Es können jedoch laut NAGENGAST[292] zwei generelle Richtungen der Definition des Transaktionskostenbegriffs identifiziert werden.[293] In der einen Auslegung beschreibt WILLIAMSON eine Transaktion als den physischen Transfer von Gütern und Dienstleistungen zwischen zwei Wirtschaftssubjekten.[294] Eine andere Auslegung begründet COMMONS bereits 1931 mit seiner Beschreibung des Transaktionsbegiffes: "transactions are, not the exchange of commodities, but the alienation and acquisition, between individuals, of the rights of property and liberty created by society, which must therefore be negotiated between the parties concerned before labour can produce, or consumers can consume, or commodities be physically exchanged."[295] Die Transaktion beschreibt in diesem Zusammenhang den Prozess, der sowohl logisch als auch zeitlich dem eigentlichen Leistungsaustausch vorausgeht. Es geht somit primär um die den Austausch begleitende Übertragung von Verfügungsrechten und nicht um den dazugehörigen Güteraustausch. Die Transaktion dient insbesondere der Bewältigung von Informationsproblemen und der Beseitigung von Unsicherheiten bezüglich der Ausgestaltung beziehungsweise Erwartungshaltung über die in der Zukunft zu erbringende Leistung. Ziel der Transaktion in diesem

---

[290] Vgl. Williamson (1985), S. 41. Der Ansatz, die Transaktion zum primären Analyseobjekt zu machen, geht auf Commons (1931) zurück.

[291] Die grundsätzliche Unschärfe des Transaktionsbegriffes wird zusammen mit der Unschärfe des Transaktionskostenbegriffes häufig als Kritikpunkt des Transaktionskostenansatzes angebracht. Vgl. Sydow (1999), S. 166; Eigler (1996), S. 53.

[292] Nagengast (1997), S. 187.

[293] Ähnlich auch Baur (1990), S. 43-44. Eine weitere ausführliche Darstellung und Erörterung verschiedener Definitionen des Transaktionsbegriffes liefert zum Beispiel Michaelis (1985), S. 65-77.

[294] Williamson (1975), S. 3 hat zuvor bereits in seinen Ausführungen hinsichtlich des Transaktions-begriffs auf Commons verwiesen, orientiert sich jedoch später an dieser technologisch geprägten Definition des Transaktionsbegriffes. Vgl. Williamson (1981a), S. 1544; Williamson (1983), S. 104; Williamson (1990), S. 142.

[295] Commons (1931), S. 447. Eine ausführliche Diskussion über den Transaktionsbegriff nach Commons findet sich unter anderem in Brand (1990), S. 80-88.

Sinne ist es, eine von allen beteiligten Parteien als fair empfundene (vertragliche) Vereinbarung über den beabsichtigen Leistungsaustausch zu schaffen.[296] Auch wenn die beiden grundsätzlichen Begriffsverständnisse, die im ersten Fall den Leistungsaustausch und im zweiten Fall die Übertragung von Verfügungsrechten in den Mittelpunkt stellen, einen jeweils anderen Inhalt haben, sind sie doch in enger Verbindung zueinander zu sehen, denn der Austausch von Leistungen ist in der Regel mit dem Austausch von Verfügungsrechten verbunden.[297]

Nach WILLIAMSON können jedoch mögliche Probleme in einer Transaktionsbeziehung nicht vollständig antizipiert werden.[298] Die Transaktionskostentheorie unterstellt damit die Unvollständigkeit von vertraglichen Vereinbarungen und betrachtet die wirtschaftliche Leistungsbeziehung nicht nur ex ante hinsichtlich der vertraglichen Vereinbarung, sondern berücksichtigt explizit die Aktivitäten, die nach Abschluss der Vereinbarung anfallen. Diese werden als ex post Aktivitäten bezeichnet und sind Prozesse, die der Anpassung, Überwachung und Beendigung der vereinbarten Leistung dienen. Entsprechend ist der hier beschriebene Transaktionsbegriff um diese Aktivitäten zu erweitern.

Im Rahmen dieser Arbeit wird eine Synergie der oben beschriebenen Richtungen der Begriffsdefinitionen verwendet. Eine Orientierung an COMMONS und WILLIAMSON führt zu einem Begriffsverständnis, das sowohl den physischen Tausch von Gütern und Dienstleistungen wie auch die den eigentlichen Tausch begleitenden Prozesse umfasst.[299] Die eigentliche Begriffsdefinition soll sich auf

---

[296] Vgl. Picot (1981), S. 4-5; ähnlich bereits Ouchi (1980), S. 130. Windsperger (1991), S. 203 verwendet in diesem Zusammenhang den Begriff „Koordination“, der in Abgrenzung von der Begriffsdefinition „Transaktion“, unter dem er den Güter- beziehungsweise Leistungsaustausch versteht, den diesem Austausch zugrunde liegenden Informationsprozess beschreibt.

[297] Vgl. Bieberbach (2001), S. 70; ähnlich Richter/Furubotn (1999), S. 48.

[298] Vgl. Williamson (1996), S. 6.

[299] Ähnlich lässt auch Nagengast eine abschließende Definition beziehungsweise Ausgrenzung eines Ansatzes aus und beschreibt dieses sogar als Vorteil, da aufgrund einer weiten Fassung des Transaktionsbegriffs der Anwendungsbereich erweitert wird. Vgl. Nagengast (1997), S. 187. Richter/Furubotn (1999), S. 48 weisen auch darauf hin, dass häufig eine Verschmelzung beider definitorischer Ansätze stattfindet.

Transaktionen zwischen Unternehmung und Absatz- beziehungsweise Beschaffungsmarkt beziehen. Transaktionen innerhalb der Unternehmung werden im Weiteren differenzierend als „interne Transaktionen“ bezeichnet.[300]

3.4. Phasen und Kosten einer Transaktion

Der Transaktionskostenbegriff hat bis heute, ähnlich dem Transaktionsbegriff, keine allgemein anerkannte Definition gefunden.[301] COASE erwähnt bereits 1937 die Existenz von Kosten zur Nutzung des Preismechanismus und beschreibt damit die Transaktionskosten, die bei einer Koordination über den Markt auftreten.[302] WILLIAMSON unterscheidet, ausgehend von den Ausführungen COASEs, aufgrund seiner vertragstheoretischen Überlegungen[303] zwischen ex ante und ex post Transaktionskosten[304] und definiert diese als „comparative costs of planning, adapting, and monitoring task completion under alternative governance structures“[305]. Inhaltlich berücksichtigt PICOT[306] die Erkenntnisse von WILLIAMSON, entwickelt jedoch eine differenziertere Ausführung der Transakti-

---

[300] Ähnlich Windsperger (1991), S. 202; Reese (1991), S. 369; Richter/Furubotn (1999), S. 47.

[301] Zu einer Aufzählung verschiedener definitorischer Ansätze beziehungsweise unterschiedlicher Auffassungen des Transaktionskostenbegriffs vgl. Michaelis (1985), S. 80; Bieberbach (2001), S. 70-72.

[302] Vgl. Coase (1937), S. 390. Bössmann (1983), S. 108 nimmt eine ähnliche Definition vor, versteht jedoch unter den Transaktionskosten nur die Kosten der Koordination über den Markt und bezeichnet die Kosten der unternehmerischen Koordination hingegen als Organisationskosten. Die Summe aus Transaktionskosten und Organisationskosten sind entsprechend die Koordinationskosten. Eine Aus-einandersetzung mit den unterschiedlichen definitorischen Ansätzen zu den Transaktionskosten findet hier jedoch nicht weiter statt. Im Folgenden wird daher der Transaktionskostenbegriff in Anlehnung an Williamson und Picot definiert und an geeigneten Ansatzpunkten durch Ausführungen anderer Autoren ergänzt.

[303] Vgl. GP 3.7.1.

[304] Vgl. Williamson (1985), S. 20-22; ähnlich bereits Klein/Crawford/Alchian (1978), S. 300.

[305] Williamson (1983), S. 104. Vergleichend interpretiert Williamson (1985), S. 19 die Transaktionskosten auch als “... the economic equivalent of friction in physical systems”.

[306] Vgl. Picot (1981); Picot (1985).

onskosten.[307] Er beschreibt Transaktionskosten als alle Aufwendungen, die zur Erreichung des Zieles einer Transaktion, des als fair empfundenen Leistungsaustausches, erbracht werden müssen und spezifiziert diese Aufwendungen als die in Verbindung mit dem Transaktionsprozess anfallenden Kosten zur Überwindung von Informations- und Kommunikationsproblemen.[308] Zunächst beschreibt PICOT vier Transaktionskostenarten, nämlich die Anbahnungs-, Vereinbarungs-, Kontroll- und Anpassungskosten, erweitert diese jedoch später um die Abwicklungskosten.[309]

Die von PICOT unterschiedenen Kostenarten gehen zurück auf die Betrachtung des Organisationsprozesses der Transaktion und der Aufteilung desselben in unterschiedliche Transaktionsphasen. Die Transaktionskosten sind entsprechend die Informations- und Kommunikationskosten, die in den verschiedenen Phasen auftreten. Im Folgenden werden in Anlehnung an EIGLER,[310] aufbauend auf den Überlegungen von PICOT, folgende Phasen und Kostenarten unterschieden, die in Tabelle 7 zusammenfassend dargestellt sind:[311]

---

[307] Dem Ursprung der Transaktionskosten, nämlich der Entstehung durch die Koordination wirtschaftlicher Leistungsbeziehungen innerhalb von Unternehmen oder auf Märkten, trägt Picot (1991), S. 344 Rechnung, indem er darauf hinweist, dass diese häufig als Koordinationskosten bezeichnet werden.

[308] Vgl. Picot (1981), S. 5.

[309] Vgl. Picot (1990), S. 298.

[310] Vgl. Eigler (1996), S. 44-45. Die vorgenommene Klassifikation enthält laut Eigler sowohl entscheidungsrelevante wie auch -irrelevante Transaktionskosten. Im Gegensatz zur Argumentation Eiglers, der die Anbahnungskosten als entscheidungsirrelevant betrachtet, werden diese im Folgenden bei der Entscheidung über das institutionelle Arrangement einer Transaktion jedoch mit in die Betrachtung einbezogen. Vgl. zur Gegendarstellung Eigler (1996), S. 45-46.

[311] Inhaltlich ähnliche Transaktionskosten und -phasen nutzen zum Beispiel Windsperger (1996a), S. 13-18; Brand (1990), S. 114-117; Schätzer (1999), S. 103-107.

(1) Vertragsanbahnung

Die Phase der Vertragsanbahnung umfasst die Suche und Auswahl der Vertragspartner und die Ermittlung der jeweiligen Transaktionskonditionen. Ihr werden die Anbahnungskosten zugerechnet, die sich aus den Such- und Informationskosten zusammensetzen (beispielsweise Reise- und Beratungskosten, Kosten der Informationsbeschaffung, -weitergabe und -nutzung beziehungsweise Kosten für die Suche nach potenziellen Vertragspartnern).

(2) Vertragsabschluss

Anschließend werden in der Phase des Vertragsabschlusses die Verhandlung, Formulierung und Vereinbarung des Vertrages vorgenommen.[312] Diese Phase endet mit dem schriftlich oder mündlich wirksamen Vertragsbeschluss. Die hier auftretenden Vereinbarungskosten setzen sich aus den Entscheidungs-, Aushandlungs- und Vergleichskosten zusammen und resultieren vor allem aus der Intensität und zeitlichen Ausdehnung von Verhandlungen über Vertragsformulierungen (weitere Beispiele sind die Kosten durch die Bewertung und Wahl von Handlungsalternativen, Kosten infolge von Entscheidungsprozessen oder Kosten der Rechtsberatung).

(3) Vertragsdurchführung

Die Phase der Vertragsdurchführung beinhaltet die Realisierung der Leistungsvereinbarung und umfasst die Durchführungskosten, die sich unterteilen in:

(a) Abwicklungskosten, die von PICOT auch als die Kosten der Steuerung der laufenden Leistungserstellung bezeichnet werden (beispielsweise die Kosten für die Steuerung des Tauschprozesses inklusive der Managementkosten der Führung und Koordination);[313]

(b) Kontrollkosten, die aufgrund der Sicherung der Einhaltung der vertraglichen Regelungen durch den Vertragspartner entstehen (beispielsweise werden die Kontrollkosten durch die Sicherstellung der Einhaltung von

---

[312] Vgl. Williamson (1985), S. 20.

[313] Vgl. Picot (1990), S. 298.

Termin-, Qualitäts-, Mengen-, Preis- und Geheimhaltungsvereinbarungen determiniert).[314] Einen wichtigen Hinweis zur Ermittlung der Höhe der Kontrollkosten bieten die Menge der notwendigen Kontrollvorgänge und die Intensität der erforderlichen Kontrollen;[315]

(c) Anpassungskosten, welche die Kosten für Anpassungsmaßnahmen beschreiben, die bei der Berücksichtigung von transaktionsbeeinflussenden Ereignissen notwendig werden, die während der Vereinbarungsphase nicht erfasst wurden. Zu den Anpassungskosten zählen demnach die bei der Anpassung notwendigen Veränderungen der bisher vereinbarten Leistung und die durch notwendige Maßnahmen zur Behebung von aufgetretenen Mängeln entstandenen Kosten (die Anpassungskosten determinieren sich beispielsweise durch die (gerichtliche) Durchsetzung von Termin-, Qualitäts-, Mengen- und Preisänderungen aufgrund veränderter Bedingungen während der Vertragsdauer).[316]

(4) Vertragsaufhebung

Die Phase der Vertragsaufhebung umfasst die Beendigungs- beziehungsweise Abbruchkosten. Diese sind insbesondere bei langfristigen Transaktionsbeziehungen relevant und stellen Kosten dar, die bei Beendigung oder vorzeitigem Abbruch der Transaktion anfallen (beispielsweise sind dieses Wertverluste spezifischer Anlagen oder Kosten, die infolge von Entlassungen, der Rückführung von IT-Funktionen in das eigene Unternehmen oder dem Ausfall von IT-Systemen entstehen).[317]

---

[314] Vgl. Picot (1990), S. 298.

[315] Vgl. Bühner/Tuschke (1997), S. 27.

[316] Vgl. Picot (1981), S. 5.

[317] Vgl. Albach (1988), S. 1160; Hormozi/Hostetler/Middleton (2003), S. 21. Eine weitere, von Eigler (1996), S. 45 aufgeführte Kostenkategorie sind die Fehlsteuerungskosten, die sich aufgrund opportunistischen Verhaltens des Vertragspartners ergeben. Im Folgenden soll jedoch davon ausgegangen werden, dass diese mit den Anpassungskosten und den Beendigungskosten einhergehen. Denn eine Fehlsteuerung in diesem Sinne zeigt sich in der Regel in der Anpassung oder Beendigung der zugrunde liegenden Leistungsbeziehung.

Transaktionsphase	Transaktionskosten
Vertragsanbahnung	Anbahnungskosten - Suchkosten - Informationskosten
Vertragsabschluss	Vereinbarungskosten - Entscheidungskosten - Aushandlungskosten - Vergleichskosten
Vertragsdurchführung	Durchführungskosten - Abwicklungskosten - Kontrollkosten - Anpassungskosten
Vertragsaufhebung	Beendigungs- beziehungsweise Abbruchkosten

Tabelle 7: Transaktionskosten in den jeweiligen Transaktionsphasen

Abgesehen von anderen Auslegungen des Transaktionskostenbegriffs[318] wird hier der von PICOT geschaffene Transaktionskostenbegriff verwendet. Die Gliederung der Transaktionskosten nach Transaktionsphasen und Kostenarten ist insbesondere für eine möglichst weitgehende Erfassung der Transaktionskosten sinnvoll.[319] Ebenso bietet der Transaktionskostenbegriff nach PICOT eine sowohl theoriekonforme als auch einzelfallbezogene Anwendung. Der Transaktionskostenbegriff soll grundlegend sowohl für unternehmerische als auch für marktliche Koordination gelten.[320] In der Transaktionskostentheorie wird vornehmlich das

---

[318] Eine Übersicht über verschiedene Ansätze zur Segmentierung von Transaktionskostenarten bieten Schätzer (1999), S. 103 und Michaelis (1985), S. 80, FN 175.

[319] Vgl. Pfohl/Large (1992), S. 19; Albach (1988), S. 1160-1161. Eine andere Auffassung vertritt Sauter (1985), S. 62-63, der davon spricht, dass der Versuch der Erfassung von Transaktionskosten durch eine Auflösung in Kostenarten wenig überzeugend ist. Aufgrund der zahlreichen Arbeiten, in denen eine entsprechende Auflösung angewendet wurde, kann jedoch davon ausgegangen werden, dass dieses Vorgehen durchaus hilfreich zur Erfassung von Transaktionskosten ist und dass Sauter eine Minderheitenmeinung vertritt.

[320] Die Kosten einer internen Transaktion werden gegebenenfalls als interne Transaktionskosten bezeichnet. Ähnlich Gümbel (1985), S. 151. Häufig findet in der Literatur ebenfalls eine Unterscheidung der Kosten der unternehmerischen Koordination und der Koordination über den Markt statt. Vgl. zum Beispiel Bössmann (1983), S. 108. Zu einer Übersicht unterschiedlicher Transaktionskostendefinitionen unter Berücksichtigung der Differenzierung unternehmensinterner und marktlicher Koordi-nation vgl. Bieberbach (2001), S. 70-72.

Problem des Hold-up aufgegriffen. Zwei weitere Arten der Opportunismusgefahr wurden in GP 3.1.3. vorgestellt und sind die der Adversen Selektion sowie des moral hazard. Insbesondere durch die Verwendung des Konzeptes der verschiedenen Transaktionsphasen wird deutlich, dass in Transaktionen neben dem Durchsetzungsproblem (Hold-up) auch ein Auswahlproblem (Adverse Selektion) und ein Evaluationsproblem (moral hazard) besteht. Für eine gesamtheitliche Problembetrachtung, die durch das Phasenmodell unterstützt wird, ist daher der Einbezug aller drei Opportunismusarten unerlässlich. Für den hier verwendeten Transaktionskostenbegriff spielt jedoch nicht nur die Abwendung oder Verringerung einer opportunistischen Gefahr eine Rolle, sondern auch die allgemeine Verringerung von Informationsdefiziten, die nicht direkt mit dem (potenziellen) Transaktionspartner in Verbindung zu bringen sind.[321]

3.5. Transaktions- und Produktionskosten als organisatorisches Effizienzkriterium

In der Neoklassischen Theorie sind Transaktionskosten nicht von Bedeutung, da Transaktionskosten als nicht existent angenommen werden. Die effiziente Allokation von Ressourcen ist deshalb dann gegeben, wenn die Produktionskosten minimal sind.[322] Unternehmen existieren nach Auffassung der Neoklassischen Theorie vor allem aufgrund der Skalen- und Verbundeffekte, die diese realisieren. Die Produktionskosten beziehungsweise Kosten des Produktionsprozesses spiegeln den monetär bewertbaren Faktorverzehr wider und können mithilfe der Produktionsfunktion als Relation zwischen Input und Output wiedergegeben werden.

---

[321] Vor allem in der Anbahnungsphase müssen Informationsdefizite behoben werden, die nicht direkt mit dem zukünftigen Transaktionspartner und einer möglicherweise opportunistischen Gefahr durch diesen in Verbindung stehen, sondern deren Verringerung vorrangig zur Findung eines potenziellen Transaktionspartners dient.

[322] Im Rahmen der Transaktionskostentheorie und in Anlehnung an die in FN 208 getroffene Definition wird im Folgenden unter der Effizienz der Organisation von Dienstleistungen im Sinne des Wirtschaftlichkeitsprinzips die kostengünstigste Organisationsgestaltung einer Transaktion verstanden.

Während in der Neoklassischen Theorie aufgrund der Nichtexistenz der Transaktionskosten nicht zwischen Produktions- und Transaktionskosten unterschieden wird, geht die Neue Institutionenökonomik von positiven Transaktionskosten aus und fordert grundsätzlich die Abgrenzung der Produktions- von den Transaktionskosten.[323] Im Gegensatz zu den Produktionskosten entstehen die Transaktionskosten aufgrund des Prozesses der Transaktion, also des Organisationsprozesses, der für den beabsichtigten Leistungsaustausch notwendig ist.[324] Die Transaktionskostentheorie erhebt mit dem Konzept der Transaktionskosten den Anspruch, ein effizienzorientiertes Entscheidungskriterium für die Beurteilung unterschiedlicher institutioneller Arrangements zu stellen.[325] Aufgrund von Transaktionskostenüberlegungen soll das Arrangement für die Koordination einer Transaktion gewählt werden, welches die geringsten Transaktionskosten aufweist. Zu berücksichtigen sind in der Transaktionskostenanalyse jedoch lediglich die entscheidungsrelevanten Transaktionskosten, die von den entscheidungsirrelevanten abzugrenzen sind.[326] Nicht relevant sind demnach die versunkenen Transaktionskosten (sunk costs),[327] die WEGEHENKEL von den entscheidungsrelevanten „laufenden Transaktionskosten" differenziert.[328] Versunkene Kosten sind in diesem Sinne vor allem die Transaktionskosten, die für die

---

[323] Vgl. Williamson (1985), S. 18-19.

[324] Die Bedeutung einer Beachtung der Transaktionskosten wird deutlich, wenn der Anteil der Transaktionskosten an den Gesamtkosten industrieller Unternehmen herangezogen wird. Dieser Anteil wird in der Literatur häufig auf bis zu 50% geschätzt. Vgl. zum Beispiel Baur (1990), S. 47.

[325] Vgl. Picot/Dietl (1990), S. 178-184. Schätzer (1999), S. 113-115 weist darauf hin, neben der Effizienz (kurz- und mittelfristige Sicht) auch die Flexibilität (langfristige Sicht) einer Organisationsform zu betrachten. Bei einer Minimierung der Transaktionskosten sollte entsprechend beachtet werden, dass ein gewisses Maß an Flexibilität erhalten bleibt. Ein gewisses Maß an Flexibilität verursacht jedoch Transaktionskosten. Insoweit stehen Effizienz als Maß für Wirtschaftlichkeit und Flexibilität als Maß für Anpassungsfähigkeit in einem Spannungsverhältnis. Flexibilität kann dabei jedoch über die Transaktionskosten erfasst werden, indem sich die Höhe der notwendigen Flexibilität im Grad der Unsicherheit widerspiegelt. Im Folgenden wird daher der Aspekt der Flexibilität in Anlehnung an Schätzer nicht in expliziter Weise berücksichtigt.

[326] Vgl. Michaelis (1985), S. 94-100.

[327] Die Anbahnungskosten werden in dieser Arbeit nicht als sunk costs aufgefasst.

[328] Vgl. Wegehenkel (1981), S. 13.

grundlegende Institutionalisierung einer Primärverteilung von Verfügungsrechten notwendig sind und durch die die an einem Markt anlaufenden Tauschprozesse erst ermöglicht werden.[329] Im Gegensatz zu einer relativ einfachen Quantifizierung von Produktionskosten ist eine monetäre Bewertung von Transaktionskosten problematisch. Transaktionskosten lassen sich kaum quantifizieren, sondern sind in der Regel nur indirekt qualitativ oder ordinal erfassbar.[330] Insbesondere bei informationstechnologischen Leistungen fallen eine Definition, Bewertung und ein Vergleich von Transaktionen häufig schwer, was nicht zuletzt aus den beträchtlichen Transaktionskosten resultiert, die sowohl bei interner als auch externer Leistungserstellung auftreten.[331]

Bei der Vorteilhaftigkeitsanalyse einer marktlichen, hierarchischen oder hybriden Lösung wird die Beschränkung auf die Transaktionskosten häufig mit der Annahme gerechtfertigt, dass die institutionelle Einbindungsform keinen Einfluss auf die Höhe der Produktionskosten hat, die laut Annahme rein technologisch determiniert sind.[332] Eine andere, jedoch vom Ziel her gleichführende Argumentation, bietet PICOT, der davon ausgeht, dass bei geringer und mittlerer Spezifität der Transaktion ein relativer Transaktionskostenvorteil einer Koordinationsform auch mit einem relativen Produktionskostenvorteil einhergeht und bei einer hohen Transaktionsspezifität erst gar keine Produktionskostenunter-

---

[329] Vgl. Wegehenkel (1981), S. 21.

[330] So finden Transaktionskosten aufgrund ihrer problematischen Quantifizierung im betrieblichen Rechnungswesen bisher nur unzureichend Berücksichtigung. Albach (1988) stellt die Bedeutung der Transaktionskosten für das betriebliche Rechnungswesen heraus und entwickelt Ansätze, Transaktionskosten in das betriebliche Rechnungswesen zu integrieren. Er unterstellt, dass die strategischen Wettbewerbsvorteile einer Unternehmung nicht mehr in der Produktivität oder Fertigungstechnik liegen, sondern in der Beziehung zum Markt. Er fordert eine Berücksichtigung der Transaktionen, die im Rahmen von Marktbeziehungen anfallen. Aufgrund der schwierigen Bewertbarkeit ist jedoch bis heute keine umfassende Integration der Transaktionskosten in das betriebliche Rechnungswesen erfolgt. Vgl. Weber/Weißenberger/Löbig (2001). Zu Ansätzen der Quantifizierung von Transaktionskosten vgl. Hammes/Poser (1992).

[331] Vgl. Picot (1990), S. 298.

[332] Vgl. Arrow (1969), S. 60; Bössmann (1983), S. 108.

schiede auftreten können.[333] Die alleinige Relevanz von Transaktionskosten für eine Entscheidung über die effiziente Koordinationsform einer Transaktion ist jedoch fraglich.[334] Denn bei der Durchführung von Transaktionen entstehen in Abhängigkeit der jeweiligen institutionellen Einbindungsform neben unterschiedlichen Kosten für die Koordination auch unterschiedliche Kosten der Produktion,[335] die auf den mit der jeweiligen Koordinationsform verknüpften Skalen- und Verbundvorteilen beruhen können.[336] Auch wenn eine interne Leistungserstellung aus Sicht des Transaktionskostenkriteriums Sinn ergibt, kann bei Einbezug des Produktionskostenkriteriums eine marktliche Koordination von Vorteil sein.[337] Eine auf transaktionskostentheoretischer Basis getroffene Entscheidung sollte also immer im Zusammenhang mit den Produktionskosten der Leistung bei alternativen Organisationsformen gesehen werden. Die optimale Organisationsform einer Transaktion liegt demnach dann vor, wenn die Summe aus Transaktions- und Produktionskosten minimal ist. Die Einbeziehung der Produktionskosten in die Überlegungen wird daher von etlichen Autoren für

---

[333] Vgl. Picot (1991), S. 348-349; Picot (1992c), S. 115-116. Zur Spezifität vgl. GP 3.6.2.1.

[334] Vgl. Toporowski (2000), S. 91-92. So wird von Rindfleisch/Heide (1997), S. 47 der Untersuchung der relativen Bedeutung der Transaktions- und Produktionskosten für die Wahl der Koordinationsform als bedeutendes Forschungsfeld auf dem Gebiet der Transaktionskostenanalyse hohe Relevanz beigemessen. Laut Williamson (1985), S. 390 führt die ausschließliche Betrachtung von Transaktions- oder Produktionskosten als Effizienzkriterium zu unpräzisen Ergebnissen. Die alleinige Betrachtung der Transaktionskosten führt dazu, dass die Koordinationsform „Hierarchie" als effizient gilt, da diese den besseren Kontrollmechanismus zur Vermeidung von Opportunismus aufweist. Eine alleinige Betrachtung der Produktionskosten würde aufgrund der Skalen- und Verbundeffekte, die der Markt generiert, hingegen zu einer Bevorzugung des Marktes führen.

[335] Vgl. Windsperger (1991), S. 202; Michaelis (1985), S. 89-90; Grote (1990), S. 42-43; Albach (1988), S. 1161; Schneider (1985), S. 1242; Sydow (1992), S. 148. Auf die bedeutenden Unterschiede von Produktionskosten in unterschiedlichen institutionellen Arrangements geht zum Beispiel Nagengast (1997), S. 202 ein. Er stellt die Personalkosten heraus, die in der Kostenstruktur von Dienstleistungen eine herausragende Bedeutung haben und insbesondere aufgrund von tariflichen Bestimmungen oder internationalen Lohnniveaudifferenzen bei unterschiedlichen Koordinationsformen sehr stark differieren können. Dieser Aspekt trifft ebenfalls auf informationstechnologische Leistungen zu, die sich ebenfalls durch einen sehr hohen Personalkostenanteil auszeichnen.

[336] Vgl. Hanke (1993), S. 20.

[337] Vgl. auch GP 3.7.2.2.

notwendig gehalten, um ein möglichst objektives und sachgerechtes Ergebnis zu erhalten.[338]

Es stellt sich jedoch die Frage, inwieweit eine Differenzierung von Transaktions- und Produktionskosten überhaupt möglich[339] beziehungsweise notwendig ist. Während unter Produktionskosten die Kosten des Produktionsprozesses verstanden werden können,[340] beschreiben Transaktionskosten die Kosten des Organisationsprozesses der Transaktion. Beide Kostenarten sind jedoch weder unabhängig voneinander noch überschneidungsfrei.[341] Zum einen existieren Wech-

---

[338] Zur Notwendigkeit des Einbezugs beider Kostenarten vgl. Williamson (1985), S. 92; Schätzer (1999), S. 107-112; Ang/Straub (1998); Ang/Straub (2002); Jost (2001), S. 18-22; Burr (2003), S. 119; Lammers (2004), S. 206. Transaktionskosten werden von Picot (1982), S. 271 für die Auswahl effizienter Organisationsstrukturen dann als geeignetes Effizienzkriterium gesehen, wenn sowohl die Produktionstechnologie und damit Produktionskosten und -leistungen gegenüber einer Veränderung der Organisationsform invariant sind als auch effizienzorientierter Wettbewerb zwischen den Akteuren in einer Wirtschaft stattfindet. Aufgrund dieser schwer einzuhaltenden Annahmen ist es jedoch wichtig, die Produktionskosten in die Betrachtung mit einzubeziehen. Nach Windsperger (1991) kann ausgehend von der Gewinnmaximierung als Wirtschaftlichkeitsprinzip die Effizienz, das heißt Produktionseffizienz und Koordinationseffizienz als Entscheidungskriterium zur Organisationsgestaltung verwendet werden. Die Produktion ist dann effizient, wenn die Kosten des Leistungsprozesses (Produktionskosten inklusive der Transportkosten) minimiert sind. Die Koordination ist dann effizient, wenn die Kosten des Informations- und Koordinationsprozesses minimiert sind. Eine im Sinne der Transaktionskostentheorie effiziente Organisationsform einer Transaktion muss entsprechend sowohl Produktions- als auch Koordinationseffizienz aufweisen. Auch bei Windsperger existiert demnach die Forderung nach einer Gesamtkostenbetrachtung. Baur (1990), S. 117 fordert ebenfalls eine Gesamtkostenbetrachtung, berücksichtigt Produktionskostenunterschiede in unterschiedlichen institutionellen Arrangements jedoch nicht explizit, sondern indirekt über die Einflussgrößen der Transaktionskosten (insbesondere über die Spezifität).

[339] Vgl. Alpar/Saharia (1995), S. 204; Wegehenkel (1981), S. 16. Vgl. zu weiteren Ansätzen, Beispielen oder Vorgehensweisen zur Differenzierung von Produktions- und Transaktionskosten Grote (1990), S. 40-44; Schätzer (1999), S. 100-102; Wegehenkel (1981), S. 16-20.

[340] In Anlehnung an die gängige Auffassung in der Literatur umfassen die Produktionskosten damit die „reinen" Produktionskosten (zum Beispiel variable Materialkosten und Lohnkosten) sowie die Transportkosten (zum Beispiel Kosten des Transports von Rohmaterial und Zwischenprodukten oder Kosten des Transports von Endprodukten zum Verbraucher). Vgl. Grote (1990), S. 40.

[341] Vgl. Grote (1990), S. 41.

selwirkungen zwischen Produktions- und Transaktionskosten, die eine große Bedeutung für die Wahl der effizienten Koordinationsform haben können. Eine Produktionskostenverringerung kann beispielsweise eine Transaktionskostenmehrung nach sich ziehen.[342] Das heißt, es besteht die Gefahr, dass ein Vorteil bei den Produktionskosten durch einen Nachteil bei den Transaktionskosten kompensiert wird. Selbiges gilt ebenfalls für eine Verminderung der Transaktionskosten mit gleichzeitiger Auswirkung auf die Produktionskosten.[343] Zum anderen werden unter Transaktionskosten häufig auch Kosten des Produktionsprozesses erfasst und vice versa. Beispielsweise können Kosten für eine Stechuhr, die der Arbeitszeitüberwachung dient, sowohl als Transaktionskosten wie auch als Produktionskosten aufgefasst werden.[344]

Die Problematik der unzureichenden Abgrenzung von Transaktions- und Produktionskosten ist jedoch dann unerheblich, wenn zu einer Effizienzbetrachtung der gesamte wirtschaftliche Aufwand berücksichtigt wird.[345] Im Folgenden werden daher sowohl Transaktions- als auch Produktionskosten als Effizienzkriterium herangezogen, wobei eine eindeutige Differenzierung zwischen beiden zwar wünschenswert ist, jedoch nicht als notwendig erachtet wird. Entscheidend ist allein die Integration des Produktionskostenaspektes in die Entscheidungsfindung bei der Wahl der effizienten Koordinationsform einer Transaktion. Diese Integration soll in Anlehnung an die Vorgehensweise der in GP 3.7.2.1. be-

---

[342] Durch die Einführung einer neuen Technologie können zwar Produktionskosten gesenkt werden, jedoch erhöhen sich aufgrund der jetzt schwierigeren Koordination und der organisatorischen Maßnahmen zur Adaption der neuen Technologie die Transaktionskosten.

[343] Vgl. Jost (2001), S. 21; Ebers/Gotsch (1995), S. 217. Auch Williamson fordert ausdrücklich, dass eine Berücksichtigung möglicher Transaktionskostenveränderungen im Zusammenhang mit einer Veränderung der Produktionskosten notwendig ist, um eine aussagekräftige Interpretation bestimmter Kostenveränderungen zu gewährleisten. Vgl. Williamson (1985), S. 61.

[344] Vgl. Wegehenkel (1981), S. 16. Diese schwierige Differenzierung gilt auch für die in FN 335 erwähnten Personalkosten.

[345] Vgl. Michaelis (1985), S. 90. Allerdings müssen mögliche Überschneidungen beziehungsweise Redundanzen weitgehend vermieden werden, sodass keine zweimalige Erfassung einer Kostenart erfolgt.

schriebenen Transaktionskostenanalyse durch die Beachtung relativer Produktionskostenvorteile einer Koordinationsform stattfinden.

3.6. Einflussgrößen auf das Transaktionskostenniveau

Die Transaktionskostenanalyse versucht unter Minimierung der Transaktionskosten effiziente institutionelle Arrangements von Transaktionen zu ermitteln. Die Höhe und Zusammensetzung der Transaktionskosten hängen im Wesentlichen von der gewählten Einbindungs- beziehungsweise Organisationsform[346] und von bestimmten Bedingungskonstellationen der betrachteten Transaktion ab.[347] Die Determinanten, die Zusammenhänge zwischen diesen und die jeweilige Höhe der Transaktionskosten berücksichtigt und systematisiert WILLIAMSON in dem von ihm konzipierten Modell des *organizational failures framework*.[348] Dieses System von Rahmenbedingungen einer Transaktion bildet die theoretische Grundlage der eigentlichen Terminologie des Transaktionskostenansatzes und ist in Abbildung 7 mit seinen wesentlichen Komponenten dargestellt. Es enthält als Einflussgrößen auf die Transaktionskosten die Humanfaktoren, die Umweltfaktoren, die Transaktionsatmosphäre sowie die Verfügbarkeit von Kapital und Know-how.[349] PICOT beschreibt diese Einflussgrößen als Charakter der Transaktion, der die zu bewältigenden Informationsprobleme determiniert.[350] Im Folgenden wird auf die Transaktionskostendeterminanten näher eingegangen.

---

[346] Zu den Einbindungsformen von Transaktionen vgl. GP 3.7.1.
[347] Vgl. Picot/Dietl/Franck (2002), S. 69.
[348] Vgl. Williamson (1975), S. 20-40.
[349] Vgl. Picot/Reichwald/Wigand (2001), S. 50-53. Zu weiteren ergänzenden Einflussgrößen mit jedoch geringem Einfluss auf die Transaktionskosten vgl. Coenenberg/Fischer (1998), S. 40.
[350] Vgl. Picot (1981), S. 6.

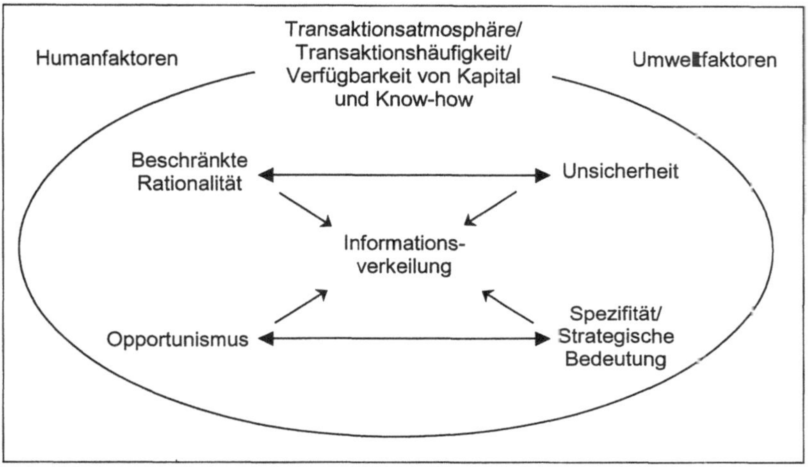

Abbildung 7: Einflussgrößen auf die Transaktionskosten
Quelle: in Anlehnung an Picot/Dietl/Franck (2002), S. 69.

3.6.1. Humanfaktoren

Die Humanfaktoren, die als Erweiterung der neoklassischen Modellwelt des homo oeconomicus zu verstehen sind, umfassen die den Individuen unterstellten Verhaltensmerkmale der beschränkten Rationalität und des Opportunismus, die bereits im Rahmen des Prinzipal-Agenten-Ansatzes beschrieben wurden.[351] WILLIAMSON grenzt mit diesen Annahmen, die unvollständige Information implizieren, die Transaktionskostentheorie deutlich von der Neoklassischen Theorie ab, die vollständige und kostenlos verfügbare Information voraussetzt.

Die Annahme einer opportunistischen Verhaltensweise impliziert durch die absichtlich unvollständige und verzerrte Wiedergabe von Informationen und die nicht mögliche Antizipierbarkeit des Verhaltens der Akteure (Verhaltensunsi-

[351] Eine weitere Annahme ist die der Risikoneutralität der Akteure. Sie dient der Vereinfachung des Transaktionskostenansatzes und damit der Konzentration auf die zentralen Effizienzprobleme institutioneller Arrangements. Die Annahme wird jedoch von Williamson nicht explizit hervorgehoben und spielt für die Analyse von Transaktionsbeziehungen eine

cherheit) grundsätzlich unvollständige Verträge.[352] Opportunismus stellt jedoch nur ein Problem dar, wenn beschränkte Rationalität der Akteure vorliegt. Bei vollkommener Rationalität können vollständige Verträge abgeschlossen werden, da für die Akteure relevante Informationen uneingeschränkt verfügbar sind, diese auf die Informationsweitergabe der jeweils anderen Seite nicht angewiesen sind und somit keine Unsicherheit besteht. Die Annahme der beschränkten Rationalität hingegen führt in der Regel zu unvollkommener und asymmetrischer Information, die opportunistisch ausgenutzt werden kann. Wiederum stellt auch beschränkte Rationalität ohne die Annahme des Opportunismus kein Problem dar, da alle vertraglichen Vereinbarungen aufgrund der Nichtexistenz von Verhaltensunsicherheit auf jeden Fall eingehalten werden beziehungsweise bei Vertragslücken diese bilateral zufriedenstellend geschlossen werden können. Demnach treten erst durch die simultane Existenz von Opportunismus und beschränkter Rationalität unvollständige Verträge auf, da Leistung und Gegenleistung unter Berücksichtigung aller möglichen Umweltzustände nicht vollkommen erfasst werden können.[353] Die beiden für den Transaktionskostenansatz zentralen Verhaltensannahmen sind folglich grundlegende Bedingungen und Einflussgrößen für die Existenz und Höhe von Transaktionskosten.

3.6.2. Umweltfaktoren

Während die Existenz von Opportunismus und beschränkter Rationalität notwendige Bedingungen für das Entstehen von Transaktionskosten sind, können die Umweltfaktoren als die eigentlich, in Art und Höhe, transaktionskostenbestimmenden Eigenschaften aufgefasst werden, da sie durch ihre Ausprägung die jeweilige Bedeutung der Humanfaktoren determinieren. Als Umweltfaktoren im

---

untergeordnete Rolle. Vgl. dazu Williamson (1985), S. 388-389. Im Rahmen dieser Arbeit wird sie daher nicht weiter betrachtet.

[352] Das hier vorliegende Problem, das sich aus der Kombination von Opportunismus und Unsicherheit ergibt, wird auch als Informationsverkeilung (information impactedness) bezeichnet. Vgl. Williamson (1975), S. 31-37; Williamson (1985), S. 47-48; Picot/Dietl (1990), S. 180. Mit der Rolle des Opportunismus im Transaktionskostenansatz beschäftigt sich zum Beispiel eingehend Moschandreas (1997). Zu vollkommenen und unvollkommenen Verträgen vgl. GP 3.7.1.

[353] Vgl. Williamson (1985), S. 66.

Sinne des Transaktionskostenansatzes sind die Spezifität, die strategische Bedeutung, die Unsicherheit und die Häufigkeit zu nennen, auf die im Folgenden näher eingegangen wird.[354]

3.6.2.1. Spezifität

Spezifität, die als wichtigste Einflussgröße der Transaktionskosten gesehen wird,[355] definiert WILLIAMSON folgendermaßen: „Asset Specificity has reference to the degree to which an asset can be redeployed to alternative uses and by alternative users without sacrifice of productive value."[356] Demnach sind spezifische Investitionen in einen Vermögensgegenstand irreversibel und lassen sich nach Abbruch der zugrunde liegenden Transaktionsbeziehung nicht ohne weiteres über den Markt zurückholen.[357] Objekte, die eine hohe Faktorspezifität aufweisen, besitzen nach dem Konzept der transaktionsspezifischen Investitionen außerhalb des ursprünglichen Anwendungsfeldes einen geringeren Wert hinsichtlich ihrer Wiederverwendung und stellen versunkene Kosten dar.[358] Der mögliche Wertverlust stellt für die Partei, welche die spezifischen Investitionen getätigt hat, ein Risiko dar, weil die andere Partei sich dieser Differenz annehmen kann, indem sie die Abhängigkeit der spezifisch investierten Partei ausnutzt.

---

[354] Ursprünglich findet die strategische Bedeutung als Transaktionseigenschaft im Transaktionskostenansatz keine Berücksichtigung. Vgl. Williamson (1985). Insbesondere Picot propagiert jedoch eine Berücksichtigung dieser in der Transaktionskostenanalyse. Vgl. Picot (1992a), S. 80.

[355] Vgl. Williamson (1985), S. 56, S. 91; Chiles/McMackin (1996), S. 74; Picot/Ripperger/Wolff (1996), S. 67. So beschreibt Williamson (1991), S. 281-282 die ideale Transaktion als eine Transaktion ohne Spezifität und stellt damit den Faktor Spezifität in seiner Bedeutung vor alle anderen Einflussfaktoren.

[356] Vgl. Williamson (1991), S. 281.

[357] Vgl. Richter/Bindseil (1995), S. 137.

[358] Zu beachten ist jedoch, dass spezifische Transaktionen auf ihre Sinnhaftigkeit überprüft werden müssen. Es sind Möglichkeiten einzubeziehen, in denen eine spezifische Leistung durch eine unspezifische ersetzt werden kann, ohne dabei eine Leistungseinbuße hinnehmen zu müssen. Beispielsweise kann bei Individualsoftware, die eine hohe Spezifität aufzeigt, überprüft werden, ob diese durch Standardsoftware ersetzt werden kann.

Für eine weitere Klärung des Spezifitätsbegriffs in der Transaktionskostentheorie erfolgt eine Unterscheidung zwischen der Verwendungs- und Produktspezifität, womit sowohl alternative Verwendungen von Investitionen als auch alternative Transaktionspartner berücksichtigt werden.[359] Verwendungsspezifität liegt vor, wenn die getätigte Investition in einen Produktionsfaktor nicht ohne weiteres einer alternativen Verwendung, das heißt der Produktion eines anderen Gutes zugeführt werden kann. Produktspezifität hingegen besteht, wenn ein produziertes Gut außerhalb der ursprünglichen Transaktionsbeziehung einen wesentlich geringeren Wert besitzt.[360] Verwendungsspezifität bezieht sich damit auf die Produktionsfaktoren und ist unabhängig von dem Transaktionspartner, der die produzierten Güter nachfragt. Produktspezifität hingegen nimmt Bezug auf die produzierten Güter und hängt von der Wertschätzung der Güter durch alternative Transaktionspartner ab.

Die beiden Spezifitäten müssen nicht simultan auftreten. Beispielsweise weist eine Maschine zur Herstellung von handelsüblichen Kugellagern eine hohe Verwendungsspezifität auf, da mit ihrer Hilfe nur dann andere Produkte produziert werden können, wenn größere, zusätzliche Investitionen für ihre Umrüstung getätigt werden. Die Produktspezifität hingegen ist sehr gering, da die hergestellten Produkte von einer Vielzahl von Transaktionspartnern mit einem ähnlichen Wert bemessen und nachgefragt werden. Es ist aber auch möglich, Produkte mit hoher Produktspezifität bei gleichzeitig geringer Verwendungsspezifität der genutzten Maschinen herzustellen. Beispielsweise können mit computergestützten Werkzeugen spezifische Produkte hergestellt werden. Eine geringe Verwendungsspezifität ergibt sich hierbei durch die Möglichkeit, die verwendeten Maschinen durch Umprogrammierung relativ leicht auf die Produktion neuer Produkte umzustellen. Das produzierte Gut wurde jedoch in diesem Beispiel im

---

[359] Vgl. zu den folgenden Ausführungen Vogt (1997), S. 23-25. Diese Unterscheidung ist in der Literatur keineswegs üblich. Allerdings hilft sie dabei, den Begriff der Spezifität im Sinne des Transaktionskostenansatzes besser zu verstehen.

[360] Der geringere Wert leitet sich aus der unterschiedlichen Bewertung von Investitionen und Ressourcen durch die Marktteilnehmer ab, wobei die jeweilige Bewertung auf die für jeden Akteur unterschiedlichen Verwendungsmöglichkeiten zurückzuführen ist.

Rahmen eines individuellen Auftrags gefertigt und stellt nur für den Auftraggeber einen hohen wirtschaftlichen Wert dar, würde jedoch von anderen Marktakteuren nicht nachgefragt werden. Eine Abhängigkeitssituation ergibt sich somit nur bei gleichzeitiger Verwendungs- und Produktspezifität,[361] denn:

- bei lediglich hoher Produktspezifität könnte der Hersteller des Produktes aufgrund geringer Verwendungsspezifität bei opportunistischer Verhaltensweise des Transaktionspartners durch geringe Kosten die Produktionsfaktoren für die Produktion anderer Güter einsetzen und bei anderen Transaktionspartnern absetzen,
- bei lediglich hoher Verwendungsspezifität könnte wiederum der sich opportunistisch verhaltende Transaktionspartner um- beziehungsweise übergangen werden, indem die wenig spezifischen Produkte an andere Transaktionspartner verkauft würden.

Erst wenn sowohl die Produktionsfaktoren als auch die produzierten Güter außerhalb der jeweiligen Transaktionsbeziehung einen geringeren Wert haben, ergeben sich Abhängigkeiten in der Transaktionsbeziehung. Ein Beispiel hierfür ist eine Spezialmaschine zur Produktion von Autotüren, die ohne weitere größere Investitionen nur dieses einzige Produkt herstellen kann, das von einem einzigen Abnehmer für ein bestimmtes Kfz-Modell nachgefragt wird.

Der Differenzbetrag des Wertes, der einer Investition im Rahmen einer Transaktionsbeziehung und seiner nächstbesten Verwendungsmöglichkeit außerhalb dieser Beziehung beizumessen ist, wird als Quasirente bezeichnet.[362] Je höher die Spezifität und damit die Quasirente einer Investition ist, desto höher ist der Wertverlust bei Beendigung der gegenwärtigen Transaktionsbeziehung und desto höher ist für den abhängigen Transaktionspartner die Ausbeutungsgefahr.[363] Je größer die Spezifität einer Transaktion ist, desto detaillierter müssen die Ver-

---

[361] Vgl. Vogt (1997), S. 25.

[362] Vgl. Klein/Crawford/Alchian (1978), S. 298.

[363] Vgl. Picot/Dietl (1990), S. 179. Zur Quasirente und dazugehörigen Beispielen vgl. auch Klein/Crawford/Alchian (1978).

träge über die Rahmenbedingungen der Transaktion sein, um eine gewisse Sicherheit für die Transaktionspartner zu gewährleisten. Vertragslücken, die aufgrund der begrenzten Rationalität der Akteure nicht zu verhindern sind und durch opportunistisches Verhalten einer Partei ausgenutzt werden können, müssen durch zusätzliche Vertragsklauseln oder Schutzmechanismen so weit ergänzt werden, dass eine opportunistische Verhaltensweise möglichst weitgehend unterbunden wird.[364] Spezifität, welche die „Einzigartigkeit" einer Transaktion ausdrückt, spiegelt sich in allen Phasen der Transaktion in den jeweils zu bewältigenden Informations- und Kommunikationsproblemen wider und beschreibt zudem den Grad der Definierbarkeit und Bewertbarkeit einer Leistung.[365] Mit zunehmender Spezifität wird es bei Markttransaktionen immer aufwendiger, geeignete Transaktionspartner mit geeignetem Leistungsangebot zu finden und möglichst alle Eventualitäten in Verträgen zu erfassen. Die Aktivitäten in den Phasen der Vertragsanbahnung, des Vertragsabschlusses, der Vertragsdurchführung und der Vertragsaufhebung sind bei hoher Spezifität durch hohe Transaktionskosten geprägt.

Faktorspezifität kann aufgrund ihrer Ursache in sechs weitere grundsätzliche Arten unterschieden werden.[366] In den späteren Ausführungen wird insbesondere auf Standortspezifität, Sachkapitalspezifität und Humankapitalspezifität zurückgegriffen. Abnehmerspezifische Investitionen, Markennamenspezifität und zeitspezifische Investitionen stellen sowohl untereinander als auch zu den anderen Kategorien keine klar abgrenzbaren Spezifitätskategorien dar und werden bei der Argumentation mithilfe der Transaktionskostentheorie in der Literatur zudem wenig angewendet.[367]

---

[364] Vgl. Eigler/Jost (2001), S. 41-42.

[365] Vgl. Picot (1990), S. 299; Baur (1990), S. 67-68; Picot/Maier (1992), S. 21. Der Spezifitätsgrad ist jedoch nicht ausschließlich ausschlaggebend für Bewertungsprobleme. Vgl. hierzu weiterführend Baur (1990), S. 86-70.

[366] Vgl. zu den folgenden Ausführungen Williamson (1985), S. 55-56; Williamson (1991), S. 281; Picot/Dietl (1990), S. 179; Rindfleisch/Heide (1997), S. 31; Dibbern/Güttler/Heinzl (2001), S. 683. Das Vorliegen der jeweiligen Spezifitätsarten setzt voraus, dass sowohl Verwendungs- als auch Produktspezifität besteht.

[367] Vgl. auch Picot/Dietl (1990), S. 179.

(a) Die *Standortspezifität (site specificity)* bezeichnet die räumliche Gebundenheit einer Investition, das heißt die räumliche Abhängigkeit zwischen materiellen und/oder immateriellen Wirtschaftsgütern. Als Beispiel sind hier eng miteinander verbundene Produktionsstufen zu nennen, die räumlich zusammengelegt werden, um Lager- und Transportkosten zu sparen.

(b) *Sachkapitalspezifität (physical-asset specificity)* beschreibt die besondere Beschaffenheit und die einzigartige Verwendungsmöglichkeit eines Wirtschaftsgutes, wie beispielsweise ein speziell angefertigtes Werkzeug zur Herstellung bestimmter Einzelteile.

(c) Humankapital, das nur innerhalb einer bestimmten Vertragsbeziehung verwertet werden kann, wird durch die *Humankapitalspezifität (human-asset specificity)* beschrieben. Spezifisches Humankapital sind beispielsweise Wissen, Informationen oder Fähigkeiten, die außerhalb der ursprünglichen Transaktionsbeziehung keinen oder einen nur geringeren Wert haben. Unterschieden werden können jedoch notwendige und hinreichende Bedingungen des Vorhandenseins von Humankapitalspezifität. Hinreichende Bedingungen sind vor allem unternehmensinterne Kenntnisse, die nur durch einen Learning-by-doing Prozess erlangt werden können. Sie stellen idiosynkratische Erfahrungen dar, also durch zeitlich anspruchsvolles Training und Erfahrung erlangtes Wissen, dessen formale Reproduktion schwierig beziehungsweise unmöglich ist. Notwendige Bedingungen sind beispielsweise intellektuelle Fähigkeiten oder autodidaktisch beziehungsweise durch schulische Maßnahmen erlernbare Spezialkenntnisse (zum Beispiel Programmierkenntnisse).

(d) *Abnehmerspezifische Investition (dedicated assets)* liegen vor, wenn die getätigten Investitionen nur für einen speziellen Kunden getätigt wurden und hinsichtlich ihres Nutzens nicht ohne weiteres auf andere potenzielle Transaktionspartner übertragbar sind. Beispielsweise ist eine Investition abnehmerspezifisch, wenn diese aufgrund einer notwendigen Kapazitätserweiterung infolge eines spezifischen Kundenauftrags erfolgen muss und bei Beendigung der Transaktionsbeziehung nicht anderweitig verwendbare Überkapazitäten entstehen.

(e) *Markennamenspezifität (brand-name capital)* wird hingegen mittelbar oder unmittelbar durch die Investition in die Reputation des Wirtschaftssubjektes aufgebaut. Die gewonnene Reputation kann nicht ohne weiteres auf andere Transaktionen übertragen werden.

(f) *Zeitspezifische Investitionen (temporal specificity)* beziehen sich auf Investitionen, deren Wert von der Einhaltung eines bestimmten Zeitpunktes abhängt.[368]

3.6.2.2. Strategische Bedeutung

Ein enger Zusammenhang besteht zwischen der Spezifität und der strategischen Bedeutung einer Leistung. Um ein besseres Verständnis für den Begriff der strategischen Bedeutung einer Leistung zu schaffen und als Grundlage für weitergehende Ausführungen wird im Folgenden der Ressourcenbasierte Ansatz skizziert.[369]

---

[368] Vgl. Malone/Yates/Benjamin (1987), S. 486.

[369] Während der Transaktionskostenansatz versucht, bei gegebener Ressourcenspezifität das effiziente Koordinationsdesign zu finden und die Koordinationsfunktion der Unternehmung in den Mittelpunkt stellt, ist für den Ressourcenorientierten Ansatz die Innovationsfunktion der Unternehmung von zentralem Interesse. Das heißt die Frage danach, wie durch Aufbau firmenspezifischer Ressourcen und organisationaler Fähigkeiten Wettbewerbsvorteile realisiert

Der Ursprung des Ressourcenbasierten Ansatzes beziehungsweise der Resource-based-Theory geht auf die Arbeit „The Theory of the Growth of the Firm" von PENROSE zurück.[370] Sie beschreibt die Unternehmung als Ansammlung produktiver Ressourcen und führt die Einzigartigkeit eines Unternehmens auf die firmenimmanente Heterogenität von Ressourcen zurück. Ziel der meisten Vertreter dieser Theorie ist die Identifikation von Ressourcen und Fähigkeiten der Unternehmung sowie die Analyse von Bedingungen, unter denen Unternehmensressourcen einen anhaltenden Wettbewerbsvorteil generieren. Im Rahmen der Outsourcing-Diskussion liefert der Ressourcenbasierte Ansatz, der eine dynamische Konzeptualisierung der Unternehmung darstellt, Anhaltspunkte dafür, wann Ressourcen unter strategischen Gesichtspunkten im Unternehmen behalten und ausgebaut beziehungsweise wann sie über einem externen Zulieferer genutzt werden sollten.

Neben tangiblen wird insbesondere intangiblen Ressourcen eine große Bedeutung im Ressourcenansatz beigemessen. Einer einfachen Einteilung zufolge können Ressourcen demnach in die drei Gruppen der physischen (Technologie, Anlagen, Ausstattung, Standort, Rohstoffzugangsmöglichkeiten), menschlichen (Erfahrungen, Ausbildung, Urteilsvermögen, Intelligenz, Beziehungen, unternehmensspezifische Kenntnisse) und organisatorischen (formale Führungsstruktur, Planungs-, Kontroll- und Organisationssystem, Beziehungen zwischen Gruppen innerhalb der Unternehmen und der Unternehmensumwelt) Ressourcen eingeteilt werden.[371] Diese Ressourcen bilden die Grundlage der Generierung oder des Haltens von Wettbewerbsvorteilen gegenüber anderen Unternehmen.

---

werden können. Der Ressourcenbasierte Ansatz wird daher auch als komplementär zum Transaktionskostenansatz gesehen. Vgl. Windsperger (1999), S. 158; Windsperger (2001), S. 157-158.

[370] Vgl. Penrose (1959). Weitere bedeutende Autoren und Werke zum Ressourcenbasierten Ansatz sind zum Beispiel Wernerfelt (1984); Barney (1991); Knyphausen (1993); Fahy (1996); Freiling (2001).

[371] Eine andere Einteilung nehmen beispielsweise Hofer/Schendel (1978), S. 145 vor, die die fünf Kategorien finanzielle, physische, humane, organisatorische und technologische Ressourcen unterscheiden.

Ausschlaggebend für die strategische Bedeutung einer Ressource ist die Nachhaltigkeit der Wettbewerbsvorteile, die eine Ressource generiert. Die Vertreter des Ressourcenbasierten Ansatzes führen nachhaltige Wettbewerbsvorteile auf verschiedene Eigenschaften der Ressourcen zurück. Zu diesen gehören vor allem die Dauerhaftigkeit der Ressourcenheterogenität, die Ressourcenknappheit am Faktormarkt, die schlechte Imitierbarkeit beziehungsweise Substituierbarkeit sowie die Immobilität der Ressource. Der Begriff der strategischen Bedeutung von Ressourcen wird im Folgenden unter Berücksichtigung des Verständnisses des Ressourcenorientierten Ansatzes aufgefasst. Entsprechend sind die Leistungen strategisch bedeutsam, die gezielt dazu dienen, einen nachhaltigen Kosten- oder Differenzierungsvorteil gegenüber konkurrierenden Unternehmen zu ermöglichen.[372]

Leistungen mit hoher strategischer Bedeutung können sich in zweierlei Weise auf die Transaktionskosten auswirken. Zum einen folgt aus dem Ziel der strategisch bedeutsamen Leistungen, sich vom Wettbewerb zu differenzieren, dass spezifische Investitionen getätigt werden müssen. Das kann beispielsweise durch Investitionen in hochspezifische Fertigungsanlagen und den Aufbau von spezifischem Know-how geschehen. Zum anderen leiten sich höhere Transaktionskosten aus der Geheimhaltung und dem Schutz der strategisch bedeutsamen Leistung beziehungsweise des Leistungserstellungsprozesses ab, die den Wettbewerbsvorteil erhalten oder generieren sollen. Eine solche Geheimhaltung wäre bei einem Fremdbezug durch hohe Vereinbarungs- und Kontrollkosten gekennzeichnet. Strategisch bedeutsame Leistungen sollten daher grundsätzlich im Unternehmen oder in enger kooperativer Tätigkeit erstellt werden.[373]

Zwischen der strategischen Bedeutung und der Spezifität von Leistungen besteht ein enger Zusammenhang.[374] Eine hohe strategische Bedeutung von Leistungen

---

[372] Vgl. Porter/Millar (1985).
[373] Vgl. Picot (1990), S. 299-300; Picot/Dietl/Franck (2002), S. 72.
[374] Vgl. Windsperger (2001), S. 163.

impliziert definitionsgemäß eine hohe Spezifität derselben Leistung.[375] Hingegen müssen spezifische Leistungen nicht unbedingt strategisch bedeutsamer Natur sein.[376] Es ist deshalb im Einzelfall zu überprüfen, ob unternehmensspezifische Leistungen nicht durch weniger spezifische ersetzt werden können (zum Beispiel Individualsoftware zur Lohnbuchhaltung durch Standardsoftware), das heißt eine Standardisierung stattfinden kann, ohne dabei Wettbewerbsvorteile aufgeben zu müssen.[377] Im Folgenden wird jedoch davon ausgegangen, dass eine hohe Spezifität mit einer hohen strategischen Bedeutung einhergeht.[378] Die strategische Bedeutung einer Leistung ist daher in ihrer Ursache und Wirkungsweise auf die Transaktionskosten dem Spezifitätsgrad derselben Leistung gleichzusetzen, womit im Folgenden eine Konzentration auf die Spezifität unter Vernachlässigung der strategischen Bedeutung stattfinden kann.

3.6.2.3. Unsicherheit

Für den Begriff der *Unsicherheit* hat sich in der Literatur noch kein einheitliches Verständnis durchgesetzt. Ein umfangreiches Begriffsverständnis weist WINDSPERGER auf.[379] Dieser versteht unter Unsicherheit die parametrische und die verhaltensbezogene Unsicherheit. Während der Begriff der Verhaltensunsicherheit in der Literatur weitgehend einheitlich definiert wird, bestehen bei der Definition weiterer Unsicherheiten oder unsicherheitsähnlicher Faktoren Diffe-

---

[375] Per Definition kann eine strategisch bedeutsame Leistung nicht von niedriger Spezifität sein. Für den Bereich der Informationssysteme weisen Picot/Maier (1992), S. 21 auf den Zusammenhang zwischen der strategischen Bedeutung der Systeme und deren hoher Spezifität hin.

[376] Vgl. Picot (1991), S. 347. Wird eine Leistung geringer Spezifität in der Entscheidungsfindung jedoch als strategisch bedeutsam angesetzt, ist zu hinterfragen, ob diese Leistung tatsächlich einen nachhaltigen Wettbewerbsvorteil generieren kann. Aufgrund der niedrigen Spezifität muss davon ausgegangen werden, dass diese Leistung leicht nachgeahmt beziehungsweise substituiert werden kann. Böhme (1997), S. 83 weist im Zusammenhang mit der IV in Banken darauf hin, dass spezifische Ressourcen häufig durch Standardkomponenten beziehungsweise -leistungen substituiert werden können und damit zum Teil zu Altlasten werden.

[377] Vgl. Picot (1991), S. 347.

[378] Diesen Zusammenhang bestätigen auch Dibbern/Heinzl/Leibbrandt (2003a), S. 14.

[379] Windsperger (1996a), S. 30-38.

renzen. Im Folgenden soll in Bezug auf das Begriffsverständnis von WINDSPERGER eine für diese Arbeit adäquate Definition der Transaktionskostendeterminante Unsicherheit stattfinden.[380]

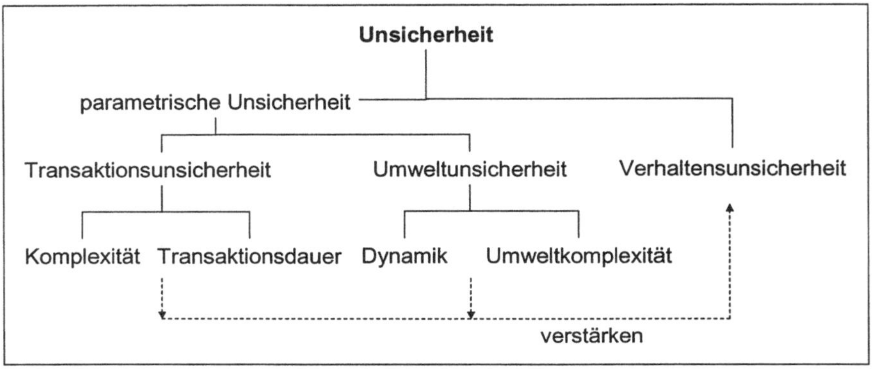

Abbildung 8: Bestandteile der Unsicherheit

3.6.2.3.1. Parametrische Unsicherheit

Die parametrische Unsicherheit besteht aus der Umweltunsicherheit und der Transaktionsunsicherheit. *Umweltunsicherheit* beschreibt die Ungewissheit über zukünftige Umweltzustände, unter denen die vereinbarte Leistung erbracht werden soll. Einem begrenzt rationalen Entscheider ist es in der Regel unmöglich, bereits bei der Vertragsgestaltung alle möglichen zukünftig eintretenden Zustände und deren Auswirkung auf die Transaktionsbeziehung zu kennen, zu antizipieren und in den Vertrag einzubeziehen. Die Umweltunsicherheit determiniert sich wiederum durch die Dimensionen Umweltkomplexität und -dynamik.[381] Umweltunsicherheit kann sich beispielsweise aus nicht vorhersehbaren, unüber-

---

380 Vgl. zu den folgenden Ausführungen Windsperger (1990), S. 30-38.

381 Vgl. auch Kieser (1974), S. 302. Von Kieser (1974) wird zusätzlich die Umweltinterdependenz berücksichtigt, die jedoch im Rahmen der Ausführungen zur Unsicherheit vernachlässigt werden soll. Die Interdependenz von Transaktionen wird in GP 3.6.3.4. wieder aufgegriffen und als sonstiger Bestandteil der Transaktionsatmosphäre begriffen, jedoch nicht direkt in Verbindung mit der von Kieser angesprochenen Unsicherheit gebracht. Vgl. FN 474. Eine ausschließliche Betrachtung der Komplexität und der Dynamik nehmen beispielsweise auch Duncan (1972); Schätzer (1999) vor.

sichtlichen und sich schnell ändernden technischen und marktlichen Entwicklungen ergeben.[382]

Unter der *Umweltkomplexität* ist die für die Transaktion relevante Menge der externen Faktoren und deren Heterogenität zu verstehen.[383] Je komplexer die Umwelt, desto mehr exogene Faktoren mit höherer Heterogenität haben Einfluss auf die Transaktion und desto höher sind die Transaktionskosten, die für die Informations- und Kommunikationsaktivitäten aufgebracht werden müssen, um diese Faktoren in den Transaktionsphasen zu berücksichtigen. Die *Umweltdynamik* (Dynamik) beschreibt die Stärke der Veränderung der transaktionsrelevanten exogenen Faktoren, die Häufigkeit dieser Veränderungen und die Regularität beziehungsweise Irregularität, mit der die Änderungen anfallen.[384] Je dynamischer die Umwelt, desto stärkeren, schnelleren und irreguläreren Veränderungen sind die exogenen Faktoren im Zeitablauf ausgesetzt und desto höher sind die Transaktionskosten, die zur Berücksichtigung möglicher dynamischer Vorgänge aufgebracht werden müssen.[385] Den Grad der empfundenen Unsicherheit in Abhängigkeit von der Umweltkomplexität und Dynamik gibt folgende Tabelle wieder:

---

[382] Marktliche Entwicklungen können so beispielsweise wiederum eine Anpassung der Leistungsvereinbarungen notwendig machen, wenn bestehende informationstechnologische Systeme aufgrund eines wachsenden Kundenstammes und der Kommunikation mit diesen Kunden nicht mehr ausreichend sind.

[383] Ähnlich bereits Duncan (1972), S. 315. Beispielsweise sind externe Faktoren die Kundennachfrage, Bedarfsverschiebungen, Änderungen der Produktspezifikationen, die Verfügbarkeit von knappen Produktionsfaktoren, gesellschaftliche Präferenzen oder zu berücksichtigende gesetzliche Bestimmungen. Vgl. auch Kappich (1989), S. 163.

[384] Vgl. Duncan (1972), S. 316; Kieser (1974), S. 302.

[385] Der Dynamik räumt Kieser (1974), S. 303 eine stärkere unsicherheitsverstärkende Wirkung ein als der Umweltkomplexität.

Umweltkomplexität / Dynamik	gering	hoch (komplex)
	empfundene Unsicherheit sehr gering	empfundene Unsicherheit gering
gering (statisch)	(1) wenige Faktoren (2) Faktoren weisen Ähnlichkeiten auf (3) Faktoren ändern sich nur wenig im Zeitablauf	(1) viele Faktoren (2) Faktoren weisen keine Ähnlichkeiten auf (3) Faktoren ändern sich nur wenig im Zeitablauf
	empfundene Unsicherheit gemäßigt hoch	empfundene Unsicherheit hoch
hoch (dynamisch)	(1) wenige Faktoren (2) Faktoren weisen Ähnlichkeiten auf (3) Faktoren ändern sich ständig	(1) viele Faktoren (2) Faktoren weisen keine Ähnlichkeiten auf (3) Faktoren ändern sich ständig

Tabelle 8: Umweltzustände und empfundene Unsicherheit
Quelle: in Ahnlehnung an Kieser (1974), S. 303.

Transaktionsunsicherheit beschreibt den Grad der Möglichkeit, das zugrunde liegende Transaktionsobjekt in seiner gesamten Ausprägung zu erfassen. Liegt eine sehr hohe Transaktionsunsicherheit vor, ist es unmöglich, das Spektrum der vorliegenden Ausprägungen zu erfassen. Transaktionsunsicherheit bezieht sich damit auf unvollständige Information über die Merkmale des Transaktionsobjektes.[386] Die Transaktionsunsicherheit hängt von der Komplexität des Transaktionsobjektes und der Transaktionsdauer ab.[387] Während die Transaktionsdauer die zeitliche Ausdehnung der Vertragsdurchführungsphase wiedergibt, ist Komplexität in diesem Sinne „ein Maß für die Anzahl der Elemente (Einzelteile) und die Stärke und Vielfältigkeit der Abhängigkeiten zwischen den Elementen (Einzelteilen).“[388] Komplexe Produkte oder Leistungen sind daher schwer verständlich und zeichnen sich durch erhebliche Bewertungsprobleme aus.[389] Die Kom-

[386] Vgl. Windsperger (1996a), S. 33.

[387] Neben der Komplexität des Transaktionsobjektes, welche auch als Komplexität auf Teileebene bezeichnet wird, weist Baur (1990), S. 77-80 auf die Unterscheidung zur Komplexität einer Entscheidungssituation hin. Die Komplexität einer Entscheidungssituation entspricht weitgehend der zuvor beschriebenen Umweltkomplexität, da sie ebenfalls darauf beruht, dass es nicht möglich ist, alle möglichen Umweltfaktoren in die Betrachtung mit einzubeziehen.

[388] Baur (1990), S. 79.

[389] Vgl. Baur (1990), S. 79. Ähnlich sehen auch Ossadnik/Dorenkamp/Ellinghorst (2001), S. 876 den Einflussfaktor Komplexität, indem sie darunter den Verflechtungsgrad des zur Her-

plexität von Produkten wird häufig in direkte Verbindung mit ihrer Spezifität gebracht, sodass komplexe Produkte oder Leistungen ebenfalls eine hohe Spezifität aufweisen. Häufig ist diese Unterstellung auch angebracht, jedoch kann es durchaus Ausnahmen geben, in denen eine hohe Komplexität nicht mit einer hohen Spezifität einhergeht und vice versa.[390] Komplexität stellt in diesem Fall damit zwar eine auf ein Transaktionsobjekt bezogene sichere Situation dar, die aufgrund der begrenzten Rationalität der Akteure aber nicht vollständig erfasst werden kann.[391] Zeichnet sich ein Transaktionsobjekt durch eine hohe Komplexität aus und ist die Transaktionsdauer lang, liegt eine hohe Transaktionsunsicherheit vor.[392]

3.6.2.3.2. Verhaltensunsicherheit

Verhaltensunsicherheit beschreibt die Ungewissheit über Handlungen des Vertragspartners. Diese Unsicherheit hängt zum einen von der parametrischen Unsicherheit ab, da diese opportunistisch nutzbare Verhaltensspielräume schafft beziehungsweise schaffen kann. Zum anderen steht sie vor allem mit der Neigung

---

stellung einer Komponente verwendeten Produktionsverfahrens in der Automobilindustrie verstehen und eine hohe Komplexität mit einem hohen Abstimmungs- und Koordinationsaufwand verbinden.

390 Vgl. Baur (1990), S. 79-80; Ossadnik/Dorenkamp/Ellinghorst (2001), S. 876.

391 Vgl. auch Picot/Dietl (1990), S. 179-180. Ein Beispiel für hohe Komplexität führt Williamson (1975), S. 23 an. Beim Brettspiel Schach sind zwar theoretisch alle möglichen Spielzüge und Variationen bekannt, jedoch kann der Spieler aufgrund seiner begrenzten Rationalität und der Vielfalt an Kombinationsmöglichkeiten nicht alle möglichen Varianten in seinen Überlegungen berücksichtigen.

392 Als Beispiel sei ein informationstechnologisches System wie ein Enterprise Ressource Planning System (ERP-System) aufgeführt. ERP-Systeme sind mehrere Geschäftsbereiche umfassende Software-Lösungen, die Geschäftsprozesse automatisieren und einen Austausch von Informationen und Daten zwischen den unterschiedlichen Prozessen ermöglichen. Sie dienen sowohl dem inter- als auch dem intraorganisationellen Datenaustausch. ERP-Systeme können aufgrund der umfangreichen, vernetzten und komplizierten Leistungen, die für die Funktionstüchtigkeit des Systems erbracht werden müssen, nicht im Ganzen vom Akteur erfasst und beurteilt werden. Vgl. auch Ekanayaka/Currie/Seltsikas (2002), S. 197. Mit zunehmendem Komplexitätsgrad der Lösung und zunehmender Transaktionsdauer (die bei ERP-Systemen üblich ist) steigen die Möglichkeiten einer opportunistischen Verhaltensweise, da

der Akteure zu kooperativem, das heißt nicht opportunistischem Verhalten in Verbindung.[393]

Die Neigung zu einer unkooperativen Verhaltensweise, also zu der Gefahr einer opportunistischen Verhaltensweise, wird wiederum weitgehend vom Umfang der transaktionsspezifischen Investitionen determiniert, die die Transaktionspartner tätigen.[394] Das Ausmaß der spezifischen Investitionen beschreibt daher auch die Abhängigkeit der Vertragspartner untereinander und determiniert den so genannten *Lock-in-Effekt* beziehungsweise das *Hold-up-Problem.*[395] Hohe spezifische Investitionen können zum einen einseitig getätigt werden (asymmetrisch spezifische Transaktion). In diesem Fall ergibt sich eine unilaterale Abhängigkeit. Problematisch ist hier, dass der stärkere Transaktionspartner ex post versuchen wird, sich die Quasirente anzueignen, und sich in der Folge nicht wünschenswerte beziehungsweise ineffiziente Austauschbeziehungen ergeben können.[396] Je größer die Differenz der spezifischen Investitionen der Transaktionspartner ist, desto eher wird der weniger abhängige Transaktionspartner die Neigung aufzeigen, sich opportunistisch zu verhalten.[397] Die Partei mit den niedrigeren spezifischen Investitionen kann in diesem Fall einen „Raubüberfall" vornehmen, indem durch Preiserhöhungen die Quasirente der anderen Partei so lange abgeschöpft wird, bis es für diese Partei vorteilhafter wäre, die wirtschaftlichen Konsequenzen durch die Auflösung oder anderweitige Verwendung der spezifischen Investition auf sich zu nehmen.[398] Eine Absicherung gegen ein solches Verhalten kann durch entsprechende Verträge erreicht werden, die jedoch erhöhte Transaktionskosten nach sich ziehen. Die Wahrscheinlichkeit einer Ab-

---

bei einem Fremdbezug der Leistungen die dafür notwendigen Freiräume aus einer wachsenden Informationsbarriere für den Nachfrager entstehen.

[393] Vgl. Windsperger (1991), S. 204; Windsperger (1996a), S. 27.

[394] Die folgenden Ausführungen zur Differenzierung symmetrisch und asymmetrisch spezifischer sowie symmetrisch unspezifischer Investitionen sind an Windsperger (1996a) und Windsperger (1996b) angelehnt.

[395] Vgl. Williamson (1985), S. 53; Windsperger (1996a), S. 40-41.

[396] Vgl. Tirole (1995), S. 48-52.

[397] Vgl. Picot/Dietl (1990), S. 179.

[398] Vgl. Richter/Bindseil (1995), S. 137.

hängigkeitssituation und eines damit einhergehenden Raubüberfalls steigt mit zunehmend unterschiedlich hohen spezifischen Investitionen. Werden hingegen beidseitig hohe transaktionsspezifische Investitionen getätigt (symmetrisch spezifische Transaktion), entsteht eine hohe bilaterale Abhängigkeit.[399] Um die jeweilige Quasirente auch realisieren zu können, werden die Transaktionspartner wesentlich stärker als bei asymmetrisch spezifischer Transaktion zu kooperativem Verhalten neigen. Das heißt, beide realisieren einen ökonomischen Vorteil durch kooperatives Verhalten, der wahrscheinlich verloren ginge, wenn sie sich opportunistisch verhalten würden. Werden hingegen keine transaktionsspezifischen Investitionen vorgenommen, entsteht eine transaktionale Unabhängigkeit (symmetrisch nichtspezifische Transaktion). Es existieren in der Folge keine Quasirenten und keine Hold-up-Situation in der Transaktionsbeziehung.

Eine Abhängigkeit zwischen den Transaktionspartnern kann zu verschiedenen Zeitpunkten in der Transaktionsbeziehung auftreten. Zum einen kann bereits im Vorfeld einer Auftragsvergabe eine hohe Faktorspezifität vorliegen. In diesem Fall werden sich nur einige wenige potenzielle Transaktionspartner anbieten beziehungsweise überhaupt infrage kommen. Es wird ex ante eine monopolartige Austauschbeziehung entstehen, die sich durch eine beidseitige Abhängigkeit der Transaktionspartner auszeichnet. Diese Situation wird auch als *small-numbers situation* bezeichnet.[400] Zum anderen kann im Vorfeld einer Auftragsvergabe auch keine oder eine geringe Spezifität vorliegen. Dann sind mehrere potenzielle Anbieter für den Leistungsnachfrager von grundsätzlichem Interesse. Werden jedoch transaktionsspezifische Investitionen notwendig, wird sich bei einer Wiederholung der Auftragsvergabe die ehemals vorhandene Angebotskonkur-

---

[399] Symmetrisch spezifische Investitionen stellen jedoch einen Sonder- beziehungsweise Ausnahmefall in Transaktionsbeziehungen dar. Vgl. auch Sydow (2001), S. 255.

[400] Vgl. Williamson (1975), S. 26-29. Die Anzahl der potenziellen Transaktionspartner und der zwischen ihnen bestehende Wettbewerb beziehungsweise die sich ergebende Marktmacht sind laut Sydow (1992), S. 131-132 ebenfalls für die Höhe der Transaktionskosten von Bedeutung, da die Gefahr einer opportunistischen Verhaltensweise mit sinkender Anbieterzahl stark zunimmt.

renz zu einer monopolistischen Angebotsstruktur entwickeln.[401] Existieren nämlich signifikante spezifische Investitionen, die ein Anbieter, der aus dem ersten Angebotsprozess als Gewinner hervorgegangen ist, getätigt hat, kann dieser im nächsten Angebotsprozess aufgrund seiner bereits getätigten Investitionen ein besseres Angebot unterbreiten als seine Mitbewerber und würde entsprechend vom Leistungsnachfrager als überlegener Kandidat ausgewählt werden. Da bereits spezifische Investitionen getätigt wurden, besteht aus Sicht der Transaktionspartner bei einer Vertragsauflösung oder Nichtfortführung der Transaktionsbeziehung die Gefahr des Verlustes der Quasirente. Beiden Seiten würden in erheblichem Umfang wirtschaftliche Werte verloren gehen.[402] Es entwickeln sich dauerhaft bilaterale Austauschbeziehungen, die ein beiderseitig einengendes Verhältnis beschreiben, welches nicht ohne weiteres widerrufbar ist. Die sich hieraus ergebende Austauschbeziehung ist gekennzeichnet durch verstärkte Individualisierung und Personifizierung des ursprünglichen Vertrages.[403] WILLIAMSON bezeichnet den Wechsel von einer unspezifischen ex ante Vertragsbeziehung zur spezifischen ex post Beziehung auch als *fundamentale Transformation*.[404]

Neben der Neigung zu einer kooperativen Verhaltensweise hängt die Verhaltensunsicherheit zusätzlich von der parametrischen Unsicherheit, insbesondere von der Umweltunsicherheit ab. Je höher diese ist, desto eher treten bei asymmetrisch spezifischer und symmetrisch nichtspezifischer Transaktion unvorhergesehene Situationen auf, die opportunistisch ausgenutzt werden können. Umgekehrt verhält sich der Einfluss einer erhöhten Umweltunsicherheit auf die Verhaltensunsicherheit bei symmetrisch spezifischer Transaktion. Je höher der Grad der vorgegebenen Unsicherheit ist, desto stärker wird die Motivation der

---

[401] Bei fehlenden transaktionsspezifischen Investitionen in der Austauschbeziehung würde sich bei erneuter Leistungsvergabe eine normale Konkurrenzsituation unter den Anbietern ergeben.

[402] Während der Anbieter einen Verlust der Quasirente hinnehmen muss, muss der Nachfrager höhere Preise inkauf nehmen.

[403] Vgl. Williamson (1996), S. 16-17; Tirole (1995), S. 46-48.

[404] Vgl. Williamson (1985), S. 61-63.

Akteure sein, sich kooperativ zu verhalten. Aufgrund der beiderseitigen Gefahr des Verlustes der Quasirenten wird bei zunehmender Umweltunsicherheit die Motivation steigen, die Gefahr aus den auftretenden Informationsasymmetrien durch eine konstruktive Zusammenarbeit zu vermindern.[405]

	Wirkung auf Verhaltensunsicherheit	bei zusätzlich angenommener Umweltunsicherheit
symmetrisch nichtspezifische Transaktion	positiv korreliert	jeweiliger Effekt verstärkt sich
asymmetrisch spezifische Transaktion	positiv korreliert	
symmetrisch spezifische Transaktion	negativ korreliert	

Tabelle 9: Zusammenhang zwischen Ausprägung der Spezifität sowie Grad der Verhaltensunsicherheit und Umweltunsicherheit

Im Folgenden wird jedoch entsprechend der üblichen Ausgestaltung der Transaktionskostentheorie vornehmlich die Situation der asymmetrisch spezifischen Transaktion berücksitchtigt. Diese Beschränkung ist für symmetrisch nichtspezifische Transaktionen begründbar, da die Verhaltensspielräume sehr gering sind und die möglichen Unsicherheiten aufgrund der geringen Spezifität weitgehend in den Verträgen Berücksichtigung finden sowie eventuelle Verluste sehr gering sind. Die Situation symmetrisch spezifischer Investitionen hingegen ist ein Sonderfall, der nur in einigen wenigen Ausnahmefällen auftritt und an geeigneter Stelle im Verlauf der Arbeit nochmals aufgegriffen wird.

Unsicherheit, die erst als Folge einer begrenzten Rationalität und einer möglicherweise opportunistischen Verhaltensweise der Akteure auftritt, impliziert grundsätzlich unvollkommene Verträge.[406] Der Grad der Unsicherheit ist umso größer, je komplexer und dynamischer die Umwelt, je komplexer und andauernder die Transaktionen und je geringer die Kooperationsbereitschaft zwischen den Akteuren ist.[407] Je lückenhafter die Informationsbasis ist, desto höher ist der

[405] Vgl. Windsperger (1996a), S. 43-44.
[406] Vgl. Dibbern/Güttler/Heinzl (2001), S. 685; Rindfleisch/Heide (1997).
[407] Vgl. Windsperger (1996a), S. 34-35.

Unsicherheitsgrad und desto höher ist die Gefahr ungleich verteilter Information und vice versa. Entweder kann versucht werden, die Unsicherheiten bereits vor Vertragsabschluss zu berücksichtigen, was die Anbahnungs- und Vereinbarungskosten erhöht. Oder es kann eine nachträgliche Berücksichtigung stattfinden, indem zum Beispiel eine Verstärkung der Kontrolle sowie weitere Anpassungen vorgenommen werden, die wiederum die Durchführungs- und Beendigungskosten erhöhen.[408] Des Weiteren kann eine Berücksichtigung der Unsicherheit anteilig sowohl ex ante als auch ex post stattfinden. In der Gesamtbetrachtung hat jedoch ein erhöhter Grad an Unsicherheit immer erhöhte Transaktionskosten zur Folge. Je stärker dabei die Abhängigkeit der Partner durch spezifische Investitionen ist, desto stärker wird die Wirkung der Unsicherheit auf das Transaktionskostenniveau sein, da Unsicherheit eine vorausschauende Absicherung gegen opportunistisches Verhalten schwierig macht. Besteht hingegen keine Unsicherheit, entstehen auch keine Transaktionskosten zur Verminderung der Unsicherheit. Unsicherheit hat damit zentralen Einfluss auf das Transaktionskostenniveau.[409]

Die Gefahr einer opportunistischen Verhaltensweise, die sich in dem Grad der Verhaltensunsicherheit widerspiegelt, kann zusätzlich aus einer informationsökonomischen Perspektive betrachtet werden. Aus einer solchen Betrachtungsweise können Güter beziehungsweise Leistungen aufgrund der Überprüfbarkeit ihrer Eigenschaften durch den Nachfrager in Produkte mit Such-, Erfahrungs- und Vertrauenseigenschaften eingeteilt werden. Während bei Sucheigenschaften die Überprüfung der Eigenschaftsausprägungen ohne weiteres möglich ist und die Verhaltensunsicherheit ex ante nahezu ausgeräumt werden kann, besteht bei Produkten mit Erfahrungseigenschaften eine höhere Gefahr einer opportunistischen Verhaltensweise, da zur Beurteilung der Erfahrungseigenschaften der Produkte die eigene oder fremde Erfahrung notwendig ist. Bei Vertrauenseigenschaften hingegen können die Eigenschaften vom Nachfrager auch nach Inspektion, Ge- oder Verbrauch nicht zweifelsfrei erkannt werden, womit erhebliches

---

[408] Vgl. auch Picot (1981), S. 8.
[409] Vgl. Windsperger (1991), S. 204-205.

opportunistisches Gefahrenpotenzial auftritt.[410] Auf die informationsökonomische Perspektive wird aufgrund der argumentativen Hilfestellung einer Produkteinteilung nach informationsökonomischen Kriterien an einigen Stellen dieser Arbeit zurückgegriffen.

3.6.2.4. Transaktionshäufigkeit

Die dritte zentrale transaktionskostenbestimmende Eigenschaft, neben der Spezifität und der Unsicherheit, ist die Transaktionshäufigkeit. Die Transaktionshäufigkeit beschreibt die Häufigkeit, mit der ein Gut oder eine Dienstleistung innerhalb einer Transaktionsbeziehung pro Zeitintervall erstellt wird.

Die Transaktionshäufigkeit muss insbesondere in Zusammenhang mit den erstgenannten Transaktionseigenschaften betrachtet werden. Je nach Ausprägung wirkt diese verstärkend auf die transaktionskostenbezogenen Wirkungen der Spezifität beziehungsweise Unsicherheit.[411] WILLIAMSON weist bei seinen Überlegungen zur Transaktionshäufigkeit auf die Verbindung zu den neoklassischen Produktionskosten hin und überträgt die Produktionskostenanalyse auf die Analyse der Transaktionskosten.[412] Durch eine steigende Häufigkeit können nicht nur bei Produktions-, sondern auch bei Transaktionskosten Skalen-, Synergie-, Lernkurven- und Erfahrungskurveneffekte erreicht werden.[413] Soll ein Leistungsaustausch wiederholt stattfinden, ergeben sich beispielsweise geringere Durchschnittskosten hinsichtlich der Suche nach einem geeigneten Vertragspartner oder hinsichtlich der Kosten einer vertraglichen Erstvereinbarung pro Leistungsaustausch.[414] Auch Kosten einer aufwendigen Vertragsgestaltung können sich bei hoher Transaktionshäufigkeit schnell amortisieren.[415] Ein anderes Beispiel sind die Einsparungen von Kontroll- und Anpassungskosten,[416] die ins-

410 Vgl. Toporowski (2000); Weiber/Adler (1995).
411 Vgl. Picot/Dietl (1990), S. 180.
412 Vgl. Williamson (1985), S. 60.
413 Vgl. Williamson (1985), S. 60-61; Picot (1981), S. 8.
414 Vgl. Picot (1982), S. 272.
415 Vgl. Erlei/Jost (2001), S. 58.
416 Ähnlich Pfohl/Large (1992), S. 23.

besondere aus Lern- und Erfahrungseffekten resultieren. Eine erhöhte Transaktionshäufigkeit schlägt sich demnach in einer Fix- und Durchschnittskostendegression, nicht nur bei Produktions-, sondern auch bei Transaktionskosten, nieder.[417]

Transaktionskosten werden nicht zuletzt deswegen eingespart, weil die Häufigkeit der Transaktion entscheidend für die Beziehung zwischen den beiden Transaktionspartnern ist. Häufige Transaktionen tragen dazu bei, dass sich die Vertragspartner weniger opportunistisch als bei gelegentlichen oder sporadischen Transaktionen verhalten, da beide Parteien eine langfristige Austauschbeziehung und den Aufbau eines vertrauensvollen Verhältnisses anstreben und opportunistisches Verhalten diese Beziehung nachhaltig belasten würde.[418] Eine opportunistische Verhaltensweise zur Erzielung kurzfristiger Vorteile wäre kontraproduktiv und würde zukünftig zu erwartende Gewinne mindern.[419]

Unbedeutend ist die Transaktionshäufigkeit, wenn geringe Spezifität der Transaktion vorliegt. In diesem Fall sollte selbst bei geringer Häufigkeit der Marktmechanismus als Koordinationsform einer Transaktion gewählt werden, da dieser höhere Skalen- und Synergieeffekte generieren kann.[420] Steigt jedoch die Spezifität der Transaktion, nimmt die Relevanz der Transaktionshäufigkeit für die Entscheidung über eine geeignete Koordinationsform zu. Je größer die Transaktionshäufigkeit, insbesondere bei hoher Transaktionsspezifität, desto sinnvoller ist es, sporadische Austauschbeziehungen zu vermindern und langfristige Kooperationen oder eine Internalisierung der Leistungserstellung voranzutreiben.[421]

---

417 Zur ausführlicheren Beschreibung von Gründen der Transaktionskostensenkung bei größerer Häufigkeit vgl. Erlei/Jost (2001), S. 43.

418 Vgl. Erlei/Jost (2001), S. 58.

419 Vgl. Picot/Reichwald/Wigand (2001), S. 299.

420 Vgl. dazu GP 3.7.1.

421 Vgl. Picot (1981), S. 8; Picot/Reichwald/Wigand (2001), S. 53.

3.6.3. Transaktionsatmosphäre

Die Erklärungskraft des einfachen transaktionskostentheoretischen Modells reicht nicht mehr aus, wenn so genannte „interaction affects" auftreten.[422] Durch den Einbezug der *Transaktionsatmosphäre,*[423] welche die für die Transaktion relevanten soziokulturellen, technologischen und rechtlichen Rahmenbedingungen umfasst, werden diese zusätzlichen Faktoren berücksichtigt.[424] Die Transaktionsatmosphäre kann erheblichen Einfluss auf die Transaktionskosten haben, sodass sich unter ihrem Einbezug andere Empfehlungen bezüglich des effizienten institutionellen Arrangements ergeben als bei Ausblendung der transaktionalen Umwelt.

3.6.3.1. Soziokulturelle Rahmenbedingungen

Soziokulturelle Rahmenbedingungen nehmen Einfluss auf die Verhaltensweise der Akteure. Zu den konsensfördernden soziokulturellen Faktoren, die transaktionskostenmindernd wirken, indem sie die Gefahr einer opportunistischen Verhaltenweise reduzieren, werden vor allem Vertrauen, Reputation, gemeinsame

---

[422] Vgl. Williamson (1975), S. 37.

[423] Der Begriff der Transaktionsatmosphäre geht auf Williamson (1975), S. 37-39 zurück. Picot (1981), S. 7-8 bezeichnet die Transaktionsatmosphäre als Infrastruktur für Transaktionen und versteht hierunter vor allem die rechtlichen und technologischen Rahmenbedingungen der Transaktion.

[424] Beispielsweise stellt jede Gesellschaft eine Menge rechtlicher (Verfassung, Vertragsrecht) und soziokultureller (allgemeine kulturelle Werte) Institutionen zur Verfügung und beeinflusst damit maßgeblich die Transaktionsatmosphäre. Vgl. Picot (1982), S. 269. So ist zu beobachten, dass in unterschiedlichen Kulturkreisen für dieselben Transaktionen unterschiedliche institutionelle Arrangements getroffen werden. Vgl. Sydow (2001), S. 260-261. Häufige Kritik am traditionellen Transaktionskostenansatz ist die Ausblendung der institutionellen Umwelt, also der Transaktionsatmosphäre. Vgl. Ebers/Gotsch (1995), S. 230. Auch Bogaschewsky (1995), S. 170-172 führt dieses als wesentlichen Kritikpunkt am klassischen Transaktionskostenansatz auf und fordert den Einbezug weiterer Elemente durch eine weitgehende Berücksichtigung einer umfassenden Transaktionsatmosphäre. Diesem Kritikpunkt soll in dieser Arbeit Rechnung getragen werden, indem die Transaktionsatmosphäre explizit in die Betrachtungen aufgenommen wird.

Werthaltungen, Freundschaft, Anstand, Sitten, Tradition und allgemeine soziale Werte der Gesellschaft gezählt.[425]

3.6.3.1.1. Vertrauen

Insbesondere der Faktor Vertrauen hat in diesem Kontext eine hohe Bedeutung.[426] Unter Vertrauen wird im Folgenden die auf impliziten Faktoren beruhende Erwartung verstanden,[427] die die Angst nimmt, dass der Transaktionspartner eine opportunistische Verhaltensweise an den Tag legt.[428] Vertrauen bezieht sich damit auf die Erwartung kooperativen Verhaltens.[429] Besteht bei den Transaktionspartnern gegenseitiges Vertrauen, so wirkt sich dieses transaktionskostenmindernd aus,[430] denn „Vertrauen reduziert signifikant die praktische Bedeu-

---

[425] Vgl. Jost (2001), S. 25; Beer (1998), S. 261-277; Picot/Dietl/Franck (2002), S. 73-74. Das Fehlen soziokultureller Rahmenbedingungen im ursprünglichen Transaktionskostenansatz wird häufig als Kritikpunkt angebracht. Durch die Berücksichtigung dieser Bedingungen wird der Bedeutung soziokultureller Einflüsse auf die begrenzte Rationalität und den Opportunismus der Akteure und damit auf das Transaktionskostenniveau die notwendige Beachtung geschenkt. Vgl. auch Eigler (1996), S. 54.

[426] Vgl. Albach (1980); Williamson (1971), S. 33; Büchs (1991), S. 22; Loose/Sydow (1994), S. 164; Ebers/Gotsch (1995), S. 228.

[427] Vertrauen als bloße Erwartung zu definieren, würde dazu führen, dass sowohl explizite als auch implizite Faktoren als Vertrauensquellen einbezogen werden würden. Explizit ist in diesem Sinne zum Beispiel die vertragliche Vereinbarung von Strafen. Implizit sind vertraglich nicht vereinbarte Strafen zum Beispiel in Form von Zerstörung der Reputation oder Glaubwürdigkeit, Verweigerung weiterer Transaktionen mit einem opportunistisch handelnden Partner, Vergrößerung der eigenen Bereitschaft zu opportunistischem Handeln. Vgl. Vogt (1997), S. 73. Im Folgenden werden in Anlehnung an Vogt (1997), S. 73 nur implizite Faktoren als Quellen von Vertrauen herangezogen.

[428] Dabei kann eine Differenzierung in das interpersonelle Vertrauen und das Systemvertrauen stattfinden. Ersteres bezieht sich auf die Interaktion zwischen natürlichen Personen. Zweites ist ausgerichtet auf Institutionen und deren ordnungsgemäße Funktionserfüllung. Vgl. Luhmann (1989); Riemer/Klein (2001), S. 711. Diese Differenzierung findet in der vorliegenden Arbeit jedoch keine Anwendung. Zu unterschiedlichen Verständnissen und Sichtweisen von Vertrauen in der Literatur vgl. Noorderhaven (1996), S. 109-110; Einwiller (2003), S. 64-65.

[429] Vgl. dazu Vogt (1997), S. 61; Ripperger (1998), S. 38-40 und im Allgemeinen Luhmann (1989).

[430] Vgl. Jarillo (1988), S. 37; Loose/Sydow (1994), S. 165; Hanker (1990), S. 335; Kahle (1998), S. 541. Zu einer Darstellung des Einsparpotenzials von Transaktionskosten in den

tung opportunistischen Verhaltens"[431]. Je größer das Vertrauen der Vertragspartner ist, desto weniger werden die Parteien opportunistisches Verhalten an den Tag legen und desto weniger müssen vertragliche Vereinbarungen über die Spezifikation der Leistung festgehalten werden. Vertrauen kann nur dann eine Rolle spielen, wenn auch Unsicherheit in der Vertragsbeziehung vorliegt. Unsicherheit wiederum kann nur als Folge von Opportunismus und begrenzter Rationalität auftreten.[432] Dementsprechend spielte Vertrauen in der Neoklassik bei Sicherheit keine Rolle, sondern wurde erst durch die Annahmen der Neuen Institutionenökonomik relevant.[433]

Die Einbeziehung des Faktors Vertrauen in die transaktionskostentheoretische Analyse ist jedoch nicht selbstverständlich. In der ursprünglichen Ausgestaltung des Transaktionskostenansatzes spielte der Faktor Vertrauen kaum eine Rolle.[434] Er wurde erst zu einem späteren Zeitpunkt als konzeptionelle Weiterentwicklung der Transaktionskostentheorie eingebracht.[435] Neben der Bedeutung von Vertrauen für intraorganisationale Beziehungen, in denen Vertrauen zum Beispiel bürokratischen Koordinations- und Kontrollaufwand vermindern kann, ist dieses zunehmend für die Betrachtung interorganisationaler Beziehungen relevant geworden. Insbesondere im Rahmen hybrider Koordinationsformen von

---

einzelnen Transaktionsphasen im Kontext der Automobilzulieferindustrie vgl. Pieper (2000), S. 188-196.

[431] Sydow (1999), S. 169; Ganesan (1994) weist die Minderung der Gefahr einer opportunistischen Verhaltensweise kausalanalytisch nach und beschreibt Vertrauen als die wesentliche Einflussgröße in langfristig angelegten Geschäftsbeziehungen.

[432] Vgl. Ripperger (1998), S. 41.

[433] Vgl. Albach (1980), S. 3.

[434] Vgl. Williamson (1975), S. 37-39; Sydow (1999), S. 169. Williamson (1975), S. 38 führte anfangs nur die moralischen Bindungen in der internen Organisation als eine Einflussgröße auf die Transaktionskosten auf. Zur Berücksichtigung von Vertrauen in der ökonomischen Theorie vgl. Albach (1980).

[435] Vgl. zum Beispiel Sako (1992); Chiles/McMackin (1996); Vogt (1997); Sydow (1995), S. 178; Sydow (1999), S. 169; Noorderhaven (1996). Ouchi (1980), S. 130, weist als erster explizit auf die Abhängigkeit der Transaktionskosten vom Faktor Vertrauen hin.

Transaktionen ist Vertrauen von erheblicher Bedeutung.[436] Vertrauensbeziehungen können bestehende Komplexität verringern, eine langfristige Zusammenarbeit fördern, einen offenen Informationsaustausch und organisatorischen Wandel unterstützen, die Handhabung inter- und intraorganisationaler Konflikte erleichtern, weitgehende Handlungsspielräume eröffnen, entscheidend zur Systemstabilität beitragen und damit im Allgemeinen die Koordination ökonomischer Aktivitäten wesentlich erleichtern.[437] Der Einfluss von Vertrauen kann so weit gehen und so positiv auf die Transaktionskosten wirken, dass selbst bei großer Unsicherheit und Spezifität eine hybride Transaktionsform effizient sein kann.[438]

3.6.3.1.2. Reputation

Die Existenz von Vertrauen und einer damit verbundenen kooperativen Verhaltensweise beruht auf bestimmten Vertrauensquellen.[439] Um Vertrauen zwischen zwei Akteuren entstehen zu lassen, sollte zum Beispiel mit dem Transaktionspartner Zielkongruenz bestehen, sollten ähnliche Unternehmenskulturen sowie gemeinsame Werte und Normen vorhanden sein und der Transaktionspartner sollte über eine hohe Reputation verfügen.[440] Reputation kommt eine besondere Bedeutung in diesem Kontext zu,[441] denn sie übernimmt die Informationsfunktion bei der Koordination über Vertrauen in dem Sinne, dass Informationsasym-

---

[436] Vertrauen wird teilweise auch als der Koordinationsmechanismus hybrider Koordinationsformen angesehen. Vgl. zum Beispiel Vogt (1997).

[437] Vgl. Sydow (1995), S. 179; Loose/Sydow (1994), S. 165; Fischer (2001), S. 109-111.

[438] Vgl. Bensaou/Anderson (1999), S. 462; Sydow (2001), S. 261; Barthélemy (2003), S. 543. Zur Bedeutung von Vertrauen und Reputation vgl. auch die von Hennart (1982), S. 98-104 aufgeführte Literatur.

[439] Zur Entstehung von Vertrauen aus verschiedenen wissenschaftlichen Perspektiven vgl. Vogt (1997), S. 61-72.

[440] Vgl. Jarillo (1988), S. 37; Büchs (1991), S. 23.

[441] Eine hohe Reputation führt jedoch nicht zwangsläufig zu Vertrauen, denn Vertrauen muss vom Akteur gewollt sein und ist damit subjektiver Natur. Vgl. Vogt (1997), S. 139, 146. In der Marketingliteratur wird Vertrauen daher häufig als zweidimensionales Konstrukt aufgefasst. Zum einen muss der Glaube an die Vertrauenswürdigkeit des Geschäftspartners bestehen, zum anderen die grundsätzliche Bereitschaft, auch vertrauen zu wollen. Vgl. Ganesan (1994).

metrien durch Vertrauen abgebaut werden und damit Verhaltensunsicherheit verringert wird.[442] „Reputation besteht aus Informationen über Verhaltensmuster oder glaubhafte, das heißt aufgrund von vergangenem Verhalten nachvollziehbare Verhaltensrichtlinien. In beiden Fällen sind die Handlungen in der Vergangenheit der Anhaltspunkt für die Prognose zukünftigen Verhaltens."[443] Reputation dient damit als Ersatz für fehlendes, gesichertes Wissen oder fehlende Erkenntnisse über die Verhaltensweise des Transaktionspartners.

VOGT unterscheidet vier Arten der Reputation, die in Tabelle 10 dargestellt sind.[444]

Informationszugang / Informationsart	öffentlich zugänglich	persönliche Erfahrung	
Vertrauenswürdigkeit	**genereller Ruf**	**generelle Erfahrung**	**generelle Reputation**
Geiselwert	++++	++	
Möglichkeit der Geiselzerstörung	+	+++	
situationsspezifische Kooperationsbereitschaft	**spezifischer Ruf**	**spezifische Erfahrung**	**spezifische Reputation**
Geiselwert	+++	+	
Möglichkeit der Geiselzerstörung	++	+++	

Tabelle 10: Reputationsarten
Quelle: in Anlehnung an Vogt (1997), S. 146 und S. 160.

Als Unterscheidungskriterium dient ihm der Zugang zu Informationen über die Vertrauenswürdigkeit und die situationsspezifische Kooperationsbereitschaft der

[442] Vgl. Chiles/McMackin (1996), S. 87; Vogt (1997), S. 138-139; Pieper (2000), S. 141-146.
[443] Vogt (1997), S. 139.
[444] Vgl. zu folgenden Ausführungen Vogt (1997), S. 146.

Akteure.[445] VOGT definiert Reputation vorerst ausschließlich über das opportunistische Verhalten des Reputationsinhabers in der Vergangenheit. Generelle Reputation resultiert aus der Existenz von Vertrauenswürdigkeit. Diese wiederum besteht dann, wenn der Kooperationspartner aus nichtegoistischen Motiven sich freiwillig entschließt, eine opportunistische Verhaltensweise zu unterlassen.[446] Auch spezifische Reputation beruht für VOGT ausschließlich auf Informationen über eine, allerdings egoistisch motivierte, kooperative Verhaltensweise in spezifischen Situationen in der Vergangenheit.[447] Er weist darauf hin, dass die Reputationsarten verschiedene Informationsinhalte besitzen können. Dieses sind Informationen über den Leistungswillen,[448] die Leistungsfähigkeit[449] und die Leistungsqualität[450] des jeweiligen Akteurs.[451]

Reputation soll in dieser Arbeit jedoch nicht nur Informationen über vergangenes opportunistisches beziehungsweise kooperatives Verhalten aufweisen, sondern auch Informationen widerspiegeln, die nicht im Sinne des Opportunismusgedankens verhaltensbezogen sind. Verhaltensbezogene Reputation beinhaltet Informationen hinsichtlich des Motivationsproblems, nichtverhaltensbezogene

---

445 Zur Interdependenz der unterschiedlichen Reputationsarten vgl. Vogt (1997), S. 161-162.

446 Vgl. Vogt (1997), S. 140-143. Vogt sieht damit bei vorliegender Vertrauenswürdigkeit die Kooperation als grundsätzliches Verhaltensmerkmal des Transaktionspartners. Es ist zu beachten, dass mit dieser Annahme die Opportunismusannahme der Neuen Institutionenökonomik aufgeweicht wird. Dieses ist aber insofern gerechtfertigt, da nur von der Möglichkeit einer opportunistischen Verhaltensweise in dem hier verwendeten Modell ausgegangen wird. Ähnlich wie Vogt definiert auch Ripperger (1998), S. 43 Vertrauenswürdigkeit über den freiwilligen Verzicht opportunistischen Verhaltens und das Bemühen, die Vertrauenserwartung des Vertrauensgebers im Allgemeinen zu erfüllen.

447 Vgl. Vogt (1997), S. 143-145.

448 Der Leistungswille sagt aus, inwiefern sich der Akteur an explizite oder implizite Verträge beziehungsweise Vereinbarungen hält.

449 Die Leistungsfähigkeit beschreibt die Fähigkeit, eine erwartete Handlung tatsächlich durchführen zu können.

450 Leistungsqualität beschreibt die genaue Ausgestaltung einer Leistung.

451 Diese Komponenten finden sich ebenfalls in einer empirischen Untersuchung von Eschenbach (1997), S. 65-68, S. 89 wieder. Dieser weist die signifikante Abhängigkeit des Vertrauens von Firmenkunden zu ihrer Hausbank vom Leistungswillen und der Leistungsfähigkeit der Bank nach.

Reputation hingegen vornehmlich in Bezug auf das Koordinationsproblem.[452] Unter spezifischer Reputation sind daher auch Informationen zu verstehen, die sich auf die Erbringung spezieller Leistungen beziehen und dabei nicht verhaltensorientierte Inhalte im Sinne des Opportunismusgedankens aufweisen. Beispielsweise finden sich Informationen über die Fähigkeit, Outsourcing-Leistungen zu erbringen, in der spezifischen Reputation eines Anbieters wieder, die nicht Aussagen über ein opportunistisches Verhaltenspotenzial beinhalten muss, sondern ausdrückt, dass der Anbieter Kompetenzen und Fähigkeiten im Bereitstellen solcher Lösungen besitzt. Ebenso sind Aussagen über die Leistungsqualität, zum Beispiel die Qualität der in der Vergangenheit gelieferten Outsourcing-Lösungen, relativ unabhängig von einem opportunistischen Verhaltenspotenzial zu sehen. Denn auch wenn die Qualität einer Lösung hoch ist, kann sich der Anbieter opportunistisch verhalten und umgekehrt. Generelle Reputation in diesem Sinne enthält Informationen über generelle Charakteristika, Fähigkeiten oder Kompetenzen von Anbietern und deren Lösungen. Dazu kann beispielsweise die Information gehören, dass ein Anbieter als finanziell solide gilt. Reputation dient in dieser Arbeit damit nicht nur als Informationssubstitut für fehlende Informationen über kooperatives oder nichtkooperatives Verhalten eines Transaktionspartners in der Vergangenheit, sondern liefert darüber hinaus weitere Erkenntnisse über Leistungswillen, -fähigkeit und -qualität eines (potenziellen) Transaktionspartners.[453] Wird im Folgenden nicht explizit darauf hingewiesen, sind unter dem Reputationsbegriff sämtliche Informationen, sowohl verhaltensorientiert als auch nichtverhaltensorientiert, zu verstehen.

Reputation[454] führt für den Reputationsinhaber dazu, dass Transaktionen mit ihm schneller und mit höherer Wahrscheinlichkeit vereinbart werden und in den Transaktionen selbst erhebliche Transaktionskosteneinsparungen erreicht werden können, da durch Reputation Informationsdefizite und Informationsasym-

---

[452] Vgl. zum Motivations- und Koordinationsproblem GP 3.1.1.

[453] Die Wirkungsweise der Reputation ist damit ähnlich der des Signaling. Vgl. Spremann (1988), S. 613; Pieper (2000), S. 180.

[454] Im Folgenden wird Reputation vornehmlich als positive Reputation verstanden. Im Falle negativer Reputation wird diese explizit erwähnt.

metrien verringert werden. Entsprechend stellt Reputation für den Inhaber einen ökonomischen Wert, das Reputationskapital, dar.[455] Reputation wirkt damit wie eine „Geisel", die der Auftraggeber besitzt.[456] Werden die durch die Reputation abgeleiteten Erwartungen nicht erfüllt, kann der Benachteiligte durch Nachrede die Reputation negativ beeinflussen, wenn nicht sogar zerstören, oder die Bildung einer negativen Reputation unterstützen.[457] Welche bindende Wirkung Reputation für den reputationsstellenden Transaktionspartner besitzt, hängt vom Wert der Reputation (Geiselwert) und von den Möglichkeiten ab, die Reputation des Reputationsinhabers beeinflussen zu können. Dabei besitzen die Reputationsarten unterschiedliche Geiselwerte und sind unterschiedlich schwer zu zerstören.[458] Der Wert der Geisel korreliert negativ mit der Möglichkeit zur Geiselzerstörung. Nach VOGT besitzt der generelle Ruf den höchsten Geiselwert, danach folgen der spezifische Ruf, dann die generelle Erfahrung und im Weiteren die spezifische Erfahrung.[459] Während Reputation auf Basis persönlicher Erfahrung durch einen Willensakt des Geschädigten relativ einfach zerstört werden kann, ist die Voraussetzung für die negative Beeinflussung des Rufes jedoch, dass der Prinzipal seine gewonnenen Eindrücke möglichst zeitnah an relevante Akteure vermitteln kann.[460] Eine Schädigung des Rufes eines Akteurs ist damit

---

[455] Vgl. Spremann (1988), S. 619; Windsperger (1996b), S. 970. Müller (1996), S. 117 bezeichnet Reputation daher auch als wichtige Unternehmensressource.

[456] Vgl. Windsperger (1996b), S. 970. Zur Wirkungsweise und Verwendung von Geiseln in diesem Sinne vgl. auch Kronman (1985), S. 12-15. Spremann (1988), S. 619 verwendet in diesem Zusammenhang den Begriff Pfand. Unter Pfand wird in dieser Arbeit jedoch ein (abstrakter) Gegenstand verstanden, der für den Inhaber einen (ökonomischen) Wert darstellt. Eine Geisel hingegen stellt für den Inhaber keinen (ökonomischen) Wert dar; ihre einzige Funktion ist, gegebenenfalls vernichtet zu werden, um den Geiselgeber zu benachteiligen.

[457] Bei einer Beendigung der Transaktionsbeziehung aufgrund opportunistischen Verhaltens seitens des Auftragnehmers verliert dieser damit nicht nur die transaktionsspezifische Quasirente, sondern zusätzlich noch das Reputationskapital. Vgl. Windsperger (1996b), S. 970.

[458] Die notwendige Beachtung des Erhalts und des Ausbaus von Reputation wird auch dadurch deutlich, dass es wesentlich einfacher ist, Reputation zu zerstören, als sie aufzubauen.

[459] Vgl. Vogt (1997), S. 159-161. Der Ruf eines Unternehmens lässt sich damit weniger einfach zerstören als die Reputation, die aus einer persönlichen Erfahrung erwachsen ist.

[460] Beispielsweise ist denkbar, dass ein sehr kleines Unternehmen auf den Ruf eines anderen Unternehmens keinen Einfluss nehmen kann, da es nur sehr eingeschränkte Möglichkeiten hat, seine Meinung beziehungsweise Erkenntnisse auszudrücken oder von in diesem Sinne

schwieriger als die Schädigung von auf persönlicher Erfahrung beruhender Reputation.

Reputation besitzt die Eigenschaft, dass sie unter denselben Bedingungen aufgebaut wird, die sie auch erwarten lässt.[461] In diesem Zusammenhang beschreibt der Reputationseffekt beziehungsweise Reputationsmechanismus die Tatsache, dass das Verhalten eines Akteurs in der Vergangenheit einen Einfluss auf das gegenwärtige Verhalten der Transaktionspartner hat beziehungsweise das gegenwärtige Verhalten eines Akteurs das zukünftige Verhalten der Transaktionspartner beeinflusst. Der Reputationsinhaber wird sich aufgrund des „Geiselcharakters" der Reputation entsprechend der Erwartung verhalten, die seine Reputation erwarten lässt, und wird durch kooperatives Verhalten versuchen, seine Reputationsposition zu halten oder zu verbessern.[462]

Reputation begünstigt damit aus Sicht der Reputation als Selbstbindungsmechanismus insbesondere den Abschluss und die Durchführung von Verträgen und senkt die dort auftretenden Transaktionskosten.[463] Besitzen die Marktakteure hohes Reputationskapital, erhöht dieses vor allem aufgrund geringerer Verhaltensunsicherheit die Tendenz zur Koordination von Leistungen über den Markt.[464] Aus Sicht der Reputation als nichtverhaltensbezogener Informationsträger im Sinne des Opportunismusgedankens senkt Reputation speziell die

---

relevanten Marktakteuren, das heißt potenziellen Transaktionspartnern des Auftragnehmers wahrgenommen zu werden. Vgl. auch Windsperger (1996b), S. 970. Auch Ripperger (1998), S. 196 bemerkt in diesem Zusammenhang, dass Reputation vor allem dann als Geisel genutzt werden kann, wenn der Prinzipal selbst glaubwürdig ist, er über zahlreiche enge Kontakte zu zukünftigen potenziellen Transaktionspartnern des Agenten verfügt und eine schnelle und weitflächige Diffusion von Information möglich ist. Vgl. dazu auch Vogt (1997), S. 158-161.

[461] Vgl. Spremann (1988), S. 620.

[462] Dabei ist zu beachten, dass der Reputationseffekt nur wirkt, wenn das Verhalten des Agenten auch für den Prinzipal ersichtlich wird. Moral hazard-Probleme können daher durch den Reputationsmechanismus eventuell nicht endgültig gelöst werden. Vgl. beispielsweise zum Nachweis des Reputationseffekts bei Investmentbanken Chemmanur/Fulghieri (1994).

[463] Vgl. Spremann (1988), S. 613.

[464] Vgl. Windsperger (1996b), S. 972.

Transaktionskosten in der Anbahnungsphase dadurch, dass eine Reduzierung der Such- und Informationskosten eintritt.

3.6.3.2. Technologische Rahmenbedingungen

Technologische Rahmenbedingungen können sich auf alle Transaktionskostenarten und in allen Koordinationsformen transaktionskostensenkend auswirken.[465] Neue IuK-Technologien ermöglichen einen schnelleren, gezielteren, umfassenderen und kostengünstigeren Austausch von Informationen und besitzen das Potenzial, die Grenzen menschlicher Informationsverarbeitungs- und Kommunikationsfähigkeit in vielen Bereichen zu erweitern und damit die Probleme der begrenzten Rationalität der Akteure zu vermindern. Durch die Erleichterung der Aktivitäten in den unterschiedlichen Transaktionsphasen tragen sie dazu bei, unsichere Transaktionen durch mehr Flexibilität und Transparenz und spezifische Transaktionen durch bessere Kontroll- und Dokumentationsmöglichkeiten besser handhabbar zu machen.[466] Auch können IuK-Technologien dazu beitragen, die Standortspezifität zu verringern, indem organisatorische Einheiten räumlich weitgehend unabhängig miteinander kommunizieren können. Jedoch ist auch denkbar, dass die Spezifität, insbesondere die Humankapitalspezifität, aufgrund höherer Anforderungen an die Mitarbeiterqualifikation steigt.[467]

---

465 Vgl. Picot (1981), S. 9; Picot (1989); Picot/Ripperger/Wolff (1996); Mahler (2001), S. 277; Picot/Reichwald/Wigand (2001), S. 53. Zum Einfluss der Informations- und Kommunikationstechnologie auf die Transaktionskosten und zu Beispielen vgl. Picot (1989); Picot/Reichwald/Wigand (2001), S. 70-75.

466 Beispielsweise können bei einem angestrebten reinen Fremdbezug Datenbanken über Fremdlieferanten, Mengen, Konditionen und Preise bestimmter Güter oder Leistungen dazu dienen, die Markttransparenz zu erhöhen und damit die Such- und Informationskosten in der Anbahnungsphase zu verringern. Bei einer Zusammenarbeit mit einem Lieferanten können beispielsweise Kosten in der Abschlussphase verringert werden, indem moderne Textverarbeitungs-, Kommunikations- und Archivierungssysteme genutzt werden, um das Zustandekommen von Vereinbarungen zu erleichtern. Kosten in der Durchführungsphase können durch den Einsatz spezieller Übermittlungssysteme zur besseren Informations- und Kommunikationsunterstützung gesenkt werden (Verringerung der Abwicklungs-, Kontroll- und Anpassungskosten). Zu weiteren, detaillierten Beispielen einer Transaktionskostenminderung durch IuK-Technologien vgl. Picot (1989), S. 366-367.

467 Vgl. Hanker (1990), S. 337.

Grundsätzlich ermöglichen moderne IuK-Technologien jedoch eine sowohl intra- als auch interorganisatorisch einfachere Koordination von Transaktionen.[468] Den IuK-Technologien wird daher ein signifikanter Einfluss auf die Vorteilhaftigkeit von Koordinationsformen bestätigt. Am stärksten von den IuK-Technologien profitieren marktliche Koordinationsmechanismen. Die häufig diskutierte Move-to-the-market-Hypothese besagt in diesem Zusammenhang, dass der Einsatz neuer IuK-Technologien marktliche Koordinationsformen relativ begünstigt.[469]

3.6.3.3. Rechtliche Rahmenbedingungen

Rechtliche Rahmenbedingungen umfassen das gesetzliche Regelwerk, das sich zum Beispiel in Regelungen zum Arbeits-, Vertrags-, Gesellschafts- und Unternehmensrecht manifestiert. Je größer die durch diese Rahmenbedingungen gegebene Sicherheit ist, desto weniger umfangreich werden die notwendigen Vereinbarungen hinsichtlich einer bilateral zufriedenstellenden Vertragserfüllung sein, womit eine Minderung der Transaktionskosten einhergeht.[470] Während bei relativ hoher Rechtssicherheit marktliche Koordinationsformen komparativ vorteilhaft sind, sind bei fehlender Rechtssicherheit hierarchische Koordinationsformen vorzuziehen.[471] Je konkreter jedoch Rahmenverträge bereits gestaltet sind, desto geringer ist die Möglichkeit, diese an spezifische Sachverhalte anzupassen. Eine gewisse Flexibilität der rechtlichen Rahmenbedingungen ergibt sich nur, wenn diese einen anpassungsfähigen Rahmen zur Konzeption optimaler, auf die jeweilige Situation zugeschnittene Verträge gewähren. Je flexibler diese Rahmenbedingungen jedoch ausgelegt sind, desto höher sind auch die

---

[468] Vgl. Scherer (1995), S. 75; Gurbaxani/Wang (1991), S. 69-71.

[469] Vgl. Malone/Yates/Benjamin (1987); Gurbaxani/Whang (1991), S. 68-71 sowie ausführlich Bieberach (2001), S. 87-107.

[470] Vgl. Picot (1981), S. 9. Auf die Transaktionskosten haben beispielsweise Entwicklungen im Arbeitsrecht erhebliche Auswirkungen. Zum einen sind das positive Wirkungen, wie die Verringerung von Unsicherheit und Verhandlungspunkten durch allgemein gültige Regelungen im Arbeitsrecht, zum anderen aber auch negative Wirkungen, wie die Erschwerung von Vertragsabschlüssen durch das Kündigungsschutz- oder Lohnfortzahlungsrecht. Vgl. Picot (1982), S. 272.

[471] Vgl. Baur (1990), S. 84.

Transaktionskosten, die bei der Spezifizierung der Verträge auftreten.[472] Im Regelfall werden daher rechtliche Rahmenbedingungen vor allem für Standardleistungen einen Transaktionskostenvorteil bieten, da nur noch sehr geringe rechtliche Anpassungen vorhandener Standardverträge vorgenommen werden müssen. Eine erhöhte Spezifität der Leistungen lässt in diesem Zusammenhang die Wahrscheinlichkeit sinken, dass bereits auf die jeweilige spezifische Situation zugeschnittene Verträge existieren.

3.6.3.4. Sonstige Rahmenbedingungen

3.6.3.4.1. Interdependente Transaktionen

In der Transaktionskostentheorie findet im Regelfall eine Konzentration auf die Analyse genau einer Transaktion statt.[473] EBERS/GOTSCH weisen darauf hin, dass zwischen den Charakteristika jeder einzelnen Transaktion und denen des institutionellen Arrangements kein enger Zusammenhang zu bestehen braucht. Für Transaktionen, für die bei isolierter Betrachtung ein bestimmtes institutionelles Arrangement effizient erscheint, kann sich bei Einbezug interdependenter Transaktionen eine andere institutionelle Empfehlung ergeben.[474] Zu unterscheiden sind daher autonome und nichtautonome Transaktionen. Das Vorgehen der isolierten Betrachtung einer nichtautonomen Transaktion vernachlässigt sowohl die Auswirkung anderer Transaktionen auf die betrachtete Transaktion als auch die Auswirkung der betrachteten Transaktion auf andere Transaktionen. Diese

---

[472] Vgl. Pfohl/Large (1992), S. 23. Damit stellt sich wieder die Spezifität in den Vordergrund, denn je höher die Spezifität ist, desto unwahrscheinlicher ist aufgrund der Einzigartigkeit der Transaktion das Vorliegen von Referenz- beziehungsweise Musterverträgen. Entsprechend müssen bei hoher Spezifität umfangreiche transaktionsindividuelle Vertragsbestandteile berücksichtigt werden.

[473] Diesen Aspekt führt Williamson (1985), S. 393 selbst als Kritikpunkt der Transaktionskostentheorie an.

[474] Vgl. Ebers/Gotsch (1995), S. 230; Jost (2001), S. 15. Kieser (1974) berücksichtigt die Interdependenz von Transaktionen bereits in der Unsicherheit. Je höher demnach bei gegebener Umweltkomplexität und -dynamik der Interdependenzgrad zwischen den Transaktionen ist, desto schwieriger ist es, mögliche Auswirkungen einer Transaktion auf eine andere zu erfassen und zu berücksichtigen, und desto höher sind die Transaktionskosten. Damit treten vor allem die negativen Auswirkungen interdependenter Transaktionen in den Vordergrund. Ähnlich Erlei/Jost (2001), S. 45.

Auswirkungen können jedoch von erheblicher Relevanz für die Höhe der Transaktionskosten sein und werden daher in geeigneter Form Eingang finden. Unter der Interdependenz von Transaktionen wird hier die Tatsache verstanden, dass sich Entscheidungen bezüglich der Koordinationsform einer Transaktion auch auf andere, bereits bestehende Transaktionen auswirken und bestehende oder sogar bereits abgeschlossene Transaktionen sowie zukünftige potenzielle Transaktionen eine Wirkung auf die aktuelle Koordinationsentscheidung haben.[475] Die allgemein möglichen Interdependenzen sind in Abbildung 9 dargestellt.

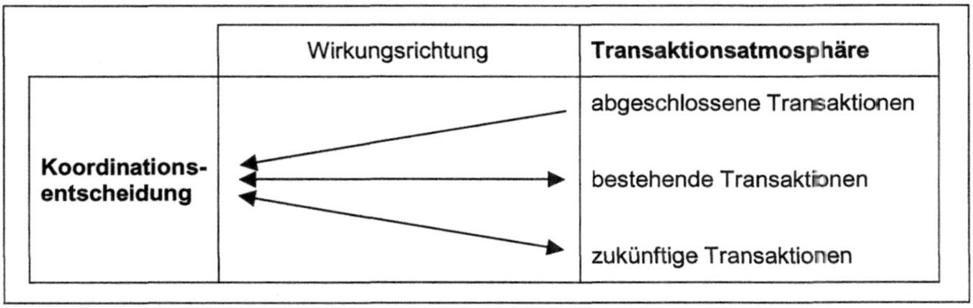

Abbildung 9: Wirkungsrichtung interdependenter Transaktionen

Die Wirkungsweise der aktuell anstehenden Koordinationsentscheidung über eine Leistung auf andere Transaktionen wird häufig über das Argument der Skalen- und Synergieeffekte geführt.[476] Diese entstehen, indem institutionelle Arrangements von mehreren Transaktionen genutzt werden. Wird im Rahmen einer Fremdbezugsentscheidung eine neue oder zuvor in der Unternehmung erstellte Leistung über den Markt koordiniert, müssen Nachteile bei der Erstellung

---

[475] Grundsätzlich ergeben sich bei der Betrachtung von abgeschlossenen, bestehenden und zukünftigen Transaktionen insgesamt sechs mögliche Wirkungen zwischen der transaktionalen Umwelt im Sinne interdependenter Transaktionen und der betrachteten, der Untersuchung zugrunde liegenden Transaktion. Da die betrachtete Transaktion keinen Einfluss auf abgeschlossene Transaktionen hat und der Einfluss der betrachteten Koordinationsentscheidung auf zukünftige Transaktionen vernachlässigt wird, bleiben die vier aufgeführten Möglichkeiten der zwischentransaktionalen Einflussnahme. Der Einfluss einer zu treffenden Koordinationsentscheidung einer Leistung auf zukünftig zu treffende Koordinationsentscheidungen über andere Transaktionen wird im Folgenden vereinfachend im Sinne einer Komplexitätsverringerung nicht berücksichtigt.

[476] Vgl. zum Beispiel Ebers/Gotsch (1995), S. 230.

unternehmensinterner Leistungen berücksichtigt werden, die sich aufgrund verminderter Skalen- und Synergieeffekte, zum Beispiel in einer nicht realisierten Stückkostensenkung oder einer Stückkostenerhöhung, widerspiegeln können. Sind die Skalen- und Synergieeffekte entsprechend groß, kann eine Auslagerungsbarriere beziehungsweise eine Barriere für die Fremdvergabe der Leistung vorliegen. Geeignet wäre bei Existenz interdependenter Transaktionen daher eine Gesamtkostenbetrachtung, die die Kosten der Erstellung der in diesem Fall dependenten Leistungen einbezieht.[477]

Eine etwas andere Perspektive nimmt die Argumentation über Transaktionen ein, die auf die aktuelle Koordinationsentscheidung einwirken. Zum einen existiert ein Einfluss bereits abgeschlossener und bestehender Transaktionen auf die aktuelle Entscheidungssituation. Dieser Einfluss findet sich zum einen in der Reputation wieder, die sich aufgrund von vergangenem und aktuellem Verhalten des Transaktionspartners in den Transaktionen gebildet hat oder bildet.[478] Zum anderen können Investitionen mit spezifischem Charakter in vergangenen Transaktionen getätigt worden sein, die auch für die neue Transaktion genutzt werden können und dem Leistungsanbieter damit einen Vorteil gegenüber anderen Anbietern einräumen, die nicht über ähnliche Investitionen verfügen. Ein Beispiel hierfür ist die fundamentale Transformation.[479] Hier hängt die Entscheidung über die Koordination einer Folgetransaktion ganz entscheidend von der Ausgangstransaktion beziehungsweise von den spezifischen Investitionen im Rahmen der Ausgangstransaktion ab.[480] Werden bereits getätigte Investitionen aus anderen Transaktionen betrachtet, die entweder verwendungs- oder produktspezifischen Charakter aufweisen und in der neuen Transaktion genutzt werden können,[481] existieren eventuell ebenfalls Vorteile für die angestrebte Transakti-

---

[477] Vgl. auch Ebers/Gotsch (1995), S. 230.

[478] Vgl. hierzu GP 3.6.3.1.

[479] Vgl. Williamson (1985), S. 61-63.

[480] Vgl. auch Jost (2001), S. 15-16; GP 3.6.2.3.

[481] Verwendungs- und Produktspezifität können in diesem Fall nicht synchron vorliegen, da es sich ansonsten um eine Folgetransaktion im Sinne der fundamentalen Transaktion handeln muss.

onsbeziehung. Diese Vorteile können zum Beispiel im Wissen über die Geschäftsprozesse, Bedürfnisse, Geschäftsziele, Unternehmensentwicklung und IT-Struktur des Nachfragers, über die betreffende Branche sowie in der Verfügbarkeit für den Vertrag relevanter Informationen liegen. Aber auch andere verwendungs- oder produktspezifische Investitionen in Sach- und Humankapital können einen solchen Vorteil bieten und stellen ebenfalls Synergie- und Skalenvorteile bei der Nutzung ein und desselben institutionellen Arrangements durch mehrere Leistungen dar.

Auswirkungen zukünftig potenziell zu vereinbarender Transaktionen finden häufig über die Argumentation der Spieltheorie Eingang in die Ausführungen zum Reputationseffekt und nehmen damit entsprechend dem hier verwendeten transaktionskostentheoretischen Modell Einfluss auf die Höhe der Transaktionskosten.[482] denn die Aussicht, zukünftige Transaktionen zu vereinbaren, wird unter der Annahme ausreichend weiterer Transaktionswiederholungen den weniger abhängigen Transaktionspartner dazu veranlassen, eine opportunistische Verhaltensweise in der aktuellen Transaktion zu unterlassen.[483] Die Gefahr einer opportunistischen Verhaltensweise kann auch durch neben der betrachteten Transaktion bestehende andere Transaktionen in der Geschäftsbeziehung vermindert werden. Entsprechend dem Wert parallel laufender Transaktionen können diese als „Geisel" oder als „Pfand" eingesetzt werden, um in einer anderen Transaktion den Vertragspartner zu kooperativem Verhalten zu veranlassen. Besteht beispielsweise für einen Akteur die Gefahr, sich einer opportunistischen Verhaltensweise auszusetzen, wird der mögliche Verhaltensspielraum nicht von einem Transaktionspartner genutzt, der sich in einer anderen Transaktion mit diesem Akteur selbst in einer opportunistisch ausnutzbaren Position befindet, vorausgesetzt die Transaktionen weisen ähnliche Quasirenten auf. Eine eigentlich asymmetrisch spezifische Transaktion kann sich damit durch Einbezug weiterer

---

[482] Vgl. zur Notwendigkeit des Einbezugs der Erkenntnisse der Spieltheorie bei einer Modellerweiterung des Transaktionskostenansatzes Vogt (1996), S. 111.

[483] Vgl. zum Beispiel Neus (2001), S. 119-122. Zu einem bekannten Beispiel (Tit-for-tat-Strategie) einer kooperativen Verhaltensweise unter Betrachtung zukünftiger Transaktionen und einem daraus entstehenden Drohpotenzial vgl. Axelrod (1984).

Transaktionen zu einer symmetrisch spezifisch geprägten (Gesamt)Transaktion wandeln, die kooperatives Verhalten fördert.

In den Ausführungen wurde deutlich, dass interdependente Transaktionen eine Vertrauensquelle sind. Die jeweiligen Erwartungen bezüglich der Verhaltensweise des Transaktionspartners, die die jeweilige Art der Interdependenz erwirken, stellen implizite Faktoren dar, die vertrauensfördernd im Sinne der in GP 3.6.3.1.1. getroffenen Definition sind.[484] Aber auch andersartige Informationen, die nicht auf die Verhaltensweise des Vertragspartners abzielen, können aufgrund von Synergieeffekten für die aktuelle Koordinationsentscheidung eine Rolle spielen,[485] ebenso wie getätigte spezifische Investitionen, die nicht auf eine Informationsgewinnung abzielen (zum Beispiel sachkapitalspezifische Investitionen).

3.6.3.4.2. Verfügbarkeit von Kapital und Know-how

Auch die Verfügbarkeit von Kapital und Know-how[486] spielt für die Entscheidung über Eigenerstellung oder Fremdbezug einer Leistung eine große Rolle.[487] Unternehmensinterne Ressourcendefizite können eine so starke Einlagerungsbarriere darstellen, dass sie als dominante Variable andere Kontextfaktoren der Outsourcing-Entscheidung im Sinne einer „overriding contingency" überlagern.[488] Liegt nicht ausreichend Kapital oder Know-how vor, muss sich das Unternehmen bei angestrebter Eigenerstellung das notwendige Kapital oder Know-

---

[484] Vgl. auch Vogt (1997), S. 67.

[485] Vgl. dazu die Ausführungen zur Reputation als Informationsträger nichtverhaltensbezogener Information im GP 3.6.3.1.2.

[486] Der Begriff Know-how-Verfügbarkeit spiegelt im Grunde die notwendigen spezifischen Investitionen in Humankapital wider. Vgl. Schätzer (1999), S. 60, FN 177; Dibbern/Heinzl (2001), S. 341-342. Das Problem fehlenden Know-hows wird hier jedoch explizit erwähnt, um die Bedeutung dieses Faktors für Outsourcing-Entscheidungen herauszustellen.

[487] Die Verfügbarkeit von Kapital und Know-how wird auch häufig unter den Rahmenbedingungen aufgeführt, die Barrieren für eine Ein- oder Auslagerung darstellen. Vgl. Picot (1991), S. 347.

[488] Vgl. Picot (1992), S. 347; Sambamurthy/Zmud (1999).

how durch langfristige Kooperationen oder durch internen Aufbau beschaffen, was sich in höheren Transaktionskosten niederschlägt. Ein Aufbau fehlenden Know-hows kann beispielsweise durch die Übertragung personengebundenen Wissens stattfinden, indem das Wissen extern eingekauft wird. Eine derartige Vorgehensweise ist jedoch aufgrund der schwierigen Bewertbarkeit von Wissen grundsätzlich problematisch.[489] Die technischen und personellen Voraussetzungen zur Durchführung eines Know-how-Aufbaus sind in KMU häufig nicht gegeben. Bei der Entscheidung über die Koordinationsform einer Leistung kann bei hinreichenden Defiziten in Kapital und Know-how selbst bei spezifischen und strategisch bedeutsamen Leistungen eine Lösung nahe liegen, die sich durch eine Kombination von Eigenerstellung und Fremdbezug auszeichnet. Das dabei auftretende Abhängigkeitsverhältnis fordert wiederum eine Form der Koordination, die sich durch die Gefahr gegenseitiger Abhängigkeit und opportunistischen Verhaltens auszeichnet.[490]

3.7. Formen institutioneller Arrangements

Um unter Verwendung der Transaktionskostentheorie zu klären, welches für eine Transaktion die effiziente Organisationsform ist, muss zunächst beantwortet werden, welche alternativen Koordinationsformen beziehungsweise institutionellen Arrangements zur Abwicklung der Transaktion verwendet werden können. Dazu werden in den folgenden Ausführungen für die Transaktionskostentheorie relevante Koordinationsformen von Transaktionen und dazugehörige vertragstheoretische Grundlagen dargestellt.

---

[489] Eine Bewertung des Wissens seitens eines potenziellen Nachfragers kann nur stattfinden, wenn dieser über den Inhalt des Wissens informiert ist. In diesem Fall wurde das Gut jedoch bereits, zumindest teilweise, übertragen und bedarf keines monetären Erwerbs mehr. Vgl. Picot (1991), S. 348. Eine Möglichkeit, diese Problematik zu umgehen, ist der Aufbau einer vertrauensvollen Zusammenarbeit, auf deren Grundlage auch eine Gegenleistung erfolgt, wenn das Wissen bereits übertragen wurde. Vgl. Picot/Reichwald/Wigand (2001), S. 300.

[490] Vgl. Picot (1990), S. 301; Picot (1991), S. 348.

3.7.1. Alternative Organisationsformen von Transaktionen

In den Anfängen der Transaktionskostentheorie wurden als Alternativen der Koordinationsform von Transaktionen lediglich die beiden Möglichkeiten der marktlichen (ausnahmslose Abwicklung der Transaktion über den Markt) und der hierarchischen (ausnahmslose Abwicklung der Transaktion innerhalb des Unternehmens) Koordination betrachtet.[491] Bei der vollständig externen, marktlichen Koordination ist jeder Transaktionspartner Eigentümer der transaktionsrelevanten Produktionsmittel, kann sich einen transaktionsabhängigen Erfolg selbst zurechnen und muss keine Überwachung oder Anweisung Dritter erdulden. Bei der vollkommenen Hierarchie hingegen sind die transaktionsrelevanten Fähigkeiten und Potenziale der Mitwirkenden miteinander verflochten, ein Erfolg ist nicht mehr individuell zurechenbar und es erfolgt eine detaillierte Überwachung und Anweisung der Beteiligten.[492] Im Laufe der Entwicklung der Transaktionskostentheorie wurden weitere mögliche Lösungen, die aus Mischformen von marktlicher und hierarchischer Koordination bestehen, einer transaktionskostentheoretischen Betrachtung unterzogen.[493] Diese hybriden Organisationsformen zeichnen sich dadurch aus, dass zwischen den Transaktionspartnern eine engere Verknüpfung als bei einer Abwicklung über den Markt und ein höheres Maß an Selbstständigkeit und Unabhängigkeit als bei rein hierarchischer Abwicklung besteht. Die Abweichung von der streng dichotomen Betrachtung durch das Markt-Hierarchie-Paradigma verdeutlicht, dass der Markt und die Hierarchie nicht als sich gegenseitig ausschließende Alternativen aufzufassen sind, sondern dass ein Kontinuum hybrider Koordinationsformen zwischen den beiden Extrema existiert.

---

[491] Eine erste Gegenüberstellung von Markt und Hierarchie wurde von Williamson (1981b), S. 558-560 vorgenommen.

[492] Vgl. Picot (1981), S. 10; Ouchi/Price (1993), S. 64. Ökonomische Institutionen lassen sich demzufolge nach dem Autonomiegrad der Transaktionspartner differenzieren und ordnen. Vgl. Pfohl/Large (1992), S. 27.

[493] Vgl. Picot (1981), S. 10.

Zur besseren und leichteren Durchführung von Transaktionen laufen diese in der Regel in einem institutionellen Rahmen ab, der sich in Verträgen spezifiziert.[494] Aus Sicht der Vertragstheorie bilden Verträge die Grundlage aller Organisationsformen, indem jede Organisationsform zur Erfüllung arbeitsteiliger Aufgaben als ein Geflecht von Verträgen angesehen werden kann.[495] Die Verträge legen die Bedingungen fest, unter denen die Transaktionen durchgeführt werden. Sie sind die Mechanismen, welche die Einhaltung der getroffenen Vereinbarungen sicherstellen sollen, und werden von WILLIAMSON als Beherrschungs- und Überwachungssysteme bezeichnet.[496] WILLIAMSON unterscheidet damit nicht nur nach Institutionen, sondern auch nach Vertragsformen und stellt einen Zusammenhang zwischen den beiden Ansätzen her.[497] Er macht den Vertrag zum Mittelpunkt seiner Betrachtungen und stellt heraus, dass sich jedes Problem, welches als Vertragsproblem formuliert werden kann, sinnvoll unter Verwendung der Transaktionskostentheorie untersuchen lässt.[498]

3.7.1.1. Vertragstheoretische Grundlagen

Bevor im Folgenden näher auf die grundlegenden Organisationsformen und die von WILLIAMSON verwendete Vertragstypologie eingegangen wird, wird eine für die weiteren Ausführungen notwendige Differenzierung zwischen vollständigen, unvollständigen sowie expliziten und impliziten Verträgen vorgenommen.

Vollständige Verträge berücksichtigen jede Eventualität, die sich hinsichtlich der zukünftigen Entwicklung der Transaktionsbeziehung ergeben könnte. In ihnen werden Leistung und Gegenleistung eindeutig festgelegt. Vollständige Ver-

---

[494] Zu den Verträgen zählen in diesem Verständnis auch allgemeine Übereinkommen, organisatorische Regelungen und gemeinsam akzeptierte Werte.

[495] Vgl. Jensen/Meckling (1976), S. 310; Picot/Reichwald/Wigand (2001), S. 44.

[496] Vgl. Williamson (1985), S. 72.

[497] Vgl. Williamson (1985), S. 68-72.

[498] Aufgrund der möglichen Darstellung einer Vielzahl von Problemen als Vertragsproblem ergibt sich in der Folge ein großes Spektrum von Anwendungsmöglichkeiten der Transaktionskostentheorie. Vgl. Williamson (1985), S. 17.

träge erfordern jedoch je nach Art der Transaktion zum Teil sehr hohe Transaktionskosten, um den Anforderungen hinsichtlich der Prognose- und Informationsverarbeitungsfähigkeit sowie der Vertragsgestaltung Rechnung zu tragen. Gebräuchlich sind daher eher *unvollständige Verträge*. Diese haben nicht den Anspruch, alle möglichen Entwicklungen und Risiken der Transaktionsbeziehung zu berücksichtigen, und zeichnen sich durch geringere Transaktionskosten aus. Die sich hier ergebenden Verhaltensfreiräume fördern jedoch opportunistische Verhaltensweisen und müssen daher mit umfangreichen Anreizmechanismen ausgestattet werden.[499]

Explizite Verträge sind schriftlich exakt ausformuliert, um möglichst alle Facetten der Transaktionsbeziehung zu antizipieren und abzubilden. Eine Ausarbeitung und Durchsetzung dieser Verträge verursacht gerade bei hoher Spezifität und Unsicherheit der Transaktion in Verbindung mit begrenzter Rationalität hohe Transaktionskosten. *Implizite Verträge* beschreiben vertragsähnliche, nichtformale und rechtlich nicht sanktionierbare Kontrakte. Sie fordern die Einhaltung bestimmter, den Vertragspartnern bekannter, impliziter Regeln und Normen. Ihre Wirksamkeit gründet sich vor allem auf hohem gegenseitigem Vertrauen, der gemeinsamen Werthaltung und der gemeinschaftlichen Solidarität der Beteiligten.[500]

3.7.1.2. Alternative institutionelle Arrangements, Umweltfaktoren und Vertragsformen

WILLIAMSON schreibt: „Transaction costs are economized by assigning transactions (which differ in their attributes) to governance structures (the adaptive capacities and associated costs of which differ) in a discriminating way."[501] Die Vertragsform und die institutionellen Rahmenbedingungen wirken sich also auf die Höhe und Zusammensetzung der Transaktionskosten aus.[502] Die Effizienz

---

[499] Vgl. Picot/Reichwald/Wigand (2001), S. 43-44.
[500] Vgl. Picot/Reichwald/Wigand (2001), S. 44.
[501] Williamson (1985), S. 18.
[502] Vgl. Picot (1991), S. 344.

der Transaktion wird gesteigert, wenn das institutionelle Arrangement den aus den Transaktionseigenschaften abgeleiteten Anforderungen der Transaktion entspricht beziehungsweise die spezifischen Charakteristika der Transaktion entsprechend in den Arrangements berücksichtigt werden. WILLIAMSON verwendet die auf MACNEIL zurückgehende Vertragstypologie und unterscheidet drei grundsätzliche Vertragsformen: klassische, neoklassische und relationale Verträge.[503] Diese bilden die Vertragsformen der drei grundlegenden Koordinationskategorien.

Im klassischen *Marktmechanismus* können vor allem Transaktionen mit geringer Spezifität kostengünstiger als in hybriden oder hierarchischen Koordinationsformen abgewickelt werden.[504] Der Markt bietet insbesondere die Möglichkeit der Bündelung von Transaktionen und generiert auf dieser Basis Skalen- und Verbundvorteile, die sich in Produktions- und Transaktionskosteneinsparungen widerspiegeln.[505] Daneben bietet die Koordinationsform Markt höhere und langfristigere Leistungsanreize, die Möglichkeit autonomer Anpassungsprozesse und als herausragenden Koordinationsmechanismus den Preis der Güter beziehungsweise Leistungen.[506] Dies ist besonders darin begründet, dass es sich bei marktlichen Transaktionen häufig um den Austausch homogener Güter beziehungsweise um eine selten veränderliche Tausch- und Leistungsbeziehung handelt und Leistung und Gegenleistung im Markt eng aneinander gebunden sind.[507] Zudem können die durch die Transaktion geschaffenen Werte direkt beurteilt werden und aufgrund der starken Konkurrenz im Markt wird ein Anbieter eines Gutes sich kaum opportunistisches Verhalten leisten können, da dieses leicht zu erkennen ist und genügend andere Bezugsalternativen für den Nachfrager vorliegen (Kontroll- und Anreizfunktion des Marktes). Koordinationsvorteile spezifizieren sich auch dadurch, dass bei Transaktionen über den Markt gesetzliches

---

[503] Vgl. Williamson (1985), S. 68-72; Macneil (1978).

[504] Vgl. zur Koordination von Transaktionen über Märkte auch Milgrom/Roberts (1992), S. 27-28.

[505] Vgl. Erlei/Jost (2001), S. 50; Büchs (1991), S. 22.

[506] Vgl. Ouchi/Price (1993), S. 63.

[507] Vgl. Picot (1989), S. 366.

Vertragsrecht angewendet werden kann und somit keine Sanktionsmechanismen neu implementiert werden müssen.[508] Die Koordinationsform Markt zeichnet sich jedoch durch eine geringere Anpassungsfähigkeit aus, die zwar durch entsprechende Vereinbarungen erhöht werden kann, allerdings auch mit höheren Transaktionskosten einhergeht.

Für Transaktionen über den Markt ist die charakteristische Vertragsform die der *klassischen Verträge*. Diese werden für Transaktionen angewendet, bei denen Leistung und Gegenleistung zum gleichen Zeitpunkt anfallen oder die Zukunft der Transaktionsbeziehung vollständig antizipiert werden kann, indem der Vertrag umfangreiche Regelungen enthält, die alle künftigen Eventualitäten berücksichtigen. Die Identität, persönliche Interaktion sowie die bisherige und zukünftige Interessenlage und Beziehung der Vertragspartner spielen keine bedeutende Rolle.[509] Klassische Verträge, die damit sowohl vollständigen als auch expliziten Charakter aufweisen, kommen in der Regel nur bei kurzfristigen Kaufverträgen über Standardgüter infrage.[510] Die Beherrschung und Überwachung dieser nichtspezifischen Transaktionen findet durch den Markt statt.[511] Konflikte werden folglich in der Regel auf dem Rechtsweg gelöst, da Leistung und Gegenleistung der Transaktionspartner im Vertrag eindeutig beschrieben sind und auf bestehendes Vertragsrecht zurückgegriffen wird.[512]

Im klassischen Marktmechanismus können Transaktionen mit erhöhter Spezifität, insbesondere in Verbindung mit Unsicherheit, gar nicht oder nur unter stark erhöhten Transaktionskosten durchgeführt werden. Eine Organisation entsprechender, nicht standardisierter, schlecht strukturierter und stark veränderlicher

---

508 Vgl. Erlei/Jost (2001), S. 50-51.
509 Vgl. Williamson (1985), S. 69.
510 Vgl. Pfohl/Large (1992), S. 30; Erlei/Jost (2001), S. 46.
511 Vgl. Williamson (1985), S. 73-74; Schätzer (1999), S. 76-77.
512 Auf gesetzliches Vertragsrecht kann zurückgegriffen werden, da klassische Verträge Transaktionen beschreiben, die nicht spezifisch sind, und somit Regelungen verwendet werden können, die für eine große Klasse von standardisierten Transaktionen vorgesehen sind. Vgl. Erlei/Jost (2001), S. 47.

Transaktionen kann über eine hierarchische oder eine hybride Form wesentlich kostengünstiger stattfinden.[513]

Die Vorteile der *Hierarchie* bestehen in den intensiven und langfristig angelegten Anreiz-, Kontroll- und Sanktionssystemen.[514] Durch diese Instrumente, gemeinsamen Ressourcenbesitz und annähernd identische Zielvorstellungen der Transaktionspartner werden opportunistisches Verhalten und die damit verbundene Verhaltensunsicherheit stark eingeschränkt. Die hierarchische Organisation besitzt zudem eine transaktionsstabilisierende Wirkung aufgrund der engen Zusammenarbeit und einer Annäherung der individuellen Erwartungen. Auch können zum einen bei langfristig ausgelegten Transaktionsbeziehungen kostengünstigere Vertragsanpassungen vorgenommen werden.[515] Zum anderen besteht zusätzlich eine gewisse Flexibilität bezüglich kurzfristiger, adaptiver und sequenzieller Entscheidungen, die ebenfalls dadurch erreicht wird, dass in der hierarchischen Organisation Entscheidungen kurzfristig durch höherrangige Instanzen ausgesprochen werden können.[516] Des Weiteren werden der Koordinationsform Hierarchie eine bessere Messbarkeit der Leistungserbringung und eine einfachere Gesamtkoordination verschiedener Transaktionen zugesprochen.[517] Nicht zu vernachlässigen sind jedoch die bürokratischen Verzerrungen, die in der Hierarchie auftreten können. Mit zunehmender Unternehmensgröße steigen die Kom-

---

[513] Vgl. Picot (1989), S. 366; Erlei/Jost (2001), S. 51-52.

[514] Aus diesen Systemen ergibt sich in der Folge auch ein besserer Informationsstand als bei einer marktlichen Koordination. Vgl. Baur (1990), S. 51.

[515] Vgl. Baur (1990), S. 53. Beispielsweise können durch einen zunehmenden Kooperationsgrad in einer Transaktionsbeziehung die Anpassungskosten und die Kontrollkosten gesenkt werden. Im Gegenzug steigen jedoch die Anbahnungskosten und die Vereinbarungskosten, da der Kooperationspartner aufgrund der langfristig beabsichtigten Beziehung sorgfältig ausgesucht werden muss und die grundlegenden Vereinbarungen ebenfalls einer sorgfältigen Ausarbeitung bedürfen. Vgl. Wildemann (2002), S. 65.

[516] Im klassischen Marktmechanismus werden vergleichbare Entscheidungen, deren Notwendigkeit beispielsweise aus Vertragslücken resultiert, im Regelfall nur durch langwierige Verhandlungen und Konfliktlösungen erreicht. Auch aufgrund des in der Hierarchie stattfindenden effizienteren Informationsflusses können Anpassungen schneller und mit weniger Aufwand stattfinden. Vgl. Picot (1990), S. 181; Erlei/Jost (2001), S. 52.

[517] Vgl. Erlei/Jost (2001), S. 53.

plexität der innerbetrieblichen Koordination und die Wahrscheinlichkeit von unternehmerischen Fehlentscheidungen sowie die Kosten der innerbetrieblichen Organisation überproportional.[518] Aus produktionskostentheoretischer Perspektive ist der Nachteil, vor allem im Vergleich zum Markt und zu hybriden Koordinationsformen, in den häufig geringen Skaleneffekten zu suchen. Der Hierarchie liegen relationale Verträge zugrunde, die die notwendigen flexiblen Rahmenbedingungen für unsichere und spezifische Transaktionen schaffen und die durch die nicht explizite Ausgestaltung der Verträge die Transaktionskosten mindern.[519]

Die beiden Extrema Markt und Hierarchie stellen nicht die einzige Lösung der Koordination von Transaktionen dar. Denkbar ist ebenso eine *hybride Organisationsform*, die eine Mischform aus Markt und Hierarchie darstellt.[520] Koordinationsformen, die jedoch weder eindeutig dem Markt noch der Hierarchie zuzuordnen sind, sind in der Praxis in sehr großer Vielfalt und Heterogenität vorzufinden. Um die Vielzahl und Heterogenität hybrider Formen mit ihren Charakteristika erfassen zu können, wird im Folgenden eine Differenzierung hybrider Formen getroffen, die eine Einordnung von in der Praxis vorfindbaren Hybriden erlaubt, konsistent zu handhaben ist und sich an der Differenzierung der beiden ursprünglichen Koordinationsformen Hierarchie und Markt orientiert. Diese Differenzierung kann durch die Beschreibung des Abhängigkeitsverhältnisses zwischen den Akteuren beziehungsweise nach der Allokation der Eigentums- und Verfügungsrechte erfolgen.[521] Entsprechend wird im Hinblick auf eine Differenzierung von hybriden Koordinationsformen in GP 5.3. zwischen hierarchienahen

---

[518] Zu weiteren Nachteilen der Hierarchie vgl. Baur (1990), S. 53-54.

[519] Vgl. Erlei/Jost (2001), S. 52 sowie die folgenden Ausführungen.

[520] Diese Mischformen erlangen zunehmend Bedeutung in der Diskussion um die optimale Koordinationsform von Transaktionen, womit das klassische Schema „Markt versus Hierarchie" an Bedeutung verliert. In diesem Zusammenhang wird auch häufig von einem „Move to the Middle" gesprochen. Vgl. zum Beispiel Clemons/Reddi/Row (1993).

[521] Zu anderen Differenzierungskriterien und Differenzierungen vgl. beispielsweise Jarillo (1988); Hanke (1993), S. 24-28.

Koordinationsformen[522] und marktnahen Koordinationsformen,[523] die sich durch zunehmende Selbstständigkeit der Akteure auszeichnen, unterschieden,[524] wobei die Übergänge zwischen den aufgeführten Arten hybrider Koordinationsformen fließend sind (vgl. Abbildung 10).[525] Die hybride Koordination kann teilweise die Vorteile der beiden extremen Koordinationsalternativen verbinden,[526] übernimmt aber auch deren Nachteile. Für Transaktionen mit bestimmten Charakteristika ist es allerdings sinnvoll, eine solche hybride Koordinationsform zu wählen. Hybride Koordinationsformen weisen im Regelfall geringere Skaleneffekte bei den Produktionskosten als der Markt auf, jedoch höhere als bei einer hierar-

---

522 Diese werden von Picot/Reichwald/Wigand (2001), S. 303 auch weitgehend als Beherrschungssysteme bezeichnet. Beispiele für hierarchienahe Koordinationsformen in Ergänzung zu Abbildung 10 sind neben Tochterunternehmen, Gemeinschaftsunternehmen und Kapitalbeteiligungen auch Lizenzen und implizite Verträge. Vgl. auch Picot/Reichwald/Wigand (2001), S. 310.

523 In diesem Zusammenhang wird häufig der Begriff der Kooperation verwendet. Unter einer Kooperation ist grundsätzlich „eine auf stillschweigenden oder vertraglichen Vereinbarungen beruhende Zusammenarbeit zwischen rechtlich selbständigen und in den nicht von der Kooperation betroffenen Bereichen auch wirtschaftlich nicht voneinander abhängigen Unternehmungen" zu verstehen. Blohm (1980), Sp. 1112. Kooperationsformen existieren in der Realität in einer nahezu unüberschaubaren Vielfalt und erschweren daher eine Systematisierung. Vgl. Hanke (1993), S. 38-42. Beispiele für Kooperationsformen sind strategische Partnerschaften, langfristige Lieferverträge oder strategische Allianzen. Vgl. Picot/Reichwald/Wigand (2001), S. 303; Sydow (2001), S. 246. Eine genauere transaktionskostentheoretische Betrachtung von Kooperationen als Form hybrider Organisationen nimmt Büchs (1991) vor. Der hier verwendete und weitläufig gebräuchliche Kooperationsbegriff umfasst jedoch zum Teil noch Koordinationsformen, die starke hierarchische Elemente aufweisen (zum Beispiel Gemeinschaftsunternehmen, Beteiligungsgesellschaften). Im Folgenden wird daher gegebenenfalls eine weitergehende Differenzierung nach hierarchienahen und marktnahen Koordinationsformen vorgenommen, um in Einklang mit dem Markt-Hierarchie-Paradigma eine konsistente Einteilung verwenden zu können.

524 Auch zwischenbetriebliche Netzwerke sind hybride Organisationsformen, die sich jedoch nicht per se durch besondere Nähe zur Hierarchie oder zum Markt auszeichnen. Sie heben sich insbesondere dadurch von normalen hybriden Organisationsformen ab, indem sie keine bilateralen, sondern multilaterale Koordinationsformen beschreiben. Vgl. weiterführend Sydow (1992); Picot/Reichwald/Wigand (2001), S. 304, S. 316-319.

525 Zu weiteren Beispielen alternativer Koordinationsformen vgl. Schmidt (1997), S. 20-49.

526 Vgl. auch Hanke (1993), S. 28.

chischen Leistungserstellung. Den hybriden Koordinationsformen liegen *relationale* oder *neoklassische Verträge* zugrunde.

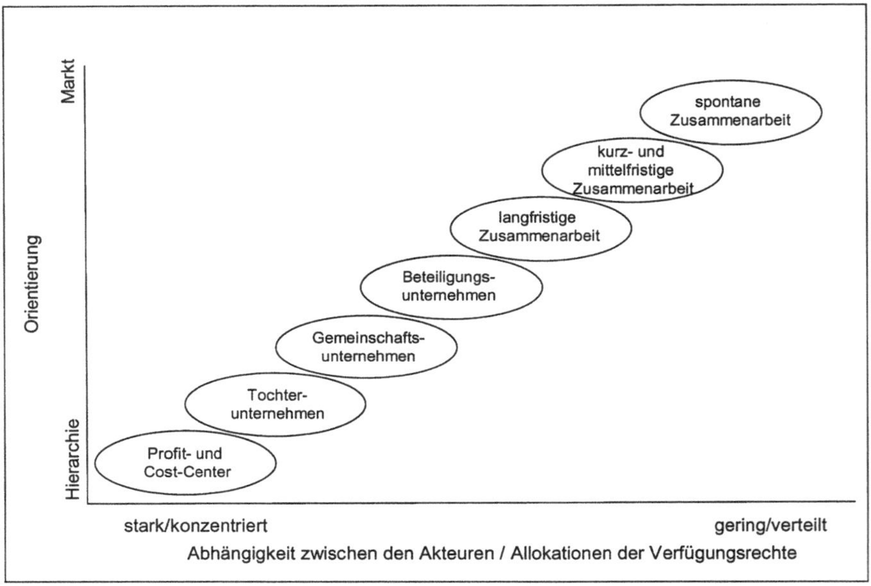

Abbildung 10: Beispielhafte Koordinationsformen

Der *relationale Vertrag* hat impliziten, unvollständigen Charakter.[527] Er kommt zum Tragen, wenn es sich um langfristige, dauerhafte Transaktionsbeziehungen handelt, und beschreibt die Kooperation zwischen rechtlich selbstständigen Partnern oder die hierarchische Organisation von Transaktionen.[528] Bei Verwendung relationalen Vertragsrechts beabsichtigen die Transaktionspartner, Rahmenbedingungen festzulegen, die "flexible, aber dennoch begrenzte Reaktionen auf zukünftige Veränderungen zulassen."[529] Die offene beziehungsweise unvollständige Formulierung der Verträge bietet diese hohe notwendige Anpassungsfähigkeit, die sich aufgrund der Unvorhersehbarkeit der Entwicklung der Transaktionsbeziehung ergibt, und ist daher vor allem bei hoher Spezifität und Unsi-

[527] Vgl. Picot/Reichwald/Wigand (2001), S. 44.
[528] Vgl. Pfohl/Large (1992), S. 30-31.
[529] Erlei/Jost (2001), S. 48.

cherheit einer Transaktion von Interesse. Die einzelnen Transaktionen, die in der Geschäftsbeziehung auftreten, lassen sich vor dem Hintergrund der zunehmenden Verflechtung der Aktivitäten der Transaktionspartner nicht mehr eindeutig voneinander abgrenzen.[530] Im relationalen Vertragsrecht steht daher nicht die einzelne Transaktion, sondern die sich entwickelnde Leistungsbeziehung in ihrer Gesamtheit im Mittelpunkt der Betrachtung. Die hohe Anzahl notwendiger Verträge bei marktlicher Koordination kann so durch einen oder wenige zentrale Verträge ersetzt werden. Der Identität der Transaktionspartner wird eine hohe Bedeutung zugemessen, und implizite Vereinbarungen und Vertrauen zwischen den Beteiligten ersetzen zunehmend zur Komplexität der Geschäftsbeziehung explizite Formulierungen. Ein gegenseitiges Vertrauen, eine gemeinsame Werthaltung und eine gemeinschaftliche Solidarität können somit von großer Bedeutung für die Transaktionsbeziehung sein.[531] Im relationalen Vertragsrecht wird in Bezug auf hybride Koordinationsformen ein zweiseitiges Beherrschungs- und Überwachungssystem verwendet, da aufgrund der Sensibilität der Transaktionsbeziehung bei Unstimmigkeiten eine erfolgreiche Schlichtung, die zur Fortführung der Beziehung beiträgt, überwiegend nur von den Transaktionspartnern selbst herbeigeführt werden kann.[532] Hingegen sieht das relationale Vertragsrecht für die Hierarchie ein einseitiges Überwachungssystem vor.[533]

Neoklassische Verträge, die ebenfalls für hybride Koordinationsformen verwendet werden, sind explizit, jedoch teilweise unvollständig formuliert und charakterisieren zeitraumbezogene, langfristige Austauschbeziehungen über heterogene, erklärungsbedürftige Transaktionsobjekte. Die Entwicklung und der Anpassungsbedarf der Austauschbeziehungen kann aufgrund der Existenz von Unsi-

---

530 Vgl. Picot (1990), S. 182.

531 Eine aus den relationalen Verträgen abgeleitete Vertragsform sind die symbiotischen Verträge. Diese stellen noch deutlicher auf die intensive Beziehung und kritische Abhängigkeit der Vertragspartner ab. Vgl. Picot (2001), S. 44.

532 Eine Schlichtung über staatliche Gerichte ist in aller Regel zu langwierig und wirkt extrem destruktiv auf eine Weiterführung der bisherigen Geschäftsbeziehung. Daher sollten „alternative Streitbeilegungsformen“ in Anspruch genommen werden. Vgl. Bettinger/Scheffelt (2001), S. 738.

533 Vgl. Williamson (1985), S. 75-78.

cherheit nicht genügend oder nur unter hohen Transaktionskosten ausreichend berücksichtigt beziehungsweise antizipiert werden.[534] Neoklassische Verträge stellen einen institutionellen Rahmen zur Verfügung, der bei in der Transaktionsbeziehung auftretenden Problemen genutzt werden kann.[535] Auf dieser Basis können sie auch langfristig angelegte Kooperationen zwischen Vertragspartnern begründen. Eine langfristige Kooperation ist beispielsweise sogar dann von Vorteil, wenn die der Kooperation zugrunde liegende Transaktion eine mittlere oder hohe Spezifität aufweist und zugleich von hoher Unsicherheit geprägt ist. In diesem Fall können die spezifischen Investitionen in einer dynamischen Umwelt stark der Gefahr einer Entwertung ausgesetzt sein. Eine Risikoteilung durch eine Kooperation wäre dann wünschenswert.[536] Die Identität und das Verhältnis der Transaktionspartner spielen im Gegensatz zu den klassischen Verträgen zunehmend eine Rolle.[537] Im neoklassischen Vertragsrecht wird zur Klärung von nicht bilateral lösbaren Problemen eine dritte Partei hinzugezogen und somit ein dreiseitiges Beherrschungs- und Überwachungssystem verwendet.[538]

Abbildung 11 zeigt eine von WILLIAMSON vorgenommene Segmentierung möglicher Koordinationsformen der Transaktion und der jeweils dazugehörigen Form des angewendeten Vertragsrechts in Abhängigkeit von möglichen Ausprägungen der Transaktionskostendeterminanten Spezifität und Häufigkeit.[539]

---

[534] Vgl. Williamson (1985), S. 70.
[535] Vgl. Pfohl/Large (1992), S. 30; Picot (1990), S. 181.
[536] Vgl. Picot/Reichwald/Wigand (2001), S. 295.
[537] Vgl. Schätzer (1999), S. 74.
[538] Vgl. Williamson (1985), S. 74-75; Schätzer (1999), S. 76-77; Picot/Reichwald/Wigand (2001), S. 43-44.
[539] Vgl. Williamson (1985), S. 73; Pfohl/Large (1992), S. 30-31; Williamson (1985), S. 73 setzt für seine Überlegungen voraus, dass die Unsicherheit der Transaktion ausreichend groß ist, und berücksichtigt sie zugunsten einer besseren und übersichtlicheren Darstellungsweise nicht weiter.

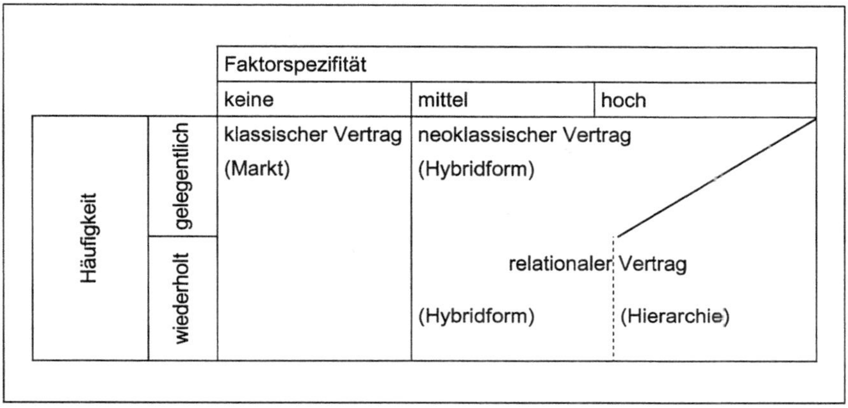

Abbildung 11: Effiziente Vertragsformen bei unterschiedlicher Ausprägung der Transaktionseigenschaften Faktorspezifität und Häufigkeit
Quelle: in Anlehnung an Williamson (1985), S. 79.

Unabhängig von der Häufigkeit der Transaktion wird diese bei Nichtexistenz von Faktorspezifität über den Markt organisiert, wobei die klassische Vertragsform genutzt wird. Gelegentlich durchgeführte Transaktionen, die eine mittlere oder hohe Faktorspezifität aufweisen, werden unter Verwendung eines neoklassischen Vertrags über eine Hybridform koordiniert. Das Vorliegen eines bedeutenden Grads an Faktorspezifität würde grundsätzlich für eine unternehmensinterne Leistungserstellung sprechen. Da die Transaktion aber nur gelegentlich durchgeführt wird, lohnt sich eine Integration vor allem aufgrund der fehlenden Skaleneffekte nicht. Liegen eine mittlere oder hohe Spezifität und eine permanente Wiederholung der Transaktion vor, ist es sinnvoll, diese über ein relationales Vertragsschema abzuwickeln.

3.7.2. Wahl der effizienten Organisationsform einer Transaktion

3.7.2.1. Vorgehensweise bei der Auswahl effizienter Organisationsformen

Die Transaktionskostentheorie hat den Anspruch, im Rahmen einer Transaktionskostenanalyse durch einen relativen Vorteilhaftigkeitsvergleich alternativer Organisationsformen unter Verwendung des Effizienzkriteriums „Transaktionskosten“ die effiziente Organisationsform einer Transaktion zu bestimmen. Die

Hauptkritik an der Transaktionskostentheorie, dass eine Quantifizierung beziehungsweise eine monetäre Bewertung von Transaktionskosten nicht möglich sei, wird dadurch entkräftet, dass für eine entsprechende Entscheidung über den Untersuchungsgegenstand innerhalb der Transaktionskostentheorie keine Notwendigkeit einer Quantifizierung besteht.[540] Ausgangspunkt für die Beurteilung effizienter Koordinationsformen einer Transaktion sei die Transaktionskostenanalyse. Eine Produktionskostenanalyse beziehungsweise die Berücksichtigung der Produktionskosten bei alternativen Koordinationsformen findet in Zusammenhang mit der Analyse der Transaktionskosten ebenfalls Beachtung. Ein Vorgehensmodell zur Wahl der effizienten Koordinationsform einer Transaktion kann dabei aus der Transaktionskostentheorie abgeleitet werden. In Anlehnung an in der Literatur bereits aufgezeigte Vorschläge wird im Folgenden eine Vorgehensweise zur Identifikation der optimalen Koordinationsform einer Transaktion dargestellt:[541]

---

[540] Vgl. Williamson (1996), S. 12; Hummel (2000), S. 8; Picot (1981), S. 5-6; Picot (1992b), S. 20. Weitere Kritikpunkte des Transaktionskostenansatzes wurden bisher an passender Stelle in den Ausführungen erwähnt. Zu einer übersichtlichen Darstellung wesentlicher Kritikpunkte vgl. zudem Ebers/Gotsch (1995), S. 227-232; Eigler (1996), S. 53-56; Sydow (1999), S. 166. Zu näheren Ausführungen und weiteren Kritikpunkten vgl. Schneider (1984); Schneider (1985).

[541] Zu ähnlichen Vorgehensweisen vgl. Picot (1981), S. 9-13; Michaelis (1985), S. 61; Eigler (1996), S. 47-49; Bongard (1994), S. 163-164.

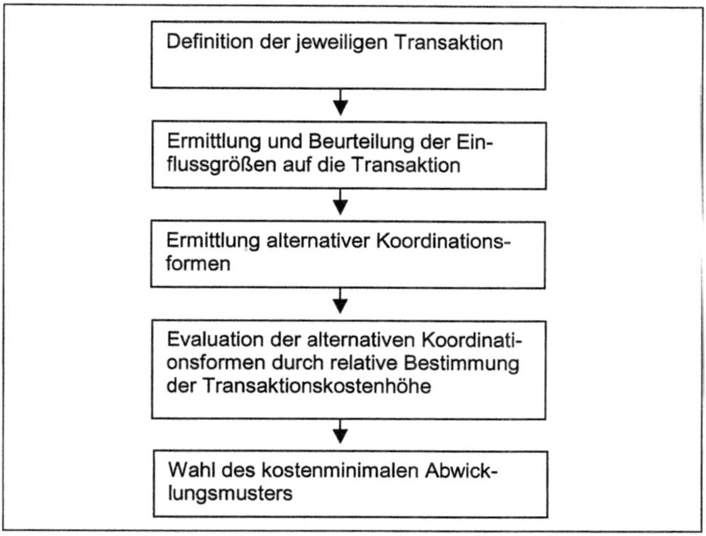

Abbildung 12: Methodik der Transaktionskostentheorie
Quelle: in Anlehnung an Picot (1982), S. 273; Michaelis (1985), S. 61.

(1) Definition der jeweiligen Transaktion

Die Transaktion und das Transaktionsobjekt (die zu erbringende Leistung) als Analyseobjekte sollten möglichst genau spezifiziert werden. Dazu gehört zum Beispiel eine Definition der an der Transaktion beteiligten Akteure, des Austauschziels, des Tauschgegenstandes sowie des Leistungsortes, der Leistungszeit, -menge und -qualität. Die Spezifizierung der Transaktion wird dabei von dem Leistungsempfänger durchgeführt und sollte möglichst weitgehend dokumentiert werden, um die Nachvollziehbarkeit der gewünschten Leistungserbringung zu gewährleisten.

(2) Ermittlung und Beurteilung der Einflussgrößen auf die Transaktion

Entsprechend dem organizational failures framework ist der Zusammenhang zwischen den Bestimmungsfaktoren der Transaktionskosten und der Art und Höhe der Transaktionskosten zu ermitteln. Insbesondere die transaktionale Umwelt bedarf einer genaueren Betrachtung.[542] Die Beurteilung ist jedoch häufig nur auf subjektiver Basis möglich.[543]

(3) Ermittlung alternativer Koordinationsformen

Ausgehend von einem zuvor festgelegten Zielanspruchsniveau der Transaktionspartner bezüglich des Austauschziels der Transaktion sollte eine Identifikation sämtlicher alternativer, sich gegenseitig ausschließender Koordinationsformen und deren vertragliche Ausgestaltung ermittelt werden. Eine genaue Formulierung aller möglichen Verträge ist jedoch an dieser Stelle nicht nötig, da die Kenntnis der relevanten Transaktionskosteneigenschaften je Abwicklungsalternative für die weiteren Ausführungen genügt.[544]

(4) Evaluation der alternativen Koordinationsformen durch relative Bestimmung der Transaktionskostenhöhe

Die institutionenvergleichende Methodik („comparative institutional approach"),[545] der sich die Transaktionskostentheorie bedient,[546] fordert keine Ermittlung der absoluten Höhe der Transaktionskosten, sondern eine relative Schätzung des Transaktionskostenniveaus über die ebenfalls relative Bewertung der Transaktionskostendeterminanten. Das heißt, es wird eine qualitative Analyse der als bedeutsam identifizierten Transaktionskosten bei alternativer Organisationsgestaltung vorgenommen, indem die Höhe der voneinander abgrenzbaren Transaktionskategorien für jede alternative Koordinationsform relativ beschrieben wird.

In die Kostenbetrachtung der jeweiligen Koordinationsformen sind neben den Transaktionskosten auch die Produktionskosten einzubeziehen. Um die Produk-

---

542 Zu berücksichtigen sind im Kontext dieser Arbeit insbesondere die relevanten Eigenschaften von Aufgaben oder Leistungen, die bei der Erstellung oder Betreuung von informationstechnologischen Lösungen eine Rolle spielen. Ähnlich Picot/Maier (1992), S. 20-21.

543 Vgl. Bongard (1994), S. 164.

544 Vgl. Nagengast (1997), S. 195.

545 Vgl. dazu Williamson (1985), S. 22.

546 Vgl. Eigler (1996), S. 37.

tionskosten in der Transaktionskostenanalyse zu berücksichtigen, werden in der Literatur verschiedene Argumentationen herangezogen.[547] Im Rahmen der Ausführungen in Kapitel 5 soll es genügen, die Produktionskosten über die relativen Produktionskostenvorteile beziehungsweise -nachteile einer Koordinationsform zu erfassen. Die vergleichende Beurteilung alternativer Abwicklungsmuster der Transaktion findet damit durch die Berücksichtigung von Transaktions- und Produktionskosten statt.

(5) Wahl des kostenminimalen Abwicklungsmusters

Nach dem Effizienzkriterium Transaktions- und Produktionskosten ist aus der Menge der alternativen Koordinationsformen diejenige Koordinationsalternative zu wählen, die die relativ geringsten Kosten aufweist.

3.7.2.2. Wahl der effizienten Organisationsform in Abhängigkeit vom Spezifitätsgrad einer Transaktion

Die Spezifität gilt als zentrale Eigenschaft einer Transaktion und als wichtigste Determinante der Transaktionskosten. Im Folgenden dient die Spezifität dazu, optimale Koordinationsformen einer Transaktion herauszuarbeiten. Dieses Vor-

---

[547] Vgl. hierzu beispielsweise Nagengast (1997), S. 203, 209, der die Produktionskosten als Determinante der Transaktionskosten auffasst. Die Erfassung der Transaktionskosten könnte auch über die Argumentation der Produktionskosten als Teil der Transaktionskosten erfolgen. Die in dieser Arbeit betrachteten IV-Leistungen sind entsprechend ihrer Einordnung als Dienstleistung durch die Synchronität von Produktion und Absatz gekennzeichnet. Da die Transaktionskosten durch die den Prozess der Transaktion verursachenden Kosten definiert sind und die Transaktion laut Definition den physischen Tausch von Dienstleistungen umfasst, müssen entsprechend auch die Kosten, die der Produktion der Dienstleistung zugerechnet werden können, den Transaktionskosten subsumiert werden. Den Produktionsprozess als (Teil der) Transaktion sehen auch Reese (1991), S. 369 und Nagengast (1997), S. 203. Denkbar wären auch bei einer vergleichenden Analyse von alternativen Koordinationsformen der Transaktion Produktionskostennachteile einer Koordinationsform als Opportunitätskosten, das heißt als „verpasste Gelegenheit“ aufzufassen. Im Ergebnis wären dann ebenfalls die Produktionskosten den Transaktionskosten zu subsumieren und entsprechend in der Transaktionskostenanalyse zu berücksichtigen. Auch Müller-Hagendorn/Spork (2002), S. 552-553 sehen die Kosten, die in der Phase der Realisation beziehungsweise Erfüllung der Transaktion anfallen, also in der Transaktionsdurchführungsphase, als Produktionskosten, grenzen diese jedoch von den Transaktionskosten explizit ab.

gehen soll einen ersten, wichtigen Anhaltspunkt für spätere Überlegungen bei der Transaktionskostenanalyse geben.

3.7.2.2.1. Transaktionskosteneffizienz unterschiedlicher Koordinationsformen in Abhängigkeit vom Spezifitätsgrad

Ausgehend von den drei möglichen Koordinationsformen Markt, hybride Form und Hierarchie lässt sich, wie in Abbildung 13 dargestellt, jeweils eine Alternative je nach Charakteristikum der betrachteten Transaktion als optimale Koordinationsform der Transaktion beschreiben. Als Kosten werden vorerst nur die Transaktionskosten betrachtet. Unspezifische, jedoch zugleich unsichere Transaktionen sollten marktlich koordiniert werden, da die Anreizfunktion des Marktes den Opportunismus vermindert und Transaktionspartner relativ einfach gewechselt werden können. Je spezifischer sich allerdings die Transaktion gestaltet, desto eher ist es sinnvoll, von einer rein marktlichen zu einer hybriden beziehungsweise hierarchischen Koordination zu wechseln. Liegt keine oder kaum Unsicherheit vor, ist es selbst bei bedeutender Spezifität möglich, nahezu vollständige Verträge zu vereinbaren und das Problem des Lock-in einzuschränken. Mit steigender Unsicherheit werden die Transaktionskosten immer bedeutender, womit die Wahl einer hybriden oder hierarchischen Form der Koordination sinnvoller erscheint.[548] Steigt der Grad der Spezifität, wird es zunehmend schwieriger, eine vertragliche Vereinbarung zu treffen. Insbesondere die Kosten für Vereinbarung und Kontrolle der Leistung nehmen zu und machen den Bezug der Leistung über die Koordinationsform „Markt" unwahrscheinlicher.[549]

---

[548] Vgl. Erlei/Jost (2001), S. 57-58.
[549] Vgl. Picot (1981), S. 8.

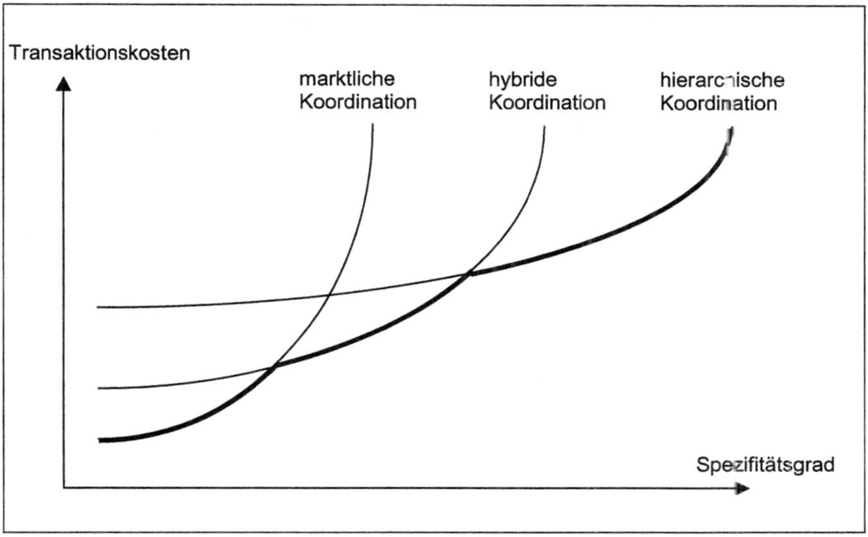

Abbildung 13: Koordinationsformen und Spezifität
Quelle: Picot/Dietl/Franck (1997), S. 81 in Verbindung mit Williamson (1991), S. 269.

Die Steigerung der Transaktionskosten ist abhängig von der Koordinationsform. Bei einer Organisation über den Markt steigen die Transaktionskosten stärker als bei einer hybriden Form und noch stärker als bei einer hierarchischen Organisation. Je hierarchischer eine Organisationsform ist, desto geringer steigen die Transaktionskosten bei einer Erhöhung des Spezifitätsgrades. Bei drei zu betrachtenden Alternativen muss es folglich einen Spezifitätsgrad geben, ab dem die Transaktionskosten der stärker hierarchischen Form geringer sind als die Kosten der bisher vorteilhafteren Organisationsform. Entsprechend der Höhe der spezifitätsgradabhängigen Transaktionskosten wird die Transaktion über die Organisationsform mit den geringsten Transaktionskosten abgewickelt.[550]

3.7.2.2.2. Gesamtkostendifferenz bei Markt und Hierarchie in Abhängigkeit vom Spezifitätsgrad

In Abhängigkeit vom Spezifitätsgrad (S) der Transaktion können nach WILLIAMSON der Zusammenhang zwischen Transaktions- und Produktionskos-

[550] Vgl. Richter/Bindseil (1995), S. 137.

ten und die Bedeutung der Produktionskosten für etwaige Entscheidungen über effiziente Koordinationsformen, wie im Folgenden dargestellt, weitergehend erläutert werden.[551] Zielsetzung hierbei ist, den Einfluss der Produktionskosten auf die Wahl der effizienten Koordinationsform einer Transaktion aufzuzeigen. Den Ausgangspunkt dieser Vorgehensweise stellt die Betrachtung der Transaktions- und Produktionskostenunterschiede in den beiden Koordinationsformen Markt und Hierarchie dar (vgl. Abbildung 14).[552]

Ausgehend von einer völlig unspezifischen Leistung (B_0) sollte diese unter dem Aspekt des Transaktionskostenkriteriums vom Markt bezogen werden, da der Markt aufgrund des Preismechanismus und des Wettbewerbs Transaktionskostenvorteile (ΔT = Transaktionskostenvorteil des Marktes) bietet.[553] Bei steigender Spezifität nehmen jedoch die Transaktionskosten bei einem Marktbezug zu, und ab einem bestimmten Punkt (S') sind die Transaktionskosten in der Hierarchie niedriger als am Markt, da die Hierarchie für Transaktionen mit höherer Spezifität über effizientere Anreiz-, Kontroll- und Sanktionsmechanismen verfügt. Zusätzlich wird jetzt aber der Produktionskostenvorteil des Marktes (ΔP) in die Betrachtung einbezogen.[554] Der Produktionskostenvorteil ergibt sich zum einen aus der Generierung von Skaleneffekten und zum anderen aus dem Wettbewerbseffekt, den der Markt mit sich bringt. Die Anbieter auf dem Markt können bei geringer Spezifität hohe Skaleneffekte erreichen und sind aufgrund des Wettbewerbseffektes gezwungen, die Produktion zu optimieren und Kosten zu senken. Der Produktionskostenvorteil wird zwar mit zunehmender Spezifität der Leistungen geringer, da für spezifischere Leistungen immer weniger Skaleneffekte generiert werden können und der Wettbewerbseffekt aufgrund der schwe-

---

[551] Zu den folgenden Ausführungen vgl. Williamson (1985), S. 90-95.

[552] Die Überlegungen lassen sich entsprechend auch auf einen Vergleich Markt und hybride Form sowie hybride Form und Hierarchie übertragen.

[553] Beispielsweise können durch starken Wettbewerb die Anpassungs- und Kontrollkosten gesenkt werden. Vgl. Bühner/Tuschke (1997), S. 27.

[554] Zu einer Erläuterung des Verlaufs der Kurven des Transaktionskostenvorteils und des Produktionskostenvorteils des externen Anbieters vgl. Dibbern/Güttler/Heinzl (2001), S. 683-685.

rer vergleichbaren Leistungen ebenfalls schwindet, jedoch ist er nie niedriger als bei einer Erstellung der Leistung innerhalb der Unternehmung.[555]

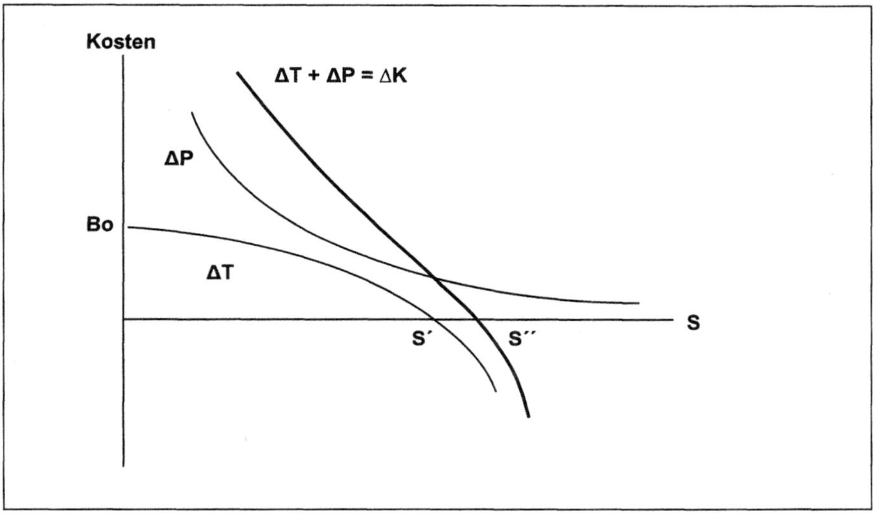

Abbildung 14: Beziehung zwischen Spezifität, Produktions- und Transaktionskosten
Quelle: in Anlehnung an Williamson (1981b), S. 560 und Dibbern/Güttler/Heinzl (2001), S. 684.

Werden die Produktions- und Transaktionskostenvorteile aggregiert ($\Delta T + \Delta P = \Delta K$), zeigt sich der Verlauf des Gesamtkostenvorteils des Marktes in Abhängigkeit der Spezifität. Zu erkennen ist, dass bei Einbezug der Produktionskosten als Kriterium für die Entscheidung über Eigenerstellung (Hierarchie) oder Fremdvergabe (Markt) sich die Entscheidungssituation zugunsten der Koordinationsform Markt verschiebt. Die grundsätzliche Aussage, die bereits bei alleiniger Betrachtung der Transaktionskosten getroffen wurde, dass bei steigender Spezifität eine Koordination über die Hierarchie zunehmend attraktiver wird, bleibt jedoch bestehen.

---

555 Als Gegenargument für den durchgehenden Produktionskostenvorteil des Marktes führt Williamson die Möglichkeit an, dass ein Unternehmen selbst Skaleneffekte generieren könnte, indem es umfangreiche Kapazitäten aufbaut und Leistungen an andere Nachfrager verkauft

3.7.3. Intermediation

Die Koordination einer Transaktion muss nicht zwangsläufig zwischen dem Endkunden und dem Hersteller der zugrunde liegenden Leistung stattfinden. In der Praxis wird die Leistungserstellung häufig auf mehrere Akteure verteilt. Im Folgenden soll die Möglichkeit betrachtet werden, die Transaktion mithilfe einer dritten Partei, einem Intermediär, zu koordinieren.

„An intermediary is an economic agent that purchases from suppliers for resale to buyers or that helps buyers and sellers meet and transact."[556] Intermediäre übernehmen damit zum einen die Redistribution von Gütern und Dienstleistungen und zum anderen die Koordination von Aktivitäten ökonomischer Akteure.[557] Im Speziellen fördern sie zum Beispiel die Preisbildung von Produkten und unterstützen die Räumung des Marktes, sichern Liquidität und Verfügbarkeit von Produkten, reduzieren für andere Marktakteure den Aufwand bei der Suche nach einem geeigneten Geschäftspartner, stellen Garantien und übernehmen Kontrollfunktionen.[558] Eine Erklärung der Existenz von Intermediären kann im Rahmen der Neuen Institutionenökonomik auf Transaktionskostenersparnisse beziehungsweise Ersparnisse bei den Agency-Kosten[559] zurückgeführt werden.[560] Die

---

oder sich Produktionskooperationen zwischen Unternehmen bilden. Williamson (1985), S. 92, FN 8 schließt diese Möglichkeit jedoch im Nachhinein als akademisches Argument aus.

556 Spulber (1996), S. 135.

557 Grundsätzlich können verschiedene Intermediärsformen unterschieden werden. Eine Begrenzung und Dedizierung der folgenden Betrachtungen auf eine bestimmte Intermediärsform, die sich zum Beispiel auf die Informationsproduktion oder die Preisermittlung spezialisiert oder selbst Güter transformiert, wird nicht erfolgen. Vgl. dazu im Weiteren zum Beispiel Kiefer (2001), S. 31-34.

558 Vgl. Campbell/Kracaw (1980), S. 880; Spulber (1996), S. 141-149; Spulber (1999); Brousseau (2002), S. 356-357. Die Erfüllung dieser Aufgaben lässt sich im Regelfall auf die übergeordneten Transformationsfunktionen von Intermediären zurückführen. Dieses sind die Transformation von Losgrößen, Fristen, Risiken, Informationen und räumlichen Distanzen.

559 Bei der Betrachtung der Problematik aus einer Prinzipal-Agenten-Sicht kann gezeigt werden, dass sich signifikant die Probleme der Adversen Selektion, des Moral hazard und des Hold-up verringern. Vgl. Franck/Bagschik/Opitz (1997), S. 208-212.

560 Vgl. Picot (1985), S. 224; Spulber (1999), S. 286; Kiefer (2001), S. 40-50. Die transaktionskostentheoretisch fundierten Ausführungen zu Intermediären beziehen sich traditionell zumeist auf Finanzintermediäre. Vgl. zum Beispiel Benston/Smith (1976); Campbell/Kracaw

Existenz von Intermediären ergibt demnach dann Sinn, wenn die Transaktionskosten eines intermediären institutionellen Arrangements geringer sind als bei einer unmittelbaren Hersteller-Endverbraucher-Transaktion.[561] Es müssen somit bei einer intermediären Lösung nicht nur die Transaktionskosten von Hersteller und Nutzer einbezogen werden, sondern zusätzlich noch die der intermediären Institution. Wird ein Intermediär eingeschaltet, treten an die Stelle der Koordination zwischen Hersteller und Nutzer die Koordination zwischen Hersteller und Intermediär, die Koordination innerhalb der Intermediärsorganisation und die Koordination zwischen Intermediär und Nutzer.[562] Damit sich ein intermediäres Arrangement lohnt, müssen die Transaktions- und Produktionskosteneinsparungen beim Hersteller und beim Nutzer entsprechend größer sein als die beim Intermediär anfallenden Transaktions- und Produktionskosten.[563]

Vorteile kann der Intermediär vor allem aufgrund von Verbund- und Skaleneffekten erlangen und der besonderen Transaktionsatmosphäre, die er häufig bieten kann.[564] Neben Einsparungen bei den Produktionskosten führen diese Faktoren zu einem transaktionskostengünstigeren Abbau von Informationsdefiziten und -asymmetrien beziehungsweise zu einer Verminderung der Gefahr des Op-

(1980); Diamond (1984). Arbeiten, die die Erkenntnisse aus der Finanzintermediation auf andere Arten der Intermediation übertragen, sind im Regelfall wesentlich jünger und nicht vergleichbar zahlreich vorhanden. Vgl. zum Beispiel Gümbel (1985); Spulber (1996); Franck/Bagschik/Opitz (1997); Brousseau (2002).

561 Aufgrund der der Arbeit zugrunde liegenden Thematik wird im Folgenden der Endverbraucher auch als Nutzer oder Kunde bezeichnet. Damit wird im Hinblick auf Kapitel 4 der Mietcharakter von ASP-Lösungen betont.

562 Aus einer Prinzipal-Agenten-Sicht ergibt sich daher bei einer Intermediation eine zweistufige Agency-Beziehung. Das heißt, es existieren statt einer, zwei Auftraggeber-Auftragnehmer-Beziehungen. Vgl. Franck/Bagschik/Opitz (1997), S. 207.

563 Vgl. Toporowski (2000), S. 94-97; Müller-Hagedorn/Spork (2002), S. 566; ähnlich Picot (1986), S. 2, S. 4, wobei Picot implizit davon ausgeht, dass sich die Produktionskosten auf der Seite des Herstellers und des Nutzers nicht ändern, da er nur die Produktionskosten des Intermediärs als relevant erachtet. Vgl. dazu auch Windsperger (1996a), S. 77-78.

564 Diese Vorteile können bei Intermediären im Vergleich zu Großunternehmen relativ gering sein. Jedoch werden in dieser Arbeit vor allem KMU betrachtet. Entsprechend wird im Folgenden davon ausgegangen, dass Skalen- und Verbundeffekte bei einem Intermediär größer als bei dem betreffenden Leistungsnachfrager sind.

portunismus bei bestehenden Informationsasymmetrien.[565] Als Voraussetzung für eine mögliche Transaktionskostenminderung durch einen Intermediär sieht PICOT jedoch das Vorliegen eines gewissen Standardisierungsgrades des Transaktionsobjektes. Bei hochspezifischen Transaktionen wäre aufgrund der schwierigen Leistungsdefinition und -beschreibung ein Direktkontakt zwischen Hersteller und Nutzer transaktionskostengünstiger.[566]

Bei der Argumentation, wie eine Reduktion von Transaktionskosten durch Intermediäre zustande kommt, nimmt auch die Reduktion von Transaktions- beziehungsweise Vertragsbeziehungen, der so genannte Baligh-Richartz-Effekt,[567] eine zentrale Rolle ein.[568] Bei einer Menge von m Anbietern und n Nachfragern wären bei einem Direktkontakt m*n Kontakte notwendig, um den geeignetsten Marktpartner zu finden. Bei der Koordination durch einen Intermediär reduzieren sich diese Kontakte auf n+m, also um (m*n)-(m+n) Kontakte. Dieser Effekt, der im Folgenden als Kontaktreduktionseffekt bezeichnet werden soll und einen Verbundeffekt darstellt, tritt jedoch nur auf, wenn eine ausreichende Zahl an Herstellern und Nutzern vorhanden ist.[569] Durch die Reduzierung der Kontaktmenge und die Zentralisierung von relevanten Informationen für die Marktakteure können Transaktionskosten, wie zum Beispiel Suchkosten, eingespart werden.[570] Je stärker der Intermediär dabei eine Informations- und Beratungsfunkti-

---

565 Vgl. Spulber (1999), S. xiii, 286; Rose (1999), S. 56; Choi/Stahl/Whinston (1997), S. 276-277.

566 Vgl. Picot (1986), S. 5.

567 Vgl. Baligh/Richartz (1964).

568 Windsperger (1996a), S. 38-39 beschreibt den Sachverhalt, dass je größer die Zahl der potenziellen Transaktionsbeziehungen ist, desto größer auch die Transaktionskosten sind, unter der Transaktionskostendeterminante „Transaktionspotenzial“. Diese wird jedoch in der vorliegenden Arbeit nicht explizit berücksichtigt, da die höheren Transaktionskosten bei steigender Anzahl potenzieller Transaktionspartner durch die Anbahnungskosten erfasst werden.

569 Als ausreichend gelten mindestens zwei Akteure auf jeder Marktseite. Außerdem müssen durch den Intermediär Verbundeffekte realisiert werden. Das heißt, bereits gewonnene Informationen des Intermediärs können auch in anderen Transaktionen verwendet werden.

570 Vgl. Brousseau (2002), S. 359; Picot (1986), S. 6; Toporowski (1999), S. 81; Müller-Hagedorn/Spork (2002), S. 549; Benston/Smith (1976), S. 216.

on wahrnimmt, desto größer ist die Entlastung des Nachfragers.[571] Intermediation kann daher vor allem dann vorteilhaft sein, wenn es besonders viele Marktteilnehmer sowie Beziehungen zwischen den Marktakteuren gibt, die Produkte auf dem Markt schwer zu beurteilen sind und über Größeneffekte eine Kostendegression realisiert werden kann.[572]

Intermediären wird ein Nutzen bei der Bewältigung von Informationsproblemen und der Verhaltensunsicherheit in allen Phasen der Transaktion zugeschrieben. Der Grad dieser Probleme hängt unter anderem von der Transparenz des zu betrachtenden Marktes sowie den Eigenschaften der dort gehandelten Produkte ab.[573] Während bei Produkten geringer Spezifität für die Höhe der Transaktionskosten insbesondere die Informationsversorgung die ausschlaggebende Rolle spielt, ist bei höherer Spezifität das Individualverhalten, also die Möglichkeit einer opportunistischen Verhaltensweise und das Vorliegen beschränkter Rationalität, von Interesse.[574] Im Rahmen einer transaktionskostentheoretischen Betrachtungsweise von intermediären Arrangements, insbesondere in Zusammenhang mit spezifischen Produkten, spielen daher die Kontrollkosten eine besondere Rolle. Ein Hinweis auf die Höhe der Kontrollkosten ergibt sich aus der Menge der notwendigen Kontrollvorgänge und der Intensität der erforderlichen Kontrollen. Je geringer die Anzahl der Hersteller ist, mit denen kooperiert wird, und je weniger Schnittstellen zwischen den Herstellern und dem Intermediär vorliegen, desto geringer sind die Kontrollkosten. Auch spielt die Art der Schnittstelle für die Höhe der Kontrollkosten eine Rolle. So werden weitgehend automatisierte oder technisch unterstützte Schnittstellen die schnittstellenabhängigen Trans-

---

[571] Vgl. Picot (1986), S. 6.

[572] Vgl. Neus (2001), S. 133. Bei steigender Anzahl von Marktakteuren kann es vorteilhaft sein, sowohl mehrere Intermediationsstufen (beispielsweise Distribution eines Produktes über Großhändler und daran angeschlossene Einzelhändler) wie auch mehrere Intermediäre (beispielsweise Existenz mehrerer Großhändler und Einzelhändler in einer Distributionskette) auf diesen Stufen einzusetzen. Vgl. Rose (1999), S. 60-61.

[573] Toporowski (2000) verwendet bei seiner Argumentation zur Bewältigung von Informationsproblemen durch Intermediäre die Einteilung von Produkten aufgrund von Such-, Erfahrungs- und Vertrauenseigenschaften. Vgl. dazu GP 3.6.2.1.

[574] Vgl. Toporowski (2000), S. 89-90.

aktionskosten senken. Kontrollkosten von Schnittstellen, bei denen wenige bekannte Ansprechpartner mit genau definierter Verantwortung und Kompetenz in ständigem Kontakt zueinander stehen, sind daher relativ gering.[575]

Eine Reduktion von Informations- beziehungsweise Kommunikationsproblemen durch Intermediäre kann auch bei schlechten Kommunikationsmöglichkeiten zwischen Hersteller und Nutzer eintreten. Die Existenz von Intermediären kann in diesem Zusammenhang zum Teil auf die Schwierigkeiten der direkten Verständigung zwischen Hersteller und Nutzer zurückgeführt werden. Als Schwierigkeiten in diesem Sinne sind zum Beispiel die objektiven Kosten der direkten Kommunikation und Informationsverarbeitung zu verstehen, die in Relation zu dem Wert der der Transaktion zugrunde liegenden Leistung zu hoch sind. Des Weiteren können eine räumliche Trennung, Kommunikationsbarrieren oder Befangenheiten, ein relativ geringes Gewicht der betrachteten Einzeltransaktion unter der Restriktion knapper Informations- und Kommunikationskapazitäten, eine geringe Kontakthäufigkeit und ein nicht vertrauenswürdiges Klima beziehungsweise Vertrauensprobleme zwischen Endkunde und Hersteller eine Intermediation vorteilhaft machen. Der Intermediär tritt in diesem Fall als Informations- und Kommunikationsspezialist auf, kann die meisten der beschriebenen Probleme beheben und aufgrund seiner Spezialisierung die Transaktionskosten pro Erzeugniseinheit senken.[576]

Eine weitergehende Realisation von Verbund- und Skaleneffekten ist erreichbar, indem der Intermediär sich auf Beschaffungsentscheidungen spezialisiert. Dieser Effekt wirkt sich insbesondere dann aus, wenn eine große Anzahl von Anbietern oder ein intransparenter Markt vorliegt. Im Gegensatz zu einem Einzelkunden lohnt sich für den Intermediär aufgrund der hohen Interaktionshäufigkeit mit dem Hersteller und dem Umfang der nachgefragten Leistungen die Einrichtung von speziellen Informations- und Kontrollsystemen, die eine permanente und

---

575 Vgl. Bühner/Tuschke (1997), S. 27.

576 Vgl. Picot (1986), S. 7-8.

professionelle Überwachung des Herstellers und der Produkte gewährleisten.[577] Durch den hohen Grad an Interaktionshäufigkeit mit dem Hersteller verringert sich zudem zwangsläufig die Unsicherheit. Auch ist der Hersteller daran interessiert, Folgeaufträge zu erbringen, und wird deshalb eine weniger opportunistische Verhaltensweise zeigen. Zudem gewinnt der Intermediär zunehmend Erfahrungen über den Hersteller und die Beschaffenheit und Eigenschaften der von ihm gelieferten Produkte. Dieses Wissen erhöht die Wahrscheinlichkeit, dass zufrieden stellende Transaktionen realisiert werden, und vermindert die Gefahr, sich den negativen Folgen einer möglicherweise opportunistischen Verhaltensweise seitens des Herstellers auszusetzen.[578] Die Marktmacht des Intermediärs, die auf große Beschaffungsmengen und Meinungsführerschaft zurückzuführen ist, ermöglicht außerdem, eine Selbstauswahl bei den Anbietern und damit eine Senkung der Transaktionskosten vor allem in der Vertragsanbahnungs- und -abschlussphase zu erwirken sowie die Kontroll- und Anpassungskosten zu senken.[579] Durch geforderte Garantiezusagen und Qualifikationsspezifikationen sowie die Wirkung des Reputationseffektes werden nur die Anbieter ein Angebot abgeben, die auch wirklich in der Lage sind, die versprochenen Leistungen zu erbringen, und die von der Einhaltung ihres Leistungsversprechens selbst überzeugt sind.[580] Einen weiteren Vorteil, der sich auf der Marktmacht begründet, kann der Intermediär bei der Gefahr einer Hold-up-Situation erwirken. Während ein Einzelkunde relativ einfach in eine einseitige Abhängigkeitssituation zum Hersteller aufgrund seiner geringen Marktmacht kommen könnte, wird ein Intermediär eine zweiseitige Abhängigkeit erzeugen können. Der Hersteller ist auf die Geschäftsbeziehung mit dem Intermediär aufgrund der nachgefragten Mengen angewiesen und wird daher sein opportunistisches Potenzial nicht ausnutzen.[581]

---

[577] Vgl. Franck/Bagschik/Opitz (1997), S. 208.

[578] Vgl. Brousseau (2002), S. 360; Burr (2003), S. 125.

[579] Vgl. auch Spulber (1999), S. 137.

[580] Vgl. Franck/Bagschik/Opitz (1997), S. 208.

[581] Die Abhängigkeit entsteht in diesem Fall aufgrund symmetrisch spezifischer Investitionen. Dass der Hersteller auf die Abnahme der nachgefragten Mengen des Intermediärs angewiesen ist, kann als abnehmerspezifische Investition interpretiert werden. Entsprechend einer sym-

Des Weiteren können Verbund- und Skaleneffekte durch eine Spezialisierung auf Absatzentscheidungen generiert werden. Intermediäre, die über umfassende Konsumenteninformationen verfügen, haben Vorteile gegenüber Parteien, die weniger gut informiert sind. Durch eine intensive und längerfristige Geschäftsbeziehung mit dem Kunden gewinnt der Intermediär zunehmend Erfahrungen über die Kunden beziehungsweise die Bedürfnisse der Kunden,[582] was sich transaktionskostenmindernd auswirken kann.[583] Durch maßgeschneiderte Angebote können insbesondere die Suchkosten der Kunden reduziert werden. Neben einer Transaktionskostensenkung für die Kunden können Anbieter beziehungsweise Intermediäre, die über die Präferenzen der Kunden bestens informiert sind, auch die eigenen Suchkosten für kundenadäquate Produkte reduzieren.[584] Eine andauernde und intensive, eventuell über die betrachtete Transaktion hinausgehende Geschäftsbeziehung zwischen Kunde und Intermediär kann zudem zu einer vom Kunden geringer empfundenen Unsicherheit führen. Auch die Verbundnachfrage heterogener Erzeugnisse kann für ein Angebot der Leistungen über einen Intermediär als Bündelungsspezialist, sprechen. Für den Kunden entstünden erhebliche Anbahnungs-, Vereinbarungs- und Durchführungskosten, wenn er für jede Leistung direkten Kontakt mit dem jeweiligen Hersteller aufnehmen würde. Er müsste für jede Teilleistung seines selbst zusammenzustellenden Gesamtleistungspaketes die Leistungseigenschaften ermitteln, sich über die Entwicklung der Märkte informieren, auf denen die Leistungen angeboten werden, Kenntnis über die Problemlösungseignung der Leistungen erlangen, über den Einfluss weiterer wichtiger Rahmenbedingungen informiert sein, vielfältige Vertragsverhandlungen und umfassende Kontrollaktivitäten bei der Leistungsdurchführung vornehmen. Werden die Leistungen in einem Leistungsbün-

---

metrisch spezifischen Transaktion würde in diesem Fall selbst eine hohe Umweltunsicherheit eine kooperative Verhaltensweise der Akteure erwirken. Dieses wäre nicht der Fall, wenn die abnehmerspezifischen Investitionen aufgrund der geringen Marktmacht des Einzelkunden nicht auftreten würden. Allerdings ist auch denkbar, dass der Hersteller in eine unilaterale Abhängigkeit vom Abnehmer gerät.

[582] Vgl. Brousseau (2002), S. 360.

[583] Vgl. Burr (2003), S. 125.

[584] Vgl. Toporowski (2000), S. 102.

del vom Intermediär bereitgestellt, können auf Seiten des Nachfragers durch die vom Intermediär vorgenommene Bündelung und die Nutzung von Verbundeffekten erhebliche Transaktionskosten eingespart werden.[585]

Intermediäre haben ein Interesse daran, ein beidseitiges Vertrauensverhältnis zu Herstellern und Nutzern aufzubauen, was sich auch darin abzeichnet, dass sie eher als die einzelnen Akteure daran interessiert sind, in Reputation zu investieren.[586] Liegt eine hohe Transaktionshäufigkeit vor und bietet der Intermediär unterschiedliche Produkte eventuell von unterschiedlichen Herstellern an, achtet er sehr auf die Einhaltung der getätigten Leistungsversprechen. Eine Qualitätseinbuße bei einem Produkt würde beim Kunden beziehungsweise Nutzer unweigerlich einen Reputationsverlust für andere angebotene Produkte nach sich ziehen.[587] Damit einher geht die Versicherungsfunktion von Intermediären, denn durch die spezielle Kenntnis über die Produkte beziehungsweise Leistungen und Hersteller sowie über die Abnehmer seitens des Intermediärs werden Informationsasymmetrien abgebaut und die Unsicherheit beziehungsweise das Risiko in der Transaktion verringert.[588]

Abschließend ist in Abbildung 15 die mögliche Wirkungsweise eines Intermediärs auf die Transaktions- und Produktionskosten in einer Transaktion dargestellt. Dabei ist zu beachten, dass einige der dargestellten Einflussfaktoren der Transaktionskosten nicht spezifisch für einen Intermediär sind. Grundsätzlich kann auch der Hersteller selbst transaktionskostensenkende Vorteile wie zum Beispiel Reputation oder bereits vorhandene Information über den Transaktionspartner aufweisen. Auf der anderen Seite müssen diese Vorteile nicht bei jedem intermediären Arrangement bestehen.

---

585 Vgl. Picot (1986), S. 8; Wieland (1995), S. 201.
586 Vgl. Breuer (1995); Picot/Reichwald/Wigand (2001), S. 377.
587 Vgl. Spulber (1996), S. 148; Brousseau (2002), S. 361.
588 Vgl. Picot/Reichwald/Wigand (2001), S. 378; Choi/Stahl/Whinston (1997), S. 277.

Verringerung der Transaktionskosten	
Anbahnungs-phase	- Kontaktreduktionsfunktion; zentraler Ansprechpartner; Nutzung gewonnener Informationen für verschiedene Transaktionen - Vorteil bereits bestehender Geschäftsbeziehungen mit den Kunden und eventuell Herstellern (vorhandene und bessere Kenntnis der Kundenpräferenzen; vorhandene und bessere Kenntnis über die Anbieter von Teilleistungen und deren Qualität; im Allgemeinen bessere Marktkenntnis) - Synergien durch interdependente Transaktionen - durch Nutzung vorhandener Informationen und eines umfassenden Leistungsspektrums Angebot kundenindividueller Lösungsbündel - spezifische und relativ kostengünstigere Informationsinstrumente - Kontaktaufnahme seitens der Hersteller aufgrund von Marktmacht und Nachfragemenge des Intermediärs - Selbstselektion - Signaling der Anbieter von Teilleistungen durch Interesse an Transaktionsbeziehung und Erhöhung des Wahrheitsgehaltes der ausgegebenen Informationen aufgrund der möglichen Bedeutung der bestehenden oder zukünftigen Geschäftsbeziehung - eventuell räumliche Nähe (geringe Reisekosten; einfachere Kommunikation; regionale Verbundenheit) - höhere Vertrauenswürdigkeit des Intermediärs aufgrund des Reputationseffektes
Vereinbarungs-phase	- Zeiteinsparungen bei Vertragsabschlüssen aufgrund der Kenntnis des Kunden, der Hersteller sowie der Vertrauensatmosphäre und der starken Verhandlungsposition gegenüber den Subunternehmern - durch das Angebot von Lösungsbündeln werden Vereinbarungskosten gespart, da statt mehrerer Verträge ein zentraler Vertrag genutzt werden kann - Nutzung unvollständiger Verträge durch den positiven Einfluss soziokultureller Faktoren
Durchführungs-phase	- Kontaktreduktionsfunktion bei laufender Leistungserstellung; zentraler Ansprechpartner für den Kunden - geringere Anpassungskosten aufgrund schnellerer Anpassungsvorgänge, die aus dem Interesse an der langfristigen Geschäftsbeziehung bestehen - höhere Leistungsqualität und damit geringere Anpassungskosten aufgrund der in der Anbahnungsphase stattgefundenen Selbstauswahl der Anbieter - kooperatives Verhalten der Transaktionspartner aufgrund bilateraler Abhängigkeit - spezifische und relativ kostengünstigere Kontrollinstrumente - geringerer Kontrollaufwand seitens des Kunden aufgrund des Vertrauensverhältnisses beziehungsweise des Reputationseffektes - geringere Kontrollkosten seitens des Intermediärs gegenüber den Subunternehmen aufgrund beiderseitigen Interesses an einer langfristigen Geschäftsbeziehung
Beendigungs-phase	- effizientere Kommunikation und schnellere Vertragsauflösung aufgrund persönlicher Beziehung zwischen den Akteuren und Betrachtung der Gesamtbeziehung und nicht der Einzeltransaktion - Kooperationsneigung aufgrund übergreifender Geschäftsbeziehung

Verringerung der Produktionskosten
Verbund- und Skaleneffekte (bessere Verhandlungsposition gegenüber den Dienstleistern; Synergieeffekte durch interdependente Transaktionen; Nachfrageaggregation; Spezialisierung; Lern- und Erfahrungskurveneffekte)

Abbildung 15: Wirkungsweise intermediärer Arrangements auf Transaktions- und Produktionskosten

4. Application Service Providing

Der Beginn des einundzwanzigsten Jahrhunderts ist geprägt durch grundlegende Veränderungen in Wirtschaft und Gesellschaft. Auslöser für diese Veränderungen sind vor allem die Fortschritte in der IuK-Technologie. Verursacht durch diese Fortschritte, aber auch wiederum weitere Veränderungen verursachend, zeichnet sich ein Wandel in der Nutzung und Bereitstellung von Informationssystemen ab. Es ist zu beobachten, dass die dezentrale Bereitstellung von IT-Leistungen (Client-Server Technologie) zunehmend durch zentrale Konzepte abgelöst wird. Die Idee einer zentralen Bereitstellung von IT-Leistungen ist allerdings nicht neu, sondern geht bis in die Anfänge der Informationstechnologie zurück, in denen vor allem das so genannte „mainframe computing“ (hauptrechnergestütztes Arbeiten) üblich war. In diesem Kontext wird circa seit 1998, spätestens jedoch seit Anfang 2000,[589] von einer neuen Form des IT-Outsourcing gesprochen, dem Application Service Providing (ASP). Dieses neue IT-Konzept wird insbesondere für KMU als geeignete Lösung gesehen, bisher nicht realisierbare Outsourcing-Leistungen in Anspruch zu nehmen oder neue Möglichkeiten der IT ohne großen Eigenaufwand zu nutzen. Um KMU bei einer Outsourcing-Entscheidung zu unterstützen, unter Einbezug der Alternative ASP, muss zunächst ein grundlegendes Verständnis für diese Form des Outsourcing geschaffen werden. Neben einer Einführung in dieses Konzept, einer Definition und Abgrenzung wichtiger Inhalte sowie rechtlicher Aspekte dieses Modells (GP 4.1.) wird im Hinblick auf Kapitel 5 und die dort angewendete Transaktionskostenanalyse der Fokus auf eine mögliche Segmentierung der im ASP-Modell angebotenen Leistungen (GP 4.1.2.) und Lösungen (GP 4.2.) gelegt. Zudem wird, neben anderen Inhalten dieses Kapitels, eine Einordnung des ASP in den Bereich des Outsourcing vorgenommen (GP 4.3.) und im Hinblick auf Ka-

---

[589] Vgl. H.K.P. Consult (2004), S. 10.

pitel 5 eine Auseinandersetzung mit Anbietern von ASP-Diensten (GP 4.4.) sowie Nachfragern von ASP-Lösungen nebst tiefer gehenden Informationen über die ASP-Nachfrage vermittelt (GP 4.5.).

4.1. Begriff und Konzept des Application Service Providing

4.1.1. Begriffliche Abgrenzungen und Grundlagen

4.1.1.1. Definition und Charakter des ASP-Modells

Ein Application Service Provider (ASP)[590] wird vom ASP Industry Consortium (ASPIC)[591] folgendermaßen definiert: "An Asp deploys, hosts and manages access to a packaged application to multiple parties from a centrally managed facility. The applications are delivered over networks on a subscription basis."[592] Ein ASP zeichnet sich demnach dadurch aus, dass er seinen Kunden Softwareanwendungen[593] über ein Telekommunikationsnetz auf Mietbasis zentral zur Verfügung stellt. Diese Anwendungen sollten möglichst standardisiert sein, damit das One-to-many-Konzept,[594] das hinter der ASP-Idee steht, verwirklicht

---

[590] ASP steht im Folgenden, neben dem Application Service Providing, auch als Akronym für den Anbieter der ASP-Lösung, den Application Service Provider. Die jeweilige Bedeutung ergibt sich aus dem Kontext.

[591] Das ASP-Industry-Consortium ist eine global agierende Organisation, in der bedeutende Akteure des ASP-Marktes vertreten sind. Ziel des ASPIC ist die Förderung des ASP-Modells.

[592] ASP Industry Consortium (2002). Die in der Literatur und bei Institutionen im ASP-Markt vorfindbaren ASP-Definitionen sind sehr zahlreich und wirken auf den ersten Blick teilweise heterogen. Inhaltlich herrscht jedoch über den Begriff des ASP weitgehend Einstimmigkeit, wobei zahlreiche Autoren sich an der Definition des ASP Industry Consortiums orientieren. Zu weiteren Definitionen vgl. beispielsweise Cherry Tree Co. (1999); Diebold Management Report (2000); Bettinger/Scheffelt (2001); Röhrborn/Sinhart (2000); Westerholt/Berger (2002); Frühschütz (2001), S. 18; Gabler Wirtschaftslexikon (2001). Zu einer beispielhaften definitorischen Übersicht vgl. Tamm (2003), S. 33-35.

[593] Softwareanwendungen in diesem Kontext sind grundsätzlich dem Bereich der Anwendungssoftware zuzuordnen.

[594] Idee des One-to-many-Konzeptes ist, ein Produkt anzubieten, welches ohne umfangreiche Anpassungen von mehreren Kunden genutzt werden kann, um Skaleneffekte zu realisieren.

werden kann.[595] Unerheblich für die Definition einer ASP-Lösung ist die zugrunde liegende Organisationsstruktur der Akteure. Eine ASP-Lösung kann sowohl zwischen mehreren rechtlich und wirtschaftlich selbstständigen Partnern (externes ASP), zwischen rechtlich selbstständigen aber wirtschaftlich abhängigen Unternehmen (internes ASP) sowie innerbetrieblich (internes ASP)[596] implementiert werden.[597] Von Bedeutung für die Beschreibung des ASP-Begriffs ist damit nicht die zugrunde liegende Organisationsstruktur, sondern die Technik, mit deren Hilfe auf Daten und Applikationen zugegriffen wird.[598]

Die weitgehenden Leistungen des Application Service Providers führen, ausgehend von der ursprünglichen Definition des ASP, zu einem Dienstleistungskonzept für das Bündeln bestimmter Dienste. Das durch den ASP verrichtete Application Service Providing beschreibt nicht mehr nur eine Technologie, sondern ein Geschäftsmodell für netzbasierte Dienste und stellt ein umfangreiches Servicemodell für IT-Lösungen dar.[599] Der in Deutschland ansässige Verband ASP-

---

[595] Jedoch werden auch nicht oder nur teilweise standardisierungsfähige Leistungen im ASP-Modell angeboten.

[596] Zu einem Beispiel einer internen ASP-Lösung im Hochschulbereich vgl. Maurer (2002), S. 150-152.

[597] Interne ASP-Lösungen sind inzwischen weit verbreitet und insbesondere in Großunternehmen, wie zum Beispiel Oracle oder Dresdner Bank, im Einsatz. Im Folgenden wird jedoch unter einem ASP-Modell vor allem die externe Lösung verstanden. Bei Bezug auf die interne Lösung wird an entsprechender Stelle eigens darauf hingewiesen.

[598] Vgl. Picot/Jahn (2000), S. 72.

[599] Vgl. Grohmann (2002), S. 224. Um den innovativen Charakter neuer, ebenfalls servicezentrierter Angebote zum ursprünglichen ASP-Angebot zu treffen, werden sowohl von Anbieter- als auch häufig von Analystenseite neue Begriffe wie zum Beispiel E-ASP (Extended Application Service Providing) oder VSP (Vertical Service Provider) genutzt, die jedoch im seltensten Fall eine klar abgrenzbare Erweiterung des klassischen ASP-Modells beschreiben und vor allem eine positive Abgrenzung zu Wettbewerbern ermöglichen sollen. Vgl. Factor (2002), S. 8-10; Triple Tree (2003), S. 9. Die entstandene Begriffsvielfalt erschwert vor allem potenziellen Kunden eine Orientierung am Markt und sorgt inzwischen selbst unter Fachleuten für Verwirrung. So erwähnt Hackmann (2004b) namentlich 30 unterschiedliche Begrifflichkeiten für verschiedene ASP-Modelle. Als weitgehend vollständige Synonyme für das

Konsortium stellt in seiner Definition eines ASP deutlich die mögliche „Analyse- und Beratungsleistung“ des ASP-Anbieters heraus und nimmt damit eine sinnvolle Erweiterung der ursprünglichen Definition des ASPIC vor.[600] Daher wird im Folgenden unter ASP ein umfassendes Dienstleistungskonzept im IT-Anwendungsbereich verstanden, welches neben technischen Leistungen auch managementunterstützende Leistungen (zum Beispiel Integrations-, Beratungs- oder sonstige Serviceleistungen) umfasst. Unter einer ASP-Lösung ist deshalb das angebotene Softwareprodukt inklusive der Services, die direkt oder indirekt mit diesem Produkt angeboten werden, zu verstehen.[601]

Das ASP-Modell zeichnet sich dadurch aus, dass das Eigentum und die Verwaltung der Software, das Eigentum an der Hardware sowie die Verantwortung für die IT-Infrastruktur, das Systemmanagement und der -betrieb beim ASP beziehungsweise bei einem Subunternehmer des ASP liegen.[602] Innerhalb dieses Angebots wird damit die eigentliche Kernleistung, die in der Bereitstellung der Applikationen liegt, um weitere Leistungen ergänzt. Im Speziellen können dieses sein: Wartung und Updates der Applikationen, Einrichtung und Pflege von Benutzern, Zugangskontrollen zu Applikationen und Daten, Speicherplatzbereitstellung, Datensicherung, Virenschutz, Netzzugänge, Support und Help Desk Services.[603] Die Serviceleistungen werden pauschal, nutzer- oder nutzungsabhängig abgerechnet[604] und die Applikationsfunktionen werden über das Internet,

---

ASP haben sich in letzter Zeit vermehrt Begriffe wie managed services oder on-demand services herausgestellt.

[600] Vgl. ASP Konsortium (2002).

[601] Vgl. auch Hornacek (2002); Lee/Huynh/Kwok/Pi (2002), S. 209-210.

[602] Vgl. Seidel (2001).

[603] Auch Klein (2000), S. 67 sieht die Aufgabe eines ASP nicht allein in der Bereitstellung von Applikationen, sondern im Angebot zusätzlicher IT-Dienstleistungen.

[604] Eine nutzerabhängige Verrechnung ist für den Kunden vorhersagbar und kontrollierbar, für den Anbieter einfach zu administrieren. Nachteilig aus Sicht des Anbieters ist jedoch, dass die Kosten je nach Transaktionshäufigkeit stark variieren können. Eine Lösung besteht in der Einräumung von nutzungsabhängigen Kosten mit einer monatlichen Höchstgrenze. Die konsequente Umsetzung des ASP-Modells würde eine entsprechende nutzungsabhängige Vergü-

eine Direktverbindung, ein virtuelles privates Netzwerk (VPN) oder Mobilfunknetze zur Verfügung gestellt.[605] Charakteristisch für das ASP-Konzept sind damit die deutliche Applikationsbezogenheit,[606] der Verkauf von Applikationszugangsrechten,[607] ein zentrales Managementkonzept, der Service für mehrere Kunden[608] und die Generalunternehmerschaft[609] des eigentlichen ASP.[610]

Für das Application Service Providing wird in Bezug auf die vorangegangenen Ausführungen folgende Arbeitsdefinition zugrunde gelegt: Beim Application Service Providing stellt ein Provider (Application Service Provider) einer Viel-

---

tung erfordern. Dieses könnte beispielsweise nach Anzahl der verarbeiteten Geschäftsvorgänge oder der Menge erstellter Dokumente geschehen. Eine entsprechende Lösung hat jedoch den Nachteil eines hohen Administrationsaufwands seitens des Anbieters. Aufgrund der noch nicht ausreichend vorhandenen funktionsfähigen Software, die eine nutzungsabhängige Rechnungserstellung ermöglicht, wurden lange noch monatliche Zahlungen pro Anwender und Programm vereinbart. Vgl. Köhler-Frost (2002), S. 40; Küchler (2001), S. 173. Inzwischen hat sich aufgrund neuer technischer Möglichkeiten eine nutzungsbasierte Preissetzung durchgesetzt. Vgl. Tamm (2003), S. 125. Zudem wird häufig eine einmalige Pauschale für Integrationsleistungen oder Training der Benutzer bezahlt. Diese einmaligen Pauschalen können jedoch eine Eintrittsbarriere möglicher Kunden in den ASP-Markt darstellen und sollten daher in dem vom starken Wettbewerb gezeichneten Markt grundsätzlich vermieden werden. Die entsprechenden Leistungen müssen dann in andere Abrechnungsmöglichkeiten einbezogen werden. Vgl. Hagemeyer (2001), S. 164-167. Die einmalige Pauschale, wenn sie denn erhoben werden soll, sollte am Anfang der Vertragslaufzeit anfallen, da hier der Kunde am ehesten bereit ist, eine signifikante Einmalzahlung zu leisten. Vgl. Günther/Tamm/Hansen/Mesig (2001), S. 564.

605 Die Bereitstellung von Applikationen über bestimmte Netzwerke ist keine Innovation, sondern erfolgt schon seit geraumer Zeit. ASP beschreibt aber eine deutliche Intensivierung der Nutzung verschiedener Netzwerke zur Applikationsbereitstellung und die Nutzung moderner Technologien zur Softwarebereitstellung. Vgl. Smith (2002), S. 470.

606 Zentraler Gegenstand des ASP ist die jeweils betrachtete Applikation beziehungsweise das Applikationsbündel.

607 Häufig wird ASP daher als „Softwaremiete" bezeichnet.

608 Der Service für mehrere Kunden ist zwar idealtypisch für das ASP-Modell, jedoch nicht zwingend notwendig. Durch das Angebot eines standardisierten Lösungs- und Serviceportfolios für möglichst viele Kunden sollen vor allem hohe Skaleneffekte ermöglicht werden.

609 Der ASP steht im Zweifelsfall für die an Subunternehmer weitergegebenen Leistungen ein und sollte im Idealfall einziger Ansprechpartner für den ASP-Kunden sein.

610 Vgl. Lehner (2001), S. 97-98.

zahl von Kunden garantierte Dienstleistungen zur Nutzung einer Anwendungssoftware zur Verfügung. Die Anwendungssoftware wird zentral in einem Datenzentrum verwaltet und beherbergt und dem Kunden wird gegen eine Gebühr über ein Telekommunikationsnetz Zugang zu diesen Anwendungen gewährt. Neben der eigentlichen Bereitstellung, Pflege und Wartung der Anwendungen und zugehörigen Server können weitere umfangreiche Serviceleistungen zwischen Kunde und Provider vereinbart werden. Die vertraglich vereinbarten Dienstleistungen erbringt entweder der Provider selbst oder ein dem Provider verbundenes Partnernetzwerk.

4.1.1.2. Kostenvergleich zwischen klassischer Softwarenutzung und ASP-Modell

Das ASP-Modell soll dazu beitragen, dezentrale, aufwendig zu administrierende und teure Client-Server-Strukturen in Unternehmen abzulösen. Diese herkömmlichen Strukturen sind zum Teil mit erheblichen Sicherheitsrisiken und hohen Total Costs of Ownership (TCO) verbunden.[611] Die TCO werden als die Gesamtkosten, welche durch den Einsatz eines DV-Systems während seiner Nutzungsdauer im Unternehmen anfallen, definiert. Die wichtigsten Bestandteile der TCO sind Hardware-, Software- und Betriebskosten sowie Supportkosten und indirekte Kosten.[612] Die Bedeutung der Hardwarekosten ist dabei eher gering. CHERRY TREE CO.[613] geht davon aus, dass 80% der TCO auf die Administration und das Management der Applikation entfallen und sich in einer großen Anzahl von internem IT-Personal beziehungsweise in hohen Personalkosten widerspiegeln.[614] Um die Komplexität der Kostenstruktur eines DV-Systems darzustellen, sind in Tabelle 11 die Elemente der TCO aufgeführt. Bei eventuell vorzunehmenden Make-or-buy-Entscheidungen dienen diese Kostenstruktur und die ermittelten TCO als wesentlicher Anhaltspunkt bei einem Vergleich mit An-

---

611 Vgl. Gründer (2000), S. 2.

612 Vgl. zu TCO auch Maurer (2002); Riepl (1998); Bullinger/Groh/Groß/Bartenschlager (1998).

613 Cherry Tree Co. (1999), S. 5.

614 Vgl. Smith (2002), S. 467.

geboten externer Dienstleister, wie zum Beispiel einem Anbieter von ASP-Lösungen.

Kostenfaktoren TCO-Analyse	
Direkte Kosten	**Details**
Hardware für Geschäftsprozesse Messgröße: Abschreibung/Leasinggebühren	• Server- und Clientrechner • Ersatzteile • Upgrades • Betriebsstoffe • Software (an Hardware gebunden)
Hardware der IT-Abteilung Messgröße: Abschreibung/ Leasinggebühren	• Server- und Clientrechner • Ersatzteile • Upgrades • Betriebsstoffe • Software (an Hardware gebunden)
Software für Geschäftsprozesse Messgröße: Abschreibung/ Leasinggebühren	• Betriebssystemsoftware • Anwendungssoftware (zum Beispiel Microsoft Office) • Datenbanksysteme • IT-Workflow-Managementsysteme • Groupwaresysteme (Nutzerverwaltung) • Sonstige (zum Beispiel Monitoringsysteme zur Überwachung)
Software der IT-Abteilung Messgröße: Abschreibung/ Leasinggebühren	• System-Management-Software (zum Beispiel Netzwerk) • IT-Help-Desk-Management-Software • Weiterbildungs- und Ausbildungssysteme (IT-Training) • IT-Workflow-Management-Systeme • Sonstige (zum Beispiel Monitoring-Systeme zur Überwachung)
IT-Support und IT-Administration für Netzwerk, Server und Clientrechner Messgröße: Löhne, Gehälter, Beratungskosten	• Betriebssystem (zum Beispiel Installation Management) • Netzwerk (zum Beispiel Installation, Management) • Anwendungssoftware (zum Beispiel Installation, Management) • Hardware (zum Beispiel Installation, Konfiguration, Management) • Back-ups und Archivierung • Datenbank (zum Beispiel Installation, Konfiguration, Management) • Systemwartung und Systempflege (Hardware und Software) • Performancemanagement (Hardware und Software) • Problemlösungsmanagement (Hardware und Software) • Nutzeradministration
IT-Management (IT-Planung und IT-Prozessmanagement) Messgröße: Löhne, Gehälter, Beratungskosten	• Nutzerverwaltung und Nutzermanagement • Such- und Informationsaufwand (Kauf Hard- und Software) • Evaluierung und Bewertung verfügbarer IT-Komponenten • Integration von IT-Standards • Planung des IT-Managements

	• Schutzeinrichtungen für Netzwerk, Datenbank, Hard- und Software • Konzeption, Planung und Realisierung der Datenbank • Wartung und Pflege der Datenbank
Verwaltung Messgröße: Löhne, Gehälter, Beratungskosten	• Führung der IT-Manager und Mitarbeiter der IT-Abteilung • IT-Budgetierung • IT-Controlling • Verwaltung der IT-Beschaffung • IT-Lieferantenmanagement
IT-Schulung Messgröße: Löhne, Gehälter, Beratungskosten	• Schulung der IT-Manager und Mitarbeiter der IT-Abteilung • Schulung der Endanwender • Konzeption, Realisierung und Durchführung der Schulung
Indirekte Kosten	
Ausfallzeiten der IT Messgröße: Produktivitätsverluste	• Geplant und ungeplant • Geringe Produktivität • Fehlende Funktionalität der Anwendungssoftware • Nicht-Verfügbarkeit (Netzausfall, Fehler auf dem Server)
Endanwender-Unterstützung Messgröße: Produktivitätsverluste	• Entwicklungsunterstützung (Softwareentwicklung) • IT-Schulung (zum Beispiel Informationsbeschaffung im Internet) • Datenverwaltung

Tabelle 11: TCO-Analyse: direkte und indirekte Kostenfaktoren
Quelle: Tamm (2003), S. 183-184.

In Tabelle 12 werden die Kosten der klassischen Softwarenutzung den Kosten eines ASP-Modells auf der Grundlage einer TCO-Analyse gegenübergestellt. Wesentliche Aussage dieser Gegenüberstellung ist die Vorteilhaftigkeit des ASP-Modells gegenüber der klassischen Softwarenutzung unter Argumentation relativ einfacher quantifizierbarer Größen. Nicht berücksichtigt werden Transaktionskosten, die bei einem externen Bezug von ASP-Lösungen auftreten. In Abhängigkeit von der Transaktionskostenkategorie, die in GP 4.2. für ASP-Lösungen ermittelt wird, können diese Transaktionskosten jedoch ein ausschlaggebendes Argument für die klassische Softwarenutzung sein, sodass die hier getroffene Empfehlung um eine transaktionskostentheoretisch fundierte Betrachtung erweitert werden muss.[615] Zudem hängt die Vorteilhaftigkeit der ASP-

[615] Vgl. Kapitel 5.

Lösung aus Kostensicht erheblich von dem zu zahlenden Mietpreis ab.[616] Der hier aufgeführte Vergleich bezieht sich außerdem auf ein externes ASP-Modell. Ein internes ASP-Modell kann ebenfalls erhebliche Vorteile gegenüber einer klassischen Softwarenutzung aufweisen. Der Einsatz eines internen Modells hängt jedoch wesentlich von den vorhandenen unternehmensinternen Ressourcen ab, sodass bei ungenügenden Ressourcen und geringen Skalen- und Verbundeffekten die Nutzung eines externen ASP-Modells vorteilhafter ist.

TCO-Analyse: klassische Softwarenutzung und ASP-Modell		
	Klassische Softwarenutzung	**ASP-Modell**
Direkte Kosten		
Hardware	• Hohe Clientrechnerkosten • Hohe Serverkosten • Hohe Ersatzteilkosten • Kosten für Upgrades • Kosten für Betriebsstoffe **Bewertung: - - -**	• Geringe Clientrechnerkosten • Sehr geringe Serverkosten • Sehr geringe Ersatzteilkosten • Sehr geringe Upgradekosten • Sehr geringe Betriebsstoffkosten **Bewertung: + + +**
Software	• Hohe Lizenzkosten für: Betriebssystemsoftware, Anwendungssoftware, Datenbanksysteme und für sonstige Software **Bewertung: - - -**	• ASP-Mietpreis, in diesem werden umgelegt: Lizenzkosten für Betriebssystemsoftware, Anwendungssoftware, Datenbanksysteme und für sonstige Software **Bewertung: + + +**
IT-Support und -Administration	• Hohe Personalkosten für: Installation, Konfiguration und Management der IT-Komponenten, Datensicherung und Archivierung, Systemwartung und Systempflege sowie Problemlösungsmanagement • Hohe Kosten für Nutzeradministration **Bewertung: - - -**	• ASP-Mietpreis, in diesem werden umgelegt: Installation, Konfiguration und Management der IT-Komponenten, Datensicherung und Archivierung, Systemwartung und Systempflege sowie Problemlösungsmanagement • Nutzeradministration **Bewertung: + + +**
IT-Management	• Hohe Personalkosten für: Nutzerverwaltung und -management, Schutzeinrichtungen für Netzwerk, Datenbank, Hard- und Software • Hohe Such- und Informationskosten	• ASP-Mietpreis, in diesem werden umgelegt: Nutzerverwaltung und -management, Schutzeinrichtungen für Netzwerk, Datenbank, Hard- und Software • Hohe Such- und Informationskosten

[616] In Tabelle 12 wird davon ausgegangen, dass der Mietpreis günstiger ist, als die Summe der im Mietpreis enthaltenen Einzelleistungen der klassischen Softwarenutzung. Ausschlaggebendes Argument für diese Aussage sind Skalen-, Synergie- und Erfahrungskurveneffekte des ASP-Anbieters.

	Bewertung: - - -	**Bewertung: 0 0 0**
IT-Verwaltung	• Hohe Personalkosten für: Führung IT-Manager und IT-Mitarbeiter, IT-Budgetierung und -Controlling, IT-Beschaffung und Lieferantenmanagement **Bewertung: - - -**	• Aufgrund des reduzierten Verwaltungsaufwands geringe Kosten für: Führung IT-Manager und IT-Mitarbeiter, IT-Budgetierung und -Controlling, IT-Beschaffung und Lieferantenmanagement **Bewertung: 0 0 0**
IT-Schulung	• Hohe Schulungskosten für IT-Manager, Mitarbeiter der IT-Abteilung und Endanwender **Bewertung: - - -**	• Geringe Schulungskosten für IT-Manager und Mitarbeiter der IT-Abteilung • Hohe Schulungskosten für Endanwender **Bewertung: 0 0 0**
Indirekte Kosten		
Ausfallzeit der IT	• Fehlende Funktionalität der Anwendungssoftware: messbar/intransparent • Nichtverfügbarkeit (Netzausfall, Fehler auf dem Server): messbar/intransparent **Bewertung: - - -**	• Fehlende Funktionalität der Anwendungssoftware: gut messbar • Nichtverfügbarkeit (Netzausfall, Fehler auf dem Server): gut messbar **Bewertung: + + +**
Endanwenderunterstützung	• Entwicklungsunterstützung (Softwareentwicklung): schwer messbar/intransparent • IT-Schulung (zum Beispiel Informationsbeschaffung im Internet): schwer messbar/intransparent **Bewertung: - - -**	• Entwicklungsunterstützung (Softwareentwicklung): gut messbar • IT-Schulung (zum Beispiel Informationsbeschaffung im Internet): schwer messbar/intransparent **Bewertung: 0 0 0**
(---) hohe Kosten; (000) mittlere Kosten; (+++) geringe Kosten		

Tabelle 12: TCO-Analyse: Vergleich klassische Softwarenutzung und ASP-Modell
Quelle: Tamm (2003), S. 186.

Im Kostenvergleich klassischer Softwarenutzung versus ASP-Modell werden Erfahrungs- und Vertrauenseigenschaften des ASP-Leistungsbündels nicht erfasst.[617] Auf diese Eigenschaften ist jedoch im Regelfall ein Großteil der zusätzlich zu betrachtenden Transaktionskosten zurückzuführen. Bei einer Betrachtung von ASP-Lösungen aus einer informationsökonomischen Perspektive stellt sich heraus, dass diese zu einem erheblichen Teil Produkte mit Erfahrungseigenschaften darstellen. Sucheigenschaften (zum Beispiel Anwendungsgebiet, Hersteller oder Preis der Lösung) sind im ASP-Leistungspaket nur sehr begrenzt existent. Stärker ausgeprägt, jedoch im Vergleich zu den Erfahrungseigenschaf-

617 Vgl. Tamm (2003), S. 185.

ten ebenfalls relativ eingeschränkt vorhanden, sind die Vertrauenseigenschaften (zum Beispiel Datensicherheit) des ASP-Leistungsbündels.[618] Die wesentlichen Eigenschaften der ASP-Lösungen werden für den Nachfrager erst während oder nach dem Gebrauch der Lösungen erkenntlich. Diesen Anteil an Produkteigenschaften stellen die Erfahrungseigenschaften (zum Beispiel funktionale Qualität der Anwendung, Verfügbarkeit, Performance, Skalierbarkeit und sonstige in den Service Level Agreements festgelegte Leistungsversprechen).[619] Ausschlaggebend für die Einordnung als Produkte mit Erfahrungseigenschaften ist vor allem der Dienstleistungscharakter der Lösungen. Ein erheblicher Teil der Gesamtlösung wird erst nach den vertraglichen Vereinbarungen über die ASP-Produkte erbracht und ist in beträchtlichem Maße abhängig von dem Verhalten des Dienstleistungserbringers, welches ex ante nicht sicher eingeschätzt werden kann.[620]

4.1.2. Wertschöpfungskette und IV-Leistungen im ASP-Modell

Ausgangspunkt für die weiteren Ausführungen ist die komplexe Wertschöpfungskette im ASP-Modell, die bereits in den in Tabelle 12 aufgeführten Leistungselementen tendenziell erkennbar ist. Die Aktivitäten beziehungsweise Leistungen in der Wertschöpfungskette können in primäre und sekundäre Aktivitäten unterteilt werden. Die primären Aktivitäten bilden direkt oder indirekt die jeweiligen IV-Leistungen einer ASP-Lösung ab. Die sekundären Aktivitäten sind vor allem Koordinationsfunktionen, die weniger technische, sondern organisatorische Leistungen aufzeigen. Sie stellen Aktivitäten dar, die sich in den primären Aktivitäten wiederfinden, jedoch keine Exklusivität einer einzelnen Wertschöpfungsstufe beschreiben, und sind daher übergreifender Natur. Die einzelnen Elemente der Wertschöpfungskette werden nachfolgend erläutert (vgl. Abbildung 16).[621]

---

[618] Ein Verstoß gegen die Datensicherheitsbestimmungen wird entweder für den ASP-Nachfrager nicht ersichtlich oder kann von diesem nur schwer nachgewiesen werden.

[619] Vgl. GP 4.1.4.3.

[620] Vgl. auch Tamm (2003), S. 231.

[621] Die Darstellung der Wertschöpfungskette ist an Schäfer (2001), S. 81 und Tamm (2003), S. 55 angelehnt, wobei weitergehende Aspekte aus anderen Quellen eingebracht wurden. Vgl.

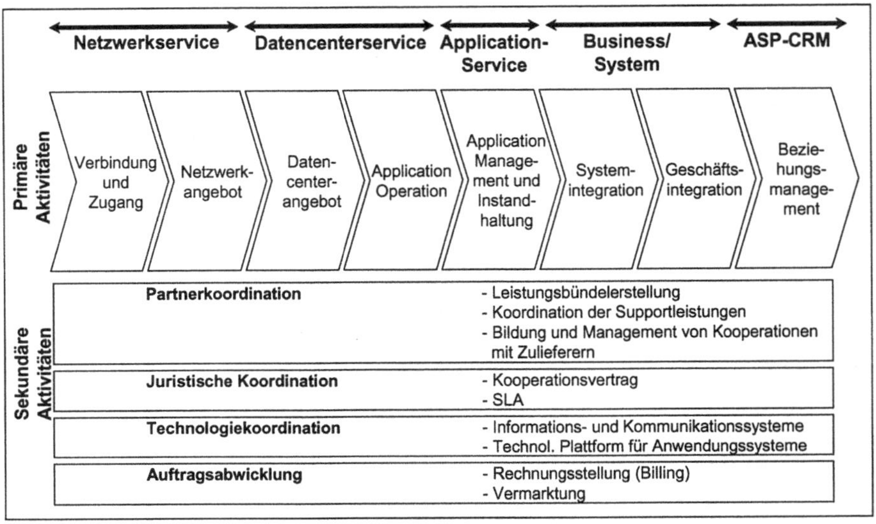

Abbildung 16: Wertschöpfungskette im ASP-Modell, primäre und sekundäre Aktivitäten
Quelle: in Anlehnung an Schäfer (2001), S. 81.

Die Bereiche Netzwerkservice und Datencenterservice sind sehr technisch geprägt. Im Bereich *Netzwerkservice* bestehen die Hauptaufgaben darin, ein globales Netzwerk dauerhaft zur Verfügung zu stellen. Dazu gehört es, den Aufbau, den Betrieb und die Wartung des Netzwerks zu übernehmen, den Zugang zu diesem Netzwerk zu ermöglichen, die Einbindung und Administration von Daten- und Anwendungsservern im Netzwerk sowie die Einführung und den Betrieb von entsprechenden Diensten für den inner- und überbetrieblichen Informationsaustausch vorzunehmen und die notwendigen Sicherheitstechnologien (zum Beispiel VPN, Verschlüsselung, Authentifizierung) zur Verfügung zu stellen.[622] Der Inhalt des *Datencenterservice* ist die Gewährleistung des Betriebs eines Rechenzentrums. Dies umfasst die Installation, den Betrieb und die technische Wartung zentraler und dezentraler Rechner beziehungsweise systemnaher Software, ein umfangreiches Datenmanagement, die Systemprogrammierung und -steuerung sowie die Bereitstellung diverser Sicherheitseinrichtungen gegen

dazu Lehner (2001), S. 99-100; Pfüller (2001), S. 245; Günther/Tamm/Hansen/Mesig (2001), S. 556; Currie/Seltsikas (2001), S. 132.

physische, physikalische und virtuelle Gefahren (Sicherheit und Katastrophenvorsorge) sowie eines hochperformanten internen Netzwerkes.[623] Die vorhandene Infrastruktur muss überwacht werden (zum Beispiel Netzauslastung oder Rechenkapazitätsauslastung) und es muss eine flexible und zeitnahe Anpassung der Infrastruktur möglich sein, um auf Kundenwünsche eingehen beziehungsweise andere Ereignisse berücksichtigen zu können (zum Beispiel unerwartet hohe Anzahl von Applikationszugriffen oder größere Datenmengen als erwartet).

Der Bereich *Applikationsservice* umfasst sowohl das technische als auch das organisatorische beziehungsweise wirtschaftliche Management der Applikationen. Inhaltlicher Bestandteil des technischen Managements sind das Qualitätsmanagement, die Qualitätsprüfung und Überwachung (Monitoring) der Rechner und darauf laufender Applikationen sowie die Weiterleitung von Störungen an die dafür zuständigen Stellen beziehungsweise Geschäftspartner (Reporting).[624] Auch die Wartung bestehender Anwendungen und anfallende Datenbankadministrationstätigkeiten können unter das technische Applikationsmanagement gefasst werden. Das organisatorische beziehungsweise wirtschaftliche Management beinhaltet die Verwaltung der Lizenzen und die Bildung von Applikationsportfolios.[625] Die Bildung von Applikationsportfolios kann ein sinnvolles Angebot darstellen, jedoch sind Schwierigkeiten der Bildung eines funktionsfähigen Applikationsportfolios, wie zum Beispiel die Kompatibilität der Programme, zu berücksichtigen.

Im Bereich *Business/System* kommt es insbesondere auf die zum Teil sehr weit reichende Beratung der Kunden an, die gerade bei komplexen Applikationen notwendig ist. Hier werden Leistungen angeboten, die notwendig sind, um die Applikationen für die Kunden in deren spezifischem Umfeld nutzbar zu machen.

---

[622] Vgl. Lehner (2001), S. 99-100; Dibbern/Heinzl (2001), S. 343.

[623] Vgl. Schäfer (2001), S. 81; Dibbern/Heinzl (2001), S. 343.

[624] Die Überwachung der Applikationsausführung stellt aufgrund der Bedeutung der Überwachungsergebnisse für die Einhaltung der Service Level Agreements eine bedeutende Funktion dar. Vgl. GP 4.1.4.3.

[625] Vgl. Lehner (2001), S. 100.

Dazu gehören das Customizing (Anpassung) der Applikationen an das Unternehmen, wie beispielsweise die Einführung und Anpassung von Standardsoftwarepaketen, sowie die Integration der Programme in vorhandene Softwarearchitekturen. Diese Leistungen weisen häufig einmaligen Charakter auf, da die Hauptintegrations- und -anpassungsleistung am Anfang der ASP-Modell-Nutzung steht. Der Geschäftsintegrator kann im Vorfeld einer ASP-Entscheidung auch als Berater auftreten, dem Unternehmen bezüglich eines möglichen Einsatzes verschiedener Applikationen Rat erteilen und somit erheblichen Einfluss auf die Entscheidungen des Unternehmens hinsichtlich der Nutzung von IT-Lösungen nehmen.[626] Zusätzlich besteht häufig die Notwendigkeit einer vorgelagerten Systemanalyse, um entsprechende Anpassungs- oder Integrationsleistungen vornehmen zu können.

Der Bereich *ASP-CRM* (Customer Relationship Management beziehungsweise Kundenbeziehungsmanagement im ASP-Modell) beinhaltet die Beziehungspflege zum Kunden und die in der ASP-Lösung angebotenen Supportservices sowie das Servicemanagement, welches Großteile der sekundären Aktivitäten umfasst. Im Bereich ASP-CRM finden sich daher umfassende sekundäre Aktivitäten der ASP-Wertschöpfung wieder. Diese Aktivitäten werden zwar im Bereich ASP-CRM erbracht, sind jedoch nur in enger Zusammenarbeit mit den anderen Bereichen der Wertschöpfungskette zu erfüllen. Der Inhalt der angebotenen Leistungen umfasst zum Beispiel das Problemmanagement. Im ASP-CRM sollte ein First-Level-Support und ein direkter, lokaler und allgemeiner Kontaktpunkt für den Kunden angeboten werden. Sowohl Problemfälle als auch Wünsche oder allgemeine Rückfragen sollten seitens des Kunden an den Kontaktpunkt herangetragen und zufrieden stellend bearbeitet werden können. Die Prozesse in diesem Bereich müssen exakt auf die Kunden zugeschnitten sein. Weitere Supportservices können die Beratung und Unterstützung, die Schulung, Aus- und Weiterbildung der Benutzer sowie der Test, die Beschaffung, die Installation, die Einführung und Wartung von Hard- und Software beim Kunden sein. Zu den zusätzlichen Aufgaben zählen das Marketing, der Vertrieb, das SLA-

[626] Vgl. Schäfer (2001), S. 82.

Management, die Kundenakquisition und das Bereitstellen von Garantien für Leistungen, die von anderen Subunternehmern erbracht werden. Idealerweise sollte der Bereich ASP-CRM als zentraler und einziger Anlaufpunkt für den Kunden auftreten und als Generalunternehmer im Sinne des Kunden handeln. Er ist damit die Schnittstelle zwischen den eigentlichen Leistungserbringern (Subunternehmern) und den Endkunden und nimmt eine Intermediärsfunktion ein.[627] Vom ASP-CRM muss die Fähigkeit erbracht werden, vielfältige Geschäftsbeziehungen beziehungsweise Kooperationen zu managen. Das Kundenbeziehungsmanagement ist damit für ein erfolgreiches ASP-Angebot von zentraler Bedeutung.[628] Jedoch erfordert ein erfolgreiches Kundenbeziehungsmanagement eine genaue Kenntnis bezüglich des Kunden (zum Beispiel Kenntnis der Geschäftsprozesse, der Branche, der IT-Struktur, der Kernkompetenzen, der Kundenbedürfnisse, der Geschäftsziele und der Unternehmensentwicklung). Zu beachten ist zudem, dass abhängig von der Unternehmensgröße des Kunden unterschiedliche Inhalte das Kundenbeziehungsmanagement bestimmen, die aus den Anforderungen der Kunden an die IT und den Service resultieren.[629]

Neben den zentralen Bestandteilen der ASP-Wertschöpfungskette kommen *weitere Leistungen* hinzu, die jedoch nicht immer direkt mit der ASP-Wertschöpfungskette in Verbindung gebracht werden, allerdings in einer Gesamtbetrachtung der für eine ASP-Lösung notwendig zu erbringenden Leistungen zu berücksichtigen sind. Dazu gehört insbesondere die Bereitstellung von Software und Hardware, die für die Leistungserbringung in den einzelnen Wertschöpfungsstufen einen notwendigen Bestandteil darstellen (zum Beispiel Applikationssoftware, Bereitstellung von Werkzeugen für System- oder Applikati-

---

[627] In der reinen Form übernehmen Intermediäre lediglich die Schnittstelle zwischen Kunde und Anbieter. Diese Akteure, wie beispielsweise Analysten oder Berater, ermitteln die Bedürfnisse der Kunden und vermitteln ein entsprechendes ASP-Angebot. Vgl. Toigo (2002), S. 123. Der Intermediär kann jedoch seine Leistungen im Sinne der hier angesprochenen Leistungen ausweiten.

[628] Vgl. Currie/Seltsikas (2001), S. 131; Stamm (2001), S. 65. Dibbern/Heinzl/Leibbrandt (2003b), S. 538 weisen in diesem Zusammenhang auf die notwendige soziale Kompetenz des Anbieters hin, die für eine erfolgreiche Outsourcing-Beziehung essenziell ist.

[629] Vgl. Böhm/Wurdack (2001), S. 31-32.

onsüberwachung, Hardware für den Datencenteranbieter). Der Applikationsentwickler ist verantwortlich für die Entwicklung von ASP-fähiger Software und benötigt daher Erfahrungen in der Softwareentwicklung. Besonders bei komplexeren Produkten muss er über spezielle Kenntnisse der Geschäftsprozesse und der geforderten Funktionalitäten verfügen. Dem Hardwarelieferanten obliegen hierbei die Produktion und Lieferung der benötigten Hardware, wie zum Beispiel die benötigten Server, die Netzwerkinfrastruktur oder die erforderlichen Arbeitsplatzrechner.

In Bezug auf Abbildung 3 wird damit deutlich, dass vorwiegend diejenigen IV-Leistungen im ASP-Modell angeboten werden, die nicht die höchste strategische Relevanz aufweisen. Leistungen der IV-Planung und des IV-Managements sind in der Regel keine Bestandteile einer ASP-Lösung. Andere Leistungen hingegen, die zunehmend weniger strategisch bedeutsam sind, werden in ASP-Lösungen einbezogen soweit diese Leistungen in Abhängigkeit vom Charakter der ASP-Lösung überhaupt erbracht werden müssen. Die aus der ASP-Wertschöpfungskette abgeleiteten Leistungen, ergänzt um weitere Leistungen, sind in Abbildung 17 dargestellt. Bei den aufgeführten Leistungen handelt es sich größtenteils um Leistungen, die in Anlehnung an WOLLNIK der Ebene der technischen Infrastrukturen sowie der Ebene der Informations- und Kommunikationssysteme zugeordnet werden.[630] Diese Leistungen dienen in GP 4.4.2. weiterführend dazu, unterschiedliche Positionierungen von Anbietern im ASP-Markt aufzuzeigen.

---

[630] Vgl. GP 2.1.2.

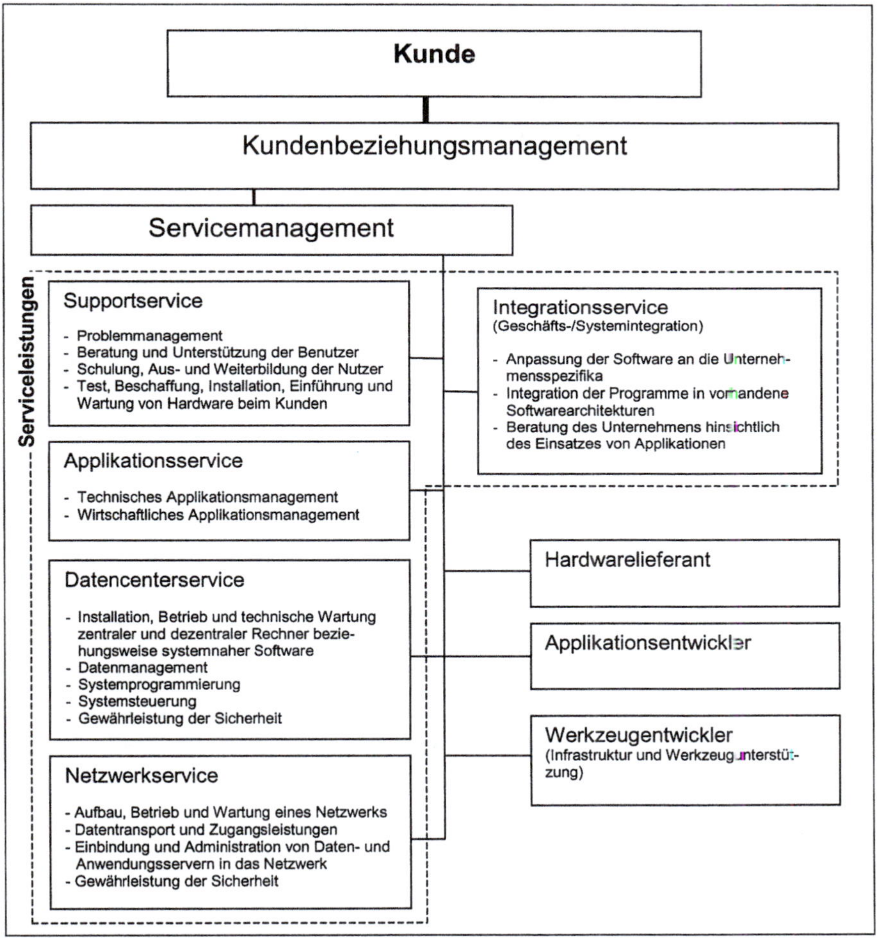

Abbildung 17: Leistungen im ASP-Modell
Quelle: in Anlehnung an Ring/Hope/Leston (2000), S. 132; Picot/Buttermann/Walters (2000), S. 47.

4.1.3. Technologische Grundlagen

Bei der herkömmlichen Client-Server-Architektur verrichten die Clients selbst einen Großteil der anfallenden Arbeitsvorfälle.[631] Programme zur Bewältigung der anfallenden Aufgaben und die dazugehörigen Anwendungsdaten müssen auf dem Client installiert, gewartet, aktualisiert und gesichert werden. Die Lizenzen für die Benutzung der Programme müssen vom Anwender beziehungsweise von der Anwendergruppe erworben werden. Idealtypisch werden bei einer ASP-Lösung keine anwendungsspezifischen Komponenten auf dem Client vorgehalten. Um ein Softwareprodukt als ASP-Lösung zu nutzen, reicht in der Regel ein Browser oder ein so genanntes Plug-in[632] auf dem Rechner des Endanwenders. Die Datenmengen, die zur Lauffähigkeit der Anwendung längerfristig auf den Rechner gespielt werden, sind, wenn überhaupt benötigt, sehr gering. Übertragen werden zwischen dem Client und dem Server meist nur Eingabe- und Ausgabeinformationen. Das bedeutet auch, dass neben den Einsparungen für die nicht vor Ort zu installierende Software auch Einsparungen hinsichtlich der am Arbeitsplatz vorhandenen Hardwareausstattungen anfallen.[633] Der permanente Zugriff auf die individuellen Daten und Applikationen wird durch die ständige und räumlich unabhängige Verfügbarkeit der Applikationen und Daten gewährleistet, da die Applikationen selbst auf Servern ausgeführt werden, die einen globalen Zugriff ermöglichen. Diese Applikationsserver verfügen über eine sehr hohe Rechenleistung und gewähren gemeinsam mit der flachen Übertragungsstrategie zwischen Server und Client[634] eine schnelle Programmreaktion.[635]

---

[631] Vgl. zu Client-Server-Systemen weiterführend Minoli (1995), S. 29-55; Karer/Müller (1994).

[632] Ein Plug-in ist ein kleines Programm, das vor Nutzung bestimmter ASP-Lösungen auf dem Client installiert werden muss.

[633] Notwendig sind in der Regel nur so genannte Thin-Clients oder Netzwerkcomputer, die sich durch eine eingeschränkte Hardwareausstattung auszeichnen. Bei dieser Art Endgeräte ist die Hardware so weit reduziert, dass lediglich eine grafische Oberfläche und die Kommunikation in Netzen unterstützt werden. Auch mobile Endgeräte, deren Anwendungsfunktionalität von dem ASP-Konzept erheblich profitiert, werden zunehmend eine Rolle spielen.

[634] Der Begriff Client wird im Folgenden als Bezeichnung für das Endgerät verwendet, mit dem auf die Daten und Applikationen zugegriffen wird. Der Einsatz eines Clients und eines Servers beschreibt im Folgenden nicht die herkömmliche Client-Server-Technologie.

Charakteristisch für ASP ist die Datenübertragung über Netzwerke, die grundsätzlich auf zwei Wegen geschehen kann:

- Eine Variante besteht in der Übertragung der Daten durch klassische Weitverkehrsnetzwerke (Direktverbindungen, Frame Delay, Datex-P).[636] Diese Netzwerkart ist durch hohe Sicherheit in der Datenübertragung und eine hohe Bandbreite gekennzeichnet, jedoch bei der Nutzung über längere Distanzen sehr kostenintensiv.
- Eine zweite Variante stellt die Übertragung durch moderne Weitverkehrsnetzwerke, vor allem per Internet dar (klassisches Internet, VPN). Nachteil dieser Verbindung ist die Notwendigkeit der Anwendung von hochwertigen Sicherheitstechnologien, um eine sichere Datenübertragung zu gewährleisten. Zudem sind die notwendigen Bandbreiten nicht immer gegeben. Das VPN bietet eine höhere Sicherheit als die Übertragung durch das Internet im klassischen Sinne, da mithilfe leistungsfähiger Verschlüsselungstechnologien eine benutzerinitiierte vertrauliche Verbindung zwischen Kunde und ASP aufgebaut wird.[637]

Bei der im ASP-Modell angebotenen Software können grundsätzlich zwei Arten unterschieden werden:[638]

- Zum einen können bereits vorhandene Softwareprodukte an die Anforderungen, die eine ASP-Lösung mit sich bringt, angepasst werden. Diese so genannte *Web-Enabling*-Methode zieht ihren Nutzen aus der bereits vorhandenen Programmlogik der bestehenden Produkte. Da die Software angepasst und nicht neu entwickelt wird, ergeben sich neben einer zeitnahen Entwick-

---

635 Vgl. Köhler-Frost (2002), S. 25.

636 Weitverkehrsnetzwerke im Allgemeinen werden auch als Wide Area Networks (WAN) bezeichnet. Zu den modernen WAN werden zum Beispiel das Internet oder ISDN gezählt. Im Gegensatz zu einem WAN handelt es sich bei einem Local Area Network (LAN) um ein lokales, firmeninternes Netzwerk.

637 Vgl. Hagemeyer (2001), S. 156-158.

638 Vgl. zu den folgenden Ausführungen auch Grohmann (2002), S. 55-59.

lung und damit eines hohen time-to-market[639] auch Kosteneinsparungen, die an den Kunden weitergegeben werden können. Der Nachteil besteht jedoch in der eingeschränkten Nutzbarkeit der Software, die im Regelfall nur nach Vorinstallation einer bestimmten Clientsoftware gegeben ist. Zwar ist die notwendige Kommunikationsbandbreite grundsätzlich relativ gering; werden jedoch multimediale Komponenten übermittelt, steigen die Ansprüche an die Kommunikationsbandbreite stark an. Da die Web-Enabling-Methode lediglich die Übertragung von Eingabe- und Ausgabebefehlen vorsieht und die Applikation vollständig auf dem ASP-Server läuft, werden bei Übertragungen mit zum Beispiel multimedialen Inhalten schnell die Grenzen erreicht.[640]

– So genannte *Web-Centric*-Software hingegen wird von Anfang an für die Nutzung über einen Web-Browser entwickelt.[641] Zwar ist die Programmlogik ideal für ASP-Umgebungen, die Entwicklung neuer Programme erfordert allerdings entsprechende Ressourcen. Die Kosten für die Software werden daher in der Regel höher und der „time-to-market" geringer sein als bei der Web-Enabling-Methode. Vorteilhaft ist, dass lediglich ein Browser als Clientsoftware benötigt wird. Jedoch muss auch bei dieser Technologie die zur Verfügung stehende Bandbreite hoch genug sein, um große Datenvolumina zu übertragen. Nachteilig ist zudem, dass der Clientrechner häufig höheren technischen Anforderungen gerecht werden muss, da die Anwendungen teilweise auf dem Clientrechner laufen.

Auch wenn keine der Methoden auf den ersten Blick deutliche Vorteile verspricht, ist zu beobachten, dass die bisher vorherrschende Dominanz der Web-Enabling-Software zunehmend an Web-Centric-Software abgegeben wird.[642]

---

[639] Untern dem Begriff time-to-market ist die Zeitspanne zu verstehen, die ein Produkt von der ersten Idee bis zur Marktreife benötigt.

[640] Vgl. Carli (2001), S. 69-70.

[641] Ein Großteil der ASP-Anbieter vermarktet speziell für das ASP-Modell entwickelte eigene Lösungen, die zu 67% für die Nutzung über einen Web-Browser bestimmt sind. Vgl. Tamm (2003), S. 115-116.

[642] Vgl. Carli (2001), S. 70-71; Grohmann (2002), S. 58-59.

Die Funktionsfähigkeit der Web-Enabling- und Web-Centric-Software im ASP-Modell basiert auf zwei Technologien: der Clienttechnik (zugehörig zur Web-Enabling-Methode) und der clientfreien Technik (zugehörig zur Web-Centric Methode).[643] Die *Clienttechnik* (zum Beispiel Windows Terminal Server (WTS) oder Citrix Metaframe) wird durch ein kleines Programm (Plug-in) charakterisiert, das vor Nutzung der ASP-Lösung auf dem Client installiert werden muss.[644] Mittels dieser Programme lassen sich alle Anwendungen, die auf den Servern laufen, steuern. Unter Verwendung der Clienttechnik sind zum Beispiel Windows-Anwendungen 1:1 nutzbar und es ergeben sich keine Unterschiede (Bedienung, Layout, Funktionalität) zur herkömmlichen Nutzung der Programme. Zudem wird beispielsweise durch die Citrix-Lösung Plattformunabhängigkeit geboten. Problematisch ist jedoch, dass eine stetige Verbindung zum Server notwendig ist und die Hardwareanforderungen an den Server sehr hoch sind. Ebenfalls können Probleme beim Firewallschutz auftreten und auch die Lizenzen für den eingesetzten Client sind teilweise sehr kostenintensiv. Die *clientfreie Technik* (zum Beispiel HTML/JAVA/Javascript) ist unter Verwendung eines Internet-Browsers nutzbar. Zusätzliche Installationen von Plug-ins wie bei der Clienttechnik sind nicht notwendig. Damit entfallen auch die Lizenzkosten für den Client. Die clientfreie Technik ist ebenfalls plattformunabhängig, erfordert jedoch keine stetige Programmverbindung zum Server und ist weniger störanfällig. Hingegen ist eine 1:1-Übernahme der Originalprogramme nicht möglich und häufig stellt sich eine schlechtere Performance durch die Ausführung der Programme beim Anwender ein. Zum Teil sind für die Nutzung dieser Technologie eigene Entwicklungen notwendig und auch die Anwendungen gestalten sich weniger komfortabel als bei der Clienttechnik.[645]

---

[643] Vgl. zu den folgenden Ausführungen Mies/Reiners (2003), S. 59-60.

[644] Insbesondere bei ASP-Lösungen, die auf Standardprodukten beruhen, findet zu 84% eine Anwendung der Clienttechnik statt. Vgl. Tamm (2003), S. 116.

[645] Die clientfreie Technik wird zum Beispiel genutzt von: AIM Express (Kommunikationssoftware), Lohndirekt.de (Personalabrechnung) oder gmx.de (Kommunikationssoftware). Vgl. www.aol.com; www.lohndirekt.de; www.gmx.de.

4.1.4. Vertragliche Gestaltung der ASP-Geschäftsbeziehung

4.1.4.1. Bestandteile des ASP-Vertrages

Untrennbar verbunden mit einer ASP-Lösung sind die vertraglichen Regelungen der ASP-Geschäftsbeziehung. Die Vereinbarungen zwischen Kunde und Anbieter werden in einem Rahmenvertrag und den allgemeinen Geschäftbedingungen (AGB) festgelegt und durch die Service Level Agreements (SLA) ergänzt. Neben der Definition des Vertragstypus sind in den Verträgen die Inhalte des komplexen ASP-Kontraktgutes festzulegen, welche insbesondere die Haupt- und Gewährleistungspflichten sowie Regelungen bezüglich des Haftungs-, Urheber- und Datenschutzrechts umfassen.[646] In dem Rahmenvertrag ordnen Dienstleister und Auftraggeber die Eckpunkte ihrer Zusammenarbeit. Die AGB regeln die grundsätzlichen Geschäftsbedingungen eines Anbieters, wie zum Beispiel grundlegende Haftungs- und Gewährleistungsansprüche, und sind daher für alle Kunden des Anbieters relevant. Die SLA ergänzen die Regelungen des Rahmenvertrages und nehmen einen besonderen Platz im ASP-Vertragswerk ein. In ihnen wird das angestrebte Leistungsverhältnis detailliert definiert, indem die zusätzliche Ausgestaltung der Geschäftsbeziehung sowie der Leistungsumfang und die Zusatzleistungen festgehalten werden.[647]

4.1.4.2. Vertragstypologische Einordnung

Da die ASP-Angebote komplexe Leistungsbündel darstellen, ist eine Einordnung in das bestehende gesetzliche Rahmenwerk schwierig.[648] Die Rechtsnatur der Verträge, die dem ASP-Geschäft zugrunde liegt, ist aus diesem Grund bisher nicht eindeutig geklärt.[649] Alternativen sind die Einstufung als Dienstleistungs-, Werk-, Miet- oder gemischttypischer Vertrag. Aufgrund der Vielfalt der ASP-Charakteristika ist es jedoch nicht möglich das ASP-Modell ausschließlich an

---

[646] Vgl. Günther/Tamm/Hansen/Mesig (2001), S. 557.

[647] Vgl. Röhrborn/Sinhart (2000), S. 20; Grohmann (2002), S. 127-128.

[648] Eine Einordnung ist jedoch insoweit wichtig, als dass bei fehlenden Regelungen im ASP-Vertrag auf die gesetzlichen Regelungen des zugrunde liegenden Vertragstypus zurückgegriffen werden kann.

[649] Zur vertragstypologischen Einordnung von ASP-Verträgen vgl. vor allem Bettinger/Scheffelt (2001), S. 730-731; Röhrborn/Sinhart (2000), S. 14; Westerholt/Berger (2002), S. 82-83; Klimek (2002).

einen einzelnen Vertragstypus zu knüpfen. Um dem Aspekt des „ASP als Leistungsbündel" Rechnung zu tragen, ist daher von einem *Typenkombinationsvertrag* auszugehen:[650]

- Die Gewährung der Onlinenutzung, die Erhaltung der Software inklusive der Bereitstellung der erforderlichen Infrastruktur (Netzwerk und Serverkapazitäten) sowie Maßnahmen der Datenspeicherung und -sicherung sind die vertraglichen Primärleistungen und bilden den vertragstypischen Kern.
- Der Bezug von Updates und Upgrades wird in der Regel als Nebenleistung vereinbart.
- Als zusätzliche Haupt- oder Nebenleistungen können Integrationsservices (zum Beispiel System- und Geschäftsintegration), Supportservices (zum Beispiel Hotline-/Help-Desk-Services) und andere Leistungen infrage kommen.

Aufgrund der unterschiedlichen Teilleistungen, die verschiedenen Vertragstypologien zuzuordnen sind, muss bei einer Leistungsstörung eine differenzierte Betrachtung dieser Leistungen und je nach Zuordnung der jeweiligen Leistung zu einer Vertragstypologie das zugrunde liegende Recht beachtet werden.[651]

Zusätzlich zum Typenkombinationsvertrag ist beim ASP von einem *komplexen Langzeitvertrag* auszugehen, da die Charakteristika eines Dauerschuldverhältnisses, nämlich die Existenz eines technischen Gegenstandes sowie eines gesteigerten Vertrauens- und Abhängigkeitsverhältnisses, unübersehbar sind. Das Austauschverhältnis im ASP-Modell ist nicht einmalig, sondern gründet auf einer langfristigen Zusammenarbeit der Geschäftspartner.[652] Typische Strukturmerkmale eines komplexen Langzeitvertrages weist die ASP-Vertragssituation neben dem technischen Gegenstand und dem Langzeitcharakter auch durch die intensive Kooperation zwischen mehreren Geschäftspartnern auf. „ASP Verträ-

---

[650] Vgl. Westerholt/Berger (2002), S. 84.

[651] Vgl. Bettinger/Scheffelt (2001), S. 730-731.

[652] Vgl. Röhrborn/Sinhart (2000), S. 6; Klimek (2002). Dieses gilt vor allem für komplexere ASP-Lösungen. Einfachere Lösungen sind nicht zwangsläufig als Dauerschuldverhältnis einzuordnen.

ge [bedingen] eine rechtliche Koordination der einzelnen Vertragsbeziehungen und ein differenziertes System der Risikoverteilung."[653] Aus der Störanfälligkeit und dem immensen Konfliktpotenzial zwischen den beteiligten Geschäftspartnern ergibt sich ein gesteigertes Bedürfnis der Beteiligten nach außervertraglichen Konfliktlösungen.[654]

Am ehesten kann ASP vertragstypologisch als *Mietvertrag* klassifiziert werden,[655] da der ASP dem Kunden die Nutzung einer Sache (Nutzung des Servers und des Datennetzes sowie der Software) schuldet. Die Nutzung besteht in der Verwendung der Applikationen, für die der ASP die Lizenzen besitzt, und dem Zugriff auf den Server über das Datennetz des ASP.[656] Aus der Anwendung des Mietrechts ergibt sich somit auch direkt der Umfang der gesetzlichen Gewährleistung.[657]

4.1.4.3. Service Level Agreements

SLA stellen regelmäßig eine Erweiterung des eigentlichen ASP-Vertrages dar[658] und definieren ergänzend zu den gesetzlichen Regelungen Rechte und Pflichten der Geschäftspartner.[659] Es werden detailliert die quantitativen und qualitativen

---

[653] Bettinger/Scheffelt (2001), S. 731.

[654] Vgl. Bettinger/Scheffelt (2001), S. 731.

[655] Vgl. Westerholt/Berger (2002), S. 84. Andere vertragstypologische Einordnungen werden häufig nicht weiter berücksichtigt, da sie nur in Ausnahmefällen zur Anwendung kommen oder die auf die jeweilige Vertragstypologie anwendbaren Rechte dem Mietrecht weitgehend entsprechen (zum Beispiel Pachtrecht, Leasing, Werkvertrag, Dienstvertrag). Vgl. Röhrborn/Sinhart (2000), S. 14; Lediger (2002), S. 2.

[656] Vgl. Bettinger/Scheffelt (2001), S. 731-732; Röhrborn,/Sinhart (2000), S. 5.

[657] Erfolgt das ASP hingegen weitgehend unentgeltlich, liegt grundsätzlich eine Leihe gemäß §§ 598ff BGB vor. Diese Einordnung ist vor allem für eine mögliche Haftung des Providers bedeutsam. Vgl. Röhrborn/Sinhart (2000), S. 6. Ist zu der unentgeltlichen Inanspruchnahme der Leistung der Rechtsbindungswille des ASP aus der Vertragsauslegung nicht zu erkennen, kann auch eine Einordnung als Gefälligkeitsverhältnis in Betracht gezogen werden. Vgl. Röhrborn/Sinhart (2000), S. 6. Aufgrund der im Rahmen dieser Arbeit getroffenen Definition des ASP, welche eine entgeltliche Überlassung von Leistungen fordert, wird der Aspekt der unentgeltlichen Inanspruchnahme jedoch im Weiteren nicht betrachtet.

[658] Vgl. Röhrborn/Sinhart (2000), S. 5.

[659] Dass SLA auf Dauer ein notwendiger Bestandteil der ASP-Verträge sein müssen, ist fraglich. Denkbar ist, laut Schäfer (2001), S. 83, dass in Zukunft, analog zum Telefon-, Energie-

Anforderungen an die Leistung[660] des ASP wie auch die Zahlungsverpflichtungen des Nutzers festgehalten. Die SLA, die je nach ASP-Leistung inhaltlich stark differieren, sollen vor allem die Bereitstellung und Nutzbarkeit der geforderten Anwendungen garantieren. In den SLA werden zudem die für die Gewährleistung und Haftung relevanten Fragen der ASP-Leistung berücksichtigt. Das beinhaltet vor allem die Festlegung von Eskalationsstufen,[661] Regelungen für das Störungs- und Problemmanagement[662] und die Definition von Vertragsstrafen für den Fall der Nichteinhaltung der SLA und daraus folgende Umsatzeinbußen.[663] SLA können je nach Inhalt der umfassenden Dienste in fünf Kategorien aufgeteilt werden: End-to-end-SLA,[664] Netzwerk-SLA,[665] System-

---

oder Wassermarkt, zunehmend Konsens über die Leistungen beziehungsweise Rechte und Pflichten der Geschäftspartner besteht und die gesetzlichen Rahmenregelungen ausreichen.

[660] Als Anforderungen werden beispielsweise die Geschwindigkeit der Datenübertragung, die zur Verfügung gestellte Bandbreite, die Güte der Dienste, die Nutzungszeitpunkte und die Sicherheitsanforderungen festgelegt. Zudem werden Verfügbarkeiten für die Netzwerkleistung, Systemleistung und Applikationsleistung definiert, um die Nutzbarkeit und Bereitstellung der Lösungen zu garantieren. Die Verfügbarkeit der Systeme sollte mindestens 99,5% und die der Applikationen 98% der angestrebten Bereitstellungszeit betragen. Vgl. dazu auch Klimek (2002). Im Falle von Rückfragen werden zudem Vereinbarungen zum Kundendienst (Support) getroffen, der in verschiedenen Stufen erfolgen kann (zum Beispiel First-level- und Second-level-Support). Vgl. Liess (2000), S. 13; Köhler-Frost (2002), S. 40. Weitere in den SLA aufgeführte Leistungskomponenten sind häufig Instandhaltung und Instandsetzung der Hardware und der Datenübertragungsfunktionen, Beseitigung von Softwarefehlfunktionen, Aktualisierung und Update der Software, Erstellen von Sicherheitskopien, Schulungen und sonstige Beratung. Im Weiteren ergeben sich bei den SLA im ASP-Modell keine bedeutenden Besonderheiten zu den allgemeinen, insbesondere beim Outsourcing geltenden Regelungen. Vgl. Röhrborn/Sinhart (2000), S. 12-13.

[661] Eskalationsstufen erfassen verschiedene Gruppen von Störungen, denen im Schadensfall eine bestimmte Schadenspauschale zugerechnet wird. Sie geben zudem den Prioritätsgrad des Problemfalls an. Vgl. Lediger (2002), S. 9.

[662] Für das Störungs- und Problemmanagement sollten je nach Priorität des Störfalls Eskalationsstufen festgelegt werden, die verschiedene Antwort- und Reaktionszeiten beinhalten. Vgl. Lediger (2002), S. 9.

[663] Vgl. Lediger (2002), S. 2.

[664] Ein End-to-end-SLA beinhaltet die Dienstgüte des Gesamtdienstleistungsvertrages und deckt das komplette Spektrum der ASP-Leistung ab. Es stellt zumeist Kombinationen aus den anderen SLA-Typen dar.

SLA,[666] Application-SLA[667] und Service-SLA.[668] Die SLA beziehungsweise das Management der SLA sind für eine erfolgreiche Geschäftsbeziehung von großer Bedeutung. Da ein ASP-Anbieter selten das komplette ASP-Leistungspaket selbst erstellt, sondern auf Subunternehmer zugreift, ist es besonders wichtig, das SLA-Management auch im Hinblick auf die Zulieferer zu beherrschen. SLA regeln sowohl zwischen dem ASP und Nutzer als auch zwischen ASP und Subunternehmer die Risikoaufteilung unter den Akteuren mithilfe der für den Schadensfall vereinbarten Leistungen und Gegenleistungen.[669]

Ebenso sind Fall-back-Regeln festzulegen, die im Fall eines Rücktransfers der Daten bei Beendigung der Geschäftsbeziehung in Kraft treten sollen. Durch diese Regelungen soll der ASP-Kunde sichergehen, dass er möglichst wenig Nachteile durch die Abhängigkeit vom ASP-Anbieter erlangt. Die Fall-back-Übereinkünfte spielen gerade in der frühen Lebenszyklusphase des ASP-

---

[665] Ein Netzwerk-SLA deckt die Netzverbindung zwischen ASP und ASP-Kunde ab und umfasst damit die Dienstgüte der Netzwerkkomponenten und -prozesse (Netzwerkservices).

[666] Das System-SLA legt in der Regel den Servicegrad fest, den der Computer-Hardware-Anbieter dem ASP verspricht. Dazu gehören zum Beispiel die Verfügbarkeit der eingesetzten IT-Systeme und die Ausnutzung der Systemressourcen (Datencenterservices). Zentral ist damit die Dienstgüte aller Hardwarekomponenten und Systemplattformen.

[667] Dieses SLA umfasst die Dienstgüte der Applikationen. Dieser wird zum Beispiel durch die Qualität des Quellkodes, der Funktionalität der Applikationen, der zugrunde liegenden Systeme, Netzwerkperformance und der Simultannutzung der Systeme durch unterschiedliche Benutzer bestimmt. Alpar/Saharia (1995), S. 212 weisen auf die Problematik hin, dass insbesondere bei der Softwareentwicklung die SLA sich nicht an der Effektivität der Programme zur Lösung der betrieblichen Problematik, sondern sich an leicht messbaren Größen, wie Umfang der Programmierung (terms of lines oder terms of code) orientieren. Die Effektivität der Leistungen sollte aber bei den SLA im Vordergrund stehen, ist jedoch häufig schwer zu messen.

[668] Service-SLA (oder auch Support-SLA) beinhalten Regelungen bezüglich der Supportservices wie zum Beispiel Antwortzeiten und Reparaturzeiten bei Problemfällen und regeln damit die Dienstgüte aller Unterstützungsdienstleistungen. Vgl. Schäfer (2001), S. 86-89.

[669] Vgl. Burr (2002), S. 517.

Marktes eine Rolle, da viele Anbieter dem Wettbewerbsdruck auf Dauer nicht standhalten und aus dem Markt ausscheiden.[670]

Glaubwürdige SLA können eine hohe wettbewerbs- und marketingstrategische Bedeutung haben.[671] SLA können als Qualitätssignal dazu beitragen, die Wahrscheinlichkeit des Eingehens von Transaktionsbeziehungen zu erhöhen, indem sie die Transaktionskosten in der Anbahnungsphase verringern. Der Anbieter kann durch anspruchsvolle SLA, die im Falle der Nichterfüllung hohe Vertragsstrafen beinhalten, eine hohe Dienstleistungsqualität signalisieren. Als Qualitätssignal sind SLA vor allem interessant, wenn es sich um innovative Dienstleistungen wie ASP-Lösungen handelt, mit denen der Kunde noch keine Erfahrung besitzt und einem entsprechend hohen Risiko bei einem Leistungsbezug ausgesetzt ist.[672] SLA tragen über die Signalisierungsfunktion dazu bei, die Transparenz und die Vergleichbarkeit komplexer Dienstleistungen zu erhöhen und damit die Such- und Informationskosten zu verringern.[673] SLA und die darin festgehaltenen Leistungsversprechen bieten zudem eine „Geisel", die der Nachfrager der ASP-Lösung besitzt. Denn bei einem Verstoß des Anbieters gegen die SLA kann der Nachfrager durch eine Offenlegung dieses Verstoßes einen negativen Einfluss auf die Reputation des Anbieters nehmen.[674] SLA sollten aufgrund ihrer Bedeutung in den Fokus der Marketing-, Vertriebs- und Technikabteilungen rücken. Die tief gehenden Diskussionen bei der Ausgestaltung der SLA zwischen den Vertragspartnern können zudem zu einem erhöhten Verständnis beiderseitiger Anliegen führen und zur Vertrauensbildung beitragen.[675]

---

[670] Zu einem Beispiel des Konkurses eines großen ASP-Anbieters und den umfangreichen Folgen für den ASP-Kunden vgl. Hackmann (2004a).

[671] Vgl. Burr (2002), S. 515.

[672] Vgl. Burr (2002), S. 515.

[673] Ähnlich Riedl (2004). Die positiven Effekte der SLA wirken jedoch vornehmlich nur bei Leistungen mit Such- und Erfahrungseigenschaften, zu denen auch ASP-Lösungen zählen. Bei der Evaluierung von Leistungen mit Vertrauenseigenschaften können SLA hingegen keinen positiven Beitrag leisten. Vgl. Burr (2002), S. 516.

[674] Ähnlich Burr (2002), S. 519.

[675] Vgl. Schäfer (2001), S. 84-85.

4.1.4.4. Gewährleistung und Haftung

Von zentraler Bedeutung für den ASP-Kunden sind vor allem Gewährleistung und Haftung. Wird ASP als Mietvertrag klassifiziert, ergeben sich aus der rechtlichen Einordnung in das Mietrecht umfangreiche Gewährleistungsregeln. Die Software ist vom Vermieter (ASP) in einem vertragsgemäßen und gebrauchstauglichen Zustand zu halten.[676] Der Vermieter hat jedoch nicht nur die Nutzungsmöglichkeit einzuräumen, sondern muss die tatsächliche Nutzung sicherstellen. Dazu gehören in der Folge auch die Pflichten der Instandsetzung und -haltung der Hardware. Gewährleistungs- und Haftungsansprüche können in bestimmtem Maße durch die Einräumung bestimmter Ausfallzeiten vermindert werden, sollten sich aber auf unabwendbare Fälle beschränken. Zu beachten ist der grundsätzliche Vorrang der gesetzlichen Gewährleistung vor den Regelungen in den SLA.[677] Ergeben sich erhebliche vertragsabweichende Nutzungsbeschränkungen oder fehlen zugesicherte Eigenschaften, ist der Kunde berechtigt, je nach Grad und Zeitspanne der Tauglichkeitsminderung die Mietzinszahlung zu mindern.[678] Daneben hat der Kunde einen Erfüllungsanspruch auf Mängelbeseitigung[679] und einen Schadensersatzanspruch im Falle des Verzugs der Mängelbeseitigung. Für unverschuldete Mängel, die bereits vor Vertragsabschluss bestanden, oder für verschuldete Mängel, die nach Vertragsabschluss entstanden sind, muss der ASP Schadensersatz leisten.[680] Der ASP hat im Mängelfall auch für die ASP-Subunternehmer einzustehen, die mit seinem Willen in den Erfüllungsvorgang eingeschaltet wurden.[681] Es sind somit für den ASP nicht nur die

---

[676] Problematisch ist hier in der Regel, dass sich die Qualität von Informatikleistungen nur schwer messen lässt, im Gegensatz zu der guten Messbarkeit der Qualität von Sachgütern. Vgl. Knolmayer (1995), S. 154.

[677] Die Gewährleistungsfrage ist grundsätzlich über die gesetzlichen Vorschriften geregelt, kann jedoch durch Ausführungen in den SLA ergänzt beziehungsweise ausgeweitet werden. Vgl. Röhrborn/Sinhart (2000), S. 13.

[678] Vgl. § 537 BGB

[679] Vgl. §§ 535, 536 BGB

[680] Gemäß § 539 BGB bestehen jedoch keine Gewährleistungs- und Schadensersatzansprüche, wenn der Kunde den Mangel bei Vertragsabschluss kannte. Vgl. Lediger (2002), S. 3.

[681] Gemäß § 278 BGB muss sich der ASP das Verschulden seines Subunternehmers zurechnen lassen. Für den ASP entsteht aufgrund der Haftungsbündelung eine Risikoakkumulation.

technische, sondern auch die rechtliche Koordination in den einzelnen Vertragsbeziehungen sowie die Erfassung aller rechtlichen Risiken von großer Bedeutung.[682] Der Mieter (ASP-Kunde) darf im Gegenzug zu den Pflichten des Vermieters den Gebrauch der gemieteten Software keiner dritten Partei überlassen, außer der Vermieter hat diesem zugestimmt.[683]

4.1.4.5. Regelungspunkte und Konfliktregelung in der ASP-Geschäftsbeziehung

Konflikte sind in einer ASP-Geschäftsbeziehung aufgrund der engen Zusammenarbeit und der grundsätzlich umfangreichen Risiken nicht auszuschließen. Für eine erfolgreiche Konfliktlösung, vor dem Hintergrund einer Fortführung der Transaktionsbeziehung und möglichst geringer Beeinträchtigung der Vertragsbeziehung, ist es daher notwendig, bereits zum Zeitpunkt des Abschlusses der Hauptverträge ausgewogene Konfliktlösungen möglichst weitgehend zu berücksichtigen, die eventuell über die staatlichen Institutionen hinausführen und somit die Möglichkeit alternativer Streitbeilegungsverfahren berücksichtigen.[684] Um Konflikten vorzubeugen, ist daher ein professionelles Partnermanagement sinnvoll, weil die Komplexität der Beziehungen zwischen ASP-Kunden, ASP und den Subunternehmen höher ist als bei einem herkömmlichen IT-Outsourcing.[685]

Konflikte treten insbesondere dann auf, wenn in den vertraglichen Vereinbarungen nicht alle Eventualitäten oder nicht alle bedeutenden Punkte der Zusammenarbeit berücksichtigt wurden. Um die Komplexität des ASP-Vertragswerks anzudeuten und mögliche Konfliktpunkte in der Leistungsbeziehung aufzuzeigen,

---

Daher ist es wichtig für den ASP, auch ausreichende Regelungen mit den Subunternehmern zu treffen, um im Haftungsfall Leistungsstörungsrisiken weiterreichen zu können und so einen Risikoausgleich zu erreichen. Vgl. Bettinger/Scheffelt (2001), S. 737.

682 Vgl. Westerholt/Berger (2002), S. 83, 88.

683 Vgl. Bettinger/Scheffelt (2001), S. 732; Röhrborn/Sinhart (2000), S. 6-8.

684 Vgl. Bettinger/Scheffelt (2001), S. 741.

685 Vgl. Currie/Seltsikas (2001), S. 133.

sind im Folgenden beispielhaft wichtige Regelungspunkte für ASP-Verträge aufgeführt:[686]

Allgemeine Regelungspunkte

- Festlegung und detaillierte Beschreibung der vom ASP zur Verfügung gestellten Dienste
- Regelungen zur Abrechnung der Leistungen und zu den Zahlungsmodalitäten[687]
- Vereinbarung von Vertragsstrafen oder von Schadenspauschalen für den Fall der Nichteinhaltung des Vertrags[688]
- Haftungsregeln[689]
- Versicherungspflicht des Auftragnehmers[690]
- Einhaltung gesetzlicher Pflichten und das Recht einer Überprüfung der Leistungen seitens des Auftraggebers
- Regelungen zur Berichterstattung[691]
- Regelungen zur Vertragsbeendigung und -änderung
- Kündigungsklauseln; sind insbesondere wichtig für zum Teil unvorhergesehene Ereignisse während der Vertragslaufzeit (Fusion, neue Geschäftsstrategie (zum Beispiel mit Kernkompetenz IT) des Kunden oder Geschäftsaufgabe des Anbieters oder des Kunden); Festlegung der Kündigungsfrist
- Mindestlaufzeit des Vertrages
- bei personenbezogener Datenverarbeitung anbieterseitige Bestellung eines betrieblichen Datenschutzbeauftragten, Einhalten der gesetzlichen Anforderungen des Datenschutzes, gesicherte Leistungsbereitschaft des Anbieters (Referenzkunden, Erfüllungsbürgschaft)
- Festlegung eines Ansprechpartners für den Kunden
- Technologiebeschreibung

---

[686] Zu grundlegenden Regelungspunkten in ASP-Verträgen vgl. Köhler-Frost (2002), S. 82-83; Lediger (2002), S. 7-9; Neuhaus (2000), S. 11; Schäfer (2001), S. 92-93; Liess (2000), S. 13; Toigo (2000), S. 356-365; Klenk/Szinovatz (2002).

[687] Unter anderem auch Regelungen zur Änderung des Abrechnungsverfahrens oder der Höhe von Pauschalbeträgen.

[688] Eine Schadenspauschale erfordert keinen Nachweis des Schadens. Im Falle einer Vertragsstrafe hingegen würde seitens des ASP bereits bei mangelnder Leistungserfüllung Verzug eintreten. Praktikabler und unkomplizierter ist daher die Abwicklung bestehender Schadensersatzansprüche über die Schadenspauschale. Vgl. Lediger (2002), S. 8.

[689] Haftungsregeln können zusätzlich zu den gesetzlichen Regelungen festgelegt werden, sollten jedoch ausschließlich im Rahmenvertrag oder in den SLA aufgeführt sein. Vgl. Lediger (2002), S. 9.

[690] Wichtig sind diese Regelungen vor allem für den Fall, dass der ASP Schadensersatzansprüche nicht erfüllen kann. Vgl. Neuhaus (2000), S. 11.

[691] Zu regeln sind insbesondere die Art und Weise sowie der Umfang und der Zeitpunkt und -raum der Berichterstattung.

Supportservice

- Regelungen für das Störungs- und Problemmanagement, Festlegung von Eskalationsstufenmodellen
- Schulung der Mitarbeiter
- Festlegung der Beratungsleistungen

Applikationsservice

- Festlegung des Applikationsportfolios
- Festlegung der Applikationsfunktionen
- Festlegung des Umfangs und der Häufigkeit von Softwareupdates

Datencenter- und Netzwerkservice

- Definition von Verfügbarkeiten,[692] Zugriffswegen und Bandbreiten
- Festlegung des Umfangs und der Häufigkeit von Hardwareupgrades
- ausreichende Sicherung insbesondere durch Backups, Datensicherheit gegen externe Angriffe auf das Anbietersystem und unter den Datenbeständen verschiedener Kunden
- Beschreibung der technischen Details der Hardware und Online-Systemvoraussetzungen für die wirksame Vertragserfüllung
- Genaue technische Beschreibung der Datensicherung und Systemüberwachung

Integrationsservice

- Umfang und Kosten der Integrationsservices
- Datenübernahme aus Kundensystemen in das Anbietersystem durch den Anbieter
- Integrationszeitplan

Tabelle 13: Beispielhafte Regelungspunkte in ASP-Verträgen

Diese exemplarische Übersicht zeigt bereits, dass ASP-Verträge hochkomplex sind und bei einer Vereinbarung hohe Transaktionskosten anfallen können. Die hohe vertragliche Komplexität ergibt sich bereits bei typischen Outsourcing-Verträgen. Aufgrund der Inanspruchnahme umfangreicher IV-Leistungen über einen Outsourcing-Anbieter in Form eines ASP kann davon ausgegangen werden, dass die vertraglichen Regelungen in bestimmten Punkten weitergehender sind als bei herkömmlichen Outsourcing-Verträgen. Allerdings muss dem ent-

[692] Als Verfügbarkeit eines Service wird der Zeitraum verstanden, in dem der Service tatsächlich zur Verfügung steht, gemessen am theoretisch maximal erreichbaren Verfügbarkeitszeitraum. Juristisch gesehen ist jedoch die Verfügbarkeit von 100% der Zeitraum, in dem der Service zur Verfügung steht, abzüglich der nicht vom ASP zu vertretenden Ausfallzeiten. Vgl. Lediger (2002), S. 7. In der Regel werden Verfügbarkeiten von über 99,5% festgelegt.

gegengehalten werden, dass beim ASP keine Übertragung von Vermögensgegenständen oder Personal an den Outsourcing-Anbieter stattfindet und entsprechend auch diesbezüglich keine Regelungen getroffen werden müssen. Die Aussage, dass es sich bei Outsourcing-Verträgen um hochkomplexe Konstrukte handelt und deren Anbahnung, Vereinbarung und Durchführung hohe Transaktionskosten erfordern,[693] kann jedoch auch für die ASP-Verträge grundsätzlich übernommen werden.

4.2. Taxonomie der ASP-Lösungen

Im Folgenden wird eine Segmentierung von ASP-Lösungen vor dem Hintergrund der in GP 5.3. stattfindenden Transaktionskostenanalyse vorgenommen. Eine Segmentierung der ASP-Lösungen ist sinnvoll, da Auswege zu den in GP 4.5. beschriebenen Problemen auf dem ASP-Markt grundsätzlich nicht generalisiert werden können, sondern in Abhängigkeit von den konkreten Eigenschaften der jeweils betrachteten ASP-Lösungen gefunden werden müssen. Anwendungen, die der zentrale Bestandteil einer ASP-Lösung sind, treten in unterschiedlichen Formen und häufig nicht branchentypischen Ausprägungen auf und erschweren damit grundsätzlich eine klare und überschneidungsfreie Systematisierung. Bestehende Segmentierungen beziehen sich auf unterschiedliche Kriterien, nach denen Anwendungen differenziert werden können. Beispielsweise kann eine sehr grobe Differenzierung nach der Art der Erstellung erfolgen. Demnach wird zwischen Standardsoftware und Individualsoftware unterschieden. Während Standardsoftware als fertiges Produkt auf dem Markt erworben werden kann, wird Individualsoftware, entweder in Eigen- oder Fremdentwicklung, eigens für den jeweiligen unternehmensspezifischen Anwendungszweck entwickelt. Weitere Differenzierungen können beispielsweise nach dem Spezialisierungsgrad und Leistungsumfang der Anwendungen, nach dem Typ des Anwendungsbereichs, in dem die Anwendungen eingesetzt werden, nach dem Automa-

---

[693] Vgl. Soon/Cummings (1997), S. 239.

tisierungsgrad der Anwendungen oder nach dem Niveau der Anwenderunterstützung, die die Anwendungen bieten, erfolgen.[694]

Auch für die Anwendungen im ASP-Modell gibt es in der Literatur zahlreiche Ansätze zur Segmentierung.[695] Einigen Quellen ist gemein, dass sie bei einer Segmentierung den Aufwand berücksichtigen, der bei einem Angebot der Lösungen im ASP-Modell auftritt.[696] Die den ASP-Lösungen zugrunde liegenden Anwendungssysteme zeichnen sich jeweils durch einen bestimmten Aufwand aus, der für die Bereitstellung der Funktionsfähigkeit dieser Systeme notwendig ist. Der Aufwand hängt entscheidend von den zu erbringenden IV-Leistungen im ASP-Modell ab (zum Beispiel Entwicklungs- und Erstellungsaufwand für Software, Umfang und Intensität der Implementierungs- und Anpassungsleistungen, Umfang der infrastrukturell notwendigen Ausstattung oder Umfang und Intensität der Schulungs- und Trainingsleistungen).[697] Von diesem Leistungsspektrum hängen wiederum der Anspruch und der Umfang der SLA oder anderer vertraglicher Regelungen ab. Je größer das Leistungsspektrum einer ASP-Lösung ist, desto umfassender und detaillierter müssen auch die rechtlichen Vereinbarungen sein.

In GP 3.6.2.3.1. wurde der Begriff der Komplexität im Rahmen der Transaktionsunsicherheit erläutert. Werden die ASP-Lösungen als Transaktionsobjekte definiert, können diese durch einen unterschiedlichen Komplexitätsgrad differenziert werden. Komplexe ASP-Lösungen würden sich demnach dadurch auszeichnen, dass sie aus einer Vielzahl von Einzelleistungen bestehen, die untereinander wiederum stark abhängig voneinander sind. Sie charakterisieren sich

---

694 Vgl. dazu Schwarze (2000), S. 135-138. Zu beispielhaften Differenzierungen von betrieblichen Anwendungen vgl. Ward/Griffiths/Whitmore (1990), S. 22-24; Bongard (1994), S. 46; Mertens/Schumann/Hohe (1989), S. 111-115; Stahlknecht (1999), S. 344-451.

695 Vgl. zum Beispiel Factor (2002), S. 144-151; Sharma/Gupta (2002), S. 162; Ring/Hope/Leston (2002), S. 42; Cherry Tree Co. (2000), S. 6.

696 Vgl. zum Beispiel Ring/Hope/Leston (2000), S. 36, 92; Grohmann (2002), S. 84; Lehner (2001), S. 102.

697 Eine solche Aufteilung der ASP-Lösungen schlagen auch Klenk/Szinovatz (2002), S. 14 vor.

damit auch durch eine schwere Verständlichkeit und erhebliche Bewertungsprobleme. Komplexe ASP-Lösungen beinhalten, im Vergleich zum Leistungsportfolio einfacher Lösungen, detaillierter ausgestaltete, umfangreichere und zusätzliche IV-Leistungen. Insbesondere aufgrund des zunehmenden geschäftskritischen Grades dieser Lösungen muss die Funktionsfähigkeit dieser Lösungen gewährleistet sein.[698] Die zahlreichen Abhängigkeiten, die sich gerade bei einem umfangreichen Leistungsportfolio bieten, werden zunehmend bedeutender, da eine Minderleistung in einem Segment Auswirkungen auf alle anderen IV-Leistungen hat,[699] womit die Funktionsfähigkeit der Gesamtlösung nicht mehr gewährleistet wäre. Auch wurde darauf hingewiesen, dass ein erhöhter Komplexitätsgrad häufig mit einem erhöhten Spezifitätsgrad einhergeht.[700] In Bezug auf ASP-Lösungen sind komplexe Lösungen auch deswegen von komplexer Natur, weil die im Vergleich zum Leistungsportfolio einfacher Lösungen zusätzlichen IV-Leistungen sich teilweise durch zunehmend spezifische Investitionen charakterisieren. Beispielsweise bezeichnet eine Anpassung der zugrunde liegenden Applikationen an die Unternehmensspezifika die Individualisierung der Anwendung auf die konkreten Bedürfnisse des Unternehmens beziehungsweise des Benutzers, wobei es sich bei den Investitionen um spezifische Investitionen handelt. Auch eine Integration in vorhandene, unternehmensspezifische Softwarearchitekturen fordert spezifische Investitionen. Im Folgenden soll daher davon ausgegangen werden, dass eine erhöhte Komplexität einer ASP-Lösung eine erhöhte Spezifität derselben Lösung bedingt.[701]

---

[698] Je geschäftskritischer eine Anwendung ist, desto höher ist ihre Bedeutung für den laufenden Geschäftsbetrieb. Diese Bedeutung zeichnet sich beispielsweise dadurch aus, dass sensible Daten verarbeitet werden, Schnittstellen zu anderen Anwendungen bestehen, die Gesamtlösung sich aus einer Vielzahl kleinerer Teilleistungen zusammensetzt und die Anwendungen komplexe Zusammenhänge abbilden.

[699] Vgl. auch GP 2.1.2., in dem nach dem Modell von Wollnik Interdependenzen zwischen den Ebenen des Informationsmanagements, sprich zwischen einzelnen IV-Leistungen, bestehen.

[700] Vgl. GP 3.6.2.3.

[701] Ebenfalls positiv korreliert mit der Komplexität der Lösung ist auch der geschäftskritische Grad einer der ASP-Lösung zugrunde liegenden Anwendung.

Je größer der Leistungsumfang einer ASP-Lösung ist und je stärker diese auf ein Unternehmen zugeschnitten ist, desto höher ist ihr Komplexitäts- beziehungsweise Spezifitätsgrad und desto größer ist der Aufwand, der für eine adäquate Bereitstellung der Lösung aufzubringen ist, inklusive der zu treffenden notwendigen vertraglichen Vereinbarungen. Neben einer Differenzierung nach dem Komplexitätsgrad soll gegebenenfalls eine horizontale Betrachtungsweise (funktionale Perspektive) der ASP-Lösungen beziehungsweise Anwendungen Ausgangspunkt für die folgenden Überlegungen sein. Das heißt, es findet eine Fokussierung auf unterschiedliche Anwendungsgebiete der ASP-Lösungen statt, bei der beispielsweise nach Anwendungssystemen für die Bereiche Personalwesen, Beschaffung, Buchhaltung oder Finanzen unterschieden wird.[702]

Es werden drei grundlegende Kategorien von Lösungen im ASP-Modell nach ihrer Komplexität unterschieden: einfache, mittlere und komplexe Lösungen.[703] Zu beachten ist jedoch, dass ASP-Lösungen nicht unbedingt immer genau einer Kategorie zugeordnet werden können. Bei einigen Lösungen hängt die Komplexität davon ab, in welchem Unternehmen mit welchen Unternehmenscharakteristika sie eingesetzt werden und wie weitgehend diese Lösungen ausgestattet sein sollen. So können beispielsweise Lösungen für Web-Auftritte sehr einfach gestaltet sein, insbesondere dann, wenn sie keiner permanenten Aktualisierung bedürfen, nicht in die unternehmensspezifische Softwarelandschaft integriert werden sollen und die Standardfunktionen der angebotenen Software genutzt werden können. Ebenso können etwaige Lösungen auch relativ komplex sein, zum Beispiel dann, wenn die Web-Inhalte häufig verändert werden und eine Einbindung des Web-Auftritts in Anwendungen und Daten des Unternehmens erforderlich ist. Tendenziell kann jedoch idealtypisch ein Komplexitätsgrad für

---

702 Vgl. Lehner (2001), S. 101. Weitergehend ist bei einer fallspezifischen Betrachtung zusätzlich eine vertikale Fokussierung denkbar. Das heißt, es werden zum Beispiel Finanzapplikationen betrachtet, die auf bestimmte Branchen zugeschnitten sind.

703 Diese Differenzierung findet in Anlehnung an Ring/Hope/Leston (2002), S. 43-58 statt. Die von Ring/Hope/Leston (2002) verwendete Kategorie „Sumo Applications“ wird jedoch in das Segment der komplexen Applikationen mit aufgenommen, da eine deutliche Unterscheidung zu der als „Heavyweight Applications“ bezeichneten Kategorie nicht zu treffen ist.

bestimmte Arten von ASP-Lösungen ermittelt werden. Im konkreten Einzelfall können sich jedoch Abweichungen von der Norm ergeben.

Nachfolgend werden die drei Lösungskategorien auch im Hinblick auf ein mögliches Angebot dieser Lösungen beschrieben, beispielhaft erläutert und exemplarisch einige ASP-Lösungen beziehungsweise Anwendungen für die jeweilige Kategorie aufgeführt. Die dargestellten Lösungen sind jedoch nicht für jede Nachfragergruppe von generellem Interesse.[704] Zu differenzieren ist daher, welche Lösungen für das jeweils betrachtete Nachfragersegment überhaupt von Bedeutung sind. Beispielsweise werden Kleinkunden oder Privatpersonen keine ERP-Systeme oder kleinere Module betriebswirtschaftlicher Standardsoftware in Anspruch nehmen. Dafür sind für sie beispielsweise Steuererklärungsprogramme oder persönliche Finanzapplikationen von Interesse, die wiederum für größere Unternehmen nicht infrage kommen. Für die Hauptzielgruppe der ASP-Anbieter, die KMU, sind jedoch die meisten Lösungen von Bedeutung, da diese Zielgruppe in sich sehr heterogen bezüglich ihrer Eigenschaften ist und somit, je nach betrachtetem Unternehmen, ein Interesse an nahezu allen Lösungen haben kann. Kleinere Unternehmen werden jedoch an weniger komplexen Lösungen relativ stärker interessiert sein als an komplexeren Lösungen. Größere KMU hingegen werden ein umfassenderes Bedürfnis nach einem Großteil der in allen Kategorien aufgeführten Lösungen aufweisen. Hinsichtlich einer Standardisierungsstrategie sind insbesondere einfachere Lösungen geeignet. Je komplexer die Lösungen werden, desto eher wird mit ihrer Unterstützung auch eine Differenzierungsstrategie verfolgt werden können.[705]

4.2.1. Einfache ASP-Lösungen

Einfache ASP-Lösungen sind im Hinblick auf ihre Charakteristika ideal für ein Angebot im klassischen ASP-Modell, da sie eine geringe Komplexität aufweisen. Sie sind relativ geschäftsunkritisch, zeichnen sich durch eine kaum vorhandene Notwendigkeit zur Integration oder Anpassung in beziehungsweise an un-

---

[704] Vgl. GP 4.5.1.

[705] Vgl. GP 2.2.4.

ternehmensspezifische Funktionen und Prozesse aus und sind auch ohne vorheriges Training oder vorherige Schulung schnell und leicht beim Kunden einsetzbar. Die Aktivität des ASP-Anbieters besteht vor allem darin, die Onlinenutzung einzuräumen, die Erhaltung der Gebrauchsfähigkeit des Anwenderprogramms zu gewährleisten, die notwendigen Server instand zu halten und Upgrades und Updates durchzuführen. Die Leistungen des ASP-Anbieters sind daher besonders technisch geprägt. Ein umfangreiches Servicemanagement mit anspruchsvollen Supportservices oder einem wirtschaftlichen Applikationsmanagement ist nicht erforderlich. Der Kunde hat außerdem aufgrund der Einfachheit dieser Anwendungen einen hohen Grad an Kostentransparenz und Kostenvorhersagbarkeit. Durch den hohen Grad an Standardisierung sind einfache Anwendungen geeignet, erhebliche Skaleneffekte zu generieren und die One-to-many-Idee des ASP-Modells zu unterstützen. Zum Vertrieb einfacher Anwendungen ist es zudem für den Anbieter nicht notwendig, eine spezielle, direkte Beziehung zum Nachfrager der Leistung zu pflegen oder besondere Kenntnisse über den Kunden zu haben. Etwaige Anwendungen können beispielsweise auch ohne direkten Kontakt zwischen den Marktakteuren über das Internet vertrieben werden. Ein spezielles und individuelles Kundenbeziehungsmanagement ist daher für einfache Applikationen grundsätzlich nicht erforderlich. Aufgrund der hohen Standardisierung und der fehlenden differenzierungsfähigen Zusatzleistungen, wie zum Beispiel Supportservices oder Integrationsleistungen, sind die Markteintrittskosten für ein Angebot von einfachen Anwendungen sehr gering und der Aufbau von Kundenloyalität ist nahezu ausgeschlossen. Die Wechselkosten für die im Regelfall preissensiblen Kunden in diesem Anwendungssegment sind gering und der Wettbewerb für den Anbieter ist fast ausschließlich über den Preis zu gewinnen.

Beispiel für einfache ASP-Lösungen:

Das Angebot einer ASP-Lösung, die als Inhalt Personal-Productivity-Anwendungen hat,[706] umfasst Leistungen aus den Bereichen Netzwerkservice

[706] Ein solches Angebot existiert beispielsweise bei der Victorvox AG. Das Microsoft-Office-Paket kann dabei über eine monatliche Pauschale bezogen werden. Mit einer Kündigungsfrist

(beispielsweise Aufbau, Betrieb und Wartung des Netzwerks, Bereitstellung des Netzwerkzugangs und benötigter Sicherheitstechnologien, Einbindung und Administration von Daten- und Anwendungsservern in das Netzwerk), Datencenterservice (beispielsweise Installation, Betrieb und technische Wartung zentraler und dezentraler Rechner, Verwaltung der Rechnersysteme, Datenmanagement, Bereitstellung von Sicherheitseinrichtungen gegen physische, physikalische und virtuelle Gefahren) und die Bereitstellung der geforderten Anwendungen (dazu gehört beispielsweise der Lizenzkauf für die Anwendung, Implementierung und Einrichtung der Anwendung auf den zentralen Systemen). Integrationsservices oder weitergehende Supportservices sind nicht vorzunehmen,[707] da für die hier angesprochenen einfachen Anwendungen Integrations- oder Anpassungsleistungen, soweit notwendig, auch durch die Nutzer vorgenommen und Probleme ebenfalls durch diesen oder einfache Hilfsmittel behoben werden können (zum Beispiel Online-Help-Desk oder FAQ). Besondere Schulungsmaßnahmen oder ein spezielles Training sind aufgrund der Einfachheit der Anwendung nicht erforderlich, sondern können bei Bedarf durch weniger aufwendige Maßnahmen (zum Beispiel Web-basierte Selbstlernmodule oder Handbücher) ersetzt werden.

Kategorie	Beispiele
Einfache Applikationen (fertige, vorkonfigurierte Softwarelösungen, direkt über das Internet nutzbar, keine oder kaum individuelle Anpassungen)[708]	- Datensicherungsservices (Datensicherung auf einem Remote Server) - Shared-Files-Services (Einrichtung eines virtuellen Laufwerks bei einem Provider) - Personal Productivity (zum Beispiel Schreibprogramme, Tabellenkalkulation, Präsentation, allgemeine Office-Anwendungen (zum Beispiel Lotus Notes, Microsoft Office, Star Office)) - Formularservices - Web-Auftritt - Reisekostenabrechnung - Bewerberverwaltung - Terminplaner - Steuererklärung - Einfache Hausverwaltung

von vier Wochen liegen dieser Lösung sehr kurzfristige Verträge zugrunde. Vgl. www.tuul.de/tuulde.

[707] Beispielsweise sind auch Prozesse, die einer Reisekostenabrechnung zugrunde liegen, durch eine hohe Standardisierung gekennzeichnet. Anpassungen an Unternehmensspezifika sind daher kaum notwendig. Vgl. Händschke (2003), S. 17.

[708] Vgl. Held (2002), S. 20.

	- Fondsverwaltung - Adressenverwaltung - E-Mail - Web-basierte Intranets (WBI) - Web-Shops - Persönliche Finanzapplikationen (zum Beispiel Quicken, Starmoney)
Bedeutende Leistungen beim Angebot von einfachen Applikationen: Netzwerkservice, Datencenterservice, Applikationsentwicklung	

Tabelle 14: Beispiele von Anwendungen einfacher ASP-Lösungen

4.2.2. Mittlere ASP-Lösungen

Mittlere ASP-Lösungen können ebenfalls als grundsätzlich geeignet für ein Angebot im ASP-Modell gelten. Sie sind durch eine mittlere Komplexität gekennzeichnet und besitzen durchschnittlich geschäftskritischen Charakter. Sie bieten zumeist eine horizontale und/oder vertikale Fokussierung der Anwendungen und können dadurch einen höheren spezifischen Nutzen für den Nachfrager generieren. Aufgrund der zunehmenden Spezifität zeichnet sich das Segment der mittleren Anwendungen durch höhere Markteintrittskosten als bei einfachen Anwendungen aus. Diese Art von Anwendungen kann bereits Kernkompetenzen einer Unternehmung unterstützen und zu einer Wettbewerbsdifferenzierung beitragen. Grundsätzlich sind auch diese Anwendungen einfach zu nutzen. Sie bedürfen jedoch bereits einer teilweisen Integration oder Anpassung, die jedoch durch einen Fernzugriff eines Experten oder durch den Benutzer selbst vorgenommen werden kann. Auch der Grad an Training und Schulung ist als eher gering einzuschätzen. Die Kosten sind wie bei den einfachen Anwendungen relativ transparent und vorhersagbar. Aufgrund der zunehmenden Spezifität werden jedoch die Beziehung zwischen Anbieter und Nachfrager sowie die Kenntnis des Anbieters über den Kunden bedeutender. Dem Kundenbeziehungsmanagement kommt damit größere Bedeutung zu als bei einfachen Lösungen.

Beispiel für mittlere ASP-Lösungen:

Das Angebot einer ASP-Lösung, die als Anwendung eine Lösung für den Personalbereich zum Gegenstand hat, umfasst grundsätzlich die Leistungen, die bereits bei einfachen Anwendungen angeboten werden. Die vorzunehmenden Leistungen sind jedoch umfangreicher und entsprechend den gestiegenen Anforderungen um weitere Leistungen zu ergänzen. Neben Leistungen aus den Bereichen Netzwerkservice, Datencenterservice (zusätzlich zum Beispiel Archivierung der Abrechnungsdaten, professionelle Verwaltung der Benutzer und Berechtigungen) und der Bereitstellung der geforderten Anwendungen (dazu gehören zum Beispiel bei Bedarf die Vornahme von Anpassungen an gesetzliche Änderungen oder an neue Arbeitsplatzmodelle) sind vor allem einfache Integrations- und Anpassungsleistungen und Supportservices (zum Beispiel Training und Schulung, Betreuungsservice um dauerhafte Anwenderunterstützung) anzubieten.

Kategorie	**Beispiele**
Mittlere Applikationen (Programme mit der Möglichkeit, über Internet kunden- und benutzerspezifische Konfigurationen, Geschäftsregeln, Masken, Datenformate etc. einfach einzustellen; einfache Anpassung erfolgt durch den Kunden beziehungsweise Benutzer oder durch Externe über Fernzugriff)	- Groupware, Conferencing, Kommunikation, Messaging - Web-Content, Web-Auftritte - Teilmodule aus kaufmännischen Systemen (zum Beispiel Personalabrechnung, Reisekosten, Information und Kommunikation, Projektmanagement, Dokumentenmanagement) - Einfache Vertriebssysteme (CRM), (zum Beispiel Marketing-Automation, Sales-Force-Automation, Campaignmanagement) - Einfache Beschaffungssysteme (SCM) - E-Commerce-Lösungen (zum Beispiel Kataloge, Rechnungen, Shops, Diskussionsforen) - E-Learning (zum Beispiel für Erziehung, Ausbildung, Training; auf den jeweiligen Benutzer zugeschnittene Lernmodule - Virtuelle Händlerplattformen, Internet-Marktplätze - Community Tools (zum Beispiel Chat, Diskussionsforen, Voting, Auktionen oder Shops)[709] - E-Payment-Systeme - Cash-Management-Systeme, Zahlungsverkehrssysteme - professionelle Immobilienverwaltungen
Bedeutende Leistungen beim Angebot von mittleren Applikationen: Netzwerkservice, Datencenterservice, Applikationsentwicklung, gewisse Anforderungen an das Kundenbeziehungs- und Servicemanagement, gewisses Ausmaß an Supportservices und wirtschaftlichem Applikationsmanagement	

Tabelle 15: Beispiele von Anwendungen mittlerer ASP-Lösungen

4.2.3. Komplexe ASP-Lösungen

Komplexe Applikationen charakterisieren sich dadurch, dass sie von hoher Komplexität sind, einen hohen geschäftskritischen Grad aufweisen und auf be-

[709] Vgl. zum Beispiel www.exitec.de.

reits bestehende Applikationen sowie unternehmensspezifische Daten der Unternehmung zurückgreifen. Umfangreiche und zeitlich anspruchsvolle Integrations- und Anpassungsleistungen sind notwendig, um die erforderliche Verzahnung der ASP-Anwendungen mit unternehmensspezifischen Applikationen und Daten zu gewährleisten.[710] Dadurch fehlt eine Standardisierung, die für das ASP-Modell idealtypisch ist. Durch die vielen Zusatzleistungen und die Komplexität der Lösung sind die Kosten weniger transparent und vorhersagbar als bei einfachen und mittleren Applikationen. Diese komplexen Applikationen können jedoch aufgrund ihrer zunehmenden Spezifität einen deutlichen Nutzen für das Unternehmen bieten und eine Differenzierung zu Wettbewerbern darstellen. Im Gegenzug erlauben sie jedoch wesentlich weniger Skaleneffekte, als diese bei einem Angebot von einfachen oder mittleren Applikationen möglich sind. Das Servicemanagement ist bei dieser Art von Applikation von erheblicher Bedeutung, sodass die Serviceleistungen des ASP intensiv mit dem Kunden abgestimmt werden müssen. Beispielsweise können Upgrades nicht völlig problemlos durchgeführt werden, da auf die bestehenden Systeme und Daten in der Unternehmung Acht genommen werden muss. Als erheblicher Erfolgsfaktor für ein Angebot etwaiger komplexer Applikationen kann aufgrund des Umfangs und der Intransparenz des Leistungsgefüges und der damit notwendigen Beachtung der spezifischen Geschäftsbeziehung das Kundenbeziehungsmanagement angesehen werden. Von Vorteil für den Anbieter ist, dass komplexe Lösungen eine starke Kundenbindung ermöglichen und hohe Wechselkosten bei einem Anbieterwechsel seitens des Kunden verursachen. Grundsätzlich kann bei komplexen Applikationen die Überlegung angestellt werden, ob eine klassische Outsourcing-Lösung in einem One-to-one-Modell sinnvoll wäre. Trotz der erkennbaren Probleme für die Lösung von komplexen Applikationen über ein ASP-Modell werden erstaunlicherweise gerade diese Applikationen häufig in Verbindung mit der Diskussion um ein ASP-Angebot genannt.[711]

---

[710] Vgl. Currie/Seltsikas (2002), S. 492.

[711] Vgl. Ring/Hope/Leston (2002), S. 53; Leong (2000), S. 9 führen als Grund für das Angebot von komplexen Lösungen an, dass insbesondere KMU sich diese Lösungen allein nicht leisten können und ihnen hiermit erstmals ein realisierbarer Zugang ermöglicht wird. Auch Williams (2003), S. 15-16 beschreibt ebenfalls gerade komplexe und kostspielige Lösungen

Beispiel für komplexe ASP-Lösungen:

Das Angebot einer ASP-Lösung, die als Gegenstand die Bereitstellung eines ERP-Systems hat,[712] umfasst umfangreiche Leistungen aus den Bereichen Netzwerk-, Datencenter-, Applikations-, Support- und Integrationsservice und stellt hohe Anforderungen an das Kundenbeziehungs- und Servicemanagement sowie die Applikationsentwicklung. Da es sich bei ERP-Applikationen um Anwendungen mit sehr hohem geschäftskritischem Grad handelt, muss die Funktionalität der Systeme jederzeit gegeben sein; entsprechend müssen die umfangreichen Einzelleistungen in den Bereichen Netzwerk- und Datencenterservice, die das Rückgrat jeder ASP-Lösung darstellen, professionell erbracht werden, um die volle Nutzbarkeit der Systeme entsprechend den Leistungsanforderungen zu garantieren. Aufgrund der Komplexität der ERP-Systeme und -Anwendungen ist es zudem notwendig, umfangreiche Leistungen aus dem Bereich Applikationsservice anzubieten. Es muss ein professionelles Qualitätsmanagement von Systemen und Applikationen geführt werden und bei entsprechenden Störungen sollten sofort Gegenmaßnahmen erfolgen. Auch das wirtschaftliche Applikationsmanagement, sprich die Zusammenstellung der in der ERP-Lösung enthaltenen Einzelanwendungen beziehungsweise Einzellösungen, ist von Interesse, um das für das Unternehmen optimale Applikationspaket einzusetzen. Der Bereich Integrationsservice spielt ebenfalls für den erfolgreichen Einsatz einer ERP-Lösung eine zentrale Rolle. ERP-Systeme benötigen eine umfangreiche Integration in vorhandene Systemstrukturen, um auf relevante Daten und Anwendungen zugreifen zu können. Zudem ist eine weit reichende Anpassung der Applikationen an das Unternehmen und die jeweiligen Geschäftsprozesse notwendig. Aufgrund des hohen Anspruchs von ERP-Systemen an die Benutzer und die Notwendigkeit einer einwandfreien Funktionalität ist ebenfalls ein umfangreicher Supportservice unabdingbar. Sowohl die Beratung und Unterstützung als

---

als ideal für eine Outsourcing- beziehungsweise ASP-Lösung. Die Vorteile, die ein externer Anbieter bei solchen Lösungen über seine Erfahrungen, sein Wissen, seine Spezialisierung und Skaleneffekte bieten kann, können bei einer innerbetrieblichen Leistungserstellung schwerlich realisiert werden.

[712] Anbieter von ERP-Lösungen im ASP-Modell sind beispielsweise die Industrial Software Application GmbH (www.javias.de) und die Ihr Partner Software und Consulting AG (www.web-kaufmann.de).

auch die Schulung, Aus- und Weiterbildung der Benutzer sowie ein effektives Problemmanagement sind dementsprechend im Supportservice zu erfassen.

Kategorie	**Beispiele**
Komplexe Applikationen (umfassende kunden- und benutzerspezifische Integrations- und Anpassungsleistungen durch Experten erforderlich)	- Umfassende Enterprise Resource Planning (ERP) Systeme - ERP-Module (zum Beispiel Finanzbuchhaltung, Warenwirtschaft, Personalmanagement, Cashmanagement, Datenmanagement, Wissensmanagement, Marketingmanagement, Customer Relationship Management (CRM), Supply-Chain-Management (SCM), Electronic-Procurement (E-Procurement), Produktionssysteme (Produktionsplanung, Produktionssteuerung)) - Datawarehousing - Analytische Applikationen (zum Beispiel Finanzanalyseprogramme) - Industriespezifische Applikationspakete - Komplexe Kommunikations- und Informationssysteme - Business Intelligence (zum Beispiel Management-Informations-Systeme (MIS))
Bedeutende Leistungen beim Angebot von komplexen Applikationen: ausgeprägtes Kundenbeziehungs- und Servicemanagement, umfangreicher Integrationsservice und Supportservice, wirtschaftliches Applikationsmanagement, Netzwerkservice, Datencenterservice, Applikationsentwicklung	

Tabelle 16: Beispiele von Anwendungen komplexer ASP-Lösungen

4.3. ASP als Form des Outsourcing

4.3.1. Vom klassischen Outsourcing zum ASP

In den letzten vier Jahrzehnten hat sich das Outsourcing der betrieblichen IV sukzessive weiterentwickelt.[713] Grundsätzlich können drei „Wellen" unterschieden werden, die den Entwicklungsvorgang beschreiben:

- Das technologiezentrierte Outsourcing der sechziger Jahre leitete die erste Welle des Outsourcing ein. Insbesondere große Unternehmen fingen an, einige technische Komponenten (beispielsweise Hauptrechner oder Datencenter) ihrer IT-Systeme auszugliedern. Vorerst wurden nur wenige zusätzliche Services wie Beratung, Training oder Systemintegration angeboten und das Outsourcing-Modell hatte mit technischen, organisatorischen und finanziellen Problemen zu kämpfen.

[713] Zur Geschichte des Outsourcing vgl. beispielhaft Lee/Huynh/Kwok/Pi (2002), S. 197-199.

- Die zweite Welle des Outsourcing hatte geschäftszentrierten Charakter und fand seit den achtziger Jahren statt.[714] Zu den technischen Komponenten wurden zunehmend auch Unternehmensfunktionen (zum Beispiel Beschaffung oder Buchhaltung), Geschäftsprozesse (zum Beispiel Callcenter-Services oder Supply-Chain-Management) sowie weitere Leistungen, wie die Systementwicklung und -überwachung, ausgelagert. Während vorerst vor allem maßgeschneiderte Softwarelösungen in den Unternehmen eingesetzt wurden, nahm in der zweiten Welle die Nutzung von standardisierter Software stark zu. Insbesondere die neunziger Jahre zeichneten sich durch eine hohe Nachfrage nach ERP-Systemen aus, die insbesondere von großen Unternehmen eingesetzt wurden.[715] Diese Systeme führen Informationen und informationsabhängige Prozesse innerhalb und zwischen den einzelnen Bereichen einer Unternehmung zusammen und können entsprechend den unternehmensspezifischen Begebenheiten angepasst werden.
- Durch die Entwicklung des Internet und der darauf folgenden Entwicklung netzzentrierter Software wurde die dritte Welle des IT-Outsourcing ausgelöst.[716] Diese ist industriezentriert und zeigt eine signifikante Weiterentwicklung von der ersten Welle, die sich durch das so genannte „centralized computing", und der zweiten Welle, die sich durch das so genannte „distributed computing" auszeichnet, hin zu dem „remote computing", welches durch eine netzzentrierte Infrastruktur geprägt ist.[717] Während bis zur dritten Welle vor allem große Unternehmen von den Möglichkeiten des Outsourcing profitieren

---

714 Insbesondere Eastman Kodak wird häufig als das Unternehmen angesehen, welches die ursprüngliche Outsourcing-Diskussion populär machte. Eastman Kodak lagerte seine IS 1989 aus und war damit das erste große, bekannte Unternehmen, das seine bis dahin als strategisch bedeutsam geltenden Funktionen der IV von Fremdanbietern erbringen ließ. Vgl. Lacity/Hirschheim (1999), S. 14.

715 Vgl. Ekanayaka/Currie/Seltsikas (2002), S. 197.

716 Vgl. Lee/Huynh/Kwok/Pi (2002), S. 209, die vor allem die geringen Kosten der Datenübertragungsform und die zunehmende Zahl der Web-Applikationen für das Entstehen des ASP als ausschlaggebend bezeichnen.

717 Vgl. Ekanayaka/Currie/Seltsikas (2002), S. 192.

konnten, werden durch die neuen Entwicklungen auch KMU die Möglichkeiten einer IT-Outsourcing-Lösung zugänglich gemacht.[718]

ASP bringt neue Aspekte in den Bereich der Outsourcing-Dienstleistungen, ohne die bewährten Vorteile des klassischen Outsourcing aufzugeben.[719] ASP zeichnet sich im Vergleich zum traditionellen Outsourcing vor allem durch den Umfang und die Art der Services sowie durch den Zugriff auf die jeweiligen Anwendungen aus.[720] Wie beim klassischen Outsourcing werden auch beim ASP IV-Leistungen fremd vergeben. ASP beinhaltet im Gegensatz zum klassischen Outsourcing, bei dem vor allem das Management und die Funktionalität der ausgelagerten Geschäftsprozesse im Mittelpunkt stehen, das Management und die Lieferung von geschäftsprozessunterstützenden Applikationen. Ein bedeutender Unterschied ist zudem, dass beim ASP die unternehmensübergreifende Vernetzung eine wesentliche Rolle spielt. Im Gegensatz dazu basieren die traditionellen Rechenzentren, die für das Outsourcing genutzt werden, auf klassischen, monolithischen Softwarearchitekturen, die in den wenigsten Fällen Web-basierte Prozesse unterstützen.

---

[718] Vgl. Currie/Seltsikas (2001), S. 124.

[719] Vgl. Ridder (2000), S. 52. Dass ASP eine Form des IT-Outsourcing darstellt, wird generell anerkannt. Vgl. Currie/Seltsikas (2002), S. 474-475; Kern/Willcocks (2002), S. 514; Factor (2002), S. 12-14; Dieckmann (2002), S. 105. Lehner (2001), S. 103-105 hingegen nimmt eine deutliche Differenzierung von ASP und Outsourcing vor. Eine Abgrenzung des ASP vom klassischen IT-Outsourcing ist nicht immer vollständig zu erreichen. So existieren Outsourcing-Varianten, die sowohl Charakteristika des klassischen Outsourcing wie auch des ASP aufweisen. Beim Application Hosting beispielsweise betreut und stellt der Application Hoster die Hardware zur Verfügung, auf der die Applikationen des Kunden laufen. Der Kunde ist Eigentümer der Softwarelizenzen und ist für Support, Wartung, Updates und die Behebung von Softwareproblemen verantwortlich. Beim Application Management ist der Application Manager ein externer Dienstleister, der sowohl Hardware als auch Software betreut und den Kunden durch zusätzliche Dienstleistungen wie zum Beispiel Schulungen und Support unterstützt. Die Softwarelizenzen sind, wie beim klassischen Outsourcing, Eigentum des Kunden. Vgl. Böhm/Wurdack (2001), S. 30.

[720] Vgl. Chen/Soliman (2002), S. 182.

Ein weiterer Unterschied zeichnet sich bei einer Betrachtung der Motive ab, die hinter dem klassischen Outsourcing und dem ASP stehen. Beim klassischen IT-Outsourcing soll vor allem eine Minderung der hohen Hardwareinvestitionen, die zum Betrieb einer Großrechnerinfrastruktur notwendig sind, eintreten. Die Motive des ASP liegen hingegen vor allem in dem weit reichenden Aspekt der räumlich und zeitlich unabhängigen Softwarenutzung.[721]

Das ASP unterscheidet sich zudem im Aspekt der Standardisierung deutlich vom klassischen Outsourcing. Die Bereitstellung der Leistungen von einem ASP erfolgt in der Regel an viele Leistungsempfänger. Die Applikationen sollten nach Möglichkeit ohne großen Aufwand (Integration, Vernetzung, Anpassung an individuelle Geschäftsprozesse) genutzt werden können. Das traditionelle IT-Outsourcing zeichnet sich hingegen durch eine individuelle Ausrichtung des Service aus. Dem Kunden des Outsourcing-Anbieters werden maßgeschneiderte, kundenspezifische Lösungen geliefert, die sich nicht ohne entsprechende Anpassungen auf andere Kunden übertragen lassen. Handelt es sich um bereits unternehmensintern bestehende Lösungen, werden beim klassischen Outsourcing häufig die IT-Systeme, die Mitarbeiter und das Know-how an den Outsourcing-Anbieter abgegeben. Beim ASP können die frei werdenden Kapazitäten hingegen für andere IT-Leistungen verwendet werden. Zudem ist das generelle Risiko einer Störung der Leistungsbeziehung aufgrund der umfangreichen Partnerschaften und Einbeziehung von Subunternehmern höher als beim klassischen IT-Outsourcing, bei dem das Risiko vornehmlich direkt zwischen Kunde und Anbieter auftritt.[722]

Im Folgenden sind die wichtigsten Abgrenzungspunkte zwischen ASP und klassischem Outsourcing, auch im Hinblick auf eine unternehmensinterne Lösung, dargestellt:

---

[721] Vgl. Dieckmann (2002), S. 93.
[722] Vgl. Currie/Seltsikas (2001), S. 133.

	Application Service Providing (ASP)	Klassisches IT-Outsourcing	Unternehmensinterne Lösung
Begriffsbestimmung	Vermieten von Applikationszugriffs- und -nutzungsrechten über öffentliche oder private Netzwerke durch einen Dienstleister	Übertragung der Verantwortung für bestimmte Aufgaben beziehungsweise Leistungen der IV auf einen Dienstleister	Betrieb der IT durch interne Ressourcen (Hardware, Software, Personal, Wissen)
Zentraler Dienstleistungsinhalt	Management und Lieferung geschäftsprozessunterstützender Applikationen	Management und Funktionalität der ausgelagerten Geschäftsprozesse	
Softwarelizenz	ASP ist Eigentümer der Software und verwaltet die erforderlichen Lizenzen	Fallweise unterschiedlich: Eigentum hat der Anbieter oder der Anwender; in der Regel besitzt und verwaltet der Anwender die Softwarelizenzen	Anwender ist Eigentümer und Verwalter der Softwarelizenzen
Eigentum der Infrastruktur	Hardware gehört dem ASP oder entsprechenden Subunternehmern	Hardware kann sowohl dem Anbieter (Application Hosting) als auch dem Anwender gehören	Hardware gehört der Anwenderorganisation
Ort der Infrastruktur	ASP	beim Anwender- oder Anbieterunternehmen	Anwendereigenes Rechenzentrum
Implementierungskosten	Standardimplementierungsleistungen werden in der Regel über einen Faktor mit der monatlich anfallenden Gebühr abgedeckt; über die standardisierten Anpassungen hinausgehende Implementierungskosten werden zusätzlich abgerechnet	System-/Geschäftsintegrator passt die Software an die Geschäftsprozesse an; meist werden hierfür Fixpreis-Projektverträge vereinbart	Anwenderunternehmen oder externer System-/Geschäftsintegrator passt die Software den erforderlichen Geschäftsprozessen an
Administration der Informationsverarbeitung	ASP verwaltet das System extern	Anbieter verwaltet das System extern oder beim Kunden	Unternehmen verwaltet das System
Infrastrukturmanagement	ASP kümmert sich um Infrastrukturmanagement	Outsourcer betreibt die Infrastruktur und das System im eigenen Haus oder beim Anwender	Anwenderunternehmen ist selbst für das Infrastrukturmanagement verantwortlich
Standardisierungsgrad	in der Regel hoch	gering	sehr gering
Zeitbedarf für Bereitstellung/Implementierung	gering	hoch	sehr hoch
Bindung an den Partner (Vertragslaufzeiten)	kurz- bis mittelfristig (in der Regel 12-36 Monate; abhängig von der	mittel- bis langfristig (häufig > 5 Jahre); strategische Komponente	langfristig

	ASP-Lösung)	der Geschäftsbeziehung	
Auftritt des Dienstleisters am Markt	idealtypisch angebotsorientiert	in der Regel nachfrageorientiert	
Risiko des Eigentums und des laufenden Betriebs	ASP steht für die Risiken ein	Risiko wird zwischen Anwender und Anbieter aufgeteilt	Anwenderunternehmen trägt das volle Risiko
Haftung und Gewährleistung	ASP steht für Fehlfunktionen der Soft- und Hardware ein	der Kunde muss sich bei Fehlfunktionen der Software an den Lizenzgeber wenden	
Finanzierung der Leistungen	periodenweise oder nutzungsabhängige, variable und transparente Zahlungen; kaum oder keine Fixkosten	bedeutende Fixkosten beziehungsweise Investitionen, jedoch teilweise transparente Zahlungsströme durch Fremdvergabe von Teilleistungen der Transaktion; häufig periodenweise Zahlungen	Anfall hoher Fixkosten beziehungsweise Investitionen; laufende Finanzierung erforderlich; keine oder unternehmensinterne Verrechnung

Tabelle 17: Abgrenzung ASP, klassisches Outsourcing und unternehmensinterne Lösung
Quelle: in Anlehnung an Liess (2000), S. 11; Steffen (2000), S. 167; Lehner (2001), S. 103-104 und Stamm (2001), S. 57-58.

4.3.2. Einordnung in die Klassifikationen des Outsourcing von Dienstleistungen

Das externe ASP ist eine Form der Fremderstellung von informationstechnologischen Dienstleistungen. Es beinhaltet viele Facetten, die bereits beim klassischen Outsourcing eine bedeutende Rolle spielen. Für das Verständnis des ASP als Form des Outsourcing ist es hilfreich, eine Einordnung in bestehende Klassifikationen des Outsourcing von Dienstleistungen vorzunehmen. Dazu wird auf die in GP 2.2.3. vorgestellten Outsourcing-Dimensionen zurückgegriffen werden.

Eine Einordnung des ASP in das Outsourcing von Dienstleistungen wird im Folgenden anhand für den ASP-Kontext relevanter Kriterien aufgezeigt.

A. Klassifizierung hinsichtlich der übertragenen Dienstleistung

A.1. Zahl der übertragenen Dienstleistungen

ASP umfasst die Übertragung einer größeren Menge von Dienstleistungen, das heißt die Übertragung eines Dienstleistungsbündels. Wird zum Beispiel eine CRM-Applikation über eine ASP-Lösung bezogen, werden sowohl Applikationsentwicklung, Betrieb des Rechenzentrums, Wartungs- und Pflegedienste, Netzwerkmanagement und Support vom ASP übernommen. Selbst bei einfachen Lösungen wie Web-Auftritten werden mehrere IV-Leistungen fremd vergeben. ASP ist demnach ein Outsourcing mehrerer Dienstleistungen aus dem IV-Leistungsbereich.

A.2. Übertragene Phase der Dienstleistung

Da unter der Durchführung in diesem Sinne die Bereitstellung einer funktionstüchtigen und nutzbaren IT-Landschaft zur Nutzung von Applikationen im Rahmen des ASP-Modells verstanden wird, kann ASP zumindest als Outsourcing ersten Grades verstanden werden. Ob Planung und Kontrolle ebenfalls an einen externen Anbieter vergeben werden, hängt insbesondere von dem nachfragenden Unternehmen ab. Da sowohl die Planung als auch die Kontrolle relativ anspruchsvolle Prozesse sind, kann davon ausgegangen werden, dass vor allem KMU aufgrund ihrer knappen Ressourcen sowohl auf eine weitgehend eigenständige Planung (Applikationsportfoliozusammenstellung, Vertragspartnersuche usw.) als auch eine Transaktionskontrolle (Kontrolle der SLA) verzichten werden beziehungsweise müssen.[723] Dementsprechend ist ASP für KMU im Regelfall als Outsourcing zweiten Grades zu verstehen. Die Gefahr des opportunistischen Verhaltens des externen Dienstleisters kann jedoch verringert werden, indem zumindest Rudimente der Phasen Planung und Kontrolle in der Unternehmung verbleiben.

---

[723] Die Überwachung der SLA von den KMU kann kaum allein bewältigt werden. Sie sind deshalb in der Regel auf die Informationen angewiesen, die sie vom Anbieter der Lösung bekommen. Vgl. o.V. (2003b).

A.3. Outsourcing-Intensität

Eine Unterscheidung nach partiellem (selektivem) und totalem Outsourcing erfolgt im Folgenden sowohl horizontal als auch vertikal. Aus horizontaler Sicht stehen die Anwendungsbereiche im Fokus. Demnach bedeutet ein partielles Outsourcing, dass Leistungen einzelner Anwendungsbereiche fremdbezogen werden. Ein totales Outsourcing hingegen beschreibt den Fremdbezug von IV-Leistungen über alle Anwendungsgebiete. Aus vertikaler Sicht ist die Differenzierung nach den IV-Leistungen einzelner Anwendungsbereiche zu verstehen. Ein partielles Outsourcing bedeutet dann, dass nur Teilbereiche, wie zum Beispiel das Datencenter oder Wartungsdienste, ausgelagert werden. Totales Outsourcing beschreibt hingegen den Fremdbezug umfangreicher Leistungskomplexe von nahezu allen IV-Leistungen, die in Verbindung mit einem Anwendungsbereich anfallen. Für das ASP heißt das, dass es im Regelfall aus horizontaler Sicht ein partielles, aus vertikaler Sicht jedoch ein totales Outsourcing darstellt. Es werden somit zwar nur einzelne Anwendungsbereiche ausgelagert, für diese findet aber eine Auslagerung nahezu aller IV-Leistungen statt.[724]

B. Klassifizierung hinsichtlich des übernehmenden Unternehmens

B.1. Anzahl der Dienstleister

Für den ASP-Nachfrager soll im Idealfall die Leistung aus einer Hand angeboten werden. Für ihn ist es im laufenden Betrieb unerheblich, wie und woher der direkte Kontaktpartner, im Sinne eines Generalunternehmers, seine Leistungen bezieht. Im Regelfall wird dieser Generalunternehmer in Kooperation mit anderen Subunternehmern die ASP-Leistung erstellen. Für den ASP-Nachfrager ist ASP daher primär eine Form des single sourcing. Werden jedoch für unterschiedliche Applikationen unterschiedliche Anbieter gewählt, kann es sich auch um Formen des multiple sourcing handeln.

---

[724] Komplett partielle Outsourcing-Lösungen wären zum Beispiel die Ergänzung der eigenen Informationssysteme durch zusätzlich angemieteten Speicherplatz bei einem Speicherplatzanbieter.

B.2. Selbstständigkeit des übernehmenden Unternehmens

Ein externes ASP-Modell zeichnet sich durch die rechtliche und wirtschaftliche Selbstständigkeit der Leistungserbringer aus. Zu einem externen Modell gehören dementsprechend Lösungen des externen Outsourcing. Ein internes ASP-Modell hingegen ist für die Eigenerstellung und die Ausgliederung über Profit- und Cost-Center sowie Tochter-, Gemeinschafts- und Beteiligungsunternehmen definiert. Welche konkrete Ausgestaltungsform vorliegt, ist dem jeweiligen Sachverhalt zu entnehmen. Allerdings kann der Bezug von ASP-Lösungen über rechtlich selbstständige Dienstleister (Tochter-, Gemeinschafts-, Beteiligungsunternehmen und alle Lösungen des externen Outsourcing) als Regelfall angesehen werden.

B.3. Standort des übernehmenden Unternehmens

Grundsätzlich kann es sich bei ASP auch um internationales Outsourcing handeln. In der Regel werden Nachfrager, insbesondere regional tätige Unternehmen, jedoch eher an einem Anbieter interessiert sein, der regionales Outsourcing anbietet.[725] Die Präsenz des primären Ansprechpartners vor Ort ist für viele Nachfrager von Bedeutung und gerade bei komplexen Applikationen mit einem hohen Grad an Supportnotwendigkeit ist die lokale Präsenz des Anbieters wünschenswert.[726] Einzelne Teilleistungen der ASP-Lösung, wie zum Beispiel das Rechenzentrum, das von einem Subunternehmer des eigentlichen ASP betrieben wird, können jedoch räumlich relativ unabhängig erbracht werden.

C. Klassifizierung hinsichtlich der Übertragung der Dienstleistung

C.1. Anzahl der Übertragungsprozesse

ASP ist in der Regel eine Form des sekundären, teilweise tertiären Outsourcing. Primäres Outsourcing würde vorliegen, wenn der primäre, eigentliche ASP die Leistungen selbst ausführen würde. Existieren jedoch noch weitere Unternehmen, die an dem Leistungserstellungsprozess beteiligt sind, und ist der eigentli-

---

[725] Vgl. Leclerque (2003).

[726] Der Wunsch nach der lokalen Präsenz eines Outsourcing-Anbieters seitens KMU wird auch von Dibbern/Heinzl/Leibbrandt (2003a), S. 14 beschrieben.

che ASP damit zwischen dem auslagernden Unternehmen und dem die Leistung tatsächlich ausführenden Unternehmen tätig, handelt es sich um mehrstufiges Outsourcing. Das heißt, der eigentliche ASP tritt im komplexen ASP-Leistungserstellungsprozess als Generalunternehmer auf und lässt weitere Leistungen von Subunternehmern erstellen, die zum Teil wiederum auf Subunternehmer zugreifen. Primäres Outsourcing liegt somit nur bei sehr einfachen ASP-Lösungen oder bei sehr kompetenten und großen ASP-Anbietern vor.[727]

C.2. Dauer der Übertragung

Die Verträge, die den ASP-Geschäftsbeziehungen zugrunde liegen, sind von kürzerer Laufzeit als Verträge beim klassischen Outsourcing. Je nach Komplexität der ASP-Lösung handelt es sich um kurz-, mittel- oder langfristige Verträge. Sehr einfachen Leistungen, wie zum Beispiel das Anmieten von Speicherplatz, werden sehr kurzfristige Verträge zugrunde liegen. Der Bereitstellung komplexer Applikationen, wie zum Beispiel ERP-Systemen, bieten sich hingegen mittel- bis langfristige Verträge an.

C.3. Häufigkeit der Übertragung

Bei den meisten ASP-Lösungen handelt es sich um fallweises (mehrmaliges) Outsourcing. Da eine Rückführung der fremdvergebenen Leistungen in das Unternehmen häufig schwierig ist, werden die bezogenen Leistungen nach Auslaufen des ASP-Vertrages im Regelfall weiterhin fremd vergeben. Einmaliges Outsourcing ist nur zu erwarten, wenn die Leistungen hinterher wieder im Unternehmen selbst erbracht werden oder eine ASP-Lösung nur als Übergangslösung verwendet wird, um Engpässe in der eigenen Leistungserstellung zu überbrücken.

C.4. Umfang der übertragenen Ressourcen

Beim ASP werden normalerweise keine oder kaum Ressourcen, wie zum Beispiel Personal oder technische Infrastruktur, an den Anbieter übertragen. Daher

---

[727] Vgl. dazu GP 4.4.2.

kann idealtypisch von einem Outsourcing ohne Übertragung von Ressourcen ausgegangen werden.

C.5. Bedeutung des Outsourcing für das übertragende Unternehmen
ASP ist grundsätzlich als strategische Outsourcing-Variante zu verstehen, die als Ziele die Schaffung und Erhaltung von Erfolgspotenzialen und die Sicherung der Unternehmensfortführung hat. Aufgrund des teilweise extrem hohen Aufwands bei einer Rückführung der Leistungserstellung in die Unternehmung und der hohen Bedeutung einer Fremdvergabe von Leistungen, von deren Ausführung der Betriebsablauf in der Unternehmung abhängt, sollte die Nutzung einer ASP-Lösung eine Frage mit strategischer Bedeutung sein.

C.6. Form der Gegenleistung
ASP ist eine Form des Outsourcing, die gegen Entgelt stattfindet. Das Entgelt wird dabei idealtypisch nutzungsabhängig gezahlt. Häufig werden jedoch für bestimmte Leistungen gesonderte Entgelte vereinbart und andere, vor allem nutzungsabhängige Leistungen, die auch messbar sind, werden variabel verrechnet.

4.4. Anbieter von ASP-Lösungen und Positionierungsstrategien

4.4.1. ASP-Anbieter

Das ASP-Modell und der ASP-Markt sind von einer hohen Komplexität und einer hohen Dynamik gekennzeichnet und zeigen seit dem Auftauchen des ASP-Phänomens eine Vielzahl von Anbietern auf. Die Aussicht, auf dem ASP-Markt ein lukratives Geschäftsfeld aufbauen zu können, veranlasst viele Unternehmen, die zum Teil als Start-up neu entstehen und sich rein auf das ASP-Geschäft konzentrieren (sogenannte Pure-play-ASP)[728] oder ihr bereits bestehendes Geschäft erweitern (sogenannte Add-on-ASP),[729] sich im ASP-Markt zu positionieren.[730]

---

[728] Bekannte Pure-play ASP sind zum Beispiel USInternetworking, Corio oder Interliant. Vgl. Ekanayaka/Currie/Seltsikas (2002), S. 200.

[729] Zu diesen Unternehmen gehört beispielsweise auch www.amazon.com. Amazon.com bietet für andere Handelsunternehmen ASP-Dienstleistungen an und bezeichnet das Outsourcing

Unternehmen, die bisher ASP-fremde Leistungen angeboten haben, sehen das ASP-Modell neben der Möglichkeit, lukrative Zusatzleistungen zu dem bisherigen Geschäftsfeld anzubieten, als Chance, eine erhöhte Kundenbindung zu generieren, oder müssen aufgrund des hohen Wettbewerbsdrucks handeln.[731]

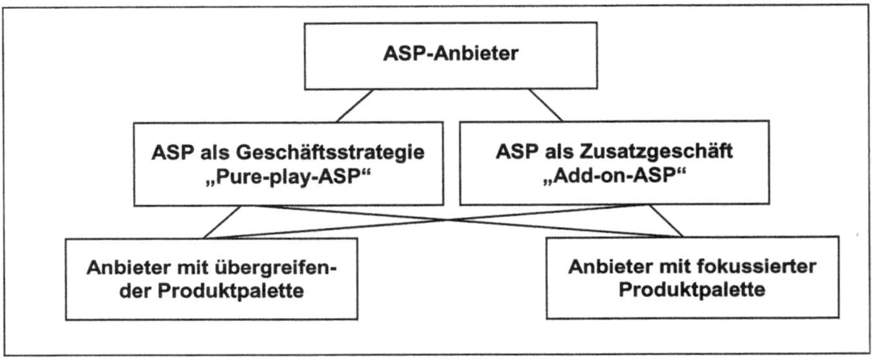

Abbildung 18: Grundlegende Einteilung von ASP-Anbietern
Quelle: in Anlehnung an Grohmann (2002), S. 77.

Der Vorteil des Angebots einer ASP-Lösung kann für den Anbieter jedoch auch in der Beibehaltung und dem Ausbau eigener IT-Systeme bestehen. Wäre eventuell eine Leistungserbringung innerhalb der Unternehmung wirtschaftlich nicht sinnvoll, kann sich die Situation bei Angebot der innerbetrieblich vorhandenen IT-Ressourcen am Markt als vorteilhaft erweisen. Durch Veräußerung der ursprünglich innerbetrieblichen IV-Leistungen am Markt kann auch in Bezug auf die weiterhin innerbetrieblich erstellten Leistungen eine Kostendegression auftreten.

respektive das ASP-Geschäft als das am schnellsten wachsende Geschäftssegment. Vgl. o.V. (2003d).

[730] Vgl. Currie/Seltsikas (2001), S. 131. Obwohl auf dem ASP-Markt eine Vielzahl von Start-up-Unternehmen aufgetreten ist, konnten diese sich gegen etablierte Unternehmen, die ihr bisheriges Geschäftsfeld durch ASP-Dienste erweitern, im Regelfall nicht behaupten. Vgl. o.V. (2003b).

[731] Vgl. Carli (2001), S. 68.

Die Frage, ob eine Leistung fremd bezogen werden sollte oder nicht, muss demnach ebenfalls die Möglichkeit berücksichtigen, die Leistungen bei Eigenerstellung am Markt anzubieten. Zudem haben die Anbieter den Vorteil, dass sie sich nicht in eine Abhängigkeit zu anderen Dienstleistern begeben (zum Beispiel Datenhoheit, Datenschutz). Eine Eigenerstellung ist jedoch wirtschaftlich nur sinnvoll, wenn die Produkte auch außerhalb der Unternehmung nachgefragt werden und dadurch Skaleneffekte realisiert werden können. Ebenso bedeuten die periodischen Zahlungen der Kunden eine gewisse Planungssicherheit für den Anbieter. Statt einer einmaligen Zahlung wird das unternehmerische Risiko durch wiederkehrende Zahlungen verringert. Einen besonderen Vorteil hat das ASP-Modell für Softwarehersteller. Dadurch, dass die Lizenzen nur an die ASP-Anbieter weitergegeben und die Applikationen direkt bei diesen abgerufen werden, wird die Softwarepiraterie eingeschränkt.[732]

Auch sind die Risiken im ASP-Modell für den Provider zu betrachten. Der Provider steht in der Pflicht, die vereinbarten Leistungen zu garantieren. Insbesondere heißt das, dass die technische Infrastruktur immer auf dem neusten Stand sein muss und die Funktionsfähigkeit der Applikationen zu jeder Zeit gegeben sein muss. Dieses kann zum Teil nur mit hohem Aufwand realisiert werden. Wichtig ist dieser Aspekt vor allem dann, wenn der Provider noch keinen ausreichenden Kundenstamm zur Verfügung hat und damit das Risiko eines Markteinstiegs steigt, da die Unsicherheit einer Kundengewinnung höher ist. Die Risiken werden um so größer für den Provider sein, je unbekannter er am Markt ist, je schwächer die Vertriebsstruktur ist, je kleiner der vorhandene Kundenstamm ist, je weniger Referenzen für den Anbieter vorliegen und je schlechter seine Fähigkeiten im Beziehungs- und Vertragsmanagement sind.

---

[732] Vgl. Patterson (2001).

Im Anschluss sind, ohne Anspruch auf Vollständigkeit, die wichtigsten Anbietergruppen im ASP-Markt mit ihren jeweiligen ASP-angebotsbezogenen Stärken und Schwächen skizziert:[733]

Start-ups (Pure-play-ASP) im ASP-Markt haben ihre Kernkompetenz im Angebot von ASP-Lösungen.[734] Die ASP-Start-ups sind meistens von Kennern des Outsourcing-Marktes gegründet worden, verfügen über ein gutes Marktverständnis und können die Bedürfnisse der Kunden genau erfassen. Sie bauen ihr Geschäftskonzept entsprechend den Kundenbedürfnissen auf und bieten verschiedene Services aus einer Hand. Die erforderlichen IT-Ressourcen und Vertriebskanäle sind häufig vorhanden beziehungsweise durch Kooperationen gesichert. Im Regelfall sind die ASP-Start-ups unabhängig von anderen Anbietern und können dadurch auch eine größere Menge an anbieterverschiedenen Lösungen offerieren. Problematisch für diese Unternehmen sind vor allem die geringe Kapitalbasis, fehlende langfristige Finanzierungsmöglichkeiten sowie die zumeist ungenügende eigene Kundenbasis. Auch die Möglichkeit, anfangs das ASP-Geschäft durch Quersubventionen zu unterstützen, lässt sich aufgrund fehlender Subventionsquellen (andere Geschäfte des Unternehmens) nicht realisieren.

Telekommunikationsunternehmen und *Internet Service Provider (ISP)* verfügen über eine gute Kapitalbasis und ausreichend Finanzierungsmöglichkeiten. Sie besitzen eine breite Kundenbasis und den dazugehörigen Kundenkontakt, der in der Regel anonym erfolgt. Ebenso verfügen sie über gut ausgebaute Vertriebswege und über Know-how im Infrastrukturbereich. Insbesondere ISP weisen einen hohen informationstechnologischen Sachverstand und einschlägige Erfahrung im Beherbergen von Websites und dem dazugehörigen Servicemanagement auf. Sie kontrollieren einen kritischen Teil der dem ASP-Modell zugrunde liegenden Infrastruktur. Die Netzwerkinfrastruktur der Telekommunikationsunternehmen ist hochwertig und für eine performante Internet-Anbindung geeignet.

---

[733] Diese Aufteilung orientiert sich an dem ursprünglichen Geschäft des Anbieters. Vgl. Kavan/Miranda/O'Hara (2002), S. 171; Currie /Seltsikas (2001), S. 131.

Problematisch für Telekommunikationsunternehmen könnte sich jedoch erweisen, dass sie keine Servicekultur auf Softwareseite, keine Erfahrung im Vertrieb von IT-Dienstleistungen und keinen direkten Kundenkontakt haben. Telekommunikationsunternehmen und Softwareanbieter (auch als Independent Software Vendors (ISV) bezeichnet) werden eine Schlüsselrolle im ASP-Markt aufgrund ihrer Bedeutung für den Betrieb der Datenübertragungswege spielen. Zudem bestehen häufig Synergie- und Skaleneffekte zwischen dem bisherigen Geschäftsmodell und Teilen des ASP-Geschäftsmodells in diesen Unternehmen.

Klassische Outsourcer besitzen umfangreiches Know-how im Betrieb von IT-Installationen. Sie verstehen es, einen guten Kundenservice zu bieten, und haben Erfahrung in der vertraglichen Ausgestaltung von Outsourcing-Lösungen. Bisher konzentrieren sie sich jedoch traditionell auf Großprojekte und sind es eher gewohnt, eine individuelle Geschäftsbeziehung mit individuellen Lösungen zu pflegen. Ihnen fehlt damit sowohl das Verständnis für die One-to-many-Lösung des ASP-Modells als auch ein geeigneter Vertriebsweg für ein Massengeschäft. Die Aufwendungen, die bei einer Umstellung beziehungsweise Ausweitung des bisherigen Geschäftsmodells auf das ASP-Geschäftsmodell notwendig werden, können sehr hoch sein. Da das Angebot der klassischen Outsourcer bisher stärker auf Großunternehmen abzielt, fehlt ihnen außerdem der Bezug zu der wichtigen ASP-Nachfragergruppe der KMU.

Beratungsunternehmen und *Systemintegratoren* sehen in dem ASP-Modell eine Ausweitung ihrer bisherigen Integrationstätigkeit. Sie besitzen häufig Erfahrung in Implementierungsleistungen und dem Projektmanagement, die für das ASP-Modell von hoher Bedeutung sind, sowie in der Überwachung und dem Outsourcing von Applikationen. Durch ihre Erfahrung im Dienstleistungsgeschäft verstehen sie sich vor allem im Umgang mit dem Kunden. So verfügen sie oftmals über strategische, langfristige Kundenkontakte und kennen genau die Bedürfnisse der Anwender.[735] Kritisch zu sehen sind das im Regelfall mangelnde

[734] Vgl. Kavan/Miranda/O'Hara (2002), S. 171.
[735] Vgl. Cherry Tree Co. (2000), S. 13.

Verständnis sowie das Fehlen geeigneter Vertriebswege für das Massengeschäft im ASP-Modell. Zusätzlich sind bei Beratungsunternehmen und Systemintegratoren Defizite im IT-Betriebs-Know-how und in der Verfügbarkeit von ASP-relevanten technischen Einrichtungen festzustellen.[736]

Softwareanbieter müssen häufig aufgrund des hohen Wettbewerbsdrucks reagieren und auf dem ASP-Markt tätig werden.[737] Sie treten mitunter zögerlich in den ASP-Markt ein, da sie Kannibalisierungseffekte fürchten. Bieten sie jedoch keine ASP-gerechten Produkte oder Leistungen an, laufen sie Gefahr, bisherige Kunden beziehungsweise Kundenkontakte zu verlieren oder als Lieferant von Softwarelösungen übergangen zu werden. Ihre Kompetenz liegt in der Regel in der Entwicklung und Bereitstellung von Softwarelösungen sowie in der Gewährleistung der Softwarequalität und in der Weiterentwicklung und Verbesserung der vorhandenen Lösungen. Auch wenn der Applikationsanbieter das Produkt, auf dem die ASP-Lösung aufbaut, besitzt und bestimmte Synergien zu einem umfangreicheren ASP-Angebot bestehen, muss er nicht gezwungenermaßen die sonstigen Leistungen des Modells anbieten. Das Angebot einer umfassenden ASP-Lösung würde ein komplett anderes Geschäftsmodell und hohe Investitionen erfordern. Der Softwareanbieter hat häufig kaum eigene Einrichtungen für den Softwarebetrieb, besitzt jedoch traditionell eine breite Kundenbasis und hat vielfach einen hohen Bekanntheitsgrad sowie exzellente Marktzugänge. Er weist aber auch einen fehlenden oder schwach ausgeprägten Vertrieb für die Zielgrup-

---

[736] Matalla (2000), S. 64 sieht in Beratungsunternehmen die kompetentesten Partner beim Anpassen von Software und führt insbesondere den ständigen Kundenkontakt und das Know-How über die Problemstellungen aus der betriebswirtschaftlichen Praxis als deren Kernkompetenzen an.

[737] Vgl. Currie/Seltsikas (2001), S. 131. Bedeutende Softwareanbieter wie beispielsweise SAP, Microsoft, Sun, Oracle, J.D. Edwards, People Soft oder Siebel Systems bieten inzwischen in Zusammenarbeit mit ihren Partnern umfangreiche ASP-Lösungen an. Beispielsweise vertreibt SAP mit der mySAP Business Suite über seine Partner (so genannte Hosted Solutions Partner) auf KMU zugeschnittene ASP-Lösungen. Die für die zentralisierten ASP-Betriebsmodelle notwendige Middleware wird beispielsweise von Microsoft (.NET-Technologie) oder SUN (WEBtop-Technologie) angeboten. Bis zum Jahr 2004 haben sich nach H.K.P. Consult, S. 13 vor allem ISV als ASP-Anbieter etabliert.

pe KMU aus.[738] Eine Konzentration auf die bisherigen Kernkompetenzen und die Kooperation mit anderen Anbietern im ASP-Modell kann dem Softwareanbieter einen bemerkenswerten Anteil am ASP-Markt als Applikationslieferant bieten. Für den Softwareanbieter besteht eine Gefahr darin, dass er seine ursprünglichen Kundenkontakte verliert, wenn er sich auf seine Kernkompetenzen konzentriert und die Softwarelizenzen größtenteils an seine Kooperationspartner verkauft, die den Kundenkontakt managen. Aber das ASP-Modell eröffnet auch die Möglichkeit, bisher nicht bediente Kundengruppen, wie beispielsweise KMU, für Produkte zu gewinnen, für die bisher noch kein Kundenkontakt bestand.[739]

Datencenteranbieter sind von elementarer Bedeutung für ein funktionierendes ASP-Modell. Sie werden zwangsläufig zumindest als Subunternehmer auftreten, die das Beherbergen der Applikationen übernehmen und damit die zentrale Infrastruktur und das Infrastrukturmanagement anbieten. Eine Ausweitung des bisherigen Geschäfts zu umfangreicheren ASP-Angeboten würde jedoch eine gewisse Gefahr darstellen, da ihre Kernkompetenz im Angebot von Hosting-Services liegt. Sie besitzen keine oder nur geringe Softwareexpertise und selten Kenntnisse über notwendige Customizing- und Integrationsservices.[740] Zudem besteht die Gefahr, dass die Datencenteranbieter lediglich eine geringe Akzeptanz bei potenziellen Kunden erfahren beziehungsweise deren Unmut auf sich ziehen. So ist es möglich, dass ein potenzieller Kunde gleichzeitig selbst als ASP auftritt und aus diesem Grund eher einen Anbieter wählt, der nicht als Konkurrenz zu verstehen beziehungsweise der bestenfalls nur in anderen Bereichen der ASP-Wertschöpfungskette als er selbst vertreten ist.[741]

Value-added reseller (VAR) bieten Lösungen, die auf bereits existierenden Applikationen aufbauen und diese um zusätzliche Services erweitern. Sie variieren die vorhandenen Applikationen und passen sie den Bedürfnissen bestimmter

---

[738] Vgl. Meitner/Seufert (2000), S. 241.
[739] Vgl. Currie/Seltsikas (2001), S. 131.
[740] Vgl. Meitner/Seufert (2000), S. 24.
[741] Vgl. Ring/Hope/Leston (2000), S. 30.

Anwendergruppen an. Zudem verfügen sie über ein bereits bestehendes Geschäftsmodell, das dem ASP-Modell ähnlich ist. Die Kompetenzen des VAR liegen vor allem in der Kenntnis der Kundenbedürfnisse, dem Kundenbeziehungsmanagement und dem Vertrieb der Lösungen. Der VAR könnte insbesondere in Zusammenarbeit mit anderen Unternehmen als Schnittstelle zum Kunden und damit als eigentlicher ASP auftreten.

Infrastrukturanbieter bieten Produkte, die grundlegend für den Betrieb einer ASP-Lösung sind.[742] Neben Softwareanbietern, die Produkte für das Systemmanagement, Softwaretools oder Portaltechnologien liefern, gehören die Anbieter von Hardware zu den Infrastrukturanbietern. Sie liefern die Netzwerkkomponenten und die Rechner, wie zum Beispiel Thin-Clients und Server. Diese Unternehmen werden zwangsläufig zumindest als Partner im ASP-Modell eine Bedeutung haben, können jedoch ebenso andere Bereiche der ASP-Wertschöpfungskette übernehmen.[743]

Bisherige Anwender von IT-Ressourcen, wie beispielsweise Versicherungen und Banken, verfügen häufig über sehr gute und umfassende persönliche Kundenkontakte, haben zum Teil bereits Erfahrung im Outsourcing und besitzen vor allem ein hohes Vertrauensniveau gegenüber dem Kunden. Zudem können sie eher das von den Kunden verlangte Sicherheitsgefühl, vor allem vor dem Hintergrund der bisherigen Geschäftsbeziehung und des Branchenimages, befriedigen.[744]

4.4.2. Positionierungsstrategien

Ausschlaggebend für eine mögliche Positionierung zum Angebot von bestimmten ASP-Services sind die Kernkompetenzen, die das jeweilige Unternehmen mitbringt, wobei über eine Ausweitung kernkompetenznaher Services nachzu-

---

[742] Infrastrukturanbieter sind zum Beispiel IBM, Compaq, Sun oder HP.
[743] Vgl. Currie/Seltsikas (2001), S. 131.
[744] Vgl. zu einem möglichen Angebot von ASP-Diensten durch Banken Kapitel 5.

denken ist.[745] Das grundlegende ASP-Konzept umfasst einfache, technisch geprägte Angebote und zeichnet sich durch geringe Markteintrittsbarrieren und geringe Wechselkosten der Kunden aus. Um eine nachhaltig erfolgreiche Positionierung im ASP-Markt einzunehmen und sich vom Wettbewerb abzugrenzen, können einzigartige Angebote geschaffen werden, die zu hohen Wechselkosten der Kunden und hohen Markteintrittsbarrieren führen. Etwaige Lösungen sind jedoch von einer hohen Komplexität gekennzeichnet. Die Fähigkeit, diese komplexen Lösungen zu beherrschen und erfolgreich zu betreiben, bietet die Möglichkeit der Schaffung eines Wettbewerbsvorteils.[746] ASP-Anbieter verfolgen daher unterschiedliche Strategien, sich im ASP-Markt zu positionieren, und gestalten ihr Dienstleistungsangebot entsprechend differenziert aus. Aufgrund des umfassenden möglichen Leistungsspektrums im ASP-Modell zeichnet sich eine große Menge von Positionierungsmöglichkeiten für ASP-Anbieter ab.[747]

Soll eine Spezialisierung stattfinden, wird zunächst häufig eine Differenzierung im Hinblick auf den ASP-Markt zwischen einem vertikalen und horizontalen Angebot vorgenommen:

- Ein *horizontal orientierter ASP* ist auf bestimmte Anwendungen oder Prozesse spezialisiert, die auch branchenübergreifend angeboten werden Er zeichnet sich durch funktionsspezifische Expertise aus und bietet beispielsweise Lösungen wie Website-Services, CRM-Systeme, SCM-Systeme oder HR-Systeme an.[748] Der horizontal orientierte ASP hat den Vorteil, seinen Kunden einen hohen Spezialisierungsgrad der Applikationen und substanzielle hoch-

---

[745] Vgl. dazu o.V. (2002c).
[746] Vgl. Factor (2002), S. 47.
[747] Vgl. Cherry Tree Co. (2000), S. 7. Die Vielzahl der Positionierungsmöglichkeiten und die Benennung ähnlicher Positionierungsmöglichkeiten mit ähnlichen Begriffen zeigt sich in der vielfältigen Literatur zu diesem Themenbereich. Vgl. zum Beispiel Sharma/Gupta (2002), S. 162; Factor (2002), S. 105-106; Pfüller (2001), S. 242; Lehner (2001), S. 98-99; Currie/Seltsikas (2002), S. 486; Leong (2000), S. 6-8; Tamm (2003), S. 67-73.
[748] Vgl. Currie/Seltsikas (2002), S. 486.

wertige Beratungsleistungen in dem entsprechenden Feld anbieten zu können.[749]

- Der *vertikal orientierte ASP* hingegen ist auf bestimmte Branchen spezialisiert und muss dafür industriespezifische Expertise besitzen.[750] Er bietet branchenspezifische Funktionalität wie zum Beispiel für Unternehmen im Gesundheitswesen, für Finanzdienstleister, für das herstellende Gewerbe oder für Telekommunikationsunternehmen. Der vertikal orientierte ASP stellt Branchenlösungen zur Verfügung, die sich zwar durch Branchenspezifität auszeichnen, innerhalb der Branche jedoch standardisiert sind.[751] Durch die speziellen Anforderungen der Unternehmen beziehungsweise der jeweiligen Branche an einzelne Funktionen kann der vertikale ASP aufgrund seiner Expertise häufig hochwertigere Lösungen liefern als andere Anbieter.[752]

Für eine weitere Differenzierung von möglichen Positionierungen dienen im Folgenden die in GP 4.1.2. beschriebenen Leistungen des ASP-Modells als Grundlage. Abhängig von den bereits vorhandenen und angestrebten Kompetenzen des potenziellen ASP-Anbieters kann ein Angebot eines oder mehrerer Leistungssegmente erfolgen. Der ASP sollte grundsätzlich nur die Leistungen anbieten, in denen er Erfahrungen hat und deutliche Kompetenzen aufweisen kann. Der Fremdbezug von bestimmten Leistungen ist demnach in vielen Fällen sinnvoll.[753] Nicht zuletzt ist es durch die Kombination der Leistungen unterschiedlicher spezialisierter Anbieter möglich, die Expertise und die Skaleneffekte in ih-

---

[749] Vgl. Cherry Tree Co. (2000), S. 8.

[750] Vgl. Currie/Seltsikas (2002), S. 486; Dean/Jackson (2000), S. 22. In einer Studie weist Tamm (2003), S. 121 einen vertikal spezialisierten Anteil von 29% der Application Service Provider aus.

[751] Vgl. Meitner/Seufert (2000), S. 27.

[752] Vgl. Cherry Tree Co. (2000), S. 9. Eine weitere Form des vertikalen ASP ist die des vertikal-orientierten Schnittstellen-ASP. Dieser ist auf das Angebot von Applikationen spezialisiert, die an der Schnittstelle zum Kunden oder zum Zulieferer zum Einsatz kommen. Hierzu gehören beispielsweise E-Procurement-, Supply-Chain-Management, Inventory-Management- und Business-Intelligence-Lösungen. Vgl. Cherry Tree Co. (2000), S. 11.

[753] Vgl. Schäfer (2001), S. 82.

rer Summe zu maximieren.[754] Zudem kann der Zugriff auf namhafte Partnerunternehmen interessante und im ASP-Modell häufig notwendige Marketingperspektiven eröffnen.[755] Der eigentliche ASP übernimmt daher im Regelfall eine intermediäre Funktion zwischen seinen Partnern und Kunden.[756] Die Bandbreite der Positionierungen geht von einem ganzheitlichen Angebot eines Full-Service-ASP, bis hin zu einem speziellen, sehr eingeschränkten Angebot eines stark fokussierten Anbieters in Form eines eigentlichen ASP.

Im Folgenden werden in Anlehnung an RING/HOPE/LESTON mögliche strategische Positionierungen vorgestellt.[757] Die Auswahl der Positionierungen, die zwischen den beiden Randlösungen „Full-Service-ASP“ und „eigentlicher ASP“ liegen, erfolgt beispielhaft und stellt lediglich eine Teilmenge denkbarer Positionierungen dar.[758]

Der *eigentliche ASP* spezialisiert sich auf das Management der Kundenbeziehung und die Erfüllung sekundärer Aktivitäten.[759] Er bildet die Grundform vieler anderer ASP-Formen, indem er umfangreiche Aufgaben im Servicemanagement wahrnimmt. Dazu gehören zum Beispiel der Vertrieb, das Marketing, das strategische beziehungsweise wirtschaftliche Applikationsmanagement (Applikationsportfoliobildung), die Serviceportfoliobildung, die Partnerakquisition sowie

---

[754] Vgl. Lee/Huynh/Kwok/Pi (2002), S. 213.

[755] Vgl. Böhm/Wurdack (2001), S. 31.

[756] Vgl. Daum (2002), S. 264; Lehner (2001), S. 98-99.

[757] Vgl. Ring/Hope/Leston (2000), S. 131-141. Im Weiteren werden nur die Positionierungen aufgeführt, die von Ring/Hope/Leston (2000), S. 131-141 als potenziell erfolgreich eingestuft wurden. Andere denkbare Positionierungen werden im Folgenden vernachlässigt. Zu anderen Bezeichnungen und Positionierungen, die sich jedoch vom Inhalt ebenfalls an den in GP 4.1.2. dargestellten Leistungen im ASP-Modell orientieren, vgl. zum Beispiel Factor (2002), S. 105-106. Kavan/Miranda/O'Hara (2002) entwickeln hingegen eine Ressourcenorientierte Taxonomie von ASP-Anbietern aus einer soziotechnischen Perspektive, die die IV-Leistungen nicht explizit einbezieht.

[758] Zu weiteren Positionierungen vgl. die in FN 747 angegebene Literatur.

[759] Von Ring/Hope/Leston (2000), S. 131 wird der eigentliche ASP auch als Customer-care-only-ASP bezeichnet. Der Begriff „eigentlicher“ ASP wird in dieser Arbeit für die beschriebene Positionierung verwendet, da diese die Fokussierung auf die Kernfunktionen eines ASP widerspiegelt.

die Finanzierung.[760] Der eigentliche ASP muss die Fähigkeit besitzen, Partnerschaften zu managen, da er selbst Leistungen fremd erstellen lässt und folglich auf Kooperationen angewiesen ist.[761] Er soll zudem als „single point of contract“ am Markt auftreten und nach Möglichkeit umfassende Applikationspakete bereitstellen, die eventuell horizontal oder vertikal fokussiert sind.[762] Damit ist er dafür verantwortlich, den Kunden möglichst individuelle und unternehmensfunktionale Applikations- und Servicepakete zu liefern. Vorteilhaft für diese Positionierung wirkt sich der enge Kontakt zum Kunden aus, der auch anderweitig, zum Beispiel zum Cross-Selling oder zur Erhöhung der Kundenbindung in der bisherigen Geschäftsbeziehung, genutzt werden kann. Ebenso wird dem eigentlichen ASP eher ein kunden- als profitorientiertes Image zugemessen, da er als unabhängiger Mittler auftritt und sich damit durch eine starke intermediäre Funktion auszeichnet, die er auf dem ASP-Markt einnimmt. Positioniert er sich in einer Aggregationsfunktion, indem er die Leistungen anderer ASP zu einem Paket zusammenfasst und diese an die Nachfrager weitervermittelt, erweitert er seine reine Intermediärsfunktion.[763] Als vorteilhaft erscheint aufgrund des starken Intermediärscharakters dieser Position der geringere Finanzierungsbedarf des eigentlichen ASP. Problematisch sind jedoch die umfangreichen Schnittstellen und die daraus entstehenden Schnittstellenkosten, die beim Management der Subunternehmerbeziehungen entstehen.[764] Aufgrund des Zugriffs auf Subunternehmer ergeben sich erhöhte Anforderungen an das SLA-Management und eine Akkumulation der Risiken, die aus der Zusammenarbeit erwachsen. Denn im Regelfall muss der ASP gegenüber dem Kunden für Probleme einstehen, die durch den Rückgriff auf die Subunternehmer entstehen können. Deshalb ist es

---

[760] Vgl. Ridder (2000), S. 54.

[761] Vgl. Meitner/Seufert (2000), S. 24. Sowohl die Bedeutung des Partnerschaftsmanagements als auch die Rolle des Bündelns von Diensten wird von Chen/Soliman (2002), S. 183 herausgestellt.

[762] Vgl. Currie/Seltsikas (2002), S. 494; Factor (2002), S. 106.

[763] Vgl. Toigo (2002), S. 123.

[764] Die Schnittstellenkosten, welche Transaktionskosten darstellen, können sich zum Beispiel aus der notwendigen Erstellung und Überwachung der SLA, der Explizierung der Produktanforderungen oder weiterer Informations- und Kommunikationskosten mit den Subunternehmern ergeben.

auch notwendig, dass der eigentliche ASP einen sehr guten Überblick über die am Markt befindlichen Anbieter und deren Lösungen hat und Zugang zu Markenlösungen besitzt. Zudem ist aufgrund des engen Verhältnisses zum Kunden eine Betreuung vor Ort notwendig.

Der *Full-Service-ASP* (beziehungsweise Full-Service-Provider) erbringt alle primären und sekundären Leistungen, die in der betrachteten ASP-Lösung vorgesehen sind, selbst und bietet damit einen End-to-end-Service an.[765] Das Kundenbeziehungsmanagement lässt sich so mit dem Management und der Überwachung der anderen ASP-Leistungskomponenten verbinden. Der Vorteil einer solchen Positionierung liegt zum einen in der hierarchischen Organisation und der geringen Anzahl zu bewältigender Schnittstellen bei der Leistungserbringung. Aufgrund der besseren Kontrolle über den Leistungserstellungsprozess und des damit einhergehenden geringeren SLA-Management-Aufwands ist diese Positionierung insbesondere für ein Angebot komplexer Lösungen denkbar. Die Anzahl der Kooperationen und die damit verbundenen SLAs sind beim Full-Service-Provider auf ein Minimum reduziert.[766] Nachteilig sind die hohen Investitionen, die sowohl in die IT-Infrastruktur als auch in das Know-how der Mitarbeiter getätigt werden müssen.[767] Die finanziellen Ressourcen für ein entsprechend umfangreiches Angebot müssen sehr groß sein, auch um temporäre Unterauslastungen zu überstehen. Zudem sind sehr gute Beziehungen zu den Applikationsentwicklern notwendig,[768] um eine Vielzahl von Anwendungen anzubieten und die Abhängigkeit zum Applikationsentwickler besser zu handhaben,

[765] Aufgrund des Umfangs des Angebotes eines Full-Service-Providers existieren nur sehr wenige globale Anbieter dieser ganzheitlichen Dienste. Vgl. Currie/Seltsikas (2002), S. 487; Leong (2000), S. 7.

[766] Damit reduzieren sich vor allem bei den aus einer Hand erbrachten Leistungen die Transaktionskosten erheblich.

[767] Laut der H.K.P. Consult (2004), S. 14-15 greifen daher schon allein beim Rechenzentrumsbetrieb die Mehrheit aller ASP-Anbieter auf Partnerunternehmen zurück.

[768] Die Applikationsentwicklung gehört nicht zwangläufig zum Leistungsumfang eines Full-Service-ASP. Sie ist daher auch in den Leistungen des ASP-Modells separat aufgeführt. Vgl. Abbildung 17.

da häufig eine spezifische Infrastruktur für die Lösungen geschaffen wird.[769] Aufgrund der hohen Investitionen verfügt der Full-Service-Anbieter im Regelfall über wenig Flexibilität, was sich beispielsweise durch eine mangelnde Anpassungsfähigkeit bezüglich der Kundenbedürfnisse oder in einem eingeschränkten Lösungsangebot zeigt. Full-Service-Anbieter haben daher eher Großkunden als Zielgruppe und schließen längerfristige Verträge ab.

Eine weitere Positionierung kann als *Geschäfts- und Systemintegrator* verfolgt werden. Hier wird die Integration der Applikationen und der Systeme angeboten. Zusätzlich zu den Integrationsleistungen kann der Integrator noch das Kundenbeziehungsmanagement und Teile des Servicemanagements betreuen. Er berät den Kunden hinsichtlich der ASP-Anwendungen, stellt für den Kunden ein ASP-Portfolio zusammen und führt auch weiterhin ein aktives Beziehungsmanagement zum Kunden. Er könnte beispielsweise als Vertrauensinstitution die SLA für den Kunden überwachen. Der Serviceintegrator zeichnet sich dadurch aus, dass er dem Kunden weitere Value-Added-Services bietet und sich bezüglich des Kundenkreises auf eine bestimmte Gruppe fokussiert (horizontal oder vertikal).[770] Als vorteilhaft bei dieser Positionierung stellen sich der geringe Finanzbedarf und der Kundenkontakt vor Ort durch die Integrationsleistungen heraus. Als nachteilig erweist sich die notwendige, tief gehende Kenntnis über die angebotenen und vorhandenen Systeme und Applikationen, die insbesondere beim Anpassen der Software auf die unternehmensspezifischen Geschäftsprozesse und bei der Vernetzung von Prozessen und Systemen von Relevanz ist. Für die Durchführung der Leistungen sind zudem hoch qualifizierte IT-Fachkräfte einzusetzen. Als besondere Gefahr können in diesem Zusammenhang jedoch die Verbesserung und Weiterentwicklung standardisierter Applikationen und Anpassungsmöglichkeiten über Netzwerke gesehen werden. Integrations- und Anpassungsleistungen können durch den Fortschritt im IuK-Bereich zunehmend automatisiert oder durch einen Fernzugriff vorgenommen werden. Die

---

[769] Vgl. Currie/Seltsikas (2002), S. 488.
[770] Vgl. Lehner (2001), S. 98.

Positionierung als Geschäfts- und Systemintegrator ist daher vor allem für komplexe, aufwendige Lösungen denkbar.

Ein *Managed-Application-ASP* bietet Services rund um die Applikation an. Dazu gehören zum Beispiel die Integrationsleistungen, der Support und das Applikationsmanagement. Technisch geprägte Leistungen werden von Subunternehmern bezogen. Zudem tritt er als Kundenbeziehungsmanager auf, da die Kundenbeziehung bei den drei genannten Serviceleistungen eine große Rolle spielt und somit Schnittstellen zu einem separaten Kundenbeziehungsmanager vermieden werden können. Dieses Modell ist vor allem bei einer vertikalen Spezialisierung sinnvoll, weil die Applikationsservices so branchenspezifisch ausgerichtet und zumindest teilweise standardisiert werden können. Die Vorteile bestehen unter anderem in einem engen Kundenkontakt, der Kontrolle über sämtliche Applikationsservices, wenigen Schnittstellen und geringen Investitionen in Hardware. Zudem wird der Managed-Application-ASP vom Kunden eher als kunden- denn als profitorientierter Akteur gesehen. Aufgrund der Nutzung von Subunternehmern und der fehlenden Kontrolle über den Netzwerk- und Datenservice sind jedoch ein gewisses Maß an SLA-Management sowie die Unterhaltung und Pflege von Schnittstellen zu den Zulieferern erforderlich. Eine Standardisierung innerhalb einer Branche ist nur dann möglich, wenn auch gewisse Standardbedürfnisse der Kunden bestehen. Durch die Fokussierung auf eine bestimmte Branche entsteht gleichzeitig eine Fokussierung auf bestimmte spezifische Applikationen, die wiederum eine Abhängigkeit vom Softwarehersteller nach sich zieht. Aufgrund des notwendigen Kundenkontaktes ist ebenso eine regionale Eingrenzung der Services erforderlich.

Die Problematik der Abhängigkeit vom Applikationsentwickler und die Nutzung von Synergieeffekten zwischen einem applikationsservicezentrierten ASP und dem Applikationsentwickler lassen Überlegungen hinsichtlich eines Modells sinnvoll erscheinen, das beide Aspekte vereint. Der so genannte *ISV-Managed-Application-ASP* nutzt mögliche Synergieeffekte. Dieses Modell bietet sich vor allem für Applikationsentwickler (ISV) an, die in dem ASP-Markt partizipieren und zudem den bisherigen Kundenkontakt aufrechterhalten bzw. intensivieren oder neue Kundenkontakte aufbauen möchten.[771] Vorteilhaft sind hier die Intensivierung des bestehenden Kundenkontaktes, die Nutzung von Synergieeffekten, die geringere Abhängigkeit von Subunternehmern und die geringe Anzahl von Schnittstellen zu diesen. Als problematisch könnte sich erweisen, dass der ISV-Managed-Application-ASP für den Kunden eher ein profit- als kundenorientiertes Image hat. Zudem können Kannibalisierungseffekte auftreten, wenn Lösungen des ISV am Markt sind und von anderen Anbietern vertrieben werden. Auch Konflikte mit anderen ASP-Anbietern sind nicht auszuschließen. Da der ISV managed-application ASP eine Konkurrenz für andere ASP-Positionierungen darstellt, kann ihm der Zugang zu notwendigen, fremdzubeziehenden ASP-Leistungen verwehrt werden. Ebenso kann der Fall eintreten, dass andere ASP-Anbieter aus wettbewerbsstrategischen Motiven nicht auf die Applikationen zurückgreifen, die der „ursprüngliche" ISV anbietet.

Bei dem ASP-Angebot und der Positionierung des Anbieters spielt der Vertrieb eine zentrale Rolle.[772] Potenzielle Kunden wünschen sich einen Ansprechpartner, der kompetent und vertrauenswürdig ist. Daher ist neben dem Vertrieb über die ASP-Hauptanbieter auch der Vertrieb über andere Kanäle, wie beispielsweise traditionelle IT-Lieferanten im Firmenkundengeschäft und im privaten Kundenbereich, Direktvertrieb oder eine Selbstbedienung, nachzudenken.[773] Der Vertrieb muss durch ein intensives zielgruppengerichtetes Marketing unterstützt werden, das in der Regel eine sehr kostenintensive Maßnahme für ASP-Anbieter darstellt.[774] Die Bedeutung des Vertriebs wird in einer Studie der H.K.P. Consulting GmbH deutlich. Mit über 60% der Nennungen werden dort der Vertrieb und die Vermarktung als wesentliche Hürde beim Aufbau des ASP-Modells herausgestellt.[775]

---

[771] Vgl. Ring/Hope/Leston (2000), S. 136-137.

[772] Vgl. Dean/Jackson (2000), S. 18, S. 26. Diese gehen davon aus, dass die Nutzung herkömmlicher Vertriebskanäle und anderer kundennaher Unternehmen ausschlaggebend für den Vertriebserfolg ist.

[773] Vgl. Küchler (2001), S. 172-173.

[774] Vgl. Hagemeyer (2001), S. 156.

[775] Vgl. H.K.P. Consult (2004), S. 26-27.

Insbesondere die Positionierungen, die einen Fokus auf das Kundenbeziehungs- und Servicemanagement legen, zeichnen sich durch eine intermediäre Funktion aus. Die intermediäre Funktion kann für den Vertrieb von ASP-Lösungen sehr bedeutend sein.[776] Intermediäre stellen einen Anlaufpunkt für die Nachfrager im intransparenten ASP-Markt dar. Sie reduzieren allgemein die Transaktionskosten der Nachfrager und haben Erfahrungen und Kenntnisse über potenzielle ASP-Anbieter. Zudem können sie ein ASP-Portfolio zusammenstellen, in dem verschiedene Applikationen von verschiedenen Anbietern enthalten sind, und damit auch einen Diversifikationseffekt bezüglich der Risiken in der Wertschöpfungskette erreichen.

Neben den vorgestellten Positionierungen sind zahlreiche weitere Geschäftsmodelle denkbar. Je nach Kombination und Angebot der Leistungen aus dem ASP-Modell im Geschäftsmodell ergeben sich neue, eventuell fallspezifisch vorteilhaftere Positionierungen für ein Unternehmen. Als notwendiges Element eines ASP gilt im Folgenden, dass dieses mindestens die Leistungsstufe des ASP-CRM innehat.[777] Damit wird dem starken Dienstleistungscharakter des ASP-Modells Rechnung getragen und bei der definitorischen Abgrenzung des Begriffs des Application Service Providers ein Ausschluss von Unternehmen erreicht, die lediglich einfache Zulieferfunktionen in der Wertschöpfungskette übernehmen.[778]

4.5. ASP-Nachfrager

4.5.1. Potenzielle Nachfrager

Nachfrager von ASP-Leistungen können grundsätzlich alle Unternehmen beziehungsweise Personen sein, die einen Bedarf an informationstechnologischen Lö-

---

[776] Vgl. Müller/Ott (2001), S. 738; Fraunhofer-Institut (2001).

[777] Zu beachten ist, dass das ASP-CRM relativ einfach gestaltet sein kann. Insbesondere bei einfacheren Lösungen werden die Aktivitäten auf dieser Wertschöpfungsstufe eingeschränkt sein.

[778] Dieser Ausschluss geht ebenso aus der in GP 4.1.1.1. getroffenen Definition hervor.

sungen haben. Eine einfache Einteilung der Nachfragergruppen kann anhand des Kriteriums „Größe des Wirtschaftssubjektes" vorgenommen werden.[779]

Für *Kleinkunden (zum Beispiel Home-Offices)* beziehungsweise *Privatpersonen* und *Kleinstunternehmen* besteht ein Nutzungsinteresse, da sie sehr preissensibel sind und zumeist weder Interesse noch das Wissen haben, die Lösungen eigenständig zu managen.[780] Insbesondere die Nutzung von einfachen ASP-Lösungen über mobile Zugangswege wird für sie von Interesse sein.

Insbesondere *kleine und mittlere Unternehmen* werden als Zielgruppe der ASP-Anbieter gesehen.[781] Durch das ASP-Modell werden KMU Lösungen zugänglich gemacht, die bisher in der Art und Weise für sie nicht realisierbar gewesen sind (zum Beispiel aufgrund zu hoher Applikations-, Administrations- und Implementierungskosten). Der Nutzen des ASP-Modells als Form des Outsourcing wird für KMU als substanziell angesehen,[782] zumal das Marktpotenzial des Outsourcing in KMU generell als sehr hoch angenommen wird.[783] Für sie kommen aufgrund ihres bisherigen informationstechnologischen Defizits auch komplette ASP-Leistungspakete in Betracht. Als problematisch stellt sich jedoch heraus, dass KMU nur wenig Erfahrung im Outsourcing-Geschäft haben und häufig

---

[779] Eine Einteilung in Nachfragergruppen kann auch nach anderen Kriterien erfolgen. Zu einer branchenorientierten Einteilung vgl. beispielsweise Fraunhofer-Institut (2001). Auch eine Ergänzung der Einteilung nach Größe durch eine weitergehende Segmentierung in vertriebsorientierte- und produktionsorientierte Unternehmen ist zum Beispiel denkbar. Insbesondere für vertriebsorientierte Unternehmen mit dezentralen Standorten kann das ASP-Modell von Interesse sein, da es einen räumlich unabhängigen Zugriff auf Daten und Applikationen gewährleistet.

[780] Beispielsweise nutzen Kleinkunden in großem Umfang Lösungen für Onlinesteuererklärungen, für das Onlinebanking oder browserbasierte E-Mail-Dienste. Die Entgelte für solche Leistungen sind jedoch entweder sehr gering oder es besteht eine kostenlose Zugriffsmöglichkeit auf die Lösungen.

[781] Diese Aussage hat nach wie vor Bestand und wird auch von Tamm (2003), S. 123 in einer aktuellen Studie gestützt.

[782] Vgl. Köhler-Frost (2002), S. 52; Currie/Seltsikas (2001), S. 133.

[783] Vgl. o.V. (2003c).

schwer zu überzeugen sind, Modernisierungsansätze zu übernehmen.[784] So hat sich inzwischen herausgestellt, dass sich gerade diese Zielgruppe sehr zögerlich bei der Nachfrage und dem Einsatz von ASP-Lösungen verhält.[785] KMU benötigen für sie ausgelegte Applikationen und nicht Applikationen, die eigentlich für Großunternehmen entwickelt wurden und nun ihnen in lediglich abgeänderter Form angeboten werden.[786] Zudem sind für KMU das Vertrauen und eine persönliche Beziehung zum Anbieter von außerordentlicher Bedeutung.[787] Sie bevorzugen daher regionale, mittelgroße Anbieter, mit denen vorzugsweise bereits Geschäftsbeziehungen bestehen.[788] Die bisherige Zurückhaltung von KMU auf dem Markt als Nachfrager ist des Weiteren dadurch begründet, dass sie die Befürchtung haben, aufgrund ihrer geringen einzelnen Bedeutung als anonymer Kunde des Anbieters nicht ernst genommen zu werden.[789] Die Einstellung von KMU gegenüber dem Einsatz von ASP-Lösungen kann jedoch grundsätzlich als durchaus positiv gesehen werden. So haben GÜNTHER/TAMM/HANSEN/MESIG in einer Studie festgestellt,[790] dass die positive Einstellung einer Nutzung von ASP-Diensten umso größer ist, je kleiner das Unternehmen ist. Zur Nachfragergruppe der KMU zählen auch *Start-up-Unternehmen* beziehungsweise *kleine Unternehmen in aufstrebenden Geschäftsfeldern*. Diese möchten häufig geringe Investitionen tätigen, da ihr Risikokapital begrenzt ist, jedoch von Anfang an über ausgereifte, wettbewerbsfähige Lösungen und eine flexible, effiziente IT-Struktur verfügen.[791]

Ebenfalls ist für *Großunternehmen* beziehungsweise *Konzerne* die Nutzung von ASP-Lösungen denkbar. Aufgrund ihrer bisherigen Erfahrung und der Aufgeschlossenheit gegenüber dem Ausgliedern von Netzwerk- und Datenverarbei-

---

[784] Vgl. Freimark (2003).
[785] Vgl. Köhler-Frost (2002), S. 38-40.
[786] Vgl. Fielding (2002).
[787] Vgl. Grenzebach (2003).
[788] Vgl. Leclerque (2003).
[789] Vgl. Grenzebach (2003).
[790] Vgl. Günther/Tamm/Hansen/Mesig (2001).
[791] Vgl. Stamm (2001), S. 57.

tungsleistungen werden die generellen Bedenken gegenüber dem ASP-Modell weniger ausgeprägt sein. Großunternehmen sind zudem aktiv an dem Aufbau von E-Commerce-Lösungen sowie der Öffnung und Integration der vorhandenen Intranetlösungen in das Internet interessiert. Sie haben zwar bereits zum Teil erhebliche Investitionen in den Aufbau einer eigenen IT-Struktur geleistet, können aber über das ASP-Modell eine sinnvolle Ergänzung oder Verbesserung der vorhandenen Struktur beziehungsweise der bisher verwendeten Lösungen vornehmen. Großkunden werden vor allem spezielle Anwendungen beziehungsweise Leistungen nachfragen, weniger komplette Leistungspakete.[792] Insbesondere in Großunternehmen beziehungsweise Konzernen besteht die Möglichkeit, unternehmensinterne Ressourcen zu nutzen, um ein internes ASP-Modell zu realisieren. Durch die Verwirklichung eines internen ASP-Modells können bedeutende Nachteile, wie zum Beispiel der Verlust der Datenhoheit oder der Verlust der Anwendungskontrolle, umgangen werden.[793]

4.5.2. ASP-Nachfrage und Marktversagen im ASP-Markt

Die ASP-Nachfrage kann zum einen aus dem Bedürfnis nach der Nutzung neuer Technologien beziehungsweise IT-Lösungen erwachsen, die bisher nicht in Anspruch genommen wurden beziehungsweise nicht in Anspruch genommen werden konnten oder für deren Nutzung erst jetzt das Bedürfnis entstanden ist.[794] Zum anderen kann die ASP-Nachfrage auch durch die Forderung der Substitution bereits vorhandener IT-Lösungen entstehen. Substituiert werden können sowohl unternehmensinterne Lösungen als auch bisherige Leistungen von Fremdanbietern (zum Beispiel bestehende Outsourcing-Partnerschaften).[795] Die Substi-

---

[792] Vgl. Köhler-Frost (2002), S. 53.

[793] Vgl. Liess (2000), S. 11.

[794] Die Nutzung neuer Anwendungen wird laut Marktanalysten einen bedeutenden Anteil an der zukünftigen Entwicklung und Akzeptanz des ASP-Modells haben. Vgl. o.V. (2003). Diese Vermutung wird von Tamm (2003), S. 205 bestätigt, der einen Anteil von 70% der in einer empirischen Untersuchung befragten Unternehmen nennt, die bereit sind, neue, bisher nicht verwendete Software, im ASP-Modell zu nutzen.

[795] Bestehende Outsourcing-Verträge werden aller Wahrscheinlichkeit nach weitgehend erhalten bleiben. Jedoch müssen die Outsourcing-Anbieter Preisabschläge einräumen, um konkurrenzfähig zu bleiben. Vgl. Stamm (2001), S. 58.

tution kann dabei auch partiell erfolgen. Es besteht grundsätzlich nicht die Notwendigkeit, die gesamten IT-Lösungen einer Unternehmung über einen ASP zu beziehen, sondern in Form eines selektiven Outsourcing können sowohl bestehende als auch neue Lösungen genutzt werden.

Der Erfolg des ASP-Konzepts hängt von zahlreichen Faktoren ab. Letztendlich sind es jedoch die Nachfrage und die Akzeptanz auf Seiten der Kunden, die einen Erfolg des ASP-Modells herbeiführen. Etliche Faktoren haben Einfluss auf die Vorteilhaftigkeit und Attraktivität des ASP-Modells (vgl. GP 4.7.). So sehr diese Faktoren jedoch positiv auf das ASP-Modell einwirken, stehen der endgültigen Akzeptanz durch die Kunden einige Bedenken und Hemmnisse gegenüber. Aufgrund hoher Informationsasymmetrien und Wissensdefizite auf Kundenseite sind die tatsächlichen Transaktionen auf dem ASP-Markt weit hinter den erwarteten und potenziellen Transaktionen geblieben,[796] sodass von einem Marktversagen im ASP-Markt gesprochen werden kann. Es ist bisher nicht gelungen, das grundlegende Misstrauen der potenziellen Kunden gegenüber den ASP-Anbietern und deren Lösungen sowie das hohe Wissensdefizit potenzieller Kunden über ASP-Lösungen zu überwinden.[797] Daher ist es für den ASP-Anbieter besonders wichtig, das Vertrauen des Kunden zu gewinnen und dessen Wissenslücken zu schließen.[798]

Viele Anbieter tun sich schwer, die mittelständischen Kunden anzusprechen und sie von ihren Leistungen zu überzeugen.[799] KMU befürchten aufgrund ihrer geringen Verhandlungsmacht, Nachteile gegenüber den ASP-Anbietern zu ha-

---

[796] Vgl. Tamm (2003), S. 106.

[797] Vgl. Factor (2002), S. 43; Preston/Brohman (2002), S. 205; o.V. (2003).

[798] Vgl. auch Lee/Huynh/Kwok/Pi (2002), S. 212-213; Tamm (2003), S. 23; ähnlich in Bezug auf Angebote im E-Commerce auch Kiefer (2001), S. 94. Vertrauen ist auch gerade deshalb wichtig, weil KMU mangels IT-Ressourcen kaum Möglichkeiten haben, die vereinbarten Leistungen im Detail zu kontrollieren. Vgl. o.V. (2003b).

[799] So werden der Vertrieb und die Vermarktung in einer Studie von H.K.P. Consult (2004), S. 26 als wesentliches Hemmnis beim Aufbau des ASP-Modells beschrieben.

ben.[800] Laut Umfragen wollen mittelständische Kunden daher mittelständische Anbieter als Kontaktpunkt, was insbesondere für kleinere ASP-Anbieter von Vorteil sein kann.[801] Als Verkaufskanäle werden sogar Steuerberater, Notare oder PC-Händler vorgeschlagen, da diese „die Sprache der KMU“ sprechen.[802]

ASP-Anbieter können nicht davon ausgehen, dass potenzielle Kunden auf sie zukommen. TAMM zeigt in einer Studie auf, dass nur 45% der an ASP interessierten Unternehmen direkt mit dem ASP in Kontakt treten.[803] Ein Großteil bezieht seine Informationen lediglich aus Magazinen oder Informationsportalen, die häufig eine objektive teilweise jedoch oberflächliche Einschätzung der Dienstleister geben. Dieses Vorgehen ist insofern überraschend, als für eine fundierte Entscheidungsfindung bei der Dienstleistungspartnerwahl und Beurteilung von ASP-Diensten bezüglich der unternehmensindividuellen Anforderungen prinzipiell nur ein direkter Kontakt mit dem Anbieter selbst infrage kommt. Es kann damit als Aufgabe des ASP angesehen werden, den Kontakt zu den potenziellen Nachfragern herzustellen. Ein direkter Kontakt und eine persönliche Kommunikation können auch dazu beitragen, wichtige Erfolgsfaktoren für den Absatz der Produkte positiv zu beeinflussen. Zu diesen zählen unter anderem die Transparenz der Angebote sowie die Erhöhung der Wahrnehmung des ASP durch den Kunden, welche als sehr unzureichend seitens der Nachfrager beschrieben werden.[804]

Auf dem ASP-Markt besteht eine hohe Qualitätsunsicherheit,[805] die vor allem aus der Intransparenz des Angebots und des Marktes,[806] der Komplexität der

---

800 Ähnlich führt auch Schotters (1992), S. 87 eine geringe Machtposition von KMU sowohl auf Beschaffungsmärkten als auch auf Absatzmärkten als Handlungsspielraum einschränkenden Faktor an.
801 Vgl. Freimark (2003).
802 Vgl. Hornacek (2002).
803 Vgl. Tamm (2003), S. 202.
804 Vgl. Tamm (2003), S. 204.
805 Vgl. o.V. (2003c), S. 6; o.V. (2003b).
806 Vgl. Tamm (2003), S. 154.

ASP-Wertschöpfung, der mangelnden empirischen Erfahrung sowie dem hohen Misstrauen der Nachfrager resultiert.[807] Diese Qualitätsunsicherheit führt zu einer Verringerung der Markttransaktionen und damit zu einer zögerlichen Entwicklung des ASP-Marktes beziehungsweise der ASP-Nachfrage. Zur Verringerung dieser Unsicherheit ist der Aufbau von Vertrauen beim Kunden in den Anbieter und dessen Leistungen essenziell. Zertifikate, Gütesiegel, Garantien, Testzugänge, die Konzipierung und Kommunikation einer klaren langfristigen Strategie, die Kommunikation geeigneter SLA, das Signalisieren von Erfahrungen und Referenzen des Providers (zum Beispiel Kundenbewertungen, Expertenbewertungen)[808] sowie eine gute Reputation des Anbieters sind geeignet, um eine Vertrauensbasis zu schaffen.[809] TAMM hat nachgewiesen, dass eine Integration eines Großteils dieser Informationssubstitute in das Angebot der Provider die Zahlungsbereitschaft potenzieller Kunden erhöht, womit von einer unsicherheitsverringernden Wirkung dieser Instrumente ausgegangen werden kann.[810] Der erfolgreiche Einsatz dieser Instrumente ist jedoch bisher nur schwer nachzuweisen, denn obwohl bereits einige dieser Instrumente am Markt eingesetzt werden, ist die Nachfrage nach ASP-Lösungen nach wie vor schleppend. Auch ergeben sich bei einigen dieser Instrumente schwer zu lösende Probleme. Bei den von Kundenseite geforderten Referenzen und Erfahrungen beispielsweise zeigt sich, dass Referenzkunden und die mit ihnen erzielten Erfahrungen in einem so jungen Markt oft kaum vorgewiesen werden können. Notwendige Kundenbeziehungen sind jedoch nur sehr schwer aufzubauen, da potenzielle Erstkunden ebenfalls Referenzen und Erfahrungen des Anbieters verlangen.[811] Auch Zertifikate und Gütesiegel sind nur insofern hilfreich, als potenzielle Nachfrager den Institutionen vertrauen, die diese Instrumente erschaffen haben. Unter An-

---

[807] Vgl. o.V. (2003c), S. 6.

[808] Zu Modellen, die zur Reduktion der Qualitätsunsicherheit und zur objektiven Bewertung der ASP-Dienstleister die Qualität dieser Dienstleister und deren Lösungen messen vgl. o.V. (2003c), S. 6. Zu weiteren Möglichkeiten der Verringerung der Qualitätsunsicherheit vgl. GP 3.6.3.

[809] Vgl. auch Riedl (2004), S. 242-244.

[810] Vgl. Tamm (2003), S. 253-261.

[811] Vgl. Factor (2002), S. 44.

nahme opportunistisch agierender Marktteilnehmer kann sich der Kunde per se nicht sicher sein, dass es sich nicht um falsche Zertifikate oder Gütesiegel handelt oder ob diese Instrumente überhaupt vertrauenswürdig sind.[812] Dem Stellen von Garantien wird von TAMM zwar eine sehr hohe Bedeutung eingeräumt,[813] diese sind aber wenig zuträglich, wenn dem Anbieter dieser Garantien kein Vertrauen entgegengebracht wird und nicht sicher mit einem tatsächlichen Schutz bei Schadensfällen gerechnet werden kann. Selbst bei der Existenz solcher Signalisierungsinstrumente und ihrer grundsätzlichen Funktionsweise ergibt sich das Problem, dass diese Instrumente auch von kleinen und mittleren Unternehmen wahrgenommen und akzeptiert werden müssen. Häufig fehlt KMU jedoch jeglicher Kontakt zu etwaigen Institutionen oder das entsprechende Vertrauen in solche Institutionen. Auch SLA können die Qualtiätsunsicherheit nur eingeschränkt lösen.[814]

Die von den Anbietern vermittelten Informationen über die Leistungsbündel und ihre Darstellung reichen im Regelfall nicht aus, um eine genügende, das heißt umfangreiche und qualitativ hochwertige Bewertung aus Kundensicht vorzunehmen.[815] Da Umfragen in den Reihen der ASP-Anwender ergeben haben, dass diese insbesondere von der Kosteneffektivität, den Fähigkeiten des ASP, der Risikoreduktion und der Konzentration auf die eigenen Kernkompetenzen profitieren, sollten diese Inhalte beziehungsweise Vorteile des ASP-Konzepts ebenfalls entsprechend vermittelt werden.[816] Die glaubhafte Kommunizierung der tatsächlichen Leistungsmerkmale der angebotenen ASP-Lösung ist für die Akzeptanz des Angebots wesentlich. Beispielsweise werden von potenziellen Nachfragern immer wieder Sicherheitsaspekte als wesentliches Hemmnis für

---

[812] Eine opportunistische Verhaltensweise der ASP-Anbieter bei der Angabe oder Verwendung von Zertifikaten oder Gütesiegeln weist auch Tamm (2003), S. 224 nach.
[813] Vgl. Tamm (2003), S. 260.
[814] Vgl. dazu Riedl (2004).
[815] Vgl. Tamm (2003), S. 106, 111.
[816] Vgl. Williams (2003), S. 9.

eine Auslagerung genannt.[817] Tatsächlich verschafft gerade eine ASP-Lösung eine Sicherheit, die von internen IT-Abteilungen kaum gewährleistet werden kann.[818] Erforderlich für eine Akzeptanz des ASP-Angebots sind auch die Transparenz bezüglich der Subunternehmer des ASP und deren Leistungen sowie eine glaubwürdige Darstellung der Zukunftsaussichten des ASP. Da der Kunde in gewisser Weise abhängig vom ASP sein wird, ist es für ihn essenziell, dass dieser langfristig als Geschäftspartner zur Verfügung steht.[819] Die finanzielle Stabilität, das heißt vor allem Informationen über die Finanzierung und den Hintergrund der Geldgeber sowie die Bonität des Anbieters, ist daher extrem bedeutsam für mögliche ASP-Kunden.[820] Als problematisch hat sich die negative Publicity des ASP-Konzepts herausgestellt. Je häufiger schlechte Nachrichten über das ASP-Konzept auftauchten, desto vermehrter wurden Überlegungen verworfen, das ASP-Modell zu nutzen.[821] Zusätzlich muss bei einer Outsourcing-Entscheidung auch immer die „Machtkomponente" berücksichtigt werden, denn je größer die relative Macht der IV-Abteilung innerhalb der Unternehmung ist, desto weniger werden IV-Funktionen ausgelagert.[822]

Die fehlende Bereitschaft der potenziellen Nachfrager, ihre bisher getätigten Investitionen, die bei einer Nutzung des ASP-Angebots obsolet werden, als sunk costs zu akzeptieren, führt zusätzlich zu einem eingeschränkten Interesse an

---

[817] Vgl. zum Beispiel Cherry Tree Co. (1999), S. 7. In einer aktuellen Studie stellen 80% aller befragten Unternehmen die Datensicherheit als gewichtigsten Nachteil einer ASP-Lösung heraus. Vgl. Tamm (2003), S. 199.

[818] Vgl. o.V. (2003c), S. 5; Günther/Tamm/Hansen/Mesig (2001), S. 560; Tamm (2003), S. 199.

[819] Die befürchtete Abhängigkeit vom ASP wird häufig als ein bedeutendes Hemmnis der potenziellen Nachfrager bezüglich einer ASP-Nutzung genannt. Vgl. Seidel (2001).

[820] Vgl. Köhler-Frost (2002), S. 30; Selchert (1971), S. 94-95; Finken (1997), S. 13; Leclerque (2003); Günther/Tamm/Hansen/Mesig (2001), S. 560. Die finanzielle Stabilität des Anbieters ist in der empirischen Erhebung von Tamm (2003), S. 199 für 60% aller befragten Unternehmen eines der wesentlichen Bedenken beim Bezug von ASP-Leistungen.

[821] Vgl. Janitz (2002). Einige negativ behaftete Schlagzeilen aus einschlägigen Medien führt o.V. (2003c), S. 4-5 auf.

[822] Vgl. Dibbern/Heinzl (2000), S. 5-6.

ASP-Lösungen.[823] Ebenso verhindern der Widerstand in den IT-Abteilungen gegen die Leistungserstellung außer Haus und eventuelle Bedenken bezüglich der Sicherheit der Arbeitsplätze im eigenen Unternehmen häufig die Entscheidung zugunsten eines externen Anbieters.[824] Weitere Bedenken bestehen darin, dass mit der Auslagerung der IT ein Kontrollverlust über Daten, Informationen und Anwendungen einhergeht und die bestehenden rechtlichen Rahmenbedingungen und Regelungen keine ausreichende Grundlage für ASP-Verträge stellen.[825] Als problematisch erweist sich zudem, dass insbesondere KMU aufgrund fehlender Ressourcen kaum Möglichkeiten haben, die vereinbarten SLA zu kontrollieren, und somit auf die Auskunftsbereitschaft und Integrität des Anbieters angewiesen sind.[826]

Neben den bisher aufgeführten Kriterien stellen die Kunden weitere Ansprüche an den ASP-Anbieter und an das ASP-Modell. Dieses sind vornehmlich günstige Konditionen beziehungsweise signifikante Kostenvorteile einer ASP-Lösung gegenüber anderen Lösungen, hohe Zuverlässigkeit des Anbieters, Qualität der verfügbaren Software, Garantien für angebotene Services, ein für den Kunden interessantes Lösungs- und Serviceportfolio des Anbieters, geringerer IT-Administrationsaufwand als bei alternativen Lösungen, hohe Zeitersparnis, schnellere Implementierung neuer Anwendungen sowie die Bereitstellung ausgereifter, umfangreicher SLA.[827] Von Bedeutung ist speziell die glaubhafte Kommunikation mit dem Kunden über alle Belange, die eine zukünftige Geschäftsbeziehung betreffen können. Der ASP muss daher unter anderem Informationen über das Daten- und Rechenzentrum, die Software, den Kundendienst, die Implementierung der Lösungen, die Berechnungsmodelle für die anfallenden Kosten, die voraussichtliche Performance der Leistungserbringung, den Nutzen der ASP-Lösung für den Kunden, die Zugriffsmöglichkeiten auf die Anwendungen, die Sicherheitsmaßnahmen, den Vertrag, die Fall-back-Regeln, die Mög-

[823] Vgl. Factor (2002), S. 42; Williams (2003), S. 19.
[824] Vgl. Factor (2002), S. 43; Williams (2003), S. 19.
[825] Vgl. Factor (2002), S. 44; Williams (2003), S. 19.
[826] Vgl. o.V. (2003b).
[827] Vgl. Langecker (2002), S. 9; Seidel (2001).

lichkeiten der Kündigung (gesetzliche Regelungen, Strafzahlungen bei Kündigung) seitens des Kunden und eines eventuellen Erwerbs der Lösungen (nach einer bestimmten Mietphase) vermitteln.[828] Zudem ist es für den Kunden wichtig zu wissen, an wen er sich bei Problemen wenden kann und ob er neben einem allgemeinen Ansprechpartner auch persönliche, spezialisierte Ansprechpartner (zum Beispiel bei den Subunternehmen) hat. Der Kunde sollte auch verschiedene Vertragsstufen je nach Anwenderbedürfnissen eingeräumt bekommen.

Abschließend sind in Tabelle 18 die wesentlichen von ASP-Nachfragern gewünschten Eigenschaften bei ASP-Anbietern dargestellt und hinsichtlich einer möglichen Bedeutung innerhalb der Transaktionsatmosphäre geordnet.

Vertrauensbildende Faktoren:
– generelle und spezifische *Reputation* (siehe unten)
– persönliche Beziehung zum Anbieter
– bestehende Geschäftsbeziehung
– zukunftssichere Geschäftsbeziehung
– Transparenz im Leistungserstellungsprozess
– Auskunftsbereitschaft
– regionale Präsenz
Reputation:
– ausgeprägte Fähigkeiten im Beziehungsmanagement
– Verständnis für die Bedürfnisse der Kunden
– Fähigkeit, ein passendes Leistungsportfolio anzubieten
– Fähigkeiten im Vertragsmanagement
– hohe Zuverlässigkeit
– Sicherheitssensibilität
– Leistungsqualität
– Fähigkeit, Garantien für die angebotenen Services zu geben
– ASP-Erfahrungen

Tabelle 18: Gewünschte Rahmenbedingungen für die Transaktionsbeziehung und Eigenschaften der ASP-Anbieter

[828] Vgl. Köhler-Frost (2002), S. 31-37. Diese Anforderungen werden im Regelfall nicht eingehalten von den ASP, was unter anderem die hohe Informationsasymmetrie auf dem ASP-Markt bedingt. Vgl. Tamm (2003), der sich ausgiebig mit der Informationspolitik der ASP beschäftigt. Die Anforderungen an einen ASP-Anbieter entsprechen weitgehend den Anforderungen an generelle Outsourcing-Anbieter. Vgl. Finken (1997), S. 45-47.

4.6. Entwicklung des ASP-Marktes in Deutschland

Noch im Jahr 2000 wurde der deutsche ASP-Markt, insbesondere im Vergleich mit anderen europäischen Ländern, als sehr viel versprechend betrachtet. Vor allem aufgrund der Eignung des ASP-Modells für KMU und der Bedeutung von KMU in Deutschland wurde dem deutschen Markt erhebliches Wachstumspotenzial vorausgesagt.[829] Inzwischen hat sich jedoch herausgestellt, dass gerade die KMU sich sehr zögerlich bei der Nachfrage und dem Einsatz von ASP-Lösungen verhalten.[830] Die mangelnde Kundennachfrage ist besonders in dem von Kundenseite geforderten, aber häufig inexistenten Vertrauensverhältnis zwischen ASP und Kunde begründet.[831] Fehlende Referenzkunden und Killerapplikationen[832] sowie ein geringer Reifegrad der Lösungen und ein mangelndes Verständnis der Anbieter für die Bedürfnisse der Kunden tragen weiterhin dazu bei, dass die Akzeptanz bisher hinter den Erwartungen zurückblieb.[833] Die One-to-many-Idee, die ursprünglich hinter dem ASP-Konzept stand, konnte sich nicht durchsetzen und die Komplexität der ASP-Services und der ASP-Infrastrukturen wurde seitens der Anbieter stark unterschätzt. Ein Angebot der für dieses Konzept idealen Standardprodukte mit geschäftsunkritischem Charakter bietet keine ausreichenden Differenzierungsmöglichkeiten vom Wettbewerb. Das Angebot von komplexeren Lösungen, das von vielen Anbietern verfolgt wurde, um ein Alleinstellungsmerkmal aufzubauen, ist jedoch ebenfalls mit Problemen behaftet, die nicht immer von den Anbietern bewältigt werden konnten. Diese Lösungen bieten zwar Differenzierungsvorteile und bieten den Nachfragern einen zuverlässigen, sicheren und kosteneffizienten Betrieb von Anwendungen, müssen aufgrund der dynamischen Umwelt jedoch immer wieder angepasst werden und

---

[829] Vgl. Grohmann (2002), S. 25-27. Die hohe Attraktivität des deutschen Marktes zeichnet sich auch darin ab, dass ein Großteil der europäischen ASPs deutscher Herkunft ist. Vgl. Tamm (2003), S. 107.

[830] Vgl. Köhler-Frost (2002), S. 38-40.

[831] Vgl. Günther/Tamm/Hansen/Mesig (2001), S. 555; Fraunhofer-Institut (2001); o.V. (2003a).

[832] Killerapplikationen sind Anwendungen, die aufgrund bestimmter Charakteristika auf einem bisher noch nicht erschlossenen Markt das „Eis“ brechen und durch eine hohe Akzeptanz bei den Kunden den Einstieg in den jeweiligen Markt signifikant vorantreiben.

[833] Vgl. Fielding (2002).

sind einer hohen Unsicherheit unterworfen.[834] Die ASP haben zudem das Problem, dass langjährige Erfahrungen in diesem Markt nicht vorliegen und für die Kunden eine Orientierung am Markt sehr schwierig ist, da die Angebote und der ASP-Markt im Allgemeinen sehr intransparent sind und ein Vergleich und die Entscheidung für ein Angebot aufgrund der Vielzahl der ASP-Lösungen und ASP-Anbieter mit einem hohen Aufwand in Verbindung stehen. Aufgrund der Hemmnisse für Nachfrager stellt sich der ASP-Markt daher auch nach wie vor stark angebotsgetrieben dar.[835]

Der europäische Markt unterscheidet sich vom US-amerikanischen Markt in der Entwicklung über die zuerst in Anspruch genommenen ASP-Leistungen, die sich in Europa eher aus der Notwendigkeit des Eintritts vieler Unternehmen in den E-Com-merce ergeben. Während in den USA mehr als 80% aller Unternehmen ASP-Lösungen in Anspruch nehmen,[836] ist in Deutschland eine deutliche Zurückhaltung bei der Nutzung von ASP-Diensten zu verzeichnen. Dem „Hype" der vergangenen Jahre im ASP-Markt folgt inzwischen eine Konsolidierungsphase, in der sich etliche Pioniere des deutschen ASP-Marktes bereits zurückziehen mussten.[837] Ein Großteil der ASP-Anbieter der „ersten Welle" waren Start-ups, die vom Verfall der Technologiebörsen, dem Scheitern angekündigter Finanzierungsrunden und dem eingebrochenen IPO-Markt besonders hart getroffen wurden. Die stattfindende Konsolidierung zeichnet sich vor allem durch den Markteintritt von Old-Economy-Unternehmen aus, die häufig die Vorteile einer bestehenden Kunden- und einer ausreichenden Finanzierungsbasis aufweisen.[838]

---

[834] Vgl. Janitz (2002).

[835] Vgl. Ekanayaka/Currie/Seltsikas (2002), S. 193.

[836] Vgl. Köhler-Frost (2002), S. 39; Hornacek (2002).

[837] Vgl. Köhler-Frost (2002), S. 17; o.V. (2002a). Es wird geschätzt, dass bis zu 60% der ASP-Anbieter aus dem Jahr 2001 bereits im Jahr 2003 nicht mehr am Markt waren. Vgl. o.V. (2003a). Problematisch ist vor allem, dass durch die Vielzahl an Geschäftsaufgaben viele tatsächliche ASP-Kunden enttäuscht beziehungsweise potenzielle Kunden abgeschreckt wurden und damit das Kundenvertrauen in IT-Dienstleistungen stark gelitten hat. Vgl. o.V. (2003c).

[838] H.K.P. Consult (2004), S. 10-11 beziffert in einer Studie die Quote der Start-up-Unternehmen am ASP-Markt im Jahr 2004 auf nur 18%. Über 40% aller befragten ASP-

Ausgangspunkt des Angebots im ASP-Markt waren anfangs geschäftsunkritische Applikationen, für die nicht in dem Maße die Hemmnisse gelten wie für komplexere und geschäftskritische Anwendungen.[839] Inzwischen, obwohl auch geschäftsunkritische Applikationen am Markt noch nicht ausreichend erfolgreich positioniert und angenommen werden, werden infolge eines doch zunehmend höheren Reifegrades des ASP-Marktes geschäftskritischere Applikationen platziert.[840] Die One-to-many-Idee, die hinter dem ASP-Modell steht, konnte sich bis jetzt jedoch nicht ausreichend durchsetzen. Viele Kunden verlangen eine gewisse Anpassung an ihre Bedürfnisse und können Standardlösungen, solange es sich nicht um einfache Lösungen handelt, nur begrenzt einsetzen. One-to-many-Modelle können vor allem für Lösungen mit geschäftsunkritischem Charakter angeboten werden. Diese Lösungen sind weder kostspielig in der Anschaffung noch schwierig zu implementieren und zu warten, womit das ASP-Modell seine Vorteile bei etwaigen Lösungen nicht voll ausspielen kann.[841] Als wesentlicher Erfolgsfaktor wird daher eine vertikale Fokussierung der Applikationen gesehen. Durch eine vertikale Fokussierung, das heißt Branchenfokussierung, können benutzerspezifische Lösungen angeboten werden, die gleichsam den Anpassungsaufwand der Anwendung reduzieren.[842] Neben dem Einsatz von herkömmlichen ASP-Lösungen haben insbesondere in Großunternehmen interne ASP-Lösungen Anwendung gefunden. Diese haben ASP häufig als Weg zur Vervollkommnung des eigenen E-Business gesehen und einhergehend mit der

---

Anbieter existieren bereits mindestens seit 1995 und können daher zu den etablierten Unternehmen der Old Economy gezählt werden.

[839] Geschäftsunkritisch sind beispielsweise Personal Productivity oder E-Mail-Lösungen. Vgl. GP 4.2.

[840] Geschäftskritisch sind beispielsweise SCM-, CRM- und ERM-Lösungen. Vgl. GP 4.2.

[841] Vgl. Janitz (2002).

[842] Werden Applikationen speziell für einzelne Branchen angeboten, sind diese zwar individuell für die Branche, genügen aber auch einer gewissen Standardisierung innerhalb der Branche (Branchensoftware bietet in der Regel bereits 80% der notwendigen Funktionalität). Die Lösungen zeichnen sich demnach durch einen erheblich geringeren Anpassungsaufwand aus, was vor allem die Kosten und den Zeitaufwand der Implementierung positiv beeinflusst. Vgl. o.V. (2002c).

Einführung einer ASP-Lösung umfangreiche Umstrukturierungsmaßnahmen vorgenommen.[843]

Etliche renommierte Marktforschungsunternehmen haben Prognosen für die Entwicklung des ASP-Marktes gegeben.[844] Eine Vergleichbarkeit der jeweiligen Ausblicke ist jedoch nur eingeschränkt möglich, da die Frage nach einer einheitlichen Definition des ASP-Marktes und des ASP noch nicht geklärt ist. Zudem basieren die Prognosen in den meisten Fällen auf einer eher angebotslastigen und technologieorientierten Betrachtungsweise.[845] Die prognostizierten Umsatzvolumina des ASP-Marktes werden dabei von den verschiedenen Instituten sehr unterschiedlich gesehen, was neben den oben genannten Gründen auch an der offensichtlichen Unsicherheit über die zukünftige Nachfrageentwicklung liegt. Das Erreichen eines dynamischen Marktvolumens wird jedoch von jedem Institut vorausgesagt. So prognostiziert die International Data Cooperation (IDC) ein weltweites Marktvolumen von 20 Mrd. US-Dollar im Jahr 2006 und die Gartner Group geht von 25 Mrd. US-Dollar im Jahr 2005 aus.[846] Ovum hingegen sagt ein weltweites Marktvolumen von 114 Mrd. US-Dollar für das Jahr 2006 voraus.[847] Ähnlich unterschiedliche Prognosen werden für den europäischen Markt gemacht. Während Dataquest das europäische ASP-Marktvolumen mit 6 Mrd. US-Dollar im Jahr 2003 beziffert und Ovum dieses für 2004 mit 8,4 Mrd. US-Dollar angibt, gehen Mummert & Partner von einem europäischen Gesamtmarkt von nur 1,5 Mrd. US-Dollar im Jahr 2004 aus.[848] Auch wenn diese Werte inzwischen nicht mehr realisierbar scheinen und von einem wesentlich geringeren Wachstum und von geringeren Marktvolumina ausgegangen werden muss, zeichnet sich dennoch ein steigendes Interesse am Thema ASP ab. Beispielswei-

---

[843] Oracle hat zum Beispiel seit 1999 ein ASP-Modell innerbetrieblich eingeführt und neben den damit beabsichtigten Marketingmaßnahmen beachtliche Produktivitätssteigerungen und Kostenersparnisse realisieren können. Vgl. Rieker (2001), S. 39-53.

[844] Zur Entstehung und Entwicklung des ASP-Maktes in Deutschland vgl. Grohmann (2002), S. 24-28.

[845] Vgl. Seven One - Media (2001), S. 7.

[846] Vgl. IDC (2002); Kavan/Miranda/O'Hara (2002), S. 170.

[847] Vgl. Ring/Hope/Leston (2000).

[848] Vgl. Seven One - Media (2001), S. 7; Ring/Hope/Leston (2000).

se sind die Mitgliederzahlen des 1999 gegründeten ASP Industry Consortiums von 25 Mitgliedern im Jahr 1999 auf 700 Mitglieder im Jahr 2002 gestiegen.[849] Neue Marktstudien prognostizieren zudem ein jährliches Wachstum des deutschen ASP-Marktes von bis zu 91% bis zum Jahr 2006 und einen Anstieg des Umsatzes vom Jahr 2001 in Höhe von 246 Mio. € auf 6,19 Mrd. € im Jahr 2006.[850] Selbst eine relativ konservative Schätzung von PAC beziffert die Wachstumsraten zwischen 2004 und 2008 zwischen 30,3% und 43,7% und damit erheblich über dem Marktwachstumsdurchschnitt des aufstrebenden Outsourcing-Marktes.[851] Bemerkenswert war ebenfalls die Emission von salesforce.com, einem CRM-Anbieter für ASP-Lösungen. Das US-amerikanische Unternehmen ging im Juni 2004 in den USA an die Börse und erreichte am Emissionstag aufgrund des hohen Interesses der Anleger an dem Unternehmen und dem Geschäftsmodell eine Steigerung des Aktienkurses um 56%.[852] Nach der Konsolidierung am Markt und dem Angebot höherwertiger Lösungen sowie weiteren Anstrengungen, die Hemmnisse für Nachfrager zu beseitigen, wird daher weiterhin von einem hohen Potenzial des ASP-Modells ausgegangen.

Als Faktoren für den Erfolg des ASP-Modells werden unter anderem das Vorhandensein eines vielfältigen Sortiments an funktionierenden ASP-Lösungen, die Fokussierung auf den Lösungsaspekt im ASP-Modell, ein stärkeres Engagement bekannter und etablierter Unternehmen, die Verbesserung des gesamtwirtschaftlichen Umfelds und die Konsolidierung am Anbietermarkt gezählt. Auch muss ein Fokus auf die Bemühungen gelegt werden, die Beziehung zum Kunden zu verbessern. Nur durch eine vertrauensvolle Zusammenarbeit, ein grundlegendes Verständnis füreinander und den Aufbau langjähriger Erfahrungen, auch mit dem Kunden, kann das ASP-Modell erfolgreich sein.[853]

---

849 Vgl. Krcmar (2003), S. 309.

850 Vgl. o.V. (2003a); o.V. (2003b).

851 Vgl. PAC (2004), S. 15. Die Steigerungsraten des Outsourcing-Marktes im Allgemeinen bewegen sich dabei im selben Zeitraum zwischen 11,7% und 13,5%. Vgl. PAC (2004), S. 15.

852 Vgl. Hillenbrand (2004).

853 Vgl. Grohmann (2002), S. 220-225.

4.7. Einflussfaktoren auf den Erfolg und die Entwicklung des ASP-Modells

Der Erfolg und die weitere Entwicklung des ASP-Modells hängen von verschiedenen Faktoren ab.[854] Diese Faktoren werden nachhaltig auf die Unternehmenspolitik wirken und in bestimmten Bereichen die Notwendigkeit, Akzeptanz und Vorteilhaftigkeit des ASP-Modells steigern.[855] Die Unternehmen müssen schnell und flexibel handeln können sowie kostengünstige und doch verlässliche Lösungen einsetzen.

Umwelt	**Faktoren**
ökonomische/ organisatorische	- Konjunkturlage - Finanzielle Aspekte potenzieller Nachfrager - Fokussierung auf Kernkompetenzen und strategisch bedeutsame Ziele - Anpassungsfähigkeit und Angebot bisheriger Marktteilnehmer - Kapitalbeschaffungsmöglichkeiten für ASP - Risikotransformation - Unternehmerische Koordinationsfähigkeit
	den vorangegangenen Faktoren untergeordnet: - Forderung nach Agilität und Flexibilität - Globaler Wettbewerb - Globaler Zugang zu Applikationen und Informationen - Trend zur Standardisierung von Geschäftsprozessen
ökologische (eingeschränkt)	- Entsorgungsproblematik obsoleter Hardware - Entwicklung zum papierlosen Arbeiten
rechtliche/ politische	- Entwicklung rechtlicher Rahmenbedingungen - Umbruch Patentrecht auf Software in der Europäischen Union - Wettbewerbsbehörden
technologische	- Innovationen/technische Entwicklungen - Informationstechnologischer Nachholbedarf der KMU - Internetqualitäten - Komplexität der Technologie - Forderung nach neuesten und besten Technologien sowie hervorragender technischer Expertise - Beschleunigte Anwendungsbereitstellungs- und -entwicklungszeit (time-to-market) - Notwendigkeit von ASP-fähigen Produkten

[854] Vgl. Factor (2002), S. 36-42; Cherry Tree Co. (1999), S. 6-7; Toigo (2002), S. 162-163.
[855] Vgl. Eisenbacher (2001), S. 24-25.

	- Verkürzung der Lebenszyklen von Produkten
soziale/ gesellschaftliche	- Bedarf an flexiblen Arbeitsplatz- und Mitarbeitermodellen - Quantitative und qualitative Knappheit an IT-Personal - Akzeptanz neuer Technologien - Beziehung zum Kunden und Stärkung der Vertrauensbasis[856] - Einfluss externer Akteure

Tabelle 19: Einflussfaktoren des ASP-Marktes
Quelle: in Anlehnung an Currie/Seltsikas (2002), S. 483.

Die grundlegenden und bedeutendsten Einflussfaktoren sind mit Fokus auf die für diese Arbeit wichtige Nachfragergruppe der KMU in Tabelle 19 dargestellt. Die Faktoren spiegeln dabei Einflüsse ökonomischer, organisatorischer, ökologischer, rechtlicher, technologischer, sozialer und gesellschaftlicher Aspekte auf die Nachfrage nach informationstechnologischen Systemen beziehungsweise ASP-Lösungen wider.

4.7.1. Ökonomische und organisatorische Faktoren

Konjunkturlage

Von bedeutendem Einfluss auf den ASP-Markt ist eine positive konjunkturelle Entwicklung, da das ASP-Modell aufgrund seiner Charakteristika ein interessantes Konzept darstellt, den Wachstumskurs einer Unternehmung zu stützen. ASP kann hier einige seiner Vorteile ausspielen, wie beispielsweise Kostenreduktion, Skalierbarkeit, hohes „time-to-market", hohe Flexibilität der Lösung usw. Jedoch ist auch in konjunkturschwachen Zeiten das ASP-Modell als Outsourcing-Lösung von Interesse, da es behilflich sein kann, notwendige Effizienzsteigerungs- und Kostensenkungspotenziale zu realisieren.[857] Dieses kann zum Beispiel in einer Automation der Geschäftsprozesse und dem daraus folgenden Einsatz von hoch entwickelten informationstechnologischen Lösungen liegen. Unabhängig vom konjunkturellen Zyklus haben viele IT-Maßnahmen ohnehin eher Zwangscharakter. Um im Wettbewerb zu bestehen und das langfristige Überleben der Unternehmung zu sichern, müssen zur Unterstützung der Kernprozesse häufig moderne IT-Systeme implementiert werden.

---

[856] Vgl. Grenzebach (2003).
[857] Vgl. Janitz (2002); Leclerque (2003); o.V. (2003b).

Finanzielle Aspekte potenzieller Nachfrager

Die Forderung der effizienten Allokation knapper Ressourcen wird sich auch auf die Betriebsform informationstechnologischer Systeme auswirken. Finanzielle Mittel sollen primär in Projekte mit hoher strategischer Priorität beziehungsweise hohem RoI fließen. Laufende Investitionen sollen eine möglichst geringe Kapitalbindung aufweisen. Das ASP-Modell kann hier seine Vorteile voll ausspielen. Abhängig von der Komplexität der Applikation wird im ASP-Konzept ein erhebliches Einsparungspotenzial erwartet.[858] Die TCO werden durch das Outsourcing der Datenverarbeitung beziehungsweise durch den Einsatz einer ASP-Lösung gesenkt.[859]

Für KMU kann durch den Mietcharakter und durch das Einsparpotenzial der ASP-Lösung ein positiver Einfluss auf den Cashflow erreicht werden.[860] Zudem ist es für KMU einfacher, Mietzahlungen aus dem laufenden Geschäft zu tätigen als einmaliges Kapital für hohe Investitionen zu beschaffen und zu bedienen. Der Kritikpunkt am ASP-Konzept, dass die Kosten durch die Umwälzung auf die Nutzungsgebühren lediglich verschoben werden, gilt somit nur in gewissem Maße für große, kapitalkräftige Unternehmen, die nicht so erheblich von den Skaleneffekten profitieren können wie KMU. Das Argument der Kostensenkung kann jedoch zum großen Teil vom Kunden in der Weise beeinflusst werden, dass aus dem Vorteil ein Nachteil erwächst. Eine Kostenerhöhung kann nämlich dann eintreten, wenn der Kunde beispielsweise überdimensionierte Lösungen in Anspruch nimmt. Auch durch die Nutzung zusätzlicher Services oder die Akzeptanz von Gebührenerhöhungen können die eigentlichen Kosten der ASP-Lösung steigen. Ebenfalls zu beachten ist ein durch die ASP-Lösung höherer Koordinations- und Kommunikationsaufwand, der sich in Reibungsverlusten durch zusätzliche Schnittstellen manifestiert. Die Kosten einer ASP-Lösung

---

858 Dieses Einsparungspotenzial resultiert vor allem aus den Skaleneffekten, die der ASP zu erreichen versucht. Für KMU wird dieses Argument eher zutreffen als für Großunternehmen, die diese Skaleneffekte aufgrund ihrer hohen Transaktionsvolumina zum Teil bereits außerhalb des ASP-Marktes realisieren.

859 Vgl. GP 4.1.1.2.

860 Ring/Hope/Leston (2000), S. 22.

sollten jedoch unter den Kosten einer konventionellen Lösung liegen, um das ASP-Modell attraktiv zu gestalten. Nicht zu vernachlässigen sind in diesem Zusammenhang die Zugangskosten zum Internet und die Betriebsnetzkosten, die im ASP-Modell eine erhebliche Rolle spielen können und insbesondere von den Netzanbietern bestimmt werden,[861] jedoch idealerweise über den ASP in seiner Funktion als Generalunternehmer in die Nutzungsgebühren eingeschlossen werden.

Viele KMU besitzen ungenügende Informationen über die Kosten ihrer informationstechnologischen Systeme.[862] Sie werden erst nach und nach eine Transparenz in die Kostenstruktur der Unternehmung durch den Einsatz moderner kostenrechnerischer Verfahren bringen und damit eine erhöhte Kostensensitivität aufweisen. Die klare Kostenabgrenzung im EDV-Bereich wird dann dazu beitragen, die zum Teil erheblichen Kosten des internen IT-Betriebs offen zu legen und einen Vergleich mit alternativen Bezugsformen anzustellen. Hier wird das ASP-Modell durch seine Kostenvorteile erhöhte Beachtung erfahren.[863] Im Gegensatz zur relativ schweren kostenrechnerischen Erfassung der IT-Kosten bei unternehmensinternem Betrieb bietet das ASP-Modell eine hohe Kostentransparenz und eine gute Planbarkeit der anfallenden Ausgaben. Durch nachträgliche Anpassungsmaßnahmen entstehen bei herkömmlichen Projekten im IT-Bereich häufig erhebliche Kosten, die ex ante nicht abzusehen sind. Diese Kosten fallen im ASP-Konzept im Regelfall nicht oder nur in geringerem Maße an. Die ansonsten vorherrschende Unsicherheit hinsichtlich der Zahlungsstromentwicklung wird nahezu eliminiert, da der Anbieter den Großteil der kostenwirksamen Risiken übernimmt. Vor allem die Kostenrisiken aus der Anwerbung, Beschäftigung und Bindung von IT-Spezialisten können an den ASP abgetreten werden. Auch wenn eine Kostenüberwälzung durch die Nutzungsgebühren der ASP-

---

[861] Vgl. Bechtolsheim/Loth (2000), S. 19.

[862] Vgl. Hornacek (2002); Schotters (1992), S. 184-185.

[863] Nach Factor (2002), S. 11 werden vor allem die Budgets der unternehmensinternen IT-Abteilungen entlastet, da ein Bezug von IT-Leistungen über ASP-Anbieter durch den Wettbewerbseffekt dazu führt, dass bei sinkenden Kosten für die IT eine erhöhte Qualität geboten wird.

Lösung stattfindet, tritt zumindest eine Glättung der Risikopositionen durch gleich bleibende finanzielle Aufwendungen ein. Der Grad der möglichen Kostenvorhersage ist aufgrund der speziellen Abrechnungsmodelle in einer ASP-Lösung wesentlich höher als bei internen Lösungen oder sonstigen selektiven Outsourcing-Modellen, hängt jedoch stark von dem zugrunde liegenden Verrechnungsmodell ab. Zudem erhöht sich aufgrund der Transparenz des Kostenanfalls die Möglichkeit, mit geringem Aufwand Preis-/Leis-tungsvergleiche zu erstellen und, unter Berücksichtigung zusätzlicher Kriterien, den geeigneten Dienstleister auszuwählen.[864]

Fokussierung auf Kernkompetenzen und strategisch bedeutsamen Ziele

Erhöhte informationstechnologische Komplexität erfordert, neben den bereits gebundenen Ressourcen, zunehmend unternehmensinterne Ressourcen.[865] Hohe finanzielle Aufwendungen und umfangreiche personelle Belastungen können durch das ASP-Konzept eingeschränkt beziehungsweise abgebaut werden. Die Auslagerung der IT-Organisation wird eine Effizienzerhöhung der internen IT-Belegschaft ermöglichen. Dem unternehmensinternen IT-Personal werden Kapazitätsfreiräume eingeräumt, die sie zur Entwicklung und Organisation von strategieunterstützenden und strategisch bedeutenden Prozessen und Systemen nutzen können beziehungsweise die positiv zur strategischen Zielerreichung beitragen können. Die Konzentration auf Kernkompetenzen fordert gerade in KMU das Auslagern von IT-Aufgaben, deren IT im Regelfall nicht die Eigenschaften einer Kernkompetenz aufweist. Aufgrund der zunehmenden Fokussierung auf Kernkompetenzen und strategisch bedeutsame Ziele, stellt ASP eine organisatorische Variante dar, die für viele KMU den Nutzen einer Outsourcing-Lösung erst zugänglich und die angestrebten Ziele realisierbar macht.

Anpassungsfähigkeit und Angebot bisheriger Marktteilnehmer

Bisherige Marktteilnehmer im IT-Sektor sehen ein verstärktes Bedürfnis bisheriger Kunden nach neuen, bisher nicht angebotenen IT-Lösungen oder möchten

---

864 Vgl. Böhm/Wurdack (2001), S. 33.
865 Vgl. Factor (2002), S. 36.

ihre Kundengruppe durch das Angebot zusätzlicher IT-Services ausweiten. Werden diese Marktteilnehmer der Nachfrage nachkommen und entsprechende Produkte anbieten, wird sich ein positiver Einfluss auf die Bekanntheit und grundsätzliche Akzeptanz des ASP-Marktes bemerkbar machen. Als Beispiel seien hier ISV genannt, die, um in anderen Bereichen stattfindende Umsatzeinbußen zu kompensieren, ASP-Leistungen für KMU anbieten. Unter der Voraussetzung, dass die interessierten Anbieter sich an die neuen Anforderungen anpassen können, werden deren bisherige Kundenkontakte und Erfahrungen dazu beitragen, die Akzeptanz des ASP-Modells auf Kundenseite zu steigern.

Eine zu starke konzeptionelle Ausrichtung der Angebote vermindert bisher häufig das Interesse potenzieller Kunden. Anbieter müssen kundenbedarfsgerechte Lösungen erstellen und neben einer langfristig ausgerichteten Positionierungsstrategie ein professionelles Angebot und leistungsfähigen Service, ausgerichtet an der Nachfrage, bereitstellen.[866] Die angebotenen Lösungen müssen nicht nur technisch perfekt sein; die Anbieter müssen vielmehr die Geschäftsprozesse und die Bedürfnisse der Kunden erfassen sowie über exzellente Branchenkenntnisse verfügen. Nur so wird es möglich sein, dem Kunden Wettbewerbsvorteile zu verschaffen.[867] Zu einem umfassenden Service gehören auch Leistungen des ASP, die nicht in dem herkömmlichen Leistungsmodell vorgesehen sind. Durch das Angebot von Zusatzleistungen kann der ASP-Anbieter die Kundenbindung erhöhen, indem er die Wechselkosten des Kunden erhöht. Dieses kann zum Beispiel durch vertikale Industriefokussierung des Anbieters, Datenanalysen, Cross-Application Integration, Close-Loop E-Procurement, Wireless Device Integration und Domain Expertise geschehen.[868] Eine Wandlung vom anbietergetriebenen zum kundengetriebenen Markt ist für den langfristigen Erfolg des ASP-Modells unerlässlich.

---

[866] o.V. (2002d).
[867] Vgl. Köhler-Frost (2002), S. 30; Eisenbacher (2001), S. 25.
[868] Vgl. dazu Cherry Tree Co. (1999), S. 7-15.

Kapitalbeschaffungsmöglichkeiten für ASP

Für eine erfolgreiche Entwicklung des ASP-Marktes sind die Stabilität und die Entwicklung der Angebotsseite von großer Bedeutung. Die Akzeptanz des ASP-Modells wird nur durch langfristige, vertrauenswürdige und stabile Kooperationen zwischen Kunde und ASP möglich sein. Ein entsprechendes Vorhaben ist jedoch nur bei ausreichend möglicher Kapitalbeschaffung für ASP realisierbar, die sich zurzeit als relativ schwierig darstellt.[869] Das Vertrauen in den Eigenkapitalmarkt ist aufgrund zurückliegender Ereignisse stark gesunken und erübrigt damit gegenwärtig den direkten Weg an die Eigenkapitalmärkte. Venture-Capital-Geber und Kreditinstitute sind ebenfalls wesentlich rigider bei der Kapitalvergabe geworden. Vor allem tragen Start-up Unternehmen der ASP-Branche aufgrund der erhöhten Sicherheitsanforderungen und Kapitalkosten eine schwere Bürde. Auch bei den bereits auf dem ASP-Markt bestehenden Unternehmen wirkt sich die verschärfte Kapitalvergabepolitik aus. Im Vorteil sind Unternehmen, die mit in aller Regel größeren, bereits etablierten Unternehmen in enger Verbindung stehen und damit über umfangreichere und günstigere Finanzierungsmöglichkeiten verfügen.

Risikotransformation

Mit zunehmendem Wunsch nach Risikotransformation wird das ASP-Modell an Bedeutung gewinnen. Es unterstützt eine Übertragung der Risiken aus dem Eigentum an der Anwendung beziehungsweise an der Hardware. Bei einer internen Implementierung besteht immer die Unsicherheit, ob die Anwendung erfolgreich eingeführt werden kann. Ist dieses nicht der Fall, entstehen hohe sunk costs. Diese können zum Beispiel in den Softwarelizenzen selbst auftreten, wenn die Software nicht die gewünschte Funktionalität bietet, wie auch in der bereitgestellten Hardware liegen. Wird die Anwendung extern bezogen, kommt es zu einer Abwälzung der Risiken auf den jeweiligen Anbieter der Anwendung. Risiken aus dem Eigentum an der Hardware sind für den Kunden im ASP-Modell

[869] Vor dem Rückzug strategischer Investoren aus den Technologiewerten kamen ASP-Anbieter, sowohl Start-ups wie auch etablierte Unternehmen, in den Genuss von umfangreichen Finanzierungsmöglichkeiten und -volumina. Vgl. Cherry Tree Co. (1999), S. 4.

sehr gering, da der Großteil der für die Applikationsfunktionalität notwendigen Hardwareausstattung vom ASP bereitgestellt wird.[870] Eine Übertragung der Risiken, die sich aus dem laufenden Betrieb der informationstechnologischen Lösungen ergeben, findet durch die vertraglichen Übereinkünfte statt.[871] Treten aufgrund von Systemausfällen Umsatzverluste oder andere Leistungseinbußen ein, muss bei der internen Lösung der Unternehmer selbst das volle Risiko tragen. Im ASP-Modell hingegen ist der ASP dazu verpflichtet, die Gewährleistung beziehungsweise Haftung zu übernehmen, sobald die SLA nicht eingehalten worden sind. Diese Haftungsübertragung kann einen erheblichen Vorteil für den Kunden bedeuten.[872] Da eine Eindeutigkeit der SLA und damit die Eindeutigkeit und Durchsetzbarkeit von Vertragsstrafen jedoch ausgesprochen wichtig für den ASP-Kunden sind, wird auch der Erfolg des ASP-Modells von klaren und praktikablen vertraglichen beziehungsweise gesetzlichen Regelungen abhängen. Es müssen also Regelungen für eine effektive Risikoübertragung vorhanden sein.[873] Das ASP-Konzept ermöglicht es zudem, relativ risikolos innovative Applikationen zu testen, ohne hohe Investitionen tätigen zu müssen. Führen die Applikationen nicht zum gewünschten Erfolg, können sie kurz- bis mittelfristig wieder abgesetzt werden. Das Projekt- und Investitionsrisiko kann damit zu einem bedeutenden Teil auf den Dienstleister abgewälzt werden.[874]

Unternehmerische Koordinationsfähigkeit

Die Anforderungen an die unternehmerische Koordinationsfähigkeit werden zunehmend bedeutender. Interne und externe globale Operationen können durch die über ASP erworbenen neuen Systeme und Werkzeuge unterstützt werden

---

[870] Diese Risiken können zum Beispiel in der vorzeitigen Überalterung oder der mangelnden Funktionsfähigkeit der Hardware liegen.

[871] Auch Soon/Cummings (1997), S. 240 attestieren im Allgemeinen Anbietern von Outsourcing-Lösungen die Fähigkeit, Risiken, insbesondere Innovationsrisiken, besser auffangen zu können.

[872] Vgl. Schellenberg (2001).

[873] Vgl. Schellenberg (2001).

[874] Vgl. Köhler-Frost (2002), S. 27; Böhm/Wurdack (2001), S. 34.

und organisatorisch von großem Nutzen sein.[875] Gerade vor dem Hintergrund des zunehmenden globalen Wettbewerbs ist der Einsatz moderner IS unumgänglich. Eine stärkere Vernetzung innerhalb und außerhalb der Unternehmung und die damit einhergehenden Koordinationsanforderungen werden die Attraktivität des ASP-Modells fördern. Um eine erfolgreiche Verbindung verschiedener ERP-Systeme[876] innerhalb und zwischen kooperierenden Unternehmen gewährleisten zu können und die zugrunde liegenden Prozessketten sicher und hoch verfügbar abbilden zu können, ist das ASP-Modell langfristig von hoher Bedeutung.[877] Die Skalierbarkeit und die räumliche Unabhängigkeit der Lösungen im ASP-Modell ermöglichen eine flexible Anpassung an veränderte Unternehmensgrößen sowie die relativ problemlose Einbindung neuer Mitarbeiter und Standorte.[878] Zudem kann das ASP-Modell dazu beitragen, die innerbetrieblichen Prozesse stärker zu vernetzen und dadurch auch betriebliche Ziele wie zum Beispiel Schnelligkeit, Flexibilität und unternehmerisches Wachstum positiv zu unterstützen.[879]

4.7.2. Ökologische Faktoren

Entsorgungsproblematik obsoleter Hardware

Aufgrund der häufigen Erneuerung der Computerhardware fallen viele Altlasten an. Der Aufwand, diese weiter zu veräußern, ist häufig größer als der Veräußerungserlös. Eine Risikoübertragung der Entsorgung an den ASP ist hier sinnvoll. Zudem kann der ASP aufgrund von Skaleneffekten bei den Transaktionskosten, die für eine Weiterveräußerung anfallen, Vorteile haben.

---

[875] Vgl. Factor (2002), S. 36.

[876] Die Verbindung der verschiedenen ERP-Systeme ist notwendig, um eine generell geforderte Web-basierte Verschmelzung sämtlicher Beschaffungs-, Service- und Logistikprozesse herzustellen.

[877] Vgl. Gründer (2000), S. 6.

[878] Vgl. Köhler-Frost (2002), S. 28.

[879] Vgl. Rieker (2001), S. 39-42.

Entwicklung zum papierlosen Arbeiten

Die Entwicklung der zentralen elektronischen Speicherung von Dokumenten beinhaltet neben der ökonomischen auch eine ökologische Komponente. Neben einer Effizienzsteigerung, die durch dieses Verfahren erreicht werden kann, wird auch weniger Papier verbraucht. Gewährleistet sein muss vor allem der Ausschluss eines möglichen Datenverlustes. Eine möglichst hohe Sicherheit und die zentrale elektronische Speicherung und Bereitstellung aller Dokumente bietet hier ein ASP.

4.7.3. Rechtliche und politische Faktoren

Entwicklung rechtlicher Rahmenbedingungen

Die bisherigen rechtlichen Rahmenbedingungen im E-Commerce sind noch nicht hinreichend und ausgereift. Die Existenz eines stabilen und zuverlässig funktionierenden institutionellen Rahmens würde die Einführung und die Akzeptanz des ASP-Konzeptes erheblich vereinfachen. Vor allem muss jedoch potenziellen Kunden vermittelt werden, wie der Stand der rechtlichen Rahmenbedingungen ist und ob diese für die betrachtete Geschäftsbeziehung ausreichen.

Umbruch Patentrecht auf Software in der Europäischen Union (EU)

Im Gegensatz zum geltenden Patentrecht in den USA ist eine Patentierung von Software in der EU nicht möglich. Eine Patentierung würde die Stellung der Applikationsentwickler im ASP-Markt deutlich stärken, da eine Produktdifferenzierung über längere Zeit wirksam wäre und das Spektrum von Konkurrenzprodukten, die ähnliche Funktionalitäten bieten, stark eingeschränkt wäre.[880] Die Diskussion um eine Änderung des Patentrechts ist jedoch noch relativ aktuell und ein abschließendes Ergebnis nicht abzusehen.

---

[880] Vgl. o.V. (2003c), S. 8.

Wettbewerbsbehörden

Die Kostenvorteile der ASP-Lösungen ergeben sich zu einem großen Teil aus Skaleneffekten. Durch Zusammenschlüsse unter Anbietern auf dem ASP-Markt könnten zusätzliche Skaleneffekte generiert werden. Ausschlaggebend für Zusammenschlüsse bedeutender Größe ist jedoch die Genehmigung wettbewerbsrechtlicher Behörden. Wird die Genehmigung nicht erteilt, ist der zusätzliche Aufbau von Skaleneffekten durch horizontale Integration nicht möglich.

4.7.4. Technologische Faktoren

Innovationen/technische Entwicklungen

Von Bedeutung bei der Betrachtung technischer Entwicklungen oder Innovationen ist immer der Zusammenhang zwischen zusammenhängenden Produktsegmenten. Eine Leistungssteigerung der Hardware hat häufig einen erhöhten Systemanspruch der Software zur Folge, da neu entwickelte Applikationen im Regelfall die neu entstandenen Ressourcen für Programmerweiterungen und -verbesserungen nutzen. Die Folge ist, dass neue Softwareapplikationen nicht mehr auf alten Systemen laufen und somit ein Austausch der Hardware notwendig ist, um die verbesserte Software zu nutzen. An dieser Stelle kann eine Risikoübertragung an den ASP stattfinden. Innovationen und technologische Entwicklungen können im ASP-Modell vom Kunden genutzt werden, da der ASP immer bemüht sein wird, die neuesten Applikationen und die damit verbundenen hohen Rechnerkapazitäten anzubieten.

Informationstechnologischer Nachholbedarf der KMU

KMU haben traditionell einen informationstechnologischen Nachholbedarf.[881] Vor allem in letzter Zeit erfahren sie jedoch verstärkt die Notwendigkeit, diesel-

---

[881] So lassen sich die Feststellungen, dass KMU über unterausgestattete IS verfügen über einen längeren Zeitraum belegen. Vgl. zum Beispiel Thürbach (1974), S. 10-11; Dalluege/Neumeyer/Röß (1990), S. 18-20; Schober (1993), S. 295; Wall (1993), S. 5; Lehner (1996), S. 45-48; Grebe (1998), S. 181-182; Müller (2002); o.V. (2004b). In einer Studie des MIND (2001), S. 73 wird unter anderem die immer noch unzureichende Nutzung der neuen Datenübertragungsmöglichkeiten (vor allem des Internets) aufgeführt. Ein Großteil (zwischen

ben Applikationsfunktionalitäten einzusetzen wie große Unternehmen.[882] Die bisherigen Hürden, die sich den KMU stellten, fallen durch das ASP-Konzept zunehmend weg. Zudem wird von den KMU, die zu einem großen Teil Großunternehmen als Geschäftspartner haben, eine Verbesserung und Integration der Geschäftsprozesse durch die IT von und mit ihren Geschäftspartnern erwartet.[883] Somit stellt sich sowohl das eigengetriebene wie auch das fremdgetriebene Streben nach der Nutzung neuer Web-basierter IT-Konzepte ein. Durch eine Öffnung der Unternehmen zum E-Commerce werden Netzwerkapplikationen durch Unternehmen nachgefragt, die nach der Back-Office-Ausstattung mit IT-Systemen jetzt eine Vernetzung mit den Geschäftspartnern (zum Beispiel im CRM und SCM) anstreben. Die Wertschöpfungskette der Unternehmen, insbesondere der KMU, wird zunehmend nicht mehr an den traditionellen Unternehmensgrenzen enden, sondern neben den internen Abläufen auch Zulieferer und Kunden einbeziehen.[884]

Internetqualitäten

Eine Akzeptanz und Funktionsfähigkeit des ASP-Modells wird aus technischer Sicht von der Verbesserung der Datenverkehrswege abhängen. Ideal für das ASP-Konzept wäre der Datenverkehr über das kostenlos zur Verfügung stehende Internet. Systemqualitäten wie Zuverlässigkeit, Verfügbarkeit, Skalierbarkeit, Sicherheit und Performance sind für das Gelingen des ASP-Vorhabens von grundlegender Bedeutung. Die Leistungscharakteristika des Internet stellen häufig einen Engpassfaktor bei der Nutzung des Internet als Zugriffsweg zu den Diensten des ASP dar. Die Verfügbarkeit von hohen Bandbreiten ist für den

---

70% und 90%) mittelständischer deutscher Unternehmen hatte 2001 zum Beispiel keine Homepage mit weitergehenden Informationen besessen, keinen Onlineverkauf angeboten, keine Onlinedatenschnittstelle zu Partnern eingerichtet, über kein Intranet verfügt oder keinen Internet-Marktplatz für das B2B-Geschäft benutzt.

[882] Vgl. Factor (2002), S. 36. Auf den informationstechnologischen Nachholbedarf in KMU weist bereits Schotters (1992), S. 128 ausdrücklich hin.

[883] Vgl. Lehner (1996), S. 49; Schober (1993), S. 299-300. Beispielsweise wird von vielen Zulieferbetrieben eine Geschäftsprozessintegration in elektronische Marktplätze gefordert.

[884] Vgl. Böhm/Wurdack (2001), S. 28.

ASP jedoch bei der Garantieerklärung von essenzieller Wichtigkeit für eine problemlose und verzögerungsfreie Abwicklung des im ASP-Modell notwendigen Datentransfers. In den meisten Fällen werden daher VPN oder Direktverbindungen genutzt, die eine erhöhte Sicherheit und genügend hohen Datentransfer bieten.[885] Eine erhöhte Sicherheit im Internet wird vor allem durch neuartige Sicherheitssysteme gewährleistet. Eine grundsätzliche Problematik ergibt sich daraus, dass diese Systeme reaktiv sind. Sie sind sehr effektiv bei bekannten und verbreiteten Gefahren, haben jedoch kaum effektive Mechanismen, um innovativen und neu auftretenden Gefahren entgegenzuwirken.[886] Auch wenn die Sicherheit im Internet inzwischen grundsätzlich gewährleistet ist, vertrauen nicht alle Kunden auf die eingesetzten Verfahren.

Komplexität der Technologie

Eine interne Bereitstellung der Anwendungen verursacht eine hohe Unsicherheit bezüglich der Anpassung an veränderte IT-Anforderungen. Das ASP-Konzept vermindert die interne Unsicherheit durch das Übertragen der Unsicherheit an den externen Partner, der aufgrund seiner spezialisierten Stellung in der Lage ist, kurzfristige Anpassungen vorzunehmen und diese an die Partner weiterzugeben. Bei einer internen Lösung treten häufig Probleme auf, da die Anpassung der IT-Lösungen oftmals erst zeitlich versetzt zum eingetretenen Unternehmenswachstum erfolgt. Die notwendige zeitnahe Skalierbarkeit der genutzten Lösungen ist im ASP-Konzept gewährleistet. Unter der Voraussetzung des Vorhandenseins der notwendigen Technologie ermöglicht das ASP-Konzept zudem die Auslagerung einzelner Teile der IT-Struktur und fördert damit einen komplexitätsadäquaten, fließenden Übergang von einer herkömmlichen IT-Struktur zu einer Web-basierten IT-Struktur. Zudem bedingt die Vielzahl der Softwareapplikationen für unterschiedliche Einsatzgebiete eine teilweise Inkompatibilität der einzelnen Produkte. Der ASP kann hier aufgrund seines spezifischen Wissens die Applikationen gezielt wählen und sinnvoll miteinander verbinden, sodass keine Inkompatibilitäten und redundanten Funktionalitäten entstehen. Nicht nur die

[885] Vgl. Toigo (2002), S. 170-171.

generelle Anpassung an höhere Komplexitätsgrade, sondern auch das Bedürfnis des Kunden nach Komplexitätsreduktion kann erfüllt werden. Für den Kunden ergibt sich bei einer Generalunternehmerschaft des ASP die Komplexitätsreduktion vor allem durch die Minimierung vorhandener Schnittstellen und die Definition von klaren Abläufen.

Forderung nach neuesten und besten Technologien sowie hervorragender technischer Expertise

Gerade KMU bekommen die Möglichkeit, Anwendungen zu nutzen, die sie bisher aufgrund zu hoher Kosten und eines zu großen Managementaufwands nicht in ihrem Unternehmen einsetzen konnten. Durch das ASP-Modell erhalten sie kostengünstigen Zugang zu komplexen und umfassenden Anwendungen, wie beispielsweise SCM- oder CRM-Systemen. Unternehmen haben die Möglichkeit, die Spezialisierungsvorteile der ASP-Anbieter zu nutzen und damit von der technischen Expertise der Anbieter zu profitieren. Entweder greift das Unternehmen direkt auf spezialisierte Anbieter zu oder der ASP tritt als Generalunternehmer auf und verschafft dem Endkunden Zugang zu verschiedenen, spezialisierten Anbietern. Eine steigende Notwendigkeit von KMU, neueste Technologien zu nutzen, wird positiv auf die Akzeptanz des ASP-Modells wirken.

Beschleunigte Anwendungsbereitstellungs- und -entwicklungszeit

Im Gegensatz zu traditionellen Vertriebs- und Implementierungswegen ist die durchschnittliche Einführungszeit einer ASP-Lösung erheblich geringer (hoher time-to-market).[887] Während die herkömmliche Einführung einer Softwarelösung in Monaten oder Jahren gemessen wird, kann eine Implementierung und Bereitstellung von ASP-Anwendungen in kürzester Zeit (Tage oder Wochen) geschehen. Zudem werden aufgrund der Synergieeffekte, der Spezialisierungseffekte und des Konkurrenzdrucks von Seiten der Produktentwickler neue Applikationen wesentlich schneller entwickelt als zum Beispiel bei interner Produkti-

---

[886] Vgl. Factor (2002), S. 41.
[887] Vgl. Mercer (2002), S. 5.

on. Durch die kurzfristige Bereitstellung neuer und moderner Applikationen, die zunehmend von den Unternehmen gefordert werden, treten positive betriebswirtschaftliche Auswirkungen früher ein als bisher.

Notwendigkeit von ASP-fähigen Produkten

Es sind ASP-fähige Produkte notwendig, die Hosting- und Managementfunktionen bezüglich mehrerer Benutzer, unterschiedlicher Applikationen und verschiedener Plattformen gewährleisten. Sie sollen eine virtuelle Umgebung für den Kunden schaffen, die in gewissem Maße individuell und einzigartig ist, und durch zuverlässige SLA unterstützt werden können. Trotz der angestrebten Individualität sollen die Produkte so weit standardisiert sein, dass Skalen- und Verbundeffekte realisiert werden können. Bei der Entwicklung muss bedacht werden, dass sich die ASP-IT-Infrastruktur grundlegend von einer herkömmlichen unternehmensinternen IT-Struktur unterscheidet.[888]

Verkürzung der Lebenszyklen von Produkten

Die technische Entwicklung und die schnelle wettbewerbspolitische Reaktion anderer ASP-Anbieter beziehungsweise Softwareanbieter haben zur Folge, dass Applikationen in immer kürzeren Zeitabständen unzeitgemäß sind. Der Softwareentwicklungsaufwand muss sich für den ISV in kürzerer Zeit amortisieren. Der ASP kann hier als Knotenpunkt zwischen ISV und Endabnehmer die notwendige Kundenakkumulation erreichen. Dieses ist gerade bei Spezialprodukten von Vorteil, die nur einer kleinen Kundengruppe angeboten werden.

4.7.5. Soziale und gesellschaftliche Faktoren

Bedarf an flexiblen Arbeitsplatz- und Mitarbeitermodellen

Arbeitsplatzmobilität spielt eine zunehmende Rolle. Das ASP-Modell bietet die Möglichkeit, von nahezu jedem Ort zu einer beliebigen Zeit auf die Applikationen beziehungsweise die Daten zuzugreifen. Dieser Vorteil wird sich durch die

---

[888] Vgl. Factor (2002), S. 42.

Einführung neuer mobiler Zugangswege noch verstärken.[889] Neue Arbeitsplätze können zudem an einem nahezu beliebigen Ort in gewünschter Menge eingerichtet werden. ASP unterstützt die Einrichtung von flexiblen Arbeitszeiten beziehungsweise -platzmodel-len mit genügender Skalierbarkeit.[890]

Quantitative und qualitative Knappheit an IT-Personal

Von der Angebotsseite her wird auch zukünftig nicht genügend IT-Personal vorhanden sein, das in ausreichendem Maße und mit genügender Qualifikation zur Verfügung steht. Auch bildungs- und arbeitspolitische Maßnahmen werden sich nicht kurzfristig signifikant auf die Situation, die immer wieder neuen Einflüssen und Entwicklungen ausgeliefert ist, auswirken. IT-Personal im Unternehmen zu halten, unternehmensintern aufzubauen oder unternehmensextern zu beschaffen, verursacht hohe Anwerbungs-, Trainings- und Bindungskosten. Gerade für KMU lässt sich dieser Aufwand nicht bewältigen.[891] Der IT-Personalbedarf wird für das betreffende Unternehmen durch die Einführung einer ASP-Lösung beträchtlich gesenkt, da nur noch ein geringer Aufwand für die Betreuung der Unternehmenssoft- und -hardware sowie für die Administration notwendig ist. Die gewonnenen Freiräume des internen IT-Personals können dazu genutzt werden, Prozesse und Systeme auszubauen oder zu entwickeln, welche die Kernkompetenzen unterstützen.[892]

Akzeptanz neuer Technologien

Traditionelle Client-Server-Konzepte scheinen sich aufgrund fehlender Skalierbarkeit und Interoperabilität langfristig nicht zu bewähren. Das horizontal skalierte ASP-Konzept bietet hingegen die Integration der Geschäftslogik in ein

---

[889] Beispielsweise können über mobile Zugangswege Außendienstmitarbeiter oder Monteure jederzeit von ihrem aktuellen Arbeitsplatz auf die firmeninternen Daten zugreifen. Vgl. Hornacek (2002).

[890] Vgl. Böhm/Wurdack (2001), S. 33.

[891] Vgl. Schotters (1992), S. 135, S. 178. Zum Beispiel der IT-Personalproblematik auf dem US-amerikanischen Markt vgl. Factor (2002), S. 37-40.

[892] Vgl. Cherry Tree Co. (1999), S. 7.

Netzwerk, das aus zusammenhängenden Datenzentren besteht, und ermöglicht damit, die Nachteile der bisherigen IT-Konzepte größtenteils zu umgehen. Die Akzeptanz neuer Technologien, insbesondere des Thin-Client/Zentralserver-Netzwerk-Konzepts, wird jedoch erst im Zeitablauf steigen und hängt jeweils von der Technologieaffinität des betrachteten Marktes ab.[893]

Beziehung zum Kunden und Stärkung der Vertrauensbasis

Eine zentrale Voraussetzung für die Akzeptanz des ASP-Modells seitens des Kunden und Ausgangspunkt des Vertriebserfolgs eines jeden Unternehmens ist die Vertrauensbasis zwischen ASP und Kunde. Vertrauen wird jedoch erst durch eine lange und erfolgreiche Geschäftsbeziehung aufgebaut. Erste Schritte, Vertrauen zu schaffen, können in der Schaffung von Transparenz über die Leistungen des Anbieters, in der Definition von klaren Vereinbarungen oder hoher merkbarer Dienstqualität und Wartungsqualität liegen.[894] Das Image und der Aufbau eines Markennamens im ASP-Markt können ebenfalls Vertrauen aufbauen und werden gerade bei der Neukundengewinnung auf lange Sicht eine große Rolle spielen. Um bereits gewonnene Kunden langfristig an das Unternehmen zu binden, muss vor allem eine starke Kundenbeziehung aufgebaut werden, die sich durch hohe Wechselkosten auszeichnet. Zudem ist die Entwicklung von ASP-Zertifizierungen zu verfolgen, die bei Akzeptanz der potenziellen Kunden einen durchaus positiven Effekt auf die Vertrauensbasis beziehungsweise auf das Vertrauen in das ASP-Modell haben können. Eine weitere Möglichkeit zur Herstellung von Vertrauen ist das Vorweisen von Referenzkunden. Ein hohes Vertrauen seitens des Kunden gegenüber dem ASP wird viele Bedenken des Kunden ausräumen können, wird jedoch ohne eine hohe Servicequalität, gutes Marketing und intensive Kommunikation mit dem Kunden nicht realisierbar sein.[895] Beispielsweise sind Kunden häufig misstrauisch gegenüber der Verfügbarkeit der Applikationen. Interne IT-Abteilungen können aber aufgrund be-

---

[893] Vgl. Factor (2002), S. 42.

[894] Zur hohen Bedeutung des Qualitätsaspektes für die Akzeptanz des ASP-Modells vgl. Buchegger/Riedl (2004). S. 29-44.

[895] Vgl. zur Rolle des Vertrauens im ASP-Markt auch GP 4.5.2. und GP 5.4.4.

schränkter IT-Budgets, knappen IT-Personals und nicht ausreichenden Know-hows keine ähnlich hohe Verfügbarkeit wie ASP garantieren.[896]

Der erfolgreiche Vertrieb der ASP-Lösung hängt also insbesondere von der Beziehung zum Kunden und der Vertrauensbasis ab. Dass es jedoch für viele ASP schwer ist, einen erfolgreichen Vertrieb aufzubauen, zeigen die aktuellen Bestrebungen der ASP, mit größeren Unternehmen zu kooperieren, die bereits eine breite Kundenbasis aus anderen Geschäftsfeldern mitbringen.[897] Die besten SLA bringen keinen Nutzen, wenn der ASP diese später nicht einhalten kann. Der Kunde muss dem ASP die Einhaltung der SLA zutrauen. Das heißt, auch im Schadensfall muss der ASP in der Lage sein, die in den SLA vereinbarten Schadenskompensationen zu leisten, und diese Fähigkeit muss er dem Kunden auch vermitteln können.[898] Mittelständler wünschen sich leistungsfähige Geschäftspartner, mit denen sie langfristige und auf Kooperation basierende Geschäftsbeziehungen aufbauen und pflegen können.[899] Der Haupteinwand, nämlich die Bedenken bezüglich der Abhängigkeit vom Provider, die sich in jüngster Zeit sogar noch verstärkt haben,[900] kann nur durch eine starke Vertrauensbasis in Kombination mit umfassenden vertraglichen Regelungen gemindert werden.

Einfluss externer Akteure

Einen zum Teil erheblichen Einfluss auf die Entwicklung beziehungsweise Akzeptanz des ASP-Modells haben Akteure, die nicht direkt auf dem ASP-Markt agieren. Beispielsweise können Medien (Fachzeitschriften, Internetquellen) bedeutenden Einfluss auf die Meinungsbildung der potenziellen ASP-Kunden nehmen. Auch für Berater, die nicht direkt im ASP-Markt agieren (vor allem IT-Berater), besteht die Möglichkeit, einen erheblichen Einfluss auf potenzielle

---

[896] ASP garantieren in der Regel eine Verfügbarkeit von über 99%. Williams (2003), S. 12 stellt in einer Studie heraus, dass ASP-Nutzer insbesondere von der hohen Verfügbarkeit der Applikationen sehr positiv sprechen.

[897] Vgl. Wainewright (2002).

[898] Vgl. Köhler-Frost (2002), S. 41.

[899] Vgl. Klein (2000), S. 69-70.

[900] Vgl. Leclerque (2003).

Kunden zu erlangen, da sie großes Vertrauen bei den zu beratenden Unternehmen genießen und dementsprechend großen Einfluss auf die existierenden und künftig eingesetzten IT-Systeme nehmen können.

4.8. Vor- und Nachteile des ASP

In Anlehnung an die Argumentenbilanz des Outsourcing werden abschließend (vgl. Tabelle 20 und Tabelle 21) die wichtigsten Erkenntnisse aus den Vor- und Nachteilen des ASP-Konzepts dargestellt.[901] Die Vorteile des ASP-Konzeptes sind sehr vielfältig. Die bisher fehlende Durchsetzung des Modells zeigt jedoch, dass es auch beträchtliche Nachteile beziehungsweise Bedenken hinsichtlich einer etwaigen Nutzung gibt. Es sei im Vorfeld darauf hingewiesen, dass viele Kritikpunkte am ASP-Konzept subjektiver Natur sind. Es besteht nämlich eine hohe Diskrepanz zwischen den positiven Erfahrungen der ASP-Anwender und der skeptischen Einschätzung der Nicht-Nutzer der ASP-Lösungen.[902] Die Praxis zeigt, dass Punkte, die vor der Nutzung einer ASP-Lösung als problematisch angesehen wurden, bei der tatsächlichen Nutzung dieser Lösung als sehr zufrieden stellend beurteilt werden.

Vorteile des ASP
Strategie/Konzentration
- Konzentration auf das Kerngeschäft (zum Beispiel durch Komplexitätsverringerung der Planungs- und Steuerungsprozesse) - Vorteile kleinerer Organisationen - Kooperation statt Hierarchie - eventuell Schnittstellenreduktion (interne und externe) durch Nutzung eines ASP - Erhöhung der Flexibilität[903] - Risikotransfer (zum Beispiel Beschäftigungsrisiko, Personalbedarfsrisiko, technologisches Risiko (Unabhängigkeit von immer kürzeren Innovationszyklen von Hard- und Software)) - Standardisierung (Förderung der Minimierung technologischer Grenzen; dadurch effizientere Gestaltung unternehmensübergreifender Prozesse) - Angebot individueller Programmpakete - Unterstützung bei Reorganisationen - Freisetzung von Kapazitäten

[901] Zu Vor- und Nachteilen des ASP vgl. Dean/Jackson (2000), S. 9-10; Williams (2003), S. 9; Krcmar (2003), S. 311-312.

[902] Vg. Günther/Tamm/Hansen/Mesig (2001), S. 561.

[903] Bereits Selchert (1971), S. 56-57 hebt als Motiv die Anpassungsfähigkeit einer Unternehmung an sich ändernde Märkte hervor. Einzelne Funktionen mit besonders häufigen und kost-

Leistung
- hohe, vielfältige Kompetenz des Dienstleistungsunternehmens (zum Beispiel Zugriff auf spezielles Wissen) - Steigerung der Qualität und Geschwindigkeit (zum Beispiel qualitativ hochwertigere und schnell zur Verfügung stehende moderne IT-Systeme)[904]; hohe Aktions- und Reaktionsgeschwindigkeit des Unternehmens - räumlich und zeitlich ungebundener Zugriff auf Daten und Applikationen (zum Beispiel durch Außenstellen, Partner, Filialen) - endgeräteunabhängiger Zugriff auf Applikationen (zum Beispiel durch Plattformunabhängigkeit, Nutzung mobiler Endgeräte) - benutzerindividuelle grafische Oberfläche räumlich und endgeräteunabhängig verfügbar (eine qualitativ hochwertige, ständig verfügbare Bedienoberfläche kann die Akzeptanz beim Anwender fördern) - Zeitgewinn - klar definierte Leistungen und Verantwortlichkeiten - starke Serviceorientierung - Flexibilität bezüglich Kapazitätsanpassungen und Funktionalitätserweiterungen beziehungsweise -einschränkungen[905] - kontinuierliche Teilnahme an Innovationen ohne eigene Investitionen beziehungsweise Steigerung der Innovationskraft - störungsfreier Routinebetrieb auch bei Systemwechseln - Erhöhung der Datensicherheit[906] und der Verfügbarkeit (Verfügbarkeit bei interner Leistungserstellung im Regelfall aufgrund knapper IT-Budgets, Personalknappheit und fehlenden Know-hows geringer) - geringe Reaktionszeiten bei Störfällen[907] - Möglichkeit des Aufbaus eines zentralen, global zugänglichen Datenpools - Zugriff auf hochwertige professionelle Sicherheits-, Sicherungs-, Recovery- und Supportservices
Personal
- mittelfristig Reduzierung der Personalprobleme (zum Beispiel Unabhängigkeit von temporären oder chronischen Personalengpässen) - Entschärfung der Personalbeschaffungsproblematik im IT-Bereich - Verringerung des Personalbestands - geringere Abhängigkeit von mitarbeiterspezifischem Wissen und Fähigkeiten
Kosten
- Kostenreduktion im laufenden Betrieb (geringere Hardwareinvestitionen; vor allem aber auch Kostenreduktion durch Verringerung der Ausfallzeiten, weniger unsachgemäße

spieligen Anpassungen, wie beispielsweise IV-Leistungen, sollten daher auf andere Unternehmen übertragen werden.

[904] Durch die schnelle Bereitstellung von Applikationen werden weitgehend Produktivitätseinbußen bei der Implementierung vermieden.

[905] Vgl. Günther/Tamm/Hansen/Mesig (2001), S. 558.

[906] Vgl. Finken (1997), S. 27.

[907] Im Regelfall werden in den SLA geringere Reaktionszeiten festgelegt, als diese bei internem Betrieb zu realisieren wären.

	Softwareprodukte, bessere Performance der Systeme, hochwertigere Wartungs- und Supportleistungen)[908]
-	zusätzliche Skaleneffekte[909]
-	variable, nutzungsabhängige statt fixe Kosten
-	gute Planbarkeit und Transparenz des Kostenanfalls
-	indirekt bessere Verhandlungsposition gegenüber Systemanbietern
-	verstärktes Kostenbewusstsein und dadurch verbesserte Ressourcennutzung[910]
-	kein Vorhalten von Maximalkapazitäten
Finanzen	
-	Finanzmittelbeschaffung (zum Beispiel Liquidierung jetzt überflüssiger Vermögensgegenstände), das heißt höhere Liquidität
-	freigesetztes Kapital kann in strategisch bedeutsamen Unternehmensbereichen eingesetzt werden
-	Verringerung des Finanzierungsbedarfs (geringere Investitionen) beziehungsweise geringere und kürzere Kapitalbindung
-	Auswirkungen auf Jahresabschluss (Verbesserung der Bilanzkennzahlen durch Verringerung des betriebsnotwendigen Anlagevermögens)
-	Verringerung außerordentlicher Abschreibungen aufgrund von Erst- oder Reinvestitionen
-	steuerliche Vorteile

Tabelle 20: Vorteile des ASP

Nachteile des ASP	
Strategie/Konzentration	
-	Entstehen irreversibler Abhängigkeiten (technologisch, ökonomisch, rechtlich)
-	Abhängigkeit des Kunden von der Qualität der gelieferten Services und der wirtschaftlichen Stabilität des ASP[911]
-	eventuell erhebliche Schwierigkeiten bei einer Rückführung der ausgelagerten Services in die Unternehmung
-	Monopolbeziehungen bei Individuallösungen
-	Problem unterschiedlicher Unternehmenskulturen
-	Störung zusammengehörender Prozesse
-	Risiko der Zusammenarbeit
-	eventuell fehlende Akzeptanz in Fachabteilungen (zum Beispiel von IT-Mitarbeitern aus Angst vor einem Arbeitsplatzverlust)

[908] Laut Cherry Tree Co. (1999) können die TCO durch eine ASP-Lösung um 30-50% reduziert werden.

[909] Skaleneffekte und daraus resultierende Kostenersparnisse waren ursprünglich das Hauptargument bei Outsourcing-Entscheidungen. Vgl. hierzu Krass (1990). Die Skaleneffekte werden jedoch zunehmend weniger durch Effekte bei der Hardware generiert, sondern durch eine Mehrfachverwendung des Wissens, den Einsatz moderner, standardisierter Anwendungssoftware, geringere Raum- und Softwarekosten, verbesserte Automatisierungsmöglichkeiten und im Netzbetrieb. Vgl. Knolmayer (1992b), S. 356; Knolmayer (1995), S. 167.

[910] Vgl. Picot/Maier (1992), S. 16.

[911] Vgl. Günther/Tamm/Hansen/Mesig (2001), S. 558. Eine funktionierende IT ist zunehmend ein notwendiger Bestandteil unternehmerischer Geschäftstätigkeit geworden und muss permanent funktional und verfügbar sein.

- Gefahr einer zu großen Standardisierung (zum Beispiel mögliche Minderung von Wettbewerbsvorteilen)[912]
- Gefahr strategischer Fehlentwicklungen[913]
- subjektiv erschwerter Schutz sensibler Daten[914]
- schwierige qualitative Beurteilung der Dienstleistung
- fehlendes Vertrauen[915]
- Intransparenz des ASP-Marktes und der vom ASP genutzten Subunternehmer

Leistung

- Know-how-Verlust
- Übervorteilung durch Informationsdefizite
- Überwindung räumlicher Distanzen
- Zuverlässigkeit nicht hundertprozentig gewährleistet[916]
- Synchronisationsprobleme mit vorhandenen Systemen
- jeder Client benötigt Zugang zu einem hochperformanten Netzwerk

Personal

- Personalprobleme beim Übergang (personalpolitisch und arbeitsrechtlich)
- Motivationsprobleme, Akzeptanzprobleme[917]
- Verlust von qualifiziertem Personal und personalspezifischem Know-how

Kosten

- höherer Kommunikations- und Koordinationsbedarf; eventuell mehr Schnittstellen[918]
- hohe Wechselkosten (switching cost)[919] beziehungsweise hohe sunk costs
- hoher Aufwand für SLA-Entwurf, Überwachung und Durchsetzung
- Migrations- und Integrationskosten
- Schulungskosten für Mitarbeiter
- Bezugsgrößenbestimmung für Entgelt
- steigende Telekommunikationskosten
- Kostenerhöhung durch ASP (zum Beispiel durch Gebührenerhöhung, überdimensionierte Lösungen, zusätzliche Serviceleistungen)

---

912 Häufig auch geringe Gestaltungsmöglichkeiten bei der Nutzung von Standardsoftware. Das heißt es ist eher eine Anpassung der Geschäftsprozesse an die Software notwendig als eine Anpassung der Software an die Geschäftsprozesse. Vgl. Böhm/Wurdack (2001), S. 35. Es ist jedoch darauf hinzuweisen, dass durch den Einsatz von Individualsoftware auch Wettbewerbsnachteile entstehen können, da Standardsoftware häufig innovativer und leistungsfähiger als individuell erstellte und weiterentwickelte Software ist. Vgl. Knolmayer (1995), S. 164.

913 Vgl. Picot/Maier (1992), S. 15.

914 Vgl. dazu Finken (1997), S. 27.

915 Vgl. Preston/Brohman (2002), S. 205.

916 SLA, die häufig eine Verfügbarkeit von 99,5% garantieren, zeigen bereits, dass eine hundertprozentige Zuverlässigkeit nicht gewährleistet werden kann. Fraglich ist auch die Zuverlässigkeit von Übertragungsmedien, die öffentlich zugänglich sind, wie zum Beispiel das Internet.

917 So kann es sein, dass das Unternehmensmanagement, das auf die geschäftsrelevanten Vorteile des ASP fixiert ist, grundsätzlich dem Thema ASP positiver gegenüber steht als die IT-Manager der Unternehmung, die vorrangig mögliche technische Probleme sehen und Prestige- und Kompetenzverluste fürchten. Vgl. Günther/Tamm/Hansen/Mesig (2001), S. 558-559.

- Überschätzung des Einsparungspotenzials
Finanzen
- langfristig Nachteile möglich (zum Beispiel Auswirkung erhöhter Transaktionskosten oder Preissteigerungen beim Fremdbezug)[920]

Tabelle 21: Nachteile des ASP

Die aufgeführten Vor- und Nachteile treffen nicht auf alle Lösungen und alle Unternehmen, die ASP-Lösungen einsetzen, zu. Es wird jedoch zusammenfassend das Spektrum von Vor- und Nachteilen bei der Nutzung von ASP-Lösungen aufgezeigt, wobei die aufgeführten Punkte zumindest auf den Großteil der Lösungen und Nutzer zutreffen.

[918] Neben einem erhöhten Kommunikationsbedarf und Koordinationsbedarf während der Leistungserbringung sind auch die Transaktionskosten, die bei der Auswahl des Dienstleisters, den zugehörigen Verhandlungen und den auf den Vertragsabschluss folgenden Umorganisationen erheblich. Vgl. Knolmayer (1995), S. 167.

[919] Auch wenn die ASP Verträge idealtypischerweise kurzfristiger Natur sein sollten, werden in der Praxis häufig langfristige Vereinbarungen getroffen. Dieses erhöht die Abhängigkeit vom ASP und in der Regel auch die Wechselkosten. Vgl. Günther/Tamm/Hansen/Mesig (2001), S. 558.

[920] Vgl. Nagengast (1997), S. 109-117.

5. Effiziente Koordinationsformen von ASP-Lösungen für KMU

Im Folgenden erfolgt unter Verwendung der in Kapitel 3 aufgezeigten transaktionskostentheoretischen Überlegungen eine Betrachtung der IV in KMU im Hinblick auf ein mögliches Outsourcing im Rahmen eines ASP-Modells. Dazu wird zunächst eine Betrachtung des Outsourcing in KMU vorgenommen und die grundsätzlichen Voraussetzungen für eine Inanspruchnahme von ASP-Lösungen durch KMU werden überprüft (GP 5.1.; GP 5.2.). Anschließend wird unter Verwendung der in Kapitel 3 erarbeiteten Methodik der Frage nachgegangen, welche Koordinationsform beim Leistungsbezug von ASP-Lösungen durch KMU gewählt werden sollte. Ausgehend von der Annahme, dass KMU an einer Nutzung von ASP-Lösungen interessiert sind, wird unter Verwendung des transaktionskostentheoretischen Effizienzkriteriums untersucht, ob eine Eigenerstellung oder ein Fremdbezug für bestimmte Lösungen vorzuziehen ist und wie das jeweilige institutionelle Arrangement weitergehend ausgestaltet werden sollte (GP 5.3.). Abschließend wird eine transaktionskostentheoretisch fundierte Betrachtung vorgenommen, die Kreditinstitute als mögliche Anbieter von ASP-Lösungen einbezieht und deren potenzielle Rolle auf dem ASP-Markt als Anbieter verdeutlichen soll (GP 5.4.).

5.1. IV-Outsourcing in KMU

KMU stehen vor etlichen Herausforderungen, die sie zu bewältigen haben, um sich in Zukunft im nationalen und internationalen Wettbewerb behaupten zu können.[921] Eine Möglichkeit, den Herausforderungen teilweise begegnen zu können, ist die Reduktion der Leistungstiefe im eigenen Unternehmen, vor allem mit Hinblick auf ein (partielles) Outsourcing der betrieblichen IV. Durch ein Outsourcing kann dem Kostendruck, dem die KMU ausgesetzt sind, begegnet und negative Auswirkungen von Ressourcendefiziten vermindert werden.

---

[921] Diese Herausforderungen resultieren unter anderem aus dem sektoralen, demographischen, regionalen, technologischen und sozialen Wandel und dem Ressourcenproblem. Vgl. Hamer (1990), S. 185-208.

Die strategische Bedeutung der Nutzung moderner IS für ein erfolgreiches Geschäft des Unternehmens und damit auch die Bedeutung von Outsourcing-Lösungen wird jedoch in KMU häufig unterschätzt.[922] Dies resultiert daraus, dass im Regelfall entweder keine strategischen Potenziale aufgewiesen werden können, bei Existenz solcher Potenziale diese nicht als relevant erachtet werden oder aufgrund eines hohen Wettbewerbsdrucks und mangelnder Ressourcen nicht realisiert werden können.[923] Objektiv sind KMU jedoch zunehmend dazu gezwungen, Informationssysteme in verstärktem Maße einzusetzen, und können dabei mögliche Outsourcing-Lösungen in Betracht ziehen.

Die Frage nach der Leistungstiefe im Bereich der IV in KMU stellt sich in zweierlei Hinsicht. Zum einen haben KMU einen erheblichen informationstechnologischen Bedarf an neuen, bisher nicht eingesetzten Lösungen. Zum anderen sind sie gezwungen, die bereits vorhandenen Lösungen den aktuellen Bedürfnissen anzupassen. In beiden Fällen wären bei einer Eigenerstellung erhebliche Investitionen in Hard- und Software sowie in informationstechnologisches Know-how notwendig, da von einem hohen technologischen und Know-how-bezogenen Defizit in KMU auszugehen ist.[924]

Anfang der 90er-Jahre des letzten Jahrhunderts waren in KMU lediglich Anwendungen für operative Informationsverarbeitungsprozesse im Einsatz. Zu solchen Anwendungen zählten vor allem Applikationen für Finanzbuchhaltung, Lohn- und Gehaltsabrechnung, Fakturierung, Lagerbuchhaltung, Warenwirtschaft und Textverarbeitung.[925] Aufgrund der Möglichkeit, so gut wie sämtliche Prozesse im Unternehmen und über die Unternehmensgrenzen hinaus informati-

---

[922] Grundsätzlich ist zu beachten, dass das Informationsmanagement in KMU und mögliche IV-Aufgaben sich wesentlich von denen in Großunternehmen unterscheiden. Vgl. Lachnit (1989); Schotters (1992). Daher lassen sich Lösungsansätze zur Problembehandlung dieses Aspektes nicht ohne weiteres von Großunternehmen auf KMU übertragen.

[923] Vgl. Krcmar, H.: Leise Töne im Information Management des Mittelstandes, in: Information Management, 7. Jg. (1992), H. 4, S. 79-83, zitiert nach Dibbern/Heinzl/Leibbrandt (2003b), S. 538; Schober (1993), S. 295.

[924] Vgl. Lachnit (1989), S. 93; Lehner (1996), S. 47.

[925] Vgl. Lachnit (1989), S. 89; Schotters (1992), S. 114.

onstechnologisch zu unterstützen, haben sich das Spektrum an Einsatzmöglichkeiten der IT und die Zahl möglicher Anwendungen bis heute stark erweitert.[926]

Ein gravierendes Problem stellt häufig die Einbindung neuer Systeme in die bereits bestehende Systemlandschaft dar. Denn die Aufgaben der IV werden in KMU, vor allem in kleineren Unternehmen, dezentral wahrgenommen, das heißt, Anwender oder einzelne Abteilungen führen Aufgaben beziehungsweise Leistungen der IV selbst durch, was letztendlich zu Insellösungen führt. Diese Lösungen erschweren eine Integration unterschiedlicher Systeme erheblich oder verhindern sie gar.[927] Beobachtbar ist daher in KMU die kaum vorhandene Integration verfügbarer Anwendungen in andere Systeme.[928] Neben der Notwendigkeit eines innerbetrieblichen Austauschs von Datenströmen erfordert ebenfalls die aktive Umstrukturierung von Beschaffungs- und Absatzmärkten, zu der unter anderem die datentechnische Vorwärts- und Rückwärtsintegration von Lieferanten und Kunden zählen, ein Umdenken in KMU. Vorhandene Potenziale der IuK-Technologien müssen genutzt und der Relevanz der betrieblichen sowie überbetrieblichen DV muss seitens der KMU Beachtung geschenkt werden.

Über das Outsourcing-Verhalten in KMU konnten bisher nur wenige Erkenntnisse gewonnen werden.[929] Festzuhalten ist jedoch, dass KMU eine ganze Reihe von betrieblichen Aufgaben, auch im Hinblick auf die betriebliche IV, outsourcen. Bei den beobachtbaren Outsourcing-Vorhaben handelt es sich dabei vor allem um ein partielles beziehungsweise selektives Outsourcing.[930] Die Frage,

---

[926] Vgl. zu möglichen Anwendungen GP 4.2.

[927] Laut Lehner (1996), S. 48-49 wurde lange Zeit versäumt, eine Erneuerung und Integration der bestehenden Informationssysteme vorzunehmen.

[928] Vgl. Lehner (1996), S. 48.

[929] Vgl. Dibbern/Heinzl (2001), S. 339.

[930] Vgl. Dibbern/Heinzl (2001), S. 339; Dibbern/Heinzl/Leibbrandt (2003b). Empirisch nachgewiesen wurde dieses Phänomen vor allem für den angloamerikanischen Raum. Vgl. Sobol/Apte (1995); Grover/Cheon/Teng (1994); Lacity/Willcocks/Feeny (1996); Willcocks/Fitzgerald/Lacity (1996). Selektiv outgesourct wird in KMU traditionell beispielsweise

ob KMU mehr oder weniger Outsourcing-Projekte vornehmen als Großunternehmen, ist dabei nicht endgültig und eindeutig zu beantworten. So ermitteln ANG/STRAUB in einer Studie, dass das Bestreben eines Unternehmens, die IV auszulagern, mit sinkender Firmengröße zunimmt.[931] Dieser Zusammenhang wurde bereits in den 70er- und 80er-Jahren beobachtet.[932] Andere Studien kommen jedoch zu abweichenden Ergebnissen. Beispielsweise machen GROVER/CHEON/TENG die Feststellung, dass es keine bedeutende Rolle spielt, welche Größe das outsourcende Unternehmen hat, betonen aber, dass zunehmend KMU diese Form des Leistungsbezugs in Anspruch nehmen.[933] SOBOL/APTE hingegen attestieren Unternehmen mit kleinen IT-Budgets, die im Regelfall mittlere und kleine Unternehmen darstellen, im Vergleich zu größeren Unternehmen eine hohe Zurückhaltung bei Outsourcing-Vorhaben.[934] Dieses wird damit begründet, dass KMU aufgrund ihrer relativ geringen Marktmacht eine Abhängigkeit beziehungsweise eine opportunistische Verhaltensweise der Anbieter befürchten und dass größere Firmen aufgrund ihrer bereits innerbetrieblich realisierten Skaleneffekte keine so hohen Einsparungen aus einer Auslagerung als Bedingung für ein Outsourcing ansetzen wie kleinere Firmen und in der Folge ihre Ansprüche an ein Outsourcing-Vorhaben von Anbietern auch erfüllt werden können.

Der Aspekt des Outsourcing in KMU stellt sich grundlegend anders dar als in Großunternehmen. Neben dem häufig fehlenden Verständnis von Outsourcing-Anbietern hinsichtlich der Charakteristika und Wünsche von KMU sind es vor allem das fehlende Know-how der KMU über den Outsourcing-Markt und mögliche Outsourcing-Projekte beziehungsweise -prozesse und das fehlende Ver-

---

die Buchführung oder die Lohn- und Gehaltsabrechnung einschließlich der dazugehörigen Anwendungen. Vgl. Schober (1993), S. 303.

[931] Vgl. Ang/Straub (2002), S. 62-63. Dibbern/Heinzl/Leibbrandt (2003b), S. 535 belegen diese Behauptung mit der Aussage, dass, je kleiner ein Unternehmen ist, desto umfangreicher und ganzheitlicher das Outsourcing der IV ausfällt.

[932] Vgl. Lehner (1996), S. 47.

[933] Vgl. Grover/Cheon/Teng (1994), S. 43.

[934] Vgl. Sobol/Apte (1995), S. 275.

trauen in Outsourcing-Anbieter, was einen Zugang zu dieser Kundengruppe erschwert. Insbesondere gegenüber einem Outsourcing im Rahmen eines ASP-Modells bestehen seitens der KMU aufgrund der weit reichenden Folgen eines solchen Projektes teilweise erhebliche Einwände.[935]

5.2. Voraussetzungen des Outsourcing im Rahmen eines ASP-Modells

Wie in GP 2.2.2. dargestellt, ist die Diskussion um die Frage nach einem Outsourcing von Leistungen der IV, hier in Form eines ASP-Modells, nur sinnvoll, wenn die grundsätzlichen Voraussetzungen für eine Durchführung des Outsourcing gegeben sind. Es ist daher zu überprüfen, ob die Voraussetzungen für die Dienstleistung, das potenziell übernehmende Unternehmen und das potenziell übertragende Unternehmen in ihrer Gesamtheit gewährleistet sind.[936] Auf eine konkrete Bewertung, Gewichtung und eingehende Beachtung der Interdependenzen der Bedingungen wird verzichtet, da eine abstrakte Betrachtung des vorliegenden Sachverhalts als ausreichend angesehen wird und damit eine unnötige Komplexität vermieden werden kann.[937]

Voraussetzungen für die Dienstleistung

Bei den IV-Leistungen, die in einer ASP-Lösung erbracht werden, handelt es sich um ein selbstständiges, in sich geschlossenes Leistungspaket, das eine *isoliert existenzfähige Gesamtleistung* darstellt.[938] Isoliert existenzfähige Leistungen sind jedoch nicht auszulagern, wenn diese zu den Kernbereichen des Unter-

---

[935] Vgl. GP 4.5.; GP 4.8.

[936] Die in GP 2.2.2. aufgeführten Kriterien sind ursprünglich für die Fremdvergabe von bisher in der Unternehmung erstellten Leistungen vorgesehen, lassen sich jedoch auf Leistungen, die neu bezogen werden sollen, übertragen.

[937] Eine eingehende Betrachtung der Situation wäre vor allem dann vorzunehmen, wenn sich eine eindeutige Aussage aus einem abstrakten Gesamteindruck nicht ableiten lässt.

[938] Die isolierte Existenzfähigkeit wird von Knolmayer (1994a), S. 324 unter der Unteilbarkeit der betrachteten Leistung verstanden. Eine Trennung einer nicht problemlos teilbaren Leistung würde zusätzliche (im Fall der Unteilbarkeit unendlich hohe) Transaktionskosten verursachen, die in der Entscheidungsfindung entsprechend berücksichtigt werden können.

nehmens gehören. IV-Leistungen gehören im Regelfall nicht zu den Kernbereichen von Unternehmen. Insbesondere in KMU stellen IV-Leistungen in den meisten Fällen *keine besonderen Kompetenzen* der Unternehmen dar, sondern verzehren knappe Ressourcen, die für die strategisch bedeutsamen Bereiche nicht mehr eingesetzt werden können.[939] Allein der gesicherte Zugriff auf die Applikationen ist von Relevanz. *Rechtliche Bestimmungen*, die einen Fremdbezug der IV-Leistungen über ein ASP-Modell weitgehend einschränken können, liegen in der Regel nicht vor.[940] Allenfalls urheberrechtliche und datenschutzrechtliche Bestimmungen können den Fremdbezug erschweren,[941] stehen diesem jedoch grundsätzlich nicht im Wege. Bei CRM-Lösungen im ASP-Modell werden beispielsweise Daten von Kunden des ASP-Nachfragers beim ASP erfasst und gespeichert. Entsprechend könnten hier datenschutzrechtliche Bestimmungen eine Auslagerung von Daten und IV-Leistungen an einen Drittanbieter erschweren. Da jedoch gerade CRM-Lösungen häufig im ASP-Modell angeboten werden und auch eine breite Akzeptanz bei den Nachfragern erfahren, ist davon auszugehen, dass die rechtlichen Bestimmungen die Praktikabilität des Angebots einer ASP-CRM-Lösung nur geringfügig beeinträchtigen. Der negative Einfluss eines Fremdbezugs von IV-Leistungspaketen in KMU auf andere unternehmerische Funktionen hängt von dem jeweils betrachteten Anwendungssystem ab und muss fallspezifisch betrachtet werden. Die Interdependenzen einzelner IT-Lösungen zu anderen unternehmensinternen Lösungen können zwar erheblich sein, jedoch wurde in GP 5.1. bereits auf die hohe Anzahl relativ ei-

---

[939] Zu berücksichtigen sind KMU, in denen die betrachteten IV-Leistungen beziehungsweise IV-Lösungen von hoher strategischer Relevanz sind. Beispielsweise sind das Unternehmen, die ihre Lösungen selbst vermarkten oder ihr Hauptgeschäft durch die Bereitstellung solcher Lösungen bestreiten.

[940] Rechtliche Aspekte sind beispielsweise in der Kreditbranche zu berücksichtigen. Dort sind, nicht zuletzt zum Schutz der Kunden und zum Erhalt der Stabilität der Finanzbranche, gesetzliche Auflagen bei einer Auslagerung von bankbetrieblichen Prozessen und Daten zu beachten. Insbesondere § 25a Abs. 2 KWG soll der Gefahr entgegenwirken, dass durch die Auslagerung von aufsichtlich sensiblen Bereichen an Dritte die Steuerungs- und Kontrollmöglichkeiten der Geschäftsleitung und die aufsichtlichen Einwirkungsmöglichkeiten faktisch gelockert werden. Vgl. auch BaFin (2001).

[941] Vgl. dazu Grohmann (2002), S. 138-149; Röhrborn/Sinhart (2000), S. 10.

genständiger Lösungen in KMU hingewiesen. Die Interdependenzen zwischen Anwendungssystemen in KMU sind im Regelfall nicht so weitgehend wie in größeren Unternehmen. Es ist damit grundsätzlich von einem *vertretbaren negativen Einfluss eines Outsourcing auf andere Leistungen* auszugehen. Ein eventueller Nachteil kann in der folgenden transaktionskostentheoretischen Betrachtung über die Interdependenz von Transaktionen berücksichtigt werden.

Voraussetzungen für das potenziell übernehmende Unternehmen

Die *Existenz und Eignung übernahmefähiger Unternehmen* können bejaht werden, da es zahlreiche Anbieter auf dem ASP-Markt gibt, die Lösungen für KMU anbieten. Die nachgefragten IV-Leistungen sind auf dem ASP-Markt frei verfügbar und sicher beschaffbar.[942] Nach einer gewissen Konsolidierungsphase sind gerade die Anbieter übrig geblieben, die langfristig als Geschäftspartner verfügbar sind und die Kundenbedürfnisse weitgehend erfassen können. Diese Anbieter stellen sich auch zunehmend auf die speziellen Bedürfnisse der KMU ein und bieten KMU-adäquate Lösungen. Lediglich bei hoch spezialisierten und sehr neuartigen Leistungen können Probleme der grundsätzlichen Fremdbezugsmöglichkeit auftreten.[943] Aufgrund der vielen Anbieter auf dem ASP-Markt und der Vielzahl an angebotenen Lösungen kann von der *Bereitschaft zur Übernahme* der jeweiligen Dienstleistung ausgegangen werden. Problematisch kann sich allenfalls erweisen, dass der Dienstleister durch die Geschäftsbeziehung in eine zu starke Abhängigkeit zum Nachfrager gerät oder die nachgefragte Dienstleistung einen zu geringen Umfang hat und somit keine wirtschaftliche Attraktivität für den Anbieter darstellt. Kritisch ist jedoch die *Transparenz des Dienstleistungsmarktes* zu sehen. Der ASP-Markt ist nach wie vor von einer großen Intransparenz gekennzeichnet. Dieser Aspekt stellt jedoch keine hinreichende Bedingung für die Unmöglichkeit eines Outsourcing dar. Vielmehr kann die Intransparenz bei einer transaktionskostentheoretischen Analyse über die Höhe der Transaktionskosten (insbesondere Suchkosten-, Informationskosten) erfasst

[942] Eine hohe Anzahl von Anbietern und Lösungen für unterschiedlichste Anwendungstypen weist Tamm (2003), S. 112 in einer empirischen Erhebung nach.
[943] Vgl. Nagengast (1997), S. 71.

werden. Außerdem gibt es Institutionen, die dem Problem der Intransparenz entgegenwirken können.[944]

Voraussetzungen für das potenziell übertragende Unternehmen

Bei potenziellen ASP-Kunden, insbesondere bei KMU, ist der *Wille zum Outsourcing* häufig nicht gegeben.[945] Die Attraktivität des Outsourcing für KMU wurde bereits dargestellt. Der subjektive Aspekt des Nichtwollens eines Outsourcing bei KMU lässt sich auf bestimmte Rahmenbedingungen zurückführen und kann durch entsprechende Maßnahmen und die Nutzung spezieller Institutionen eventuell behoben werden. Daher soll das Nichtwollen der KMU bezüglich eines ASP-Angebots im Folgenden berücksichtigt werden, jedoch nicht als hinreichende Bedingung gegen ein Outsourcing gelten. Die *Fähigkeit von KMU zur Durchführung eines Outsourcing-Vorhabens* im ASP-Modell ist als weiterer kritischer Punkt zu betrachten. KMU müssen die Gewissheit haben, dass sowohl die zum Outsourcing notwendigen Tätigkeiten als auch die neu entstehenden Aufgaben bewältigt werden können.[946] Beispielsweise ist es essenziell für das Outsourcing-Vorhaben, entsprechende Kooperations-, Koordinations- und Kommunikationsfähigkeiten zu besitzen, damit die ASP-Geschäftsbeziehung auch längerfristig erfolgreich ist. Jedoch ist zu berücksichtigen, dass bei ASP-Vorhaben keine Übertragung von Personal oder anderen Ressourcen an den Anbieter stattfindet. Ebenso werden die meisten auf ein Anwendungssystem bezogenen Leistungen an den ASP abgegeben, sodass die Koordination der eigentlichen Leistung vornehmlich beim ASP stattfindet. Umso wichtiger werden dafür die Kommunikations- und Kooperationsfähigkeit des ASP, die Rolle des ASP als Generalunternehmer sowie die speziellen Eigenschaften des Anbieters, seinen Kunden die von ihnen kaum zu bewältigenden Aufgaben teilweise abzunehmen.

---

[944] Vgl. dazu GP 4.5.2.; GP 5.3.4.3.; GP 5.4.

[945] Vgl. GP 4.5.2. und 4.8.

[946] Vgl. Nagengast (1997), S. 73.

Wie gezeigt sind die grundsätzlichen Voraussetzungen für ein Outsourcing im Rahmen eines ASP-Modells für KMU erfüllt. Hinreichende Einschränkungen, die zu einer Unmöglichkeit der Inanspruchnahme von ASP-Lösungen führen, liegen nicht vor. Nicht vollkommen erfüllte Voraussetzungen finden im Folgenden über das Transaktionskostenkriterium Berücksichtigung.

5.3. Transaktionskostentheoretische Betrachtung alternativer Koordinationsformen von ASP-Lösungen

5.3.1. Grundsätzliche Anwendbarkeit des Transaktionskostenansatzes und Definition der Transaktion

Das zentrale Problem im ASP-Modell ist die mögliche Abhängigkeit des Leistungsempfängers vom Dienstleister (Hold-up-Problematik). Um diesem Problem zu begegnen, muss der potenzielle Kunde umfangreiche Maßnahmen treffen, um mögliche negative Konsequenzen aus der Abhängigkeit weitgehend auszuschließen. Das ist nur durch eine weit reichende Informationsbeschaffung und die Implementation von Instrumenten zur Risikobegrenzung möglich und fordert in Abhängigkeit der fallspezifischen Informationsdefizite hohe Informations- und Kommunikationsaufwendungen. Dieser Sachverhalt und die Existenz grundsätzlicher Informationsdefizite der Nachfrager haben dazu beigetragen, dass eine breite Akzeptanz des ASP-Modells bisher nicht stattgefunden hat. Der Transaktionskostenansatz beschäftigt sich ausdrücklich mit der durch spezifische Investitionen geschaffenen Hold-up-Problematik und ist daher als Methodik von primären von Interesse. Eine Ergänzung des Transaktionskostenansatzes kann an geeigneter Stelle durch andere Teilgebiete der Neuen Institutionenökonomik erfolgen. Die Eignung der Transaktionskostenanalyse zur Unterstützung der Entscheidungsfindung bei Fragen über die Eigen- oder Fremderstellung von Dienstleistungen wurde in der Literatur und in der Praxis vielfach herausgestellt und der Erklärungsgehalt der Transaktionskostentheorie wurde in zahlreichen empirischen Arbeiten nachgewiesen.[947] Da jeglicher Möglichkeit der Koordina-

---

[947] Vgl. zum Beispiel Bongard (1994); Nagengast (1997); Schätzer (1999); Picot (1990), S. 182; Picot (1992a), S. 80; Picot/Maier (1992), S. 20; Knolmayer (1991), S. 328; Knolmayer

tion der Leistungserstellung, sei es über die Hierarchie, den Markt oder hybride Bereitstellungsformen, vertragliche Regelungen zugrunde liegen, ist die Transaktionskostenanalyse grundsätzlich geeignet, eine Hilfestellung für das vorliegende Entscheidungsproblem zu geben, denn insbesondere den hier betrachteten ASP-Lösungen liegen dem Outsourcing im Allgemeinen übliche, professionell gestaltete Verträge zugrunde, die sich in den SLA, AGB und rechtlichen Rahmenbedingungen manifestieren.

Für die Anwendung der Transaktionskostenanalyse im Bereich der IV sind eine adäquate Definition und Beschreibung der Transaktion zu treffen. Nach dem Selbstverständnis der Transaktionskostentheorie wird verlangt, jede einzelne Transaktion genauestens zu spezifizieren und Teiltransaktionen zu erfassen.[948] Aufgrund der zahlreichen Teilleistungen im Bereich der IV, die jeweils als einzelne Transaktionen aufgefasst werden können, und der Definition des ASP als gesamtheitliche Lösung ist es jedoch sinnvoll, eine höhere Aggregationsebene zu wählen, auf deren Grundlage Gestaltungsempfehlungen hinsichtlich einer effizienten Koordinationsform gegeben werden können. Durch die Wahl einer höheren Aggregationsebene wird vor allem das Problem interdependenter Transaktionen verringert. Würden alle IV-Leistungen als Einzeltransaktionen erfasst und analysiert, müsste die Interdependenz beziehungsweise Abhängigkeit der einzelnen IV-Leistungen berücksichtigt werden, was bei der Vielzahl der IV-Leistungen zu einer enormen Komplexität führen würde. Zur IV gehören zahlreiche Leistungen, die sich unter Eingrenzung auf eine spezielle zu betrachtende Anwendung bei der Bereitstellung des jeweiligen Anwendungssystems wieder finden, welches wiederum die Grundlage einer ASP-Lösung bildet. Die

---

(1992a), S. 4; Dibbern/Güttler/Heinzl (2001), S. 680-681; Keppler (1998), S. 55 und S. 93-96; Klein (2002), S. 39-44. In Bezug auf ASP haben beispielsweise Preston/Brohman (2002) sowie Tamm (2003) die Transaktionskostentheorie beziehungsweise Neue Institutionenökonomie in simplifizierter und eingeschränkter Form bereits angewendet.

948 Beispielsweise verstehen Alpar/Saharia (1995), S. 204 unter Transaktionen die Beschaffung von Hardware, die Nutzung von Help-Desk-Services oder die Umsetzung von Benutzerbedürfnissen in ein Systemdesign. Sie betrachten damit jede einzelne IV-Leistung als Transaktion.

Ebene der Anwendungssysteme, auf der auch die Taxonomie der ASP-Lösungen in GP 4.2. gebildet wurde, bietet daher im Folgenden die gewünschte, höhere Aggregationsebene, die zur Transaktionsdefinition herangezogen wird.[949]

Die jeweiligen Anwendungssysteme und die dazugehörigen primären und sekundären Leistungen sind Grundlage der betrachteten ASP-Lösung, die zwischen den Vertragsparteien vereinbart werden soll. Da das endgültige Ziel einer jeden Transaktion in diesem Fall die Erstellung einer Dienstleistung ist, soll als Transaktion der Prozess verstanden werden, der zu einem für die Vertragsparteien als fair empfundenen Leistungsaustausch im Rahmen einer ASP-Lösung führt. Unter einer Transaktion sind in diesem Zusammenhang alle Austauschprozesse aufzufassen, die vor, während und nach der Bereitstellung einer bestimmten Anwendung über ein ASP-Modell stattfinden. Die Transaktion umfasst damit sowohl die den eigentlichen Leistungsaustausch begleitenden vor- und nachgelagerten Prozesse wie auch den physischen Transfer der Dienstleistung, soweit trotz der Immaterialität von einem solchen gesprochen werden kann. Im Kontext des ASP entsprechen die Inanspruchnahme der vereinbarten Services, also die Nutzung der Anwendungen und die Inanspruchnahme weiterer Leistungen, wie beispielsweise Integrations- und Anpassungsleistungen oder Training und Schulung für die Anwendung, dem Transfer der Dienstleistung.

Problematisch kann hier jedoch sein, dass die Transaktionskostentheorie bei einer vergleichenden Analyse grundsätzlich identische Transaktionsobjekte fordert. Bei einer eigentlichen ASP-Outsourcing-Entscheidung würden die möglichen Koordinationsformen der Transaktion verglichen werden, die als Inhalt die Erstellung eines bestimmten Transaktionsobjektes haben. Im Regelfall existieren jedoch in KMU keine internen ASP-Lösungen, deren Erbringung im Rahmen einer Transaktionskostenanalyse mit externen Lösungen verglichen werden könnte. Bei einer Make-or-buy-Entscheidung, die im Rahmen dieser Arbeit ebenfalls als Outsourcing aufgefasst wird, würde hingegen der Umstand berücksichtigt, dass die Lösungen bisher nicht im Unternehmen erbracht werden. Die

---

949 Ähnlich Bongard (1994), S. 163-164.

Implementierung eines internen ASP-Konzepts in KMU ist jedoch grundsätzlich als problematisch zu betrachten, da bestehende Know-how- und Finanzdefizite in diesen Unternehmen in der Regel besonders ausgeprägt sind. Eine Eigenerstellung kann jedoch in speziellen Fällen für Lösungen mit bestimmten Charakteristika oder in größeren KMU realisierbar sein. Um einen sinnvollen Vergleich eines internen und eines externen ASP zu gewährleisten, müsste damit vorerst die grundsätzliche Vorteilhaftigkeit einer internen ASP-Lösung gegenüber herkömmlichen innerbetrieblich erstellten Anwendungssystemen bestätigt werden. Ob das in der Praxis tatsächlich praktiziert wird, ist schwer zu beurteilen.

Die Aufmerksamkeit, die das ASP-Modell in der Literatur und in der Praxis erfahren hat, zeugt davon, dass ein grundlegender technischer Wandel von dezentralisierten Systemen hin zu zentralisierten Systemen stattfindet. Für Letztere ist das ASP-Modell im betriebswirtschaftlichen Bereich für KMU die wohl am häufigsten diskutierte Form der Bereitstellung von Anwendungen. Die Vorteilhaftigkeit von ASP-Lösungen wurde bereits in Kapitel 4 eingehend beschrieben.[950] Es ist grundsätzlich davon auszugehen, dass durch ein ASP-Modell erhebliche Vorteile realisiert werden können. Relativ unabhängig von dem Typ der betrachteten Anwendungssysteme werden durch die Zentralität einer ASP-Lösung zum Beispiel der Administrations-, Wartungs-, Anpassungs-, Integrations-, Datensicherungs- und Datenwiederherstellungsaufwand gemindert. Ausgenommen können lediglich Anwendungen sein, die so einfach sind, dass sie keinen dieser angesprochenen Services und keine Verbindung zu einem Netzwerk benötigen.[951] Aufgrund der zunehmenden unternehmensinternen und unternehmensübergreifenden Vernetzung und der voranschreitenden Digitalisierung von Informationen beziehungsweise Daten und ihrer elektronischen Verarbeitung kann davon ausgegangen werden, dass solche Systeme in Zukunft zur Unterstützung des Geschäftsbetriebs nicht mehr ausreichend sein werden. Im Folgenden wird

---

[950] Vgl. zum Beispiel GP 4.1.1.2. und GP 4.8.

[951] Für diese Anwendungen müssten bei einer ASP-Lösung erst größere infrastrukturelle Maßnahmen (zum Beispiel Netzwerk- und Servereinrichtungen) getätigt werden, die sich letztendlich nicht rentieren würden.

daher die Annahme getroffen, dass interne beziehungsweise externe ASP-Lösungen vorteilhafter sind als herkömmliche Anwendungssysteme in KMU.

Die ASP-Lösungen wurden in GP 4.2. nach ihrer Komplexität in drei unterschiedliche Kategorien unterteilt: einfache, mittlere und komplexe Lösungen. Da diese Einteilung die Lösungen nach Merkmalen differenziert, die auch in der Transaktionskostenanalyse verwendet werden können, wird diese Typologie im Folgenden übernommen. Die Transaktion umfasst damit die Prozesse in der Vertragsanbahnungs-, Vertragsabschluss-, Vertragsdurchführungs- und Vertragsaufhebungsphase (vgl. Abbildung 19), jeweils bezogen auf die entsprechende Anwendungskategorie, die zu einem von beiden Parteien gewünschten Leistungsaustausch führen. Dazu gehört neben den Informations- und Kommunikationsaktivitäten, die vor und nach der eigentlichen Leistungserbringung anfallen, vor allem auch die Steuerung der betrachteten Gesamtleistung, sprich die Erbringung der der ASP-Lösung zugrunde liegenden IV-Leistungen. Das auf dem ASP-Markt zu beobachtende Marktversagen spiegelt sich in den Problemen wider, die in den einzelnen Transaktionsphasen auftreten. Die Inanspruchnahme von ASP-Lösungen findet häufig nicht statt, weil die Transaktionskosten der ASP-Transaktion seitens der Nachfrager zu hoch sind. Unsicherheiten und Spezifitäten in der Transaktion müssen durch geeignete Instrumente begrenzt werden, um auch für KMU die Nutzung von ASP-Lösungen vorteilhaft erscheinen zu lassen.

Auf die Phasen und die in ihnen aufgeführten Aktivitäten wird im Folgenden bei der Argumentation zu effizienten Koordinationsformen von ASP-Lösungen für KMU zurückgegriffen.

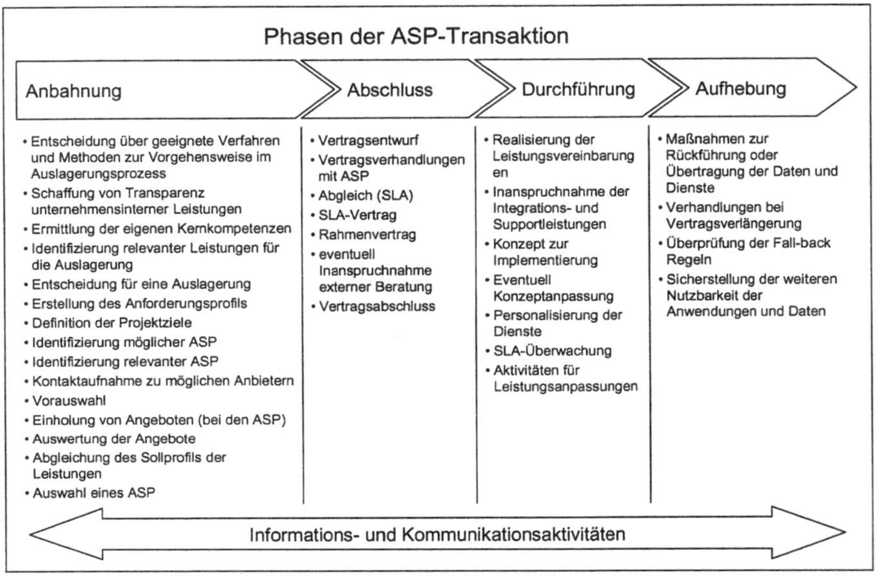

Abbildung 19: Phasen und Inhalte einer ASP-Transaktion

An der Transaktion beteiligte Akteure sind der Nachfrager der ASP-Lösung (KMU) und der direkte Anbieter der ASP-Lösung (ASP). Zu beachten ist eventuell, ob zusätzliche Subunternehmer des direkten ASP-Anbieters in den Leistungserstellungsprozess eingebunden sind. Die alleinige Relevanz des ASP-Anbieters ohne Betrachtung weiterer Subunternehmer kommt nur dann in Betracht, wenn dieser als Full-Service-Provider auftritt. Andere Positionierungen zeichnen sich bis hin zu einem eigentlichen ASP durch eine verstärkte intermediäre Funktion aus, bei dem der Zugriff auf Subunternehmer eine zentrale Rolle spielt.

5.3.2. Ermittlung und Beurteilung der Einflussgrößen auf die Transaktionskosten

Im Folgenden werden die möglichen Einflussgrößen der Transaktionskosten ermittelt, in ihrer möglichen Ausprägung erfasst und anschließend für die jeweilige Transaktionskategorie herausgearbeitet. Die Einflussgrößen der Transaktionskosten sind zum einen die Eigenschaften der Transaktion, die durch die Spezifität, Unsicherheit und Häufigkeit beschrieben werden. Die Ausprägung dieser Eigenschaften soll die Werte gering, mittel oder hoch annehmen können. Mit zunehmender Ausprägung der Eigenschaften Spezifität und Unsicherheit verschärft sich das Problem der Vertragsanbahnung, des Vertragsabschlusses sowie der Vertragsdurchführung und -aufhe-bung. In der Folge ergeben sich erhöhte Transaktionskosten. Des Weiteren wird auch die Transaktionsatmosphäre berücksichtigt. Für die Transaktion ist es zudem relevant, in welchem Abwicklungsmuster sie durchgeführt wird, das heißt welche Koordinationsform der Transaktion verwendet wird. Letztgenannte Einflussgrößen werden jedoch erst bei dem Einbezug der Koordinationsform in GP 5.3.4. und in GP 5.4.4. berücksichtigt.

5.3.2.1. Spezifität

Spezifische Investitionen, die zur Erbringung der vereinbarten Dienstleistung notwendig sind, können sowohl in materielle als auch in immaterielle Ressourcen vorgenommen werden.[952] Zu den materiellen Ressourcen gehören in diesem Kontext Hardwareprodukte (inklusive informations- und kommunikationstechnologischer Infra-strukturen) und Softwareprodukte, zu den immateriellen Ressourcen idiosynkratisches und spezialisiertes Wissen.[953]

Sachkapitalspezifität ist zumindest für den Aspekt der Hardware aufgrund des hohen Standardisierungsgrades der Hardwaretechnologie (zum Beispiel Server, Arbeitsplatzrechner, Speichermedien) weitgehend unbedeutend.[954] Transaktionsspezifische Investitionen ergeben sich jedoch, wenn Leistungen beziehungsweise Komponenten aus den Bereichen Datencenter- und Netzwerkservice auf das jeweilige Unternehmen zugeschnitten sind. Das kann zum Beispiel der Fall sein, wenn standortspezifische Investitionen getätigt werden, um ein Unterneh-

952 Vgl. Ang/Straub (2002), S. 51.
953 Vgl. Ang/Cummings (1997), S. 239; Barthélemy (2003), S. 540.
954 Ausnahmen ergeben sich bei Spezialanfertigungen. In aller Regel wird jedoch Standardhardware verwendet. Vgl. Dibbern/Heinzl (2001), S. 340.

men an das benötigte Netzwerk anzuschließen (Netzwerkservice),[955] oder wenn sachkapitalspezifische Investitionen für besondere Sicherheitsvorrichtungen (Datencenter- oder Netzwerkservice) vorgenommen werden,[956] um sensible beziehungsweise geschäftskritische Daten zu schützen. Die Spezifität von technisch orientierten Leistungen ist eher die Ausnahme. In der Regel werden gerade die Leistungen aus dem Bereich des Datencenter- und Netzwerkservice von geringer Spezifität sein.[957]

Bei den eingesetzten Softwarelösungen kann hingegen Sachkapitalspezifität in hohem Ausmaß vorliegen. Viele Unternehmen nutzen für ihre Geschäftsprozesse speziell angepasste (Standard)Applikationen.[958] Hier zeichnet sich Spezifität dadurch aus, dass bei Implementierung einer ASP-Lösung umfangreiche Anpassungs- und Inte-grationsmaßnahmen (Integrationsservice) vorgenommen werden müssen oder die Applikation von Anfang an individuell für das Unternehmen programmiert wird (Applikationsentwicklung).[959] Durch die zunehmende vertikale Fokussierung vieler ASP-Anbieter und eine entsprechende Fokussierung der Applikationen auf bestimmte Branchen werden jedoch zumindest die bran-

---

[955] Der Anschluss an ein öffentliches Netzwerk ist keine spezifische Investition, da diese Investition auch für andere Transaktionsbeziehungen verwendet werden kann. Allerdings sind Investitionen in Netzwerke denkbar, die nicht direkt für andere Transaktionen verwendet werden können beziehungsweise ihren Wert in anderen Transaktionen zum Teil verlieren. Beispielhaft sei hier der Anschluss an ein Glasfasernetz genannt, welches sehr hohe Datenübertragungsgeschwindigkeiten und -kapazitäten ermöglicht, die jedoch vorerst nur in einem ASP-Modell eines speziellen Anbieters ausreichend genutzt werden können. In anderen Transaktionen würden sich damit Überkapazitäten ergeben.

[956] Ähnlich beschreibt auch Bongard (1994), S. 165 die Möglichkeit, dass die für die Datenübertragung notwendige Technologie eine hohe Spezifität aufweisen kann. Dem muss allerdings entgegengehalten werden, dass in den letzten Jahren, insbesondere durch die Bedeutung des Internet, die Datenübertragungstechnologien wesentlich sicherer, kostengünstiger und unspezifischer geworden sind.

[957] Vgl. Alpar/Saharia (1995), S. 210.

[958] Vgl. Ang/Straub (2002), S. 51.

[959] Vgl. Picot (1990), S. 299; Ang/Straub (2002), S. 51. Schätzer (1999), S. 133 definiert Sachkapitalspezifität als „ein Maß für die Investitionen in die Anpassung der Leistungserstellung an Unternehmensspezifika“. In diesem Sinne liegt bei Anpassungen von Software an Unternehmensspezifika Sachkapitalspezifität vor.

chenspezifischen Softwareanforderungen erfüllt. Zudem werden viele Vorgänge im Rahmen einer Umgestaltung und Vereinfachung der Geschäftsprozesse standardisiert und damit auch bestimmten Standardapplikationen zugänglich gemacht. Spezifität kann demnach bei Software durchaus in hohem Grade auftreten, ist jedoch nicht zwingend gegeben. Der teilweise hohe Grad an Softwarespezifität wird durch die zunehmende Standardisierung der Geschäftsprozesse und die gezielte Entwicklung von Branchenapplikationen in Zukunft geringer werden.

Ein immaterielles Gut ist das Humankapital, welches sich in Abhängigkeit von der jeweiligen ASP-Lösung durch einen bestimmten Spezifitätsgrad auszeichnet. Aufgrund der Komplexität immaterieller Dienstleistungen erfordern IT-Lösungen ein Mindestmaß an Humankapitalspezifität.[960] Humankapitalspezifität kann aufgrund idiosynkratischen Wissens oder spezialisierten Wissens (hier zum Beispiel Wissen, das nur in ganz bestimmten Applikationen nutzbar ist und anderweitig nicht oder kaum verwendbar ist) vorliegen.[961] Damit eine Anwendung überhaupt genutzt werden kann, müssen zum Beispiel Investitionen in Humankapital erfolgen, indem spezielle Trainings- und Schulungsleistungen (Supportservice) in Anspruch genommen werden.[962] Einige IV-Leistungen benötigen ein Verständnis für die unternehmerischen Geschäftsprozesse, den strategischen Geschäftsplan der Unternehmung und die Firmenumwelt. Für dieses Verständnis ist in der Regel hochspezifisches Wissen über die Unternehmung notwendig.[963] Bei bestimmten Softwarelösungen, die speziell für ein Unternehmen entworfen, programmiert und implementiert werden, liegt in aller Regel auch Humankapitalspezifität vor. Das Wissen, das zur Nutzung dieser Software oder der Systeme

---

[960] Vgl. Schätzer (1999), S. 126. Dibbern/Heinzl/Leibbrandt (2003b), S. 536 gehen auf die komplexen Abstimmungsprozesse bei der Entwicklung und Wartung von Anwendungssoftware ein und folgern daraus eine hohe Humankapitalspezifität im Bereich der IV.

[961] Vgl. Ang/Straub (2002), S. 51; GP 3.6.2.1.

[962] Die Bedeutung der Humankapitalspezifität in der IV wird insbesondere von Dibbern/Güttler/Heinzl (2001), S. 683-684 herausgestellt.

[963] Vgl. Alpar/Saharia (1995), S. 209; Dibbern/Heinzl/Leibbrandt (2003b), S. 536, 538.

und der damit beschriebenen Geschäftsprozesse benötigt wird, ist außerhalb der betrachteten Transaktion nur in geringem Umfang nutzbar.[964]

Der Spezifitätsgrad einer ASP-Lösung kann unterschiedlich hoch sein. Eine pauschale Aussage über den Spezifitätsgrad von ASP-Lösungen kann daher nicht getroffen werden. Es ist jedoch grundsätzlich festzuhalten, dass der Spezifitätsgrad von der Komplexität der jeweiligen Lösung abhängt. Je komplexer die Lösungen sind, desto mehr IV-Leistungen werden im ASP-Modell in Anspruch genommen, die zum Teil spezifische Investitionen darstellen (zum Beispiel Schulungsleistungen, Integrationsleistungen), und desto höher wird der Spezifitätsgrad der Lösungen sein.[965]

Spezifische Investitionen	
Datencenter	gering bis mittel
Netzwerk	gering bis mittel
Integration/Applikation	gering bis hoch
Support	gering bis hoch

Tabelle 22: Mögliche Ausprägungen des Spezifitätsgrades

5.3.2.2. Unsicherheit

Der Grad der Umweltunsicherheit hängt von der Umweltkomplexität und der Umweltdynamik ab. Die Einflussfaktoren auf informationstechnologische Lösungen sind sowohl sehr zahlreich als auch sehr heterogen, womit von einer hohen Umweltkomplexität auszugehen ist. Etwaige Einflussfaktoren sind beispielsweise die Intensivierung des globalen Wettbewerbs, die Technologiedynamik, die Wissensmehrung und -diffu-sion, Nachfrageveränderungen, Fusionen oder Expansionen des Leistungsnachfragers oder des Anbieters, die Deregulierung, aber auch die Regulierung sowie die Verkürzung von Produktlebenszyklen.[966] Ebenso kann vorausgesetzt werden, dass ein Großteil der Einflussfaktoren starken, schnellen und unregelmäßigen Veränderungen ausgesetzt ist und

[964] Vgl. Dibbern/Heinzl (2000), S. 2-3.
[965] Vgl. GP 4.2.
[966] Vgl. Picot/Reichwald (1994), S. 565. Diese Faktoren finden sich auch teilweise in den Einflussfaktoren des ASP-Marktes beziehungsweise des ASP-Modells wieder. Vgl. GP 4.7.

damit eine hohe Dynamik der Umwelt vorliegt.[967] Aufgrund einer hohen Dynamik verkürzt sich der Erwartungshorizont für die wirtschaftliche Nutzungsdauer der getätigten Investitionen vor allem bei spezifischen Leistungen.

Insbesondere rechtliche und technologische Umweltfaktoren sind weitgehend bestimmend für die Umweltunsicherheit.[968] Gesetzliche Änderungen können einen erheblichen Einfluss auf die Transaktion haben und damit sowohl einen erhöhten Aufwand bei der Vertragsgestaltung (zur Antizipation möglicher gesetzlicher Änderungen während der Vertragslaufzeit) oder eine Änderung der Transaktionsvereinbarung nach Vertragsabschluss erfordern.[969] Im Rahmen der technologischen Rahmenbedingungen verursacht vor allem die Technologiedynamik Unsicherheit, indem eine Unvorhersagbarkeit der technischen Entwicklung von Hard- und Software besteht. Durch die hohe Dynamik ist es ungewiss, wie lange und wofür angeschaffte Technologien genutzt werden können beziehungsweise deren Einsatz sinnvoll ist.

Die Transaktionsunsicherheit ergibt sich aus der Komplexität des Transaktionsobjektes und der Transaktionsdauer. In GP 4.2. wurde eine Segmentierung der ASP-Lösungen nach ihrer Komplexität vorgenommen. Die Komplexität ist demnach direkt aus der Transaktionskategorie ersichtlich.[970] Die Transaktionsdauer ist wiederum abhängig von der Komplexität des Transaktionsobjektes. Je komplexer und spezifischer die ASP-Lösung ist, desto länger sind die Imple-

---

[967] Vgl. auch Janitz (2002). Auf einen hohen Grad der Umweltunsicherheit bei der Bereitstellung von Informationssystemen weisen auch Dibbern/Güttler/Heinzl (2001), S. 685 hin.

[968] Aufgrund der hohen Umweltunsicherheit, die sich aus der technologischen Unsicherheit ergibt, präferieren Unternehmen organisatorische Lösungen, die sicher, stabil und transparent sind. Vgl. Soon/Cummings (1997), S. 240.

[969] Beispielsweise ergeben sich selbst bei einfachen Lösungen, wie Reisekostenabrechnungen, Notwendigkeiten, Änderungen bei der Leistungserbringung vorzunehmen. So gilt das deutsche Reisekostenrecht als kompliziert und aufgrund veränderter gesetzlicher Rahmenbedingungen kann eine Anpassung der Anwendung an die neuen Bedingungen notwendig werden (beispielsweise veränderte gesetzliche Tages- und Übernachtungspauschalen). Vgl. Knöfel/Holzer (2002), S. 78, S. 81-82.

mentierungszeiten der Lösung, desto umfangreicher sind die IV-Leistungen und desto stärker binden sich die Transaktionspartner vertraglich aneinander und desto dauerhafter ist die Transaktionsbeziehung.[971] Eine hohe Komplexität führt damit zu einer dauerhaften Transaktionsbeziehung und zu einer erhöhten Transaktionsunsicherheit.

Während Transaktionsunsicherheit direkt aus der Transaktionskategorie abgeleitet werden kann, besteht auch zwischen der Umweltunsicherheit und der Transaktionskategorie ein Zusammenhang. Je komplexer die Transaktionsobjekte sind, desto umfangreicher sind auch die damit verbundenen Lösungen beziehungsweise IV-Leistungen. Je umfangreicher diese Leistungen sind, desto mehr exogene und heterogene Faktoren wirken auch auf die Gesamtlösung und desto höher ist die Umweltkomplexität. Die Dynamik hingegen ist unabhängig von der Transaktionskategorie. Da grundsätzlich eine hohe Dynamik vorliegt, wirkt diese in jedem Fall verstärkend auf die Umweltunsicherheit.

Unsicherheit	
Umweltunsicherheit	
Dynamik	hoch
Umweltkomplexität	mittel bis hoch
Transaktionsunsicherheit	
Komplexität	gering bis hoch
Transaktionsdauer	gering bis hoch (komplexitätsgradabhängig)

Tabelle 23: Mögliche Ausprägungen der Unsicherheit

5.3.2.3. Häufigkeit

Leistungen der IV haben in der Regel eine Querschnittsfunktion im Unternehmen. Für den Geschäftsbetrieb ist es daher notwendig, diese Leistungen permanent zu erbringen. Informationstechnologische Dienstleistungen stellen zudem aufgrund ihres Tagesgeschäftscharakters Routineaufgaben dar. Entsprechend

[970] Immateriellen Dienstleistungen wird grundsätzlich eine erhöhte Komplexität des Leistungserstellungsprozesses zugesprochen. Vgl. Schätzer (1999), S. 126.
[971] Vgl. Ring/Hope/Leston (2000), S. 112.

charakterisieren sie sich durch eine hohe Transaktionshäufigkeit.[972] Es existieren jedoch auch Anwendungen und damit verbundene IV-Leistungen, die nicht regelmäßig genutzt werden und bei denen die Transaktionshäufigkeit relativ gering ist.[973] Ebenso kann eine mittlere Transaktionshäufigkeit bei einigen Anwendungen vorliegen.[974] Anwendungen mit geringer und mittlerer Transaktionshäufigkeit stellen jedoch eher eine Ausnahme dar. Grundsätzlich ist davon auszugehen, dass betriebliche Anwendungen beziehungsweise ASP-Lösungen sich durch eine hohe Transaktionshäufigkeit auszeichnen.

Häufigkeit	hoch

Tabelle 24: Mögliche Ausprägung der Häufigkeit

5.3.2.4. Eigenschaften der Transaktionskategorien

Im vorangegangenen Gliederungspunkt wurden die möglichen Ausprägungen der Transaktionseigenschaften ermittelt. Im Folgenden werden unter Rückgriff auf die festgelegte Lösungsmenge die Transaktionseigenschaften für die jeweiligen Transaktionskategorien herausgearbeitet.

Einfache ASP-Lösungen:

Einfache ASP-Lösungen stellen standardisierte Lösungen dar, die kaum transaktionsspezifische Investitionen erfordern. Sie bedürfen weder eines hohen Integrations- noch eines hohen Anpassungsaufwands, da eine Integration in andere Systeme im Regelfall nicht notwendig oder einfach vorzunehmen ist und persönliche Konfigurationen vom Nutzer selbst durchgeführt werden können. Auch bei den Leistungen aus den Bereichen Netzwerkservice, Datencenterservice und Applikationsentwicklung kann von Standardleistungen ausgegangen werden, da keine besonderen Leistungsanforderungen auftreten. Weitere Leistungen wie zum Beispiel Schulung, Beratung und Unterstützung der Benutzer werden für

[972] Vgl. Schätzer (1999), S. 157.
[973] Beispielsweise werden Anwendungen für Steuererklärungen nur relativ selten genutzt.
[974] Beispielsweise werden E-Learning-Systeme sporadisch, jedoch mehrmals im Jahr genutzt.

etwaige Anwendungen zwar häufig angeboten (zum Teil Onlinesupport), sind jedoch nicht obligatorisch.[975] Aufgrund der leichten Bedienbarkeit einfacher Anwendungen kann daher davon ausgegangen werden, dass keine wesentlichen spezifischen Investitionen in Humankapital stattfinden. Die auf die Umweltunsicherheit wirkende Dynamik kann entsprechend den Ausführungen im vorigen Gliederungspunkt als hoch angenommen werden. Die Umweltkomplexität weist einen mittleren Grad auf, da aufgrund des relativ geringen Umfangs der IV-Leistungen eine begrenzte, aber bedeutende Menge exogener Faktoren auf den Leistungserstellungsprozess wirken und die Leistungserstellung aufgrund ihrer „Einfachheit“ noch überschaubar ist. Die Transaktionsunsicherheit ist aufgrund der relativ geringen Komplexität des Transaktionsobjektes und einer geringen Transaktionsdauer als ebenfalls gering einzuschätzen.

Spezifität gesamt	**gering**
Datencenter	gering
Netzwerk	gering
Integration/Applikation	gering
Support	gering

Unsicherheit gesamt	**mittel**
Umweltunsicherheit	mittel bis hoch
Dynamik	hoch
Umweltkomplexität	mittel
Transaktionsunsicherheit	gering
Komplexität	gering
Transaktionsdauer	gering

Häufigkeit	**hoch**

Tabelle 25: Eigenschaften einfacher ASP-Lösungen

Mittlere ASP-Lösungen:

Mittlere ASP-Lösungen stellen Lösungen dar, die teilweise transaktionsspezifische Investitionen erfordern. Sie bedürfen eines gewissen Integrations- und An-

[975] Auch Anwendungen für die Berichterstattung (Reporting) sind beispielsweise, zumindest für den Einsatz in KMU, einfache Applikationen, die sich grundsätzlich durch eine hohe Standardisierung auszeichnen. Sie haben damit eine geringe Spezifität und Unsicherheit, werden jedoch im Regelfall häufig angewendet. Vgl. Preston/Brohmann (2002), S. 209.

passungsaufwands, da eine Integration in andere Systeme und eine Anpassung der Applikation an die Unternehmensspezifika häufig notwendig sind. Bei den Leistungen aus den Bereichen Netzwerkservice, Datencenterservice und Applikationsentwicklung kann von Standardleistungen ausgegangen werden. Besondere Leistungsanforderungen, insbesondere an die Applikationen, werden durch eine horizontale oder vertikale Fokussierung der Anwendungen bereits teilweise berücksichtigt. Supportleistungen wie zum Beispiel Schulung, Beratung und Unterstützung der Benutzer werden für diese Anwendungen zunehmend wichtiger. Spezialisiertes Wissen wird durch Schulungen und Trainings erworben, womit ein gewisses Maß an Humankapitalspezifität vorliegt. Die Umweltunsicherheit ist als hoch einzustufen, da eine größere Menge von exogenen Faktoren existiert, die auf die vielfältigen IV-Leistungen mittlerer Lösungen wirken und grundsätzlich von einer hohen Dynamik ausgegangen wird. Die Transaktionsunsicherheit ist aufgrund des mittleren Komplexitätsgrades und der mittleren Transaktionsdauer mittleren Grades. Die Häufigkeit ist annahmegemäß hoch.

Spezifität gesamt	**gering-mittel**
Datencenter	gering
Netzwerk	gering
Integration/Applikation	mittel
Support	gering bis mittel
Unsicherheit gesamt	**mittel-hoch**
Umweltunsicherheit	hoch
Dynamik	hoch
Umweltkomplexität	hoch
Transaktionsunsicherheit	mittel
Komplexität	mittel
Transaktionsdauer	mittel
Häufigkeit	**hoch**

Tabelle 26: Eigenschaften mittlerer ASP-Lösungen

Komplexe ASP-Lösungen:

Sie sind dadurch gekennzeichnet, dass ihr Einsatz einen sowohl inter- als auch intraorganisationellen Datenaustausch erfordert. Die Integrationsnotwendigkeit dieser Anwendungen in andere Systeme ist daher zwingend. Neben der Integration ist auch die Anpassung sehr aufwendig, da eine weit reichende unternehmensspezifische und benutzerspezifische Anpassung zu erfolgen hat.[976] Aufgrund der komplexen und unternehmens- oder branchenspezifischen Prozesse, die mit den Anwendungen erfasst werden, stellen sich hohe Anforderungen an die Entwicklung der Systeme. Denkbar ist auch, dass spezifische Investitionen in den Bereichen Datencenter oder Netzwerk erfolgen. Supportleistungen werden in großem Umfang in Anspruch genommen, weil Schulungen und Training für die Nutzung der Applikation unabdingbar sind. Auch wird über die Dauer der Leistungserbringung idiosynkratisches Wissen aufgebaut, da Anpassungen beziehungsweise Veränderungen der Systeme aufgrund der hohen Komplexität nicht vermeidbar sind und diese anwendungssystem- und unternehmensspezifischen Problemfälle idiosynkratisches Wissen schaffen. Zudem ist es notwendig, eine benutzerspezifische Unterstützung und Beratung in Anspruch zu nehmen. Auch sind diese Lösungen durch eine hohe Umweltunsicherheit geprägt. Komplexe ASP-Lösungen umfassen eine Vielzahl von IV-Leistungen und bieten einer Menge von exogenen Faktoren Einflussmöglichkeiten auf die Erbringung der Gesamtleistung. Da es sich bei diesen Lösungen um geschäftskritische Systeme handelt, müssen sie immer den Bedürfnissen der Nutzer entsprechen, wobei die Vorausschaubarkeit der notwendigen Anpassungen nicht mehr gegeben ist. Beispielsweise muss eine Reaktion auf Wettbewerbsveränderungen durch eine Anpassung der Lösung schnell erfolgen können. Auch die Transaktionsunsicherheit ist aufgrund einer hohen Komplexität und langen Transaktionsdauer hoch. Die Häufigkeit komplexer Lösungen ist vor allem aufgrund ihres geschäftskritischen Charakters und ihrer Bedeutung für das Tagesgeschäft hoch.

Spezifität gesamt	**mittel bis hoch**
Datencenter	mittel
Netzwerk	mittel
Integration/Applikation	hoch
Support	hoch

Unsicherheit gesamt	**hoch**
Umweltunsicherheit	hoch
Dynamik	hoch
Umweltkomplexität	hoch
Transaktionsunsicherheit	hoch

[976] Vgl. Leong (2000), S. 9; Held (2002), S. 21.

Komplexität	hoch
Transaktionsdauer	hoch
Häufigkeit	**hoch**

Tabelle 27: Eigenschaften komplexer ASP-Lösungen

5.3.3. Ermittlung alternativer Koordinationsformen

Die Ermittlung alternativer Koordinationsformen dient dazu, die dem Unternehmen offen stehenden Möglichkeiten darzustellen, die Dienstleistung in der gewünschten Art und Weise zu erhalten. Die alternativen Koordinationsformen für eine Betrachtung des Bezugs von ASP-Lösungen sind entsprechend der Definition des ASP eingeschränkt. Ausgehend von einer innerbetrieblich implementierten ASP-Lösung kann von reiner Eigenerstellung gesprochen werden. Andernfalls ist ASP so definiert, dass es eine sehr weitgehende Form des Outsourcing darstellt. Die in einer ASP-Lösung erbrachten IV-Leistungen werden komplett beim ASP fremdbezogen. Nur einige strategisch bedeutsame Leistungen, die nicht direkt mit der eigentlichen ASP-Lösung in Verbindung stehen, wie zum Beispiel Teile der IV-Planung und des IV-Managements,[977] werden in der Unternehmung erstellt.

Als erste grundsätzliche Koordinationsform ist die unternehmensinterne Erstellung (Hierarchie) zu berücksichtigen. Entsprechend den Ausführungen in GP 5.3.1. wird im Folgenden eine interne ASP-Lösung als effiziente Form der innerbetrieblichen Bereitstellung einer gewünschten Applikation betrachtet, womit herkömmliche Arten der Bereitstellung von Anwendungssystemen keine Berücksichtigung finden. Zu der unternehmensinternen Erstellung zugehörig soll auch die Einrichtung von Profit- oder Cost-Centern gelten. Diese Option stellt jedoch für die meisten KMU aufgrund des zu geringen Umfangs der auszugliedernden Funktionen sowie der hohen Managementanforderungen keine reali-

---

[977] Ähnlich schlägt Schober (1993), S. 311-313 vor, in KMU eine Trennung zwischen strategischen und operativen Aufgaben des Informationsmanagements vorzunehmen und diese auf unterschiedliche Aufgabenträger zu verteilen. Als Aufgabenträger von Aufgaben mit weniger strategischem Charakter, die den Leistungen im ASP-Modell weitgehend entsprechen, ist demnach auch ein externer Akteur denkbar.

sierbare Lösung dar.[978] Einer hier dargestellten internen Bereitstellung einer ASP-Lösung (internes ASP) liegen aus vertraglicher Sicht die für die Hierarchie typischen relationalen Verträge zugrunde.

Neben der innerbetrieblichen Lösung ist noch der Bezug über hierarchienahe Koordinationsformen (zum Beispiel Tochter-, Gemeinschafts- oder Beteiligungsunternehmen) denkbar, die sich vor allem durch eine Kapitalbeteiligung der Leistungsnachfrager an diesen Unternehmen auszeichnen. Diese zweite grundsätzliche Koordinationsform entspricht weitgehend einem internen Outsourcing und ist durch den Einsatz relationalen und neoklassischen Vertragswerks gekennzeichnet. Die Gründung einer Tochtergesellschaft kommt aufgrund von Ressourcendefiziten für KMU im Regelfall nicht in Betracht. Die vollständige Aufbringung des notwendigen Eigenkapitals müsste durch das Mutterunternehmen geschehen. Der Vorteil dabei wäre, dass das Mutterunternehmen eine hohe Kontrolle über die ausgegliederten Funktionen hat,[979] allerdings werden nur wenige KMU in der Lage sein, das notwendige Eigenkapital aufzubringen. Mindestens genauso problematisch stellt sich das Know-how-Defizit dar, denn das Defizit, welches in der Mutterunternehmung vorhanden war, kann auch in der Tochterunternehmung nur durch erhebliche Investitionen in Humankapital behoben werden. Eine Alternative zu einer Unternehmensgründung ist die Akquisition eines Unternehmens, wie beispielsweise eines Software- oder Systemhauses mit Branchenerfahrung. Durch dieses Vorgehen würde zwar das Know-how-Problem umgangen werden, allerdings wird eine solche Akquisition im Regelfall ebenfalls die finanziellen Möglichkeiten vieler KMU übersteigen.[980] Um den finanziellen Aufwand eines einzelnen KMU zu verringern, ist daher allenfalls die Gründung oder Beteiligung an einem Gemeinschaftsunternehmen oder die Ausgliederung der Leistungen an ein Beteiligungsunternehmen denkbar.

---

[978] Vgl. dazu Zahn/Bart/Hertweck (1998), S. 121-123.

[979] Durch Kapitalbeteiligungen können Probleme, die aus spezifischen Investitionen (Hold-up-Gefahr) und aus Informationsasymmetrien (Moral hazard) erwachsen, vermindert werden. Vgl. Picot/Dietl/Franck (2002), S. 196-197.

[980] Vgl. auch Schotters (1992), S. 213-214.

Als dritte Koordinationsform der Transaktion kommen marktnahe Koordinationsformen (zum Beispiel langfristige und mittelfristige Lieferverträge) auf Basis neoklassischer Verträge und als vierte Form der Markt unter Verwendung klassischer Verträge in Betracht.

5.3.4. Evaluation der alternativen Koordinationsformen

Ziel der folgenden Ausführungen ist es, die für KMU effiziente Bereitstellungsform von ASP-Lösungen für eine jede Lösungskategorie zu ermitteln. Bei den jeweiligen Ausführungen wird dabei auf Empfehlungen der Transaktionskostentheorie zurückgegriffen. Einbezogen wird zudem die Möglichkeit eines intermediären Arrangements. Auf die Bedeutung der Transaktionsatmosphäre, im speziellen Fall des Angebots von ASP-Lösungen durch Banken, wird in GP 5.4.4. ausführlich eingegangen.

5.3.4.1. Eigenerstellung

Die Eigenerstellung beziehungsweise die hierarchische Koordination der Leistungserstellung kommt nach den Empfehlungen der Transaktionskostentheorie für sehr spezifische Anwendungen, vor allem in Verbindung mit einer hohen Transaktionshäufigkeit, in Betracht.[981] Dieses Charakteristikum trifft auf komplexe ASP-Lösungen zu. In der Hierarchie kann die Gefahr einer opportunistischen Verhaltensweise, die sich aus einer hohen Spezifität der Leistung ergibt, am besten gehandhabt beziehungsweise verringert werden.[982]

Betrachtungsobjekt sind hier jedoch KMU, die im Regelfall weder über das notwendige Know-how noch über die notwendigen finanziellen Mittel verfügen,

---

[981] Vgl. Williamson (1985), S. 79.

[982] Eine Eigenerstellung ist insbesondere dann vorzuziehen, wenn die rechtlichen Rahmenbedingungen für eine externe Koordination ungenügend sind und das mit der Fremdvergabe eingegangene Risiko zu hoch ist. Die rechtlichen Rahmenbedingungen sprechen jedoch nicht gegen eine Ausgliederung, da diese im Hinblick auf ASP-Transaktionen relativ umfassend sind. Gegebenenfalls kann die Berücksichtigung fehlender rechtlicher Rahmen durch die Höhe der Transaktionskosten erfasst werden.

die Leistungen in Eigenregie zu erbringen.[983] Diese internen Defizite überlagern im Regelfall andere Kontextfaktoren der Outsourcing-Entscheidung in KMU.[984] Eine Implementierung einer komplexen ASP-Lösung in KMU kann aufgrund der begrenzten Ressourcen, die dem KMU zur Verfügung stehen, grundsätzlich als zu aufwendig angesehen werden, als dass eine weitere transaktionskostentheoretische Betrachtung im Rahmen der Eigenerstellung sinnvoll erscheinen würde. Sind die Dienstleistungen strategisch und liegen gleichzeitig Auslagerungsbarrieren vor, ist allenfalls die Möglichkeit einer Ausgliederung im Rahmen des internen Outsourcing zu berücksichtigen.[985]

Ein weiteres Argument, keine reine Eigenerstellung zu verfolgen, ist die hohe Umweltunsicherheit. Zum einen fördert die hohe Unsicherheit auf dem ASP-Markt zwar die Tendenz zur Eigenerstellung, da Informationsasymmetrien nur unter hohen Transaktionskostenaufwendungen abgebaut werden können; zum anderen muss jedoch eine dezidierte Betrachtung der Unsicherheit erfolgen. Bezüglich der vorliegenden Unsicherheitskomponente, die sich zu einem bedeutenden Teil aus der technologischen Dynamik ergibt,[986] zeigen sich nämlich Abweichungen von der Normempfehlung aus der Transaktionskostentheorie. Häufig wird gerade aufgrund der technologischen Unsicherheit eine Auslagerung der IV vorgenommen, obwohl dieses Vorgehen mit erheblichen Transakti-

---

[983] Vgl. auch Boehme (1986), S. 28; Rumer (1994), S. 32; Thürbach (1974), S. 11; Schotters (1992), S. 87; Thome/Hennig/Friedrich (2001). Dibbern/Heinzl/Leibbrandt (2003b), S. 537 sprechen in diesem Zusammenhang von beachtlichen Wissens-, Personal- und Leistungsdefiziten bei kleinen und einigen mittleren Unternehmen. Bereits Gantzel (1974), S. 262 weist auf teils unterausgeprägte Fähigkeiten in KMU hin.

[984] Vgl. Sambamurthy/Zmud (1999).

[985] Bongard (1994), S. 167 weist auf die Möglichkeit hin, statt einer Eigenerstellung, die nach den Empfehlungen der Transaktionskostentheorie die effiziente Koordinationsform für spezifische Lösungen wäre, hybride Koordinationsformen unter Berücksichtigung zusätzlichen Vertrauens in der Transaktionsbeziehung zu berücksichtigen.

[986] Bei dem Outsourcing informationstechnologischer Lösungen wird der technologisch bedingten Unsicherheit der größte Anteil an der Unsicherheit zugemessen. Vgl. Kim/Chung (2003), S. 88.

onskosten verbunden ist.[987] Da Outsourcing-Maßnahmen aufgrund technologisch bedingter Unsicherheit bereits seit längerem und in erheblicher Zahl vorgenommen werden, lässt sich eine Vorteilhaftigkeit eines Fremdbezugs bei hoher technologisch bedingter Unsicherheit folgern.[988] Die Gesamtkosten (Transaktionskosten und vertraglich vereinbarte Kosten des Leistungsbezugs) müssen bei einem Fremdbezug entsprechend geringer sein als die Transaktions- und Produktionskosten bei interner Leistungserstellung. Entsprechend den Vorteilen des Marktes kann bei KMU davon ausgegangen werden, dass die relativen Produktionskosten informationstechnologischer Lösungen unternehmensintern höher sind, als das bei einem spezialisierten Fremdanbieter der Fall ist. Ebenso liegen die bei Eigenerstellung im KMU anfallenden Transaktionskosten (interne Transaktionskosten) vermutlich über den internen Transaktionskosten eines externen, spezialisierten Anbieters, denn aufgrund der erheblichen Ressourcendefizite und fehlender Skaleneffekte in KMU kann davon ausgegangen werden, dass die Kosten für den Aufbau relevanten Know-hows und geeigneter Instrumente zur Berücksichtigung der Unsicherheit (zum Beispiel Instrumente zur Marktbeobachtung, laufende Kontakte zu verschiedenen Herstellern, ständige Anpassungen der IT) bei einem externen Anbieter von einer höheren Kostendegression profitieren.[989] Bei einem hohen Grad an informationstechnologisch bedingter Umweltunsicherheit ist es daher zweckmäßig, das Risiko aus der Unsi-

---

[987] Dibbern/Heinzl/Leibbrandt (2003a), S. 15 belegen die Tendenz der Auslagerung von IV-Leistungen bei hoher technologischer Dynamik für KMU. Auch Sydow (2001), S. 257 weist darauf hin, dass in der Praxis teilweise selbst bei hoher Unsicherheit und hoher Spezifität andere Koordinationsformen als die Hierarchie verwendet werden. Auf die Vorteilhaftigkeit vor allem hybrider Arrangements bei hoher Unsicherheit verweisen auch Wolff/Neuburger (1995), S. 84-85. So wird von Chen/Soliman (2002), S. 182 die Dynamik der IT als ausschlaggebendes Argument genannt, ASP-Dienste, insbesondere den Bezug von strategisch relevanten Applikationen, zu nutzen.

[988] Nach Ansicht von Windsperger (2001), S. 161 ist die Tendenz zur vertikalen Desintegration bei hoher technologischer Unsicherheit auf die organisationalen Fähigkeiten der externen Transaktionspartner zurückzuführen.

[989] Im Zweifelsfall ist der Produktionskostenvorteil des externen Anbieters ausschlaggebend für die Entscheidungsfindung, da im Rahmen der Betrachtung von KMU nicht von einem erheblichen Transaktionskostenvorteil bei hierarchischer Erstellung von ASP-Lösungen ausgegangen werden kann.

cherheit weitgehend auf einen externen Partner abzuwälzen, solange die durch einen Fremdbezug anfallenden zusätzlichen Transaktionskosten nicht die beschriebenen Kostenersparnisse aufzehren.[990]

5.3.4.2. Fremdbezug

Der wesentliche Vorteil eines Fremdbezugs ergibt sich aus den Skaleneffekten, die der externe Anbieter aufgrund der Nachfrageaggregation realisieren kann. Zusätzlich sind Verbund-, Lern- und Erfahrungskurveneffekte beim externen Anbieter in aller Regel größer als bei einer internen Leistungserstellung.[991] Gerade KMU haben diesbezüglich nur eingeschränkte Möglichkeiten, Skalen-, Verbund-, Erfahrungskurven- und Lernkurveneffekte zu realisieren, die sich sowohl auf Produktions- wie auch auf Transaktionskosten auswirken.[992] Die Produktionskostenvorteile, die externe Anbieter gegenüber KMU haben, sind in der Regel hoch und größer als bei einem Vergleich externer, spezialisierter Anbieter mit größeren Unternehmen.[993] Diese Produktionskostenvorteile des externen Anbieters können so hoch sein, dass wesentliche Transaktionskostennachteile einer marktlichen Koordination bei KMU kompensiert werden.[994]

---

[990] Vgl. Dibbern/Güttler/Heinzl (2001), S. 685; Picot/Reichwald/Wigand (2001), S. 295. Auch Baur (1990), S. 71 argumentiert, dass zwar bei hoher Unsicherheit ein Marktbezug vorteilhaft wäre, da aufgrund der kurzfristigen Marktverträge eine optimale Anpassung an die veränderten Umweltbedingungen stattfinden könnte, dieser Vorteil jedoch bei hoher Spezifität nicht mehr auftritt, da aufgrund der spezifischen Investitionen eine langfristige Bindung an den Transaktionspartner durch langfristige Verträge gewünscht ist, womit er den hybriden Koordinationsformen den Vorzug gibt. Abweichend argumentieren zum Beispiel Ossadnik/Dorenkamp/Ellinghorst (2001), S. 876. Diese empfehlen eine vertikale Integration beziehungsweise eine Eigenerstellung bei hoher Unsicherheit und zugleich hoher Spezifität der Transaktion. Im vorliegenden Kontext kann jedoch davon ausgegangen werden, dass die Fähigkeit des externen Anbieters, die Unsicherheit zu kompensieren beziehungsweise zu verarbeiten, wesentlich größer ist als die eines KMU und sich damit erhebliche, durch das KMU nicht kompensierbare Vorteile des externen Anbieters ergeben.

[991] Vgl. auch Picot/Reichwald/Schönecker (1985), S. 1032.

[992] Vgl. Nooteboom (1993), S. 285-288.

[993] Vgl. Sobol/Apte (1995), S. 275; Nooteboom (1993).

[994] Vgl. Dibbern/Heinzl/Leibbrandt (2003a), S. 11.

Hohe Skaleneffekte lassen sich vor allem dann realisieren, wenn die Leistung unspezifisch ist.[995] Da sich ASP-Lösungen aus einer Vielzahl unterschiedlicher IV-Leistungen zusammensetzen, die jedoch nur zum Teil spezifische Investitionen erfordern (zum Beispiel in den Bereichen Integrationsservice oder Supportservice), werden selbst bei komplexen ASP-Lösungen Leistungskomponenten inbegriffen sein, die eine nur geringe Spezifität aufweisen. So können beispielsweise Investitionen in das Netzwerk oder ein Datencenter häufig auch in anderen Transaktionen beziehungsweise Transaktionsbeziehungen genutzt werden. Entsprechend ergibt sich eine Kostendegression aufgrund der besseren Auslastung, sodass auch bei mittleren oder komplexen ASP-Lösungen bei einer marktnahen oder marktlichen Koordinationsform höhere Skaleneffekte erzielbar sind als bei einer hierarchienahen Koordinationsform. Die hohe Auslastung der IT-Systeme des ASP generiert Skaleneffekte, die an den Nachfrager weitergegeben werden können, oder es werden durch Skaleneffekte realisierte Einsparungen zur Anschaffung hochwertigerer IT-Systeme eingesetzt.[996]

Ein weiterer Vorteil eines externen Leistungsbezugs ist in der Verringerung der Umwelt- und Transaktionsunsicherheit für das KMU zu sehen. Diese wird größtenteils durch die Übertragung auf den externen Anbieter erzielt, weil dieser sowohl mit der Umwelt- als auch mit der Transaktionsunsicherheit besser vertraut ist und diese entsprechend erfassen und verarbeiten kann.[997] Der externe Anbieter kann aufgrund seiner Ressourcen (zum Beispiel Know-how, finanzielle Ressourcen, Kontakte) und seiner Erfahrungen mit der Umweltkomplexität und -dynamik besser umgehen. Da er auf seine Dienstleistung spezialisiert ist, verfügt er über geeignete Instrumente, relevante Umweltfaktoren zu identifizieren, zu erfassen und mögliche Entwicklungen vorauszusehen beziehungsweise zu berücksichtigen. Zudem besitzt der ASP ein besseres Verständnis und Know-how

---

[995] Bei einem externen Bezug über einen ASP entstehen zum Beispiel Skaleneffekte durch zentrale Programmanpassungen bei gesetzlichen Änderungen oder neuen Softwaremöglichkeiten. Vgl. auch Bongard (1994), S. 165.

[996] Vgl. dazu in Bezug auf das herkömmliche IT-Outsourcing Gurbaxani/Whang (1991), S. 65.

[997] Ähnlich Sharma/Gupta (2002), S. 160.

für die komplexen Transaktionsobjekte, was wiederum die Transaktionsunsicherheit beim externen Anbieter verringert. Grundsätzlich wird das Problem der beschränkten Rationalität bei einem spezialisierten Anbieter aufgrund der besonderen Informationsbeschaffungs- und -verarbeitungsinstrumente nicht so gravierend sein wie bei einem KMU. Die Umwelt- und Transaktionsunsicherheit wird damit nicht umgangen, der ASP verfügt jedoch über die Fähigkeit, mit dieser Unsicherheit besser umzugehen beziehungsweise sie zu verringern. KMU als Einzelunternehmen weisen zumeist einen höheren Grad begrenzter Rationalität auf, die sich durch den geringen Umfang der funktionalen Bereiche, den geringen Grad an Ausbildung und die Einseitigkeit des Entscheidungsfinders (zum Beispiel familiengeführtes Unternehmen) ergibt.[998] Diese Nachteile können durch einen externen Dienstleister kompensiert werden, denn die erhöhte begrenzte Rationalität findet sich in höheren Transaktionskosten wieder. Beispielsweise fällt es KMU im Vergleich zu externen Dienstleistern schwerer, alternative Transaktionspartner zu finden und zu beurteilen, Netzwerke zu Geschäftspartnern aufzubauen und zu erhalten, Transaktionen anzubahnen und zu überwachen sowie die Qualität von bestimmten Leistungen zu messen.[999] Ein auf informationstechnologische Leistungen spezialisierter externer Anbieter wird vor allem Vorteile in der Handhabung des technologischen Risikos haben, von der der Nachfrager profitieren kann. Diese Vorteile können sogar derart gravierend sein, dass selbst bei Transaktionen mit hohen spezifischen Investitionen aufgrund einer hohen Unsicherheit, die sich zum Beispiel durch die hohe technologische Dynamik ergibt, keine reine Eigenerstellung empfohlen wird.[1000] Aus Gesichtspunkten der Risikoteilung ist entsprechend eine hybride Koordinationsform als Alternative in Betracht zu ziehen.[1001]

Eine mögliche Risikotransformation sei im Folgenden kurz ASP-bezogen erläutert. Die Aktualität und Funktionalität der Software sind durch die Verpflichtung

---

[998] Vgl. Nooteboom (1993), S. 289.
[999] Vgl. Nooteboom (1993), S. 290, 293.
[1000] Vgl. GP 5.3.4.1.
[1001] Vgl. Picot/Reichwald/Wigand (2001), S. 295.

des ASP gewährleistet, dem Kunden entsprechend den Vereinbarungen zeitgemäße und funktionale Applikationen zur Verfügung zu stellen. Der ASP nimmt regelmäßig Updates und eventuell Upgrades der angebotenen Software vor. Da der ASP für eine hohe Verfügbarkeit der Leistung verantwortlich ist, werden neben der dafür notwendigen Applikationsbeschaffenheit auch die in der ASP-Lösung eingesetzten technischen Komponenten immer auf dem neuesten Stand gehalten. Die Sicherheitsbedenken werden zumindest objektiv durch die vom Anbieter eingesetzten hochwertigen Sicherheits- und Sicherungsservices vermindert. Der Kunde hat nur noch das technische Risiko für die Endgeräte zu tragen, die jedoch keinen speziellen Anforderungen genügen müssen, da im ASP-Modell von den Endgeräten keine hohen Hardwareanforderungen verlangt werden. Durch die angesprochene Verpflichtung des ASP, für eine bestimmte Verfügbarkeit einzustehen, entgeht der Kunde auch einem gewissen wirtschaftlichen Risiko. Die vom Anbieter übernommene Gewährleistung und Haftung im Schadensfalle (zum Beispiel ungenügende Verfügbarkeit durch einen Systemausfall und daraus resultierende Umsatzausfälle) eröffnen dem Kunden durch den ASP-Vertrag eine entsprechende „Versicherung". Die technologische und wirtschaftliche Sicherheit wird dem ASP-Kunden jedoch nicht kostenlos eingeräumt. Die „Versicherungsprämie" ist in den Zahlungen enthalten, die er an den ASP zu leisten hat. Durch die eindeutig festgelegten Verantwortlichkeiten, die im ASP-Vertrag aufgeführt werden, ist des Weiteren das Risiko ungenügender Zuständigkeiten in bestimmten Fällen (zum Beispiel Schadensfall) eliminiert. Die Kompetenz- und Zuständigkeitsstruktur in einer ASP-Lösung ist dabei klar definiert.[1002] Der ASP tritt als Generalunternehmer gegenüber dem Kunden auf. Der Kunde hat einen einzigen Ansprechpartner, an den er sich in allen Fragen wenden kann, und ist bei Problemfällen nicht orientierungslos.

Der gravierende Nachteil des Fremdbezugs ist, insbesondere bei einem bestimmten Grad an spezifischen Investitionen, die erhöhte Verhaltensunsicherheit in der Transaktionsbeziehung. Um die Gefahr aus der Verhaltensunsicherheit

---

[1002] Die auf die ASP-Leistung bezogenen Zuständigkeiten sind dabei regelmäßig beim ASP zu suchen.

möglichst weitgehend zu unterbinden, muss ein erheblicher Aufwand in den einzelnen Transaktionsphasen geleistet werden. In diesem Zusammenhang muss vor allem eine Erhöhung der subjektiven Unsicherheit des Nachfragers in Betracht gezogen werden. Häufig existieren im ASP-Modell Bedenken bezüglich der Datensicherheit, Leistungsfähigkeit der Lösungen, des Service und Support sowie der Verfügbarkeit der Leistung. Außerdem fördert der Verlust der Daten- und Anwendungskontrolle die subjektive Unsicherheit, gerade vor dem Hintergrund einer Verhaltensunsicherheit des Anbieters, beispielsweise begründet durch die Angst vor einem Datenmissbrauch, oder vor einer erhöhten Umweltunsicherheit, die aufgrund der Gefahr eines Konkurses des Anbieters bestehen kann. Der Kunde setzt sich durch die gesamtheitliche Auslagerung der IV einer hohen Abhängigkeit vom ASP aus,[1003] womit grundsätzlich opportunistisch nutzbare Verhaltensspielräume beim Anbieter entstehen. Aufgrund des verminderten Eigentums an der Hard- und Software sowie dem Humankapital wird zwar eine Reduzierung der Wechselkosten im Vergleich zu herkömmlichen Modellen (klassisches Outsourcing) erwartet. Um jedoch einem Lock-in-Effekt vorzubeugen, sind professionelle vertragliche Regelungen wichtig, insbesondere für den Fall der Beendigung der Geschäftsbeziehung.[1004] Diese vertraglichen Regelungen erhöhen wiederum die Transaktionskosten in der Vereinbarungsphase. Die Gefahr für KMU, sich einer opportunistischen Verhaltensweise der Transaktionspartner ausgesetzt zu sehen, ist höher als bei größeren Unternehmen. Gegenüber KMU verfügen größere Unternehmen nämlich über die Möglichkeit, entstehende Risiken durch andere Transaktionen zu kompensieren; zudem nehmen sie eine bessere Verhandlungsposition gegenüber dem Anbieter ein, die sich aus der größeren Marktmacht ergibt.[1005] Auch die Transaktionskosten in der Anbahnungsphase können aufgrund der teilweise umfangreichen Aktivitäten von großer Bedeutung sein. Erschwerend bei einem Fremdbezug kommt in diesem Fall beispielsweise die Intransparenz des ASP-Marktes hinzu.

[1003] So beschreiben Chen/Soliman (2002), S. 182 den ASP auch eher als Erweiterung der Kundenorganisation denn als „outside service provider". Sie heben damit die Untrennbarkeit und Abhängigkeit des Kunden von dem ASP hervor.

[1004] Vgl. hierzu Müller/Ott (2001), S. 729-741.

[1005] Vgl. Nooteboom (1993), S. 291.

Besonders intransparente Märkte bewirken, dass Austauschbeziehungen gar nicht oder nur unter hohen Transaktionskosten zustande kommen. Eine detaillierte Betrachtung der Transaktionskostenhöhe bei einem Fremdbezug findet im Folgenden statt.

5.3.4.2.1. Hierarchienahe Koordinationsform

Für einfache Lösungen kommt eine hierarchienahe Koordinationsform als effiziente Koordinationsform der Transaktion nicht in Betracht, da der Markt höhere Skaleneffekte erzielen kann und aufgrund geringer spezifischer Investitionen die Vorteilhaftigkeit hierarchienaher Koordinationsformen nicht zum Tragen kommt. Auch bei mittleren Lösungen wird sich der Vorteil, dass die Gefahr einer opportunistischen Verhaltensweise vermindert wird, nicht so stark auswirken, dass geringere Skaleneffekte mindestens kompensiert werden können.[1006] Aufgrund der Probleme, die bei der Beteiligung von KMU an hierarchienahen Koordinationsformen (zum Beispiel Gemeinschafts- oder Beteiligungsunternehmen) bestehen,[1007] und der höheren Skaleneffekte, die eine marktnähere Koordinationsform bei mittleren Lösungen bieten kann, wird diese Koordinationsmöglichkeit für einfache und mittlere Lösungen nicht weiter betrachtet.

Hierarchienahe Koordinationsformen können jedoch insbesondere für komplexe Lösungen die bessere Alternative darstellen, da sie aufgrund ihrer Nähe zur Hierarchie Spezifität besonders transaktionskostengünstig verarbeiten können. Der Vorteil einer hierarchienahen Koordinationsform (zum Beispiel eine Genossenschaft als Gemeinschaftsunternehmen) im Vergleich zur reinen Hierarchie sind höhere Skalen- und Verbundvorteile sowie die Möglichkeit der Realisierung von Vorhaben, die aufgrund begrenzter Ressourcen in den Einzelunternehmen nicht durchführbar wären. Im Vergleich zum Markt oder zu marktnahen Koordinationsformen wird zugleich die Gefahr einer opportunistischen Verhaltensweise in der Transaktionsbeziehung stark eingeschränkt, weil durch die direkte finanziel-

[1006] Dieses liegt vor allem daran, dass einige der IV-Leistungen einer mittleren ASP-Lösung relativ unspezifischer Natur sind. Vgl. GP 5.3.4.2.

[1007] Vgl. dazu die folgenden Ausführungen.

le Beteiligung der Einzelunternehmen an der Koordinationsform bei überschaubarer Zahl der beteiligten Unternehmen eine Einflussnahme auf die Funktionsausübung des Dienstleisters möglich ist.[1008]

Im Anschluss wird anhand des Beispiels eines Gemeinschaftsunternehmens die Problematik dieser Koordinationsform im Bereich der KMU erläutert. Zur Gründung eines Gemeinschaftsunternehmens ist es notwendig, dass eine möglichst homogene Mitgliedergruppe existiert, die zum einen überschaubar ist und zum anderen eine Kooperationsneigung aufzeigt. Eine homogene Mitgliedergruppe findet sich beispielsweise innerhalb einer Branche, in der ähnliche Applikationen genutzt werden können. Diese Voraussetzung ist bei KMU grundsätzlich gegeben, da es zahlreiche KMU in den jeweiligen Branchen gibt. Problematisch kann vor allem die Kooperationsneigung sein. Da die Bedeutung informationstechnologischer Lösungen von den meisten KMU unterschätzt wird, sind diese häufig nicht bereit, den erheblichen Aufwand bei der Gründung eines Gemeinschaftsunternehmens einzugehen. Dazu gehören unter anderem erhebliche Informations- und Kommunikationsaktivitäten, die im Vorfeld und während der Gründungsphase anfallen. Zum anderen stellen aber auch die finanziellen Mittel, die in das Gemeinschaftsunternehmen eingebracht werden müssen, eine Hürde für KMU dar. Die Kapitaleinlagen können vermindert werden, indem eine größere Zahl von Unternehmen sich an dem Gemeinschaftsunternehmen beteiligt. In diesem Fall wird jedoch zunehmend der Vorteil schwinden, dass die beteiligten Unternehmen ein tatsächliches Mitbestimmungsrecht am Unternehmen haben und damit einen Einfluss auf die Funktionsausübung besitzen.[1009] Je geringer der Kapitalanteil an dem Gemeinschaftsunternehmen ist, desto realisierbarer ist eine Beteiligung. Jedoch wird gleichzeitig die Einflussnahme auf

---

[1008] Vgl. auch Beckmann (2000), S. 132. Eine anteilige Eigenkapitalbeteiligung, die für eine hierarchienahe Koordinationsform typisch ist, wird vor allem dann vorgeschlagen, wenn Spezifität, Unsicherheit und andere transaktionsrelevante Faktoren auftreten. Vgl. Pisano (1989). Ähnlich beschreibt Balakrishnan (1993) hierarchienahe Koordinationsformen in Form von Joint-Ventures als effizient, wenn hohe Informationsasymmetrien auf dem Markt vorliegen.

[1009] Vgl. dazu Schotters (1992), S. 215.

die Funktionsausübung erheblich vermindert, womit die gewünschte Verminderung des opportunistischen Gefahrenpotenzials nicht mehr gegeben ist.[1010]

Ähnlich kann auch für die Nutzung eines Beteiligungsunternehmens argumentiert werden. Je geringer auch hier die Kapitalbeteiligung ist, desto geringer wird die Einflussnahme der ausgliedernden Unternehmung sein. Erschwerend kommt hinzu, dass zwischen dem ausgliedernden Unternehmen und anderen Eigenkapitalgebern der Beteiligungsgesellschaft erhebliche Interessenkonflikte auftreten können, da Ersteres an einer sicheren Funktionsausführung zu möglichst geringen Preisen interessiert ist und Letztere an einer Gewinnmaximierung.[1011]

In der Praxis sind in einigen Branchen jedoch hierarchienahe Koordinationsformen für komplexe Leistungen der IV zu beobachten. Als Beispiel seien IT-Dienstleister für die Sparkassenorganisation genannt. Diese ermöglichen es den angeschlossenen Instituten, auf IT-Lösungen zuzugreifen, die für diese selbst aufgrund fehlender Ressourcen nicht realisierbar wären. Die Gefahr einer opportunistischen Verhaltensweise ist weitgehend unbedeutend, da diese Dienstleister wiederum im Besitz der nachfragenden Unternehmen sind. Hierbei ist jedoch zu beachten, dass ein besonderer Sachverhalt hinsichtlich soziokultureller Einflussfaktoren auf die Transaktion vorliegt. Eine wie in der Sparkassenorganisation vorliegende Zusammengehörigkeit, gegenseitige Unterstützung und Interessenkonvergenz sind nicht zu verallgemeinern. Die besondere Struktur in der Sparkassenorganisation und die damit einhergehenden transaktionskostensenkenden soziokulturellen Faktoren haben sich über einen langen Zeitraum entwickelt und lassen sich nicht ohne weiteres auf andere Sachverhalte übertragen. Ähnliche Strukturen sind auch in anderen wirtschaftlichen Bereichen zu finden,[1012] stellen jedoch die Ausnahme dar. Aufgrund der beschriebenen Probleme und des bereits vorhandenen entsprechenden Angebots von komplexen ASP-Lösungen

---

[1010] Vgl. Picot/Dietl/Franck (2002), S. 201.

[1011] Vgl. weiterführend Schotters (1992), S. 217.

[1012] Als Beispiel sei noch die DATEV eG genannt, die als Genossenschaft auch IT-Lösungen für ihre Kunden beziehungsweise Anteilseigner anbietet. Vgl. www.datev.de.

wird daher die Möglichkeit einer Ausgliederung an Gemeinschafts- und Beteiligungsunternehmen im Folgenden nicht weiter betrachtet.

5.3.4.2.2. Marktnahe Koordinationsform

Für einfache Lösungen ist die Koordinationsform Markt den marktnahen Koordinationsformen überlegen, da die Skaleneffekte auf dem Markt größer sind und aufgrund der geringen Spezifität die Kooperation keinen bedeutenden Transaktionskostenvorteil bietet. Marktnahe Koordinationsformen können jedoch für mittlere Lösungen aufgrund deren mittlerer Spezifität geeignete Koordinationsformen sein. Für eine hohe Transaktionshäufigkeit werden nach der Transaktionskostentheorie zwar hybride Koordinationsformen auf Basis relationalen Vertragsrechts empfohlen, was grundsätzlich den hierarchienahen Koordinationsformen entspricht, diese werden jedoch aus den in GP 5.3.4.2.1. genannten Gründen nicht weiter betrachtet. Neben der Koordination mittlerer Lösungen ist zudem die Koordination komplexer Lösungen über marktnahe Koordinationsformen zu überprüfen.

Marktnahe Koordinationsformen sind beispielsweise langfristige oder mittelfristige Verträge zwischen Transaktionspartnern, die sich durch ihre juristische und wirtschaftliche Selbstständigkeit auszeichnen. Diesen Koordinationsformen liegen neoklassische Verträge zugrunde. Für eine solche vertragliche Vereinbarung bestehen für KMU keine erkennbaren Hinderungsgründe. Im Gegensatz zu den Koordinationsmöglichkeiten der Eigenerstellung und der hierarchienahen Koordination werden diese daher als realisierbar angesehen und im Folgenden einer näheren transaktionskostentheoretischen Betrachtung unterzogen.

Transaktionskosten beim Bezug mittlerer ASP-Lösungen

In der Vertragsanbahnungsphase treten bei mittleren ASP-Lösungen relativ hohe *Anbahnungskosten* auf. Die Suche nach oberflächlichen Informationen über mittlere ASP-Lösungen beziehungsweise das Auffinden von Anbietern dieser Lösungen gestaltet sich, ganz besonders bei Nutzung des Internet als Informationsquelle, als relativ problemlos.[1013] Aus der mittleren Spezifität und der mittleren Komplexität der Lösungen folgen jedoch eine schwierige Bewertbarkeit und Definition der gewünschten Leistung. Über einfache und kostenlose Informationsbeschaffungswege sind nur teilweise Konditionen und Vertragsbestandteile abrufbar. Diese eingeschränkte Verfügbarkeit von Transaktionskonditionen macht es daher notwendig, weitere Einzelheiten der potenziellen Transaktionsbeziehung im Voraus zu klären, um so eine Vergleichbarkeit zu anderen Angeboten herzustellen. Als problematisch könnte sich hier die hohe Zahl der Anbieter beziehungsweise der möglichen Produkte herausstellen, die auf dem Markt für mittlere ASP-Lösungen existieren. Insbesondere bei Lösungen mit steigendem Spezifitätsgrad können die Leistungsangebote unterschiedlicher Anbieter stark voneinander abweichen. Entsprechend hoch sind die Transaktionskosten, die erforderlich sind, um relevante Informationen zu erhalten und einen Vergleich potenzieller Partner sowie eine weitergehende Auswahl unter diesen vorzunehmen.[1014] Neben diesem quantitativen Aspekt ist gleichfalls die Qualität der verfügbaren Informationen seitens der Anbieter zu beachten. Die nachgewiesen mangelnde Informationsqualität seitens der ASP-Anbieter führt dabei aufgrund ungenügender Angaben und des daraus resultierenden zusätzlichen Zeitaufwandes zu relativ hohen Anbahnungskosten bei den Nachfragern.[1015]

In der Vereinbarungsphase fallen bedeutende Kosten in Form von *Vereinbarungskosten* an. Die Intensität und zeitliche Ausdehnung von Vertragsverhandlungen, die vorrangig ausschlaggebend für die Vereinbarungskosten sind, werden aufgrund der Umweltunsicherheit, der Transaktionsunsicherheit und der noch zu schließenden vertraglichen Lücken bedeutend sein, da im Regelfall

---

[1013] ASP-Anbieter werden schon allein aufgrund der von ihnen angebotenen informationstechnologischen Produkte beziehungsweise Leistungen regelmäßig im WWW vertreten sein. Auch können ASP-Marktplätze zur vorläufigen Informationsbeschaffung genutzt werden. Vgl. beispielsweise www.aspstreet.com; www.uddi.org; www.asperado.de.

[1014] Hormozi/Hostetler/Middleton (2003), S. 20-21 weisen unabhängig von der Spezifität der Leistung auf die hohen Transaktionskosten hin, die bei Outsourcing-Vorhaben durch die Suche nach geeigneten Transaktionspartnern entstehen.

[1015] Vgl. Tamm (2003), S. 219-220.

zwar standardisierte Verträge genutzt werden, die jedoch einer weiteren Ausgestaltung bedürfen.[1016] In diesem Zusammenhang können vor allem Kosten der Rechtsberatung anfallen, da trotz vorhandenen gesetzlichen Vertragswerks häufig zusätzliche Vereinbarungen geschaffen werden müssen. Aufgrund der mittleren Spezifität, mittleren Komplexität und der hohen Umweltunsicherheit kann keine einfache Bewertung der Handlungsalternativen vorgenommen werden. Ebenso werden zu treffende Entscheidungen eine gewisse Zeit beanspruchen, weil einmal gefällte Fehlentscheidungen starke Auswirkungen aufgrund des vorliegenden Spezifitätsgrades und des auftretenden Abhängigkeitsverhältnisses vom Anbieter haben können.[1017]

In der Durchführungsphase bedarf es aufgrund der Notwendigkeit einer Steuerung der Leistungserstellung zwischen Nutzer und Anbieter einer weiteren Kommunikation beziehungsweise eines weiteren Informationsaustauschs, womit auf eine relevante Höhe an *Abwicklungskosten* zu schließen ist. Bezüglich der *Kontrollkosten* ist festzuhalten, dass die Kontrolle, Überwachung und Dokumentation der vereinbarten Leistungen aufgrund des zunehmend heterogenen Leistungskatalogs relativ aufwendig sind.[1018] Von besonderer Relevanz sind die Geheimhaltungsvereinbarungen, weil mit steigendem Spezifitätsgrad und steigendem geschäftskritischen Grad auch die Sensibilität der Daten zunimmt. Es ist zu beachten, dass durch den Einsatz geeigneter informationstechnologisch gestützter Systeme die Kontrollfunktion, gerade bei hoher Kontrollintensität und vielen Kontrollvorgängen, erheblich erleichtert werden kann. Häufig bietet der ASP selbst Kontrollsysteme für den Kunden an oder verpflichtet sich dem Kunden gegenüber, Informationen zur Verfügung zu stellen, auf deren Basis der Kunde die Einhaltung der Leistungsvereinbarungen überprüfen kann.[1019] Der Einsatz

---

[1016] Zu den umfangreichen Regelungspunkten im ASP-Vertragswerk vgl. GP 4.1.4.

[1017] Ähnlich verweisen Hormozi/Hostetler/Middleton (2003), S. 21 auf hohe Transaktionskosten bei der Vereinbarung von Outsourcing-Verträgen hin.

[1018] Der Umfang des Leistungskatalogs spiegelt sich in den SLA wider, die bereits bei mittleren Lösungen sehr umfangreich ausgestaltet sein können. Vgl. GP 4.1.4.3. und 4.1.4.5.

[1019] Gerade bei diesen Leistungen ist Vertrauen eine wesentliche Voraussetzung dafür, dass der Nachfrager diese sensiblen Dienste ebenfalls fremd vergibt.

informationstechnologischer Systeme zur Kontrolle eignet sich im Rahmen des ASP vor allem deswegen, weil ASP-Lösungen selbst durch informationstechnologische Systeme abgebildet werden und somit eine relativ einfache Einbindung der Kontroll-, Überwachungs- und Dokumentationssysteme in die Lösungen möglich ist.[1020] Auch die *Anpassungskosten* werden mit zunehmendem Spezifitäts- und Komplexitätsgrad unter gleichzeitig vorliegender Umweltunsicherheit steigen. Aufgrund der parametrischen Unsicherheit können nicht alle möglichen Entwicklungen in der Transaktionsbeziehung erfasst werden und es ergeben sich Probleme, die im Nachhinein behoben werden müssen. Die Durchführungsphase zeichnet sich damit insgesamt durch einen relativ hohen Grad an Transaktionskosten aus.

Aufgrund der mittleren Unsicherheit bestehen nur beschränkte Möglichkeiten, bei Vertragsabschluss vollkommene Fall-back-Regeln zu schaffen. Bestehende Vertragslücken und ungeklärte Sachverhalte können damit bei Beendigung der Transaktionsbeziehung zu bedeutenden *Beendigungs-* beziehungsweise *Abbruchkosten* führen.

Transaktionskosten beim Bezug komplexer ASP-Lösungen

Die Transaktionskosten beim Bezug komplexer ASP-Lösungen sind im Vergleich zu denen mittlerer Lösungen entsprechend der höheren Spezifität, Komplexität und Umweltunsicherheit höher. In der Anbahnungsphase werden vor allem eine Bewertung und Definition der Leistung, die Beschaffung von konkreten Transaktionskonditionen sowie ein Vergleich dieser aufgrund der erhöhten Spezifität und Komplexität zu höheren Informations- und Kommunikationsaktivitäten führen und damit höhere *Anbahnungskosten* erfordern.[1021] Insbesondere ist zu berücksichtigen, dass KMU mit den Anwendungen komplexer Lösungen

---

[1020] Zu beachten ist, dass die Inanspruchnahme dieser weiteren Leistungen wiederum Kommunikations- und Informationsaktivitäten in der Vertragsabschlussphase enthält, da auch für diese Leistungen zwischen Nachfrager und Anbieter vertragliche Vereinbarungen getroffen werden müssen.

[1021] Vgl. auch Bongard (1994), S. 166.

und dem zugehörigen Leistungsportfolio kaum vertraut sind, weil sie solche Lösungen bisher nur in Einzelfällen eingesetzt haben. Entsprechend fällt den Entscheidungsträgern eine Definition, Bewertung und der Vergleich von alternativen Angeboten schwer. Vorteilhaft auf die Anzahl der notwendigen Kontakte zu potenziellen Transaktionspartnern wirkt sich jedoch bei einem Angebot komplexer Lösungen die geringere Zahl der Anbieter und der angebotenen Lösungen aus, die sich aufgrund der höheren Spezifität der Lösungen ergibt.

Die *Vereinbarungskosten* sind höher als bei mittleren ASP-Lösungen, weil aufgrund der erhöhten parametrischen Unsicherheit und der zugleich hohen Spezifität noch weiterführende Regelungen getroffen werden, als das bereits bei dem Bezug von mittleren Lösungen der Fall ist. Vor allem aufgrund der Small-numbers-Situation muss, bei fehlenden anderen Mechanismen, ein Augenmerk auf Vertragsbestandteile gelegt werden, die eine opportunistische Verhaltensweise des Anbieters weitgehend ausschließen.

Die Durchführungsphase ist von hohen *Durchführungskosten* gekennzeichnet, die aus einer noch engeren und intensiveren Zusammenarbeit zwischen den Beteiligten resultieren, die die Komplexität des gesamten Leistungsprozesses erfordert. Die Steuerung, Kontrolle, Überwachung und Dokumentation der Gesamtleistung werden immer schwieriger, da eine komplexe Lösung eine Vielzahl umfangreicher Teilleistungen enthält. Die Anpassungskosten sind höher als bei mittleren Lösungen, da es aufgrund der Unvorhersehbarkeit zukünftiger Entwicklungen und der Komplexität des Transaktionsobjektes in der Vereinbarungsphase nur möglich ist, einen unvollkommenen Vertrag zu schließen, der gerade bei spezifischen Lösungen später notwendige Anpassungen nach sich zieht.

Die *Beendigungs-* beziehungsweise *Abbruchkosten* werden höher sein als bei mittleren Lösungen. Ihre Höhe hängt wesentlich von der Ausgestaltung der Fall-back-Regeln ab. Möglichst vollkommen ausgestaltete Fall-back-Regelungen, soweit diese überhaupt möglich sind, werden insbesondere bei spezifischen Lösungen zu sehr hohen Transaktionskosten in der Vereinbarungsphase führen.

5.3.4.2.3. Markt

Die Nutzung des Marktes als Koordinationsform weist zwar die höchsten Effizienzsteigerungspotenziale im Vergleich zu einer internen Lösung auf, ist jedoch bei spezifischeren Lösungen durch erheblichen Aufwand gekennzeichnet.[1022] Daher ist zu beachten, dass gerade bei höherer Spezifität durch die zu bewältigende Koordination über den Markt zwischen mindestens zwei rechtlich und wirtschaftlich unabhängigen Transaktionspartnern bei steigender Spezifität der Leistung von umfassenderen Informations- und Kommunikationsaktivitäten in den einzelnen Transaktionsphasen auszugehen ist als bei einer hierarchischen oder einer hybriden Koordination. Ideal für einen Marktbezug sind daher Lösungen mit einer geringen Spezifität, sprich einfache Lösungen. Einfache Lösungen zeichnen sich durch einen hohen Standardisierungsgrad aus, sind relativ einfach bewertbar, definierbar sowie vergleichbar und erfordern keine besonders ausgestaltete Interaktion und persönliche Beziehung zwischen den Transaktionspartnern. Vertragsabschlüsse können beispielsweise online erfolgen, indem Standardverträge verwendet werden, die weitgehend explizit und vollkommen sind. Besondere Spezifikationen der Lösungen beziehungsweise Leistungen sind nicht zu berücksichtigen und in Streitfällen kann auf bestehendes Recht zurückgegriffen und staatliche Institutionen können zur Schlichtung genutzt werden. Einfache ASP-Lösungen sollen, aufgrund ihrer geringen Spezifität und des Potenzials hoher Skaleneffekte, nach den Empfehlungen der Transaktionskostentheorie unter Verwendung klassischer Verträge über den Markt bezogen werden. Im Folgenden werden anhand der Transaktionsphasen die möglichen Transaktionskosten bei einem marktlichen Bezug von Standardlösungen beschrieben.

[1022] Vgl. auch Zahn/Bart/Hertweck (1998), S. 119.

Transaktionskosten beim Bezug einfacher ASP-Lösungen

In der Vertragsanbahnungsphase kann bei einfachen ASP-Lösungen grundsätzlich von relativ geringen *Anbahnungskosten* ausgegangen werden. Die Angebote für etwaige Programme sind standardisiert und beispielsweise über das Internet oder über ASP-Marktplätze inklusive der Konditionen und der Vertragsbestandteile abrufbar. Informationen über die Transaktionskonditionen bedürfen also keiner weiteren Erläuterung beziehungsweise Erörterung und sind leicht beziehungsweise weitgehend kostenlos erhältlich. Zudem sind die zugrunde liegenden Anwendungen wegen ihrer weitläufigen Verbreitung und hohen Nutzungsintensität in aller Regel dem Anwender aus der Nutzung bisheriger Programme vertraut und lassen aufgrund ihrer geringen Spezifität und Komplexität keine bedeutenden Bewertungs- oder Leistungsdefinitionsprobleme entstehen. Die Suche nach etwaigen ASP-Lösungen beziehungsweise das Auffinden von Anbietern geeigneter Lösungen gestaltet sich beispielsweise bei der Nutzung des Internet als Informationsquelle oder der Nutzung von ASP-Marktplätzen als relativ problemlos. Problematisch könnte hier jedoch die sehr hohe Zahl der Anbieter beziehungsweise der möglichen Produkte sein, die letztendlich zu relativ bedeutenden Anbahnungskosten führen können. Existieren viele Anbieter mit einem leicht voneinander abweichenden Leistungsangebot können insbesondere Transaktionskosten, die beim Vergleich der einzelnen Alternativen anfallen, von besonderer Bedeutung sein.

Die Intensität und zeitliche Ausdehnung von Vertragsverhandlungen, die vorrangig ausschlaggebend für die *Vereinbarungskosten* sind, sind gering, da im Regelfall standardisierte Verträge genutzt werden, die keiner weiteren Verhandlung bedürfen. Aufgrund der Einfachheit beziehungsweise geringen Spezifität der Leistungen kann zudem eine einfache Bewertung der Handlungsalternativen vorgenommen werden. Die vorliegende Umweltunsicherheit wird häufig in den Standardverträgen bereits berücksichtigt.[1023] Die zu treffenden Entscheidungen können ebenfalls schnell vorgenommen werden, weil eventuell gefällte Fehlent-

[1023] Dieses ist nicht zuletzt aufgrund der kurzen Vertragslaufzeiten bei der Vereinbarung einfacher ASP-Lösungen möglich.

scheidungen, die aufgrund der Transparenz der Situation jedoch kaum auftreten sollten, nur relativ geringe Auswirkungen aufgrund der niedrigen Spezifität und des geringen Abhängigkeitsverhältnisses vom Anbieter haben. Auch Kosten der Rechtsberatung fallen beispielsweise nicht an, weil vorhandenes gesetzliches Vertragswerk die notwendige Sicherheit bei einfachen ASP-Lösungen bietet.

Die *Durchführungskosten* sind ebenfalls als gering einzustufen. Zwischen Nutzer und Anbieter bedarf es wegen der geringen Notwendigkeit einer Steuerung der Leistungserstellung bei einfachen Anwendungen keiner weiteren Kommunikation beziehungsweise eines weiteren Informationsaustauschs, was zu geringen Abwicklungskosten führt. Eine Kontrolle der vereinbarten Leistungen ist verhältnismäßig einfach vorzunehmen. Bei der Nutzung einer einfachen Applikation steht besonders die Nutzbarkeit dieses Programms im Vordergrund. Diese ist durch den Nutzer selbst einfach zu überprüfen. Entstehen Systemausfälle oder sind die Zugriffszeiten auf die Applikation eingeschränkt oder besteht eine zeitliche Verzögerung beim Applikationszugriff, ist die Leistungsstörung für den Nutzer objektiv erkennbar. Die Leistungsstörung ist jedoch zu dokumentieren, sodass zumindest ein gewisser Aufwand für die Überwachung, Dokumentierung und Meldung der Vorgänge entsteht. Neben den ersichtlichen Verstößen kann eventuell die Kontrolle der Geheimhaltungsvereinbarungen problematisch sein. Bei einfachen Applikationen kann dieses der Fall sein, wenn diese mit sensiblen Daten des nutzenden Unternehmens arbeiten, die sowohl bei der Übertragung über das Netzwerk als auch beim ASP-Anbieter adäquat geschützt werden müssen.[1024] Des Weiteren können die Anpassungskosten als gering eingeschätzt werden, da die Verwendung klassischen Vertragswerks und das bestehende gesetzliche Rahmenwerk geringe Transaktionskosten nach sich ziehen. Aufgrund der geringen parametrischen Unsicherheit existiert nur eine geringe Notwendigkeit, Anpassungen vorzunehmen.

[1024] Beispielsweise können Word-Dokumente sensible Daten enthalten, die entsprechend geschützt werden müssen.

Beendigungs- beziehungsweise *Abbruchkosten* fallen ebenfalls nicht in höherem Maße an, da aufgrund der geringen Spezifität der Lösungen keine bedeutende Hold-up-Situation entstehen kann. Die notwendigen Fall-back-Regeln sollten hier ausreichende Vorkehrungen bei Beendigung der Transaktionsbeziehung bieten, zeichnen sich im Gegensatz zur vertraglichen Gestaltung bei mittleren und komplexen Lösungen jedoch durch relativ geringe Transaktionskosten in der Vereinbarungsphase aus.

5.3.4.3. Intermediation

In den vorangegangenen Ausführungen wurde unter Einbezug der Empfehlungen der Transaktionskostentheorie und der Betrachtung realisierbarer Entscheidungen die effiziente Koordinationsform für die jeweilige Transaktionskategorie herausgestellt. Mittlere und komplexe Lösungen sollen demnach über eine marktnahe Koordinationsform unter Verwendung neoklassischer Verträge bereitgestellt, einfache Lösungen über den Markt unter Verwendung klassischer Verträge bezogen werden. Ausschlaggebendes Argument für die Bereitstellung komplexerer Lösungen über marktnahe Koordinationsformen sind die Ressourcendefizite kleinerer und mittlerer Unternehmen. Daraus ergibt sich das Problem, dass gerade komplexe Lösungen, die idealtypisch in der Unternehmung erstellt werden sollten, zwangsläufig in Kooperation mit anderen Unternehmen erstellt werden müssen und dass folglich die Nachteile einer marktnahen Koordination in Kauf genommen werden müssen. Dieser Zwang führt zu erheblichen Transaktionskosten, weil es zur Wahl eines institutionellen Arrangements kommt, welches nicht ideal für die betrachtete Lösungskategorie mit ihren jeweiligen Charakteristika ist.[1025] Die Folge ist, dass die Vorteile des Marktes nur teilweise übernommen werden können, die Nachteile, die im Prinzip die Vorteile hierarchischer Koordination widerspiegeln, jedoch immanent werden. Das gewählte institutionelle Arrangement für komplexe Lösungen ist zwar das unter den realisierbaren Alternativen relativ transaktionskostengünstigste, weist jedoch erhebliche Transaktionskosten auf, da keine klassischen Verträge verwen-

---

[1025] Auf die erheblichen Transaktionskosten, die ASP-Nachfrager auf sich nehmen müssen, weist auch Tamm (2003), S. 220 hin.

det werden können. Daher ist es insbesondere bei etwaigen Lösungen erheblich, welche Transaktionsatmosphäre geboten werden kann und wie sich diese auf die Transaktionskosten auswirkt.[1026]

Eine weitere Möglichkeit, Kosten zu senken und zumindest einige der Defizite der KMU zu umgehen, ist die Einschaltung eines Intermediärs in den Leistungserstellungs- beziehungsweise Koordinationsprozess. Im Folgenden wird daher gezeigt, inwiefern ein intermediäres Arrangement in der Transaktion genutzt werden kann, um zusätzliche Transaktions-, aber auch Produktionskostenersparnisse für alle drei Lösungskategorien zu realisieren. Als Intermediäre werden dabei vor allem Unternehmen betrachtet, die bereits andere Geschäftsbeziehungen mit den potenziellen ASP-Kunden pflegen.

In GP 3.7.3. wurden die möglichen transaktionskostenbezogenen Wirkungen intermediärer Arrangements herausgestellt. Intermediäre Formen der Koordination ergeben sich auf dem ASP-Markt häufig schon zwangsläufig durch die Komplexität der ASP-Lösungen. Nur wenige Anbieter sind in der Lage, weitgehend alle Leistungen einer ASP-Lösung selbst zu erstellen. Auf dem ASP-Markt ist daher neben direkten Kunde-Hersteller-Beziehungen über einen Full-Sevice-Provider eine Vielzahl intermediärer Arrangements zu finden.[1027] Eine vereinfachende Differenzierung wird im Folgenden lediglich zwischen den beiden extremen Positionierungsformen der ASP stattfinden.[1028] Entsprechend bezeichnet der Full-Service-Provider eine direkte Kunde-Hersteller-Beziehung. Alle Leistungen, die im ASP-Modell enthalten sind, werden durch ihn angeboten. Er unterscheidet sich von allen anderen ASP-Anbietern, die sich durch einen gewissen Intermediationsgrad auszeichnen. Als Alternative und gegenteiliges Extrem wird der eigentliche ASP mit seiner starken Intermediationsfunktion betrachtet.

[1026] Vgl. hierzu im Weiteren GP 5.4.4.

[1027] Vgl. GP 4.4.

[1028] Eine weitergehende Differenzierung findet im Folgenden nicht statt, da die grundsätzliche Frage, ob Intermediation auf dem ASP-Markt effizienzfördernd ist, besonders deutlich durch eine Betrachtung der beiden möglichen extremen Intermediationsgrade ist.

Bei der Argumentation über die Vorteile eines Intermediärs in den jeweiligen Lösungskategorien ist die spezifische Situation der KMU auf dem ASP-Markt zu betrachten. Für KMU können Intermediäre von Vorteil sein, weil durch intermediäre Arrangements ein Großteil der Schwächen kompensiert werden kann, die kleine und mittelständische Organisationen im Allgemeinen und speziell in Bezug auf den ASP-Markt mit sich bringen. KMU können nur sehr eingeschränkt Skalen-, Verbund-, Erfahrungs- und Lerneffekte generieren und weisen eine fehlende Marktmacht auf.[1029] Aufgrund ihrer begrenzten Ressourcen und einer weitgehenden Unkenntnis des ASP-Marktes[1030] ist für KMU auch das Problem der beschränkten Rationalität von besonderer Relevanz. Weitere Gründe, die für einen Intermediär sprechen können und in Abhängigkeit von der zugrunde liegenden Transaktionskategorie eine Rolle spielen, sind ein mögliches mangelndes Vertrauen und eine räumliche Trennung des Leistungsnachfragers und -erbringers.[1031] Ein Intermediär ist prädestiniert für das Angebot von Verbundprodukten beziehungsweise Lösungspaketen, wodurch sich erhebliche Einsparungen bei den Transaktionskosten ergeben können.[1032] Intermediäre in Form eines eigentlichen ASP besitzen aufgrund ihrer Nachfrageaggregation und über die betrachtete Transaktion hinausgehende tatsächliche und potenzielle Transaktionsbeziehungen eine höhere Marktmacht als KMU. Sie können Skalen- und Verbundeffekte realisieren und genießen grundsätzlich höheres Ver-

---

[1029] Vgl. Nooteboom (1993), S. 285-287; Gantzel (1962), S. 261-262; Mugler (1993), S. 36-38; Hanke (1993), S. 51; Grenzebach (2003); Schotters (1992), S. 87, S. 134

[1030] Ähnlich Schotters (1992), S. 134, der KMU generell eine gewisse Orientierungslosigkeit auf Beschaffungsmärkten unterstellt.

[1031] Vgl. GP 4.5.; GP 4.8. KMU bevorzugen nach Leclerque (2003) regionale Anbieter. Die großen ASP sind jedoch in aller Regel nicht flächendeckend lokal vertreten. Nach Preston/Brohman (2002), S. 208 müssen sowohl Anbieter als auch Nachfrager in einer ASP-Geschäftsbeziehung ein hohes Vertrauen aufbringen und sich einander anpassen können. Dazu gehört zum Beispiel auch, ein Verständnis für die Organisationskultur des Geschäftspartners zu haben.

[1032] Vgl. Brousseau (2002), S. 359.

trauen seitens der Nachfrager als der ursprüngliche Hersteller der Leistung. Häufig sind Intermediäre auch in der Lage, lokal beziehungsweise regional präsent zu sein, und bringen aufgrund ihrer Spezialisierung und ihrer Erfahrung die notwendige Kenntnis über den ASP-Markt und seine Akteure mit, was gerade auf dem intransparenten ASP-Markt von großer Bedeutung ist. Durch ihr spezielles Know-how können sie auf dem intransparenten ASP-Markt mit seinen für KMU relativ schwer verständlichen und bewertbaren ASP-Lösungen gewünschte Transaktionen mit geringeren Transaktionskosten vereinbaren.

Die Vorteilhaftigkeit eines intermediären Arrangements hängt jedoch von den Charakteristika der Transaktion ab. Entsprechend wird im Folgenden erläutert, inwiefern sich eine intermediäre Koordinationsform für die jeweilige Transaktionskategorie als sinnvoll erweisen kann.

5.3.4.4.1. Intermediation bei einfachen ASP-Lösungen

Bei einfachen Lösungen steht die Informationsversorgung des Nachfragers in der Anbahnungsphase im Vordergrund. Diese kann zu hohen Anbahnungskosten führen, da für entsprechende Lösungen der betrachtete Markt sehr intransparent ist und die KMU auf dem ASP-Markt keine Erfahrungen beziehungsweise kein Wissen besitzen.[1033] Bei einem direkten Kontakt zwischen Hersteller und KMU würden entsprechend viele Kontakte notwendig, um für jede Anfrage den geeigneten Transaktionspartner mit den geeigneten Konditionen zu finden. Bei der Suche des Kunden nach einem geeigneten Transaktionspartner kann daher der Intermediär durch eine Reduzierung der Kontaktmenge und seine Spezialisierung auf Beschaffungs- und Absatzseite Vorteile beziehungsweise Transaktionskostenersparnisse realisieren.[1034] Durch die Kenntnis des Intermediärs über den Kunden und dessen Bedürfnisse sowie durch die bessere Kenntnis über den Hersteller und dessen Produkte sowie allgemein bessere Marktkenntnisse kann er dazu beitragen, dass geeignete Transaktionspartner unter möglichst geringem

---

[1033] Vgl. auch Hummel (2002), S. 718.
[1034] Vgl. auch Spulber (1999), S. 137.

Transaktionskostenaufwand zusammenfinden. Die der Anbahnungsphase nachgelagerten Phasen sind aufgrund der Verwendung weitgehend klassischer Verträge nicht von übergeordneter Relevanz.

5.3.4.4.2. Intermediation bei mittleren ASP-Lösungen

Bei mittleren Lösungen können ebenfalls Transaktionskosten durch einen eigentlichen ASP eingespart werden. Ausschlaggebend sind jedoch nicht mehr die Kosteneinsparungen in der Anbahnungsphase, sondern die Einsparungen in den Phasen des Vertragsabschlusses und der Vertragsdurchführung. Der eigentliche ASP kann bereits vorhandene Erfahrungen mit Kunden und Herstellern sowie seine Marktmacht nutzen, um die Transaktion mit weniger Zeitaufwand für beide Parteien zufrieden stellend zu vereinbaren. Die Spezifität führt zu einer zunehmenden Gefahr eines Abhängigkeitsverhältnisses des Einzelkunden vom Leistungsanbieter beziehungsweise einer opportunistischen Verhaltensweise des Herstellers. Damit wird die Bewertung und Definition der Leistung aufgrund ihrer zunehmenden „Einzigartigkeit“ immer schwieriger. Eine Verminderung der Gefahr einer opportunistischen Verhaltensweise kann durch entsprechende Kontroll-, Anreiz- und Sanktionssysteme vermindert werden. Bei höherer Spezifität reichen die vom Markt bereitgestellten Systeme nicht mehr aus, sodass eine Installation spezieller Systeme vorzunehmen ist. Lohnend ist ein solches Vorgehen jedoch nur unter Ausnutzung von Skalen- und Verbundeffekten, die ein Einzelkunde im Regelfall nicht aufbietet. Durch die Aggregationsfunktion und die Spezialisierung des eigentlichen ASP ist dieser in der Lage, entsprechende Systeme, die sich im ASP-Modell durch einen gewissen Automatisierungsgrad und eine adäquate technische Unterstützung auszeichnen, zu geringeren Kosten zur Verfügung, stellen.

Das ASP-Modell zeichnet sich dadurch aus, dass wenige bekannte Ansprechpartner mit genau definierter Verantwortung und Kompetenz in ständigem Kontakt zueinander stehen, was relativ geringe Transaktionskosten bedingt. Dieses Charakteristikum des ASP-Konzeptes kommt besonders bei Lösungen zum Tragen, die erhöhte Überwachungs-, Kontroll- und Dokumentationstätigkeiten erfordern (mittlere und komplexe Lösungen). Der eigentliche ASP bietet eine solche zentrale Funktion, indem er als zentraler Ansprechpartner und „single point of contact" für mehrere Kunden auftritt und dabei auf mehrere Partner zurückgreift. Vorteilig kann vor allem die langfristige Zusammenarbeit mit den Herstellern sein, die ein Intermediär anstreben wird. Die Schnittstellenkosten sind jedoch höher anzusetzen als bei einer direkten Kunde-Hersteller-Beziehung. Jedoch fallen KMU die Aktivitäten in der Durchführungsphase bei einer direkten Hersteller-Kunden-Vereinbarung besonders schwer, da sie in der Regel nicht die notwendigen Ressourcen aufbringen können, um die Überwachung der Leistungserbringung und die Kontrolle sowie das Management der Outsourcing-Verträge vorzunehmen.[1035] Die hier entstehenden opportunistisch nutzbaren Verhaltensspielräume können durch den Einsatz einer intermediären Institution verringert werden.

Bei mittleren Lösungen spielt zunehmend die räumliche Trennung eine Rolle. Die Kunden möchten bei spezifischeren Lösungen mit den Anbietern der Lösung direkt kommunizieren, was nicht zuletzt zu einem erhöhten Vertrauen zwischen den Transaktionspartnern beitragen kann beziehungsweise dieses bereits teilweise voraussetzt. Ein Intermediär ist diesbezüglich häufig eher in der Lage, die räumliche Trennung zu überbrücken und eine entsprechende Vertrauensfunktion einzunehmen.[1036] Der Faktor Vertrauen als transaktionskostensenkende Einflussgröße wird durch die Existenz von Verhaltensunsicherheit, die aus der gesteigerten Spezifität erwächst, wichtiger. Intermediäre als „unabhängige" Partner der Nachfrager genießen ein höheres Vertrauen als die Hersteller und können dadurch die Verhaltensunsicherheit bei der Inanspruchnahme externer Dienstleister mindern.[1037] Demgegenüber ist jedoch darauf hinzuweisen, dass die rein quantitative Kontaktreduktion, die vor allem für die Anbahnungsphase von erheblicher Bedeutung ist, durch den Intermediär nicht in dem Maße stattfinden

---

[1035] Vgl. Hormozi/Hostetler/Middleton (2003), S. 20.

[1036] Nach Grenzenbach (2003) können Bedenken seitens des Kunden auf dem ASP-Markt vor allem durch vertrauenswürdige Institutionen, die zudem eine persönliche Beziehung zum Kunden pflegen, gemindert werden.

[1037] Vgl. auch Dibbern/Heinzl/Leibbrandt (2003b), S. 537; Bongard (1994), S. 166.

kann wie bei einfachen Lösungen. Aufgrund der zunehmenden Spezifität gibt es weniger Anbieter, die entsprechende Lösungen präsentieren und gleichzeitig relevante Informationen zur Verfügung stellen. Jedoch wird es aufgrund der gesteigerten Spezifität zusätzlich schwieriger, von diesen relevante Transaktionsinformationen zu erlangen. Hier ist es für einen Intermediär, sprich einen eigentlichen ASP, möglich, aufgrund seiner Marktmacht und seiner Beschaffungsspezialisierung einen entsprechenden Abbau der Informationsasymmetrie beziehungsweise eine entsprechende Verringerung der Unsicherheit zu erreichen.

Gegenüber einem KMU kann ein Intermediär zudem dadurch Attraktivität erlangen, dass es dem Kunden einfacher gelingen wird, einen Wechsel des Intermediärs vorzunehmen als einen Wechsel des Geschäftspartners bei direkter Kunde-Hersteller-Beziehung. Beispielsweise schließt ein Einzelkunde mit einem ISP, der als Full-Service-Provider am Markt auftritt, einen Vertrag über den Bezug einer vom ISP entwickelten Applikation über ein ASP-Modell. Die Wechselkosten für den Kunden sind in diesem Fall hoch, da bei einem Wechsel in Kauf genommen werden muss, dass alle applikationsspezifischen Investitionen (zum Beispiel Training, Schulung, Anpassung) in einer neuen Transaktionsbeziehung nicht genutzt werden können, denn diese spezielle Applikation wird nur von dem ISP angeboten. Bei dem Wechsel eines Intermediärs hingegen kann ein anderer Geschäftspartner gewählt werden, der dieselbe Applikation anbietet wie der vormalige Geschäftsparter, indem er diese von dem jeweiligen ISP bezieht. In dem Fall mögen Investitionen für die Anpassung und Integration zu einem großen Teil verloren gehen, aber das Training und die Schulung können für dieselbe Applikation in einer anderen Beziehung weiter verwendet werden. Durch die Einschaltung eines Intermediärs werden aus spezifischen Investitionen teilweise verwendungsspezifische Investitionen, das heißt, die Produktspezifität entfällt und die Abhängigkeit vom Anbieter verringert sich.

5.3.4.4.3. Intermediation bei komplexen ASP-Lösungen

Nach PICOT[1038] ist bei hochspezifischen Transaktionen aufgrund der schwierigen Leistungsdefinition und -bewertung ein Direktkontakt zwischen Hersteller und Nutzer transaktionskostengünstiger. Je komplexer die Applikationen sind, desto schwieriger ist es, eine Intermediärsfunktion einzunehmen, da aufgrund hoher Spezifität ein sehr hoher Koordinationsaufwand zwischen Nutzer und Hersteller notwendig ist und ein weiterer Akteur in Form des Intermediärs zusätzliche Informations- und Koordinationsaktivitäten notwendig macht.[1039] Zudem ist die Kontaktreduktionsfunktion eines eigentlichen ASP kaum von Bedeutung, da nur sehr wenige Anbieter und Nachfrager dieser spezifischen Lösungen existieren.[1040] Im Folgenden wird jedoch gezeigt, dass auch bei komplexen Lösungen eine Transaktionskostenminderung durch einen Intermediär möglich ist. Die mögliche Minderung der Transaktionskosten ist dabei vor allem auf die Schwächen der KMU zurückzuführen.

Hohe Transaktionskosten fallen bei komplexen Lösungen speziell in der Vertragsabschlussphase und der Durchführungsphase an. Aufgrund der hohen Spezifität und Unsicherheit ist die Formulierung und Vereinbarung der Verträge besonders aufwendig und die hohe parametrische Unsicherheit erfordert hohe Kontroll- und Anpassungskosten, da selbst unter großem Aufwand nicht alle Eventualitäten in der Vertragsabschlussphase erfasst werden. Durch einen Intermediär können in diesen Phasen Transaktionskosteneinsparungen erreicht werden, insbesondere dann, wenn sich die Beziehung zwischen dem eigentlichen ASP und dem Hersteller nicht nur auf eine einzelne Transaktion gründet. In diesem Fall muss die Leistung nicht vollkommen spezifiziert werden, da der Hersteller sein opportunistisches Potenzial nicht ausschöpfen wird, um die Transaktionsbeziehung nicht im Hinblick auf andere aktuelle und zukünftige Transaktionen zu gefährden.[1041] Opportunistisch würde sich der Hersteller dann

---

1038 Vgl. Picot (1986), S. 5.
1039 Vgl. Ring/Hope/Leston (2000), S. 131-132.
1040 Vgl. Hummel (2002), S. 719.
1041 Vgl. dazu GP 3.6.3.4.1.

verhalten, wenn er nicht befürchten müsste, dass sein Verhalten aufgedeckt wird. Die Möglichkeit, eine opportunistische Verhaltensweise aufzudecken, ist bei Nutzung eines intermediären Arrangements höher, da der Intermediär über spezielle Kontroll- und Überwachungssysteme verfügt. Ebenso sind aufgrund der hohen Spezifität und parametrischen Unsicherheit auch die Abwicklungskosten sehr hoch. In der Durchführungsphase ist es für den eigentlichen ASP aufgrund seiner Erfahrungen, Kenntnisse und Informations- und Kommunikationsinstrumente einfacher als für das KMU, den Leistungsaustausch zu steuern, zu überwachen und bei eventuellen Störungen Anpassungen vorzunehmen beziehungsweise zu koordinieren. Bei komplexen ASP-Lösungen ist die Verhaltensunsicherheit besonders stark ausgeprägt, weil durch die hohen Informationsasymmetrien große Verhaltensspielräume existieren. Die Einschaltung eines eigentlichen ASP als intermediäre Vertrauensinstitution kann hier dazu beitragen, dass die Informationsasymmetrien verringert werden und die Gefahr des Opportunismus abnimmt.[1042] Der eigentliche ASP kann aufgrund von Erfahrungen und Kenntnissen mit Herstellern beziehungsweise über Hersteller und Kunde eine Verringerung der Informationsasymmetrien erreichen und das Verhalten der Akteure besser einschätzen. Die Opportunismusgefahr wird bei einer nachweisbaren Vertrauensbeziehung zwischen den Transaktionspartnern und einer hohen Reputation des Intermediärs auch für den Nachfrager signifikant verringert werden können.

Neben den Kosten in der Vertragsabschlussphase und der Durchführungsphase sind jedoch auch die Anbahnungskosten von Bedeutung. Die Bewertung der komplexen Lösung ist aufgrund der hohen Spezifität stark erschwert, da kaum Vergleichsmaßstäbe existieren. Aufgrund der schweren Bewertbarkeit und schwierigen Vergleichbarkeit, unter anderem resultierend aus der Unkenntnis der KMU über komplexe Lösungen, muss der Nachfrager zudem damit rechnen, einen zu hohen Preis für die Leistungen zu zahlen. In der Anbahnungsphase müssen entsprechend von den wenigen Anbietern, die erst ausfindig gemacht

---

[1042] Vgl. Spulber (1999), S. 286, der intermediäre Arrangements als Alternative zur Koordinationsform Hierarchie und als Institutionen zur Effizienzsteigerung auf Märkten beschreibt.

werden müssen, umfangreiche und vielfältige Informationen über nähere Transaktionskonditionen eingeholt werden. Ein eigentlicher ASP kann in der Anbahnungsphase aufgrund seiner Erfahrungen, Kontakte und speziellen Marktkenntnisse schneller und transaktionskostengünstiger einen potenziellen Transaktionspartner für den Kunden entsprechend der von ihm verlangten Lösungsspezifika finden.

5.3.5. Zwischenfazit

Für KMU wurden marktnahe Koordinationsformen für mittlere und komplexe Lösungen und der Markt für einfache Lösungen als effiziente Abwicklungsmuster ermittelt. Zudem erscheint ein intermediäres Arrangement beim Bezug dieser Lösungen weitere Effizienzvorteile zu versprechen. Interessant erscheint die Feststellung, dass intermediäre Arrangements für alle Lösungskategorien eine sinnvolle Alternative zu einem direkten Bezug der Leistungen darstellen. Die ermittelten Ergebnisse, die zum Teil von den allgemeinen Empfehlungen der Transaktionskostentheorie abweichen, sind dabei vor allem auf die spezielle Situation von KMU beziehungsweise auf deren Defizite und Schwächen sowie auf die spezielle Situation auf dem ASP-Markt zurückzuführen.

In den vorangegangenen Ausführungen wurden, ausgehend von den Ergebnissen aus GP 5.3.4.1. und GP 5.3.4.2., die vielfältigen Vorteile eines intermediären Arrangements in Form eines eigentlichen ASP in den unterschiedlichen Lösungskategorien aufgezeigt. Dabei wurde nicht versucht, einen expliziten und detaillierten Vergleich der Gesamtkosten bei der Nutzung eines Full-Service-ASP und eines eigentlichen ASP vorzunehmen. Grundsätzlich muss jedoch gelten, dass durch die Nutzung eines intermediären Arrangements die Gesamtkosten geringer sind als bei einer direkten Kunde-Hersteller-Beziehung. Aufgrund der Möglichkeit eines Intermediärs, die fremdzuvergebenden Leistungen bei unterschiedlichen, spezialisierten Herstellern nachzufragen, die, zumindest in der Summe, höhere Skaleneffekte realisieren können als ein Full-Service-ASP, kann grundsätzlich von geringeren Produktionskosten in einem intermediären Arrangement ausgegangen werden. Die Höhe der zusätzlichen Transaktionskosten hängt zum einen von den ferner anfallenden Schnittstellen durch den Einsatz eines Intermediärs ab, zum anderen von weiteren Transaktionskosten, die zur Beseitigung von Informationsasymmetrien aufgewendet werden müssen. Die Schnittstellenkosten werden bei einem intermediären Arrangement unweigerlich höher sein als bei einer direkten Kunde-Hersteller-Beziehung. Je mehr Subunternehmer in den Leistungserstellungprozess eingebunden sind und je komplexer die Lösungen sind, desto umfangreicher und intensiver sind die Informations- und Kommunikationsaktivitäten zwischen Intermediär, Subunternehmer und Kunde. Ob diese hohen Schnittstellenkosten durch Produktionskosteneinsparungen mindestens abgedeckt werden können, ist fraglich.

Ausschlaggebend für die Nutzung von Intermediären kann die Verringerung der opportunistischen Gefahr für den Kunden und damit die Verringerung seiner Transaktionskosten sein. Auf die höhere Vertrauenswürdigkeit von Intermediären wurde bereits in GP 3.7.3. eingegangen. Bei einer direkten Kunde-Hersteller-Beziehung kann eine erhebliche Verhaltensunsicherheit auftreten, die durch ein intermediäres Arrangement zum Teil stark vermindert werden kann. Die Einsparung der Transaktionskosten, die aus diesem Vorteil erwachsen, kann das ausschlaggebende Argument für die Entscheidung für einen Intermediär sein. Insbesondere bei einfachen Lösungen aufgrund der hohen Produktionskosteneinsparungen und des ohnehin geringeren Informations- und Kommunikationsaufwandes ist ein intermediäres Arrangement daher vorteilhaft. Aber auch bei komplexeren Lösungen ist eine Intermediation von Vorteil, soweit durch den Intermediär weitgehende Transaktionskosteneinsparungen durch eine Verringerung der Verhaltensunsicherheit auftreten. Aus diesem Grunde kann es essenziell für die Entscheidungsfindung sein, welche spezielle Transaktionsatmosphäre der Intermediär aufweist.

Neben der Ermittlung der effizienten Koordinationsform einzelner Lösungskategorien ist grundsätzlich auch ein Angebot von Lösungsbündeln relevant, welches Lösungen unterschiedlicher Komplexität beinhalten kann. Eine Betrachtung des Angebotes von Lösungsbündeln ist in der Transaktionskostenanalyse insofern problematisch, als dass sich in der vorliegenden Analyse die „Einzeltransaktionen" jeweils auf eine Transaktionskategorie beziehen. Auf eine detaillierte transaktionskostentheoretische Betrachtung von Lösungsbündeln wurde aufgrund der Komplexität einer solchen Vorgehensweise und der hier stattfindenden Konzentration auf einzelne Transaktionskategorien verzichtet. Angesprochene und noch anzusprechende Ausführungen zu möglichen Verbundeffekten aus dem Angebot von Lösungsbündeln sind daher eher allgemeiner Natur und sollen die Vorteilhaftigkeit intermediärer Arrangements betonen. Es wurde auch dargestellt, dass ein Intermediär sich idealtypisch durch bestimmte Charakteristika auszeichnet. Auf eine Konkretisierung des Intermediärs beziehungsweise des ASP wurde bisher verzichtet. Im Folgenden findet daher eine tiefergehende Auseinandersetzung einer speziellen Ausgestaltung eines intermediären Arrangements durch den Einbezug von Banken statt.

5.4. Banken als Anbieter von ASP-Lösungen

Als Anbieter von ASP-Lösungen können Unternehmen aus den verschiedensten Branchen infrage kommen.[1043] Wenig bekannt ist, dass auch Banken bereits als ASP am Markt auftreten. Dabei ist dieser Umstand nicht verwunderlich, da Banken selbst viel Know-how im Bereich des Outsourcing informationstechnologischer Leistungen besitzen und dieses Wissen für ein Produktangebot nutzen können.[1044] „Eine Großbank, die sich als lösungsorientierter Berater für den Mittelstand im E-Business-Umfeld versteht, sollte in der Lage sein, [ASP-Lösungen] für ihre Kunden abzubilden."[1045] Dieses Zitat macht bereits deutlich, dass Banken nicht nur grundsätzlich als ASP-Anbieter infrage kommen, sondern sich mit dieser Thematik, insbesondere im Firmenkundengeschäft, zunehmend auseinandersetzen sollten. Vor allem können Banken dort ansetzen, wo sich das

---

[1043] Vgl. GP 4.4. So ist zu beobachten, dass auf dem Markt für Outsourcing-Lösungen auch Steuerberater und Wirtschaftsprüfer intensiv tätig sind. Vgl. zum Beispiel www.datev.de. Zur informationstechnologischen Beratung durch Steuerberater und Wirtschaftsprüfer vgl. Schotters (1992), S. 197-199, der diesen jedoch grundsätzlich die Eignung einer solchen Beratung abspricht.

[1044] Vgl. zum Outsourcing in Banken auch Lancellotti/Schein/Spang/Stadler (2003).

[1045] Harbou (2001), S. 133.

zentrale Problem bei der Akzeptanz von ASP-Lösungen herausstellt, nämlich bei der Vermarktung und dem Vertrieb von ASP-Lösungen.[1046]

Die Angst, Daten auszulagern, eine mögliche Abhängigkeit vom Dienstleister und fehlendes Vertrauen gegenüber den Leistungsanbietern sind für Nachfrager nach wie vor die wesentlichen Hemmnisse auf dem ASP-Markt.[1047] Im Folgenden wird gezeigt, dass Banken ein mögliches ASP-Angebot in ihrem Leistungsportfolio als zusätzliches Angebot begreifen können. Dazu wird zunächst die Affinität der Banken zum Outsourcing aufgezeigt, denn ein eigenes Angebot von Outsourcing-Dienstleistungen lässt sich glaubhafter und erfolgreicher vermitteln, wenn der Dienstleister selbst langjährige Erfahrungen auf diesem Gebiet sammeln konnte. Auf die Ausführungen zum Outsourcing folgen eine Darstellung wichtiger bisher beobachtbarer ASP-Angebote von Banken und anschließend eine Betrachtung des ASP als Spezialgeschäft von Banken mit einer abschließenden Beurteilung eines ASP-Angebots von Banken aus transaktionskostentheoretischer Sicht, wobei der Fokus auf die besondere Transaktionsatmosphäre gelegt wird, die zwischen Banken und ihren (Firmen)Kunden existiert.

5.4.1. Outsourcing-Affinität und ASP-Lösungen in Banken

Insbesondere die Finanzindustrie ist an dem Thema Outsourcing und möglichen Outsourcing-Projekten stärker interessiert als andere Branchen,[1048] denn für Banken bietet es sich an, einen Großteil der IV-Leistungen fremdzuerstellen.[1049] Gerade das Kreditgewerbe gehört zu den Branchen, die extrem auf technologische Unterstützung angewiesen sind.[1050] Die IT stellt jedoch einen immensen Kostenfaktor dar und birgt im Rahmen informationstechnologisch orientierter

---

[1046] Vgl. H.K.P. Consult (2004), S. 26-27.

[1047] Vgl. Tamm (2003); H.K.P. Consult (2004), S. 29.

[1048] Vgl. Takac (1994), S. 144. In einer Studie der PAC (2004), S. 11-12 wird für Banken, die einen erheblichen Marktanteil am Gesamtoutsourcingmarkt aufweisen, eine deutlich überdurchschnittliche Steigerungsrate bei der Inanspruchnahme von Outsourcing-Leistungen prognostiziert.

[1049] Vgl. Hellinger (1999), S. 200; Juncker/Lippmann (2002), S. 181; Ang/Straub (1998); Ang/Straub (2002), S. 48.

[1050] Vgl. Krcmar (1997), S. 94; Duhnkrack (2001), S. 86.

Projekte häufig die Gefahr von Fehlinvestitionen.[1051] Banken benötigen flexible und aktuelle informationstechnologische Lösungen, die sich durch einen hohen time-to-market auszeichnen und hoch skalierbar sowie mandantenfähig sind.[1052] Um die Anforderungen zu erfüllen und die Risiken zu minimieren, lagern Kreditinstitute daher Teile ihrer IV aus, gehen Kooperationen mit Dienstleistern ein und überprüfen den möglichen Einsatz von Standardsoftware. Für Banken ist es demzufolge essenziell, weit reichende Fähigkeiten in Fragen des Outsourcing zu besitzen. Dazu gehören beispielsweise ebenso die Wahl geeigneter Outsourcing-Partner und eine ausgeprägte Verhandlungsstärke als auch ein gutes Monitoring der Outsourcing-Prozesse.[1053] Aufgrund der gestiegenen Anforderungen und der technologischen Möglichkeiten wird auch in Banken die Zukunft unternehmensweiten Anwendungen gehören, die zentral gehostet werden und unter Verwendung einer Browser-Technologie laufen.[1054] Eine mögliche Lösung ist daher auch für Banken der Einsatz von ASP-Lösungen.[1055]

In Banken werden bereits in beachtlichem Umfang ASP-Lösungen eingesetzt.[1056] Das ASP-Konzept erweist sich vor allem deswegen als vorteilhaft, weil zwei Drittel der IT-Kosten in Banken für Pflege und Wartung der Systeme anfallen.[1057] Banken nutzen ASP aber auch, um das eigene E-Business zu vervollkommenen und einhergehend mit der Einführung einer ASP-Lösung umfangreiche Umstrukturierungsmaßnahmen vorzunehmen. Auch der Blick auf Unternehmenszusammenschlüsse, insbesondere bei internationalen Zusammenschlüssen, zeigt beispielsweise, dass sich die bisherigen Client-Server-Landschaften aufgrund ihrer Heterogenität nur schwer zusammenführen lassen und ASP hier seine Vorteile, wie Flexibilität und Integrationsfähigkeit, ausspielen kann. Die

---

[1051] Vgl. Moormann (2000), S. 13; Instenberg/Kohl (2002), S. 22.
[1052] Vgl. Instenberg/Kohl (2002), S. 22; Köhler/Walter (2002).
[1053] Vgl. Bartmann (1999), S. 10.
[1054] Vgl. Instenberg/Kohl (2002), S. 23-24; Engstler (2004), S. 67, 69.
[1055] Vgl. auch Lancellotti/Schein/Spang/Stadler (2003), Abb. 1, S. 132; Klenk/Szinovatz (2002); Rode (2001).
[1056] Der Finanzdienstleistungssektor ist die Branche, für die am meisten ASP-Lösungen angeboten werden. Vgl. Tamm (2003), S. 121.
[1057] Vgl. Köhler/Walter (2002).

Entscheidung, in welchem Ausmaß und in welcher Art und Weise ASP-Lösungen eingesetzt werden, hängt von den Ressourcen der Bank beziehungsweise ihrer IT-Partner ab. Banken, die die notwendigen Ressourcen aufbringen können, die komplexe ASP-Technologie zu beherrschen, tendieren dazu, unternehmensintern oder in Zusammenarbeit mit eng verbundenen Unternehmen (vor allem Tochterunternehmen) ASP-Lösungen aufzubauen. Banken, die hingegen nur auf eingeschränkte IT-Ressourcen zurückgreifen können, nutzen allenfalls unternehmensexterne ASP-Produkte.

Insbesondere Großbanken erfüllen die notwendigen Voraussetzungen, um Anwendungen unternehmensintern auf Basis der ASP-Technologie anzubieten.[1058] Die Dresdner Bank (beziehungsweise heute Dresdner Bank/Allianz Gruppe) hat beispielsweise im April 2000 das Projekt „starship" ins Leben gerufen, das zum Ziel hatte, die IT-Infrastruktur so zu konzipieren, dass jede Applikation und jeder Service zu jeder Zeit, an jedem Ort, hochverfügbar und auf hohem Sicherheitsniveau für die Mitarbeiter, Kooperationspartner und Kunden entsprechend der Benutzerberechtigung der Anwender zugänglich sein sollten. Das Projekt „starship" hatte Anfang 2003 Premiere und hat eine flexible, stabile und zukunftssichere Infrastruktur geschaffen, die die Veränderung von Geschäftsprozessen und Konzernstrukturen optimal unterstützt. „starship" ist heute ein Serviceportal basierend auf ASP-Technologien, das Mitarbeitern (und auch Kunden) der Dresdner Bank Anwendungen und Services im Web personalisiert bereitstellt. Die Anwender benötigen lediglich einen Internet- beziehungsweise Intranetzugang sowie einen Browser und können dann über das starship-Portal auf Büroanwendungen, spezielle Anwendungen für Finanzinstitutionen und spezifische Dresdner-Bank-Anwendungen endgeräteunabhängig zugreifen.[1059] Entgegen der Befürchtung des Auftretens von Sicherheitsrisiken bietet die neue Technologie jedoch mehr Schutz als bisher beim Zugriff und bei der Arbeit mit sensi-

[1058] Vgl. auch Harbou (2001), S. 133.

[1059] Bereitgestellt werden circa 250 Anwendungen, darunter Office-Lösungen, branchenspezifische Dienste wie REUTERS, eigene Finanz- und Web-Applikationen sowie Web-Services. Vgl. o.V. (2004a); www.visionapp.de, Stand 15.03.2004.

tiven Daten. Neben Vorteilen aus einer erhöhten Systemverfügbarkeit und der zentralen Installation der Anwendungen fand eine Kostenreduzierung im Support, der Administration und im Netzbetrieb durch eine Komplexitätsverringerung der Arbeitsplatzsysteme, der Zentralisierung von Services und Serversystemen und der Verwendung herkömmlicher Netzanschlüsse statt.[1060] Die Wirtschaftlichkeit der starship-Lösung wurde durch die nachweisbare Reduzierung der IT-Service- und -Betriebs-kosten und der kurzen Amortisationsdauer des Projektes deutlich. Zudem wurden bereits getätigte IT-Investitionen nicht hinfällig, sondern die angeschafften Werte konnten in die bestehenden IT-Systeme integriert werden.[1061]

Auch im Sparkassensektor werden ASP-Lösungen eingesetzt. Die Heidelberger Sparkasse hat sich beispielsweise nach ihrer Fusion mit den Sparkassen Schwetzingen, Wiesloch und Neckargemünd-Schönau im Rahmen der Vereinheitlichung der gemeinsamen IT-Struktur entschieden, ein Dokumentenmanagement über ein ASP-Modell zu implementieren. Ziel für die neue Gesamtorganisation war es, ein einheitliches Dokumentenarchiv mit dezentralen Zugriffsmöglichkeiten zu schaffen. Herkömmliche Dokumentenmanagementsysteme erschienen unter anderem wegen der kurzen Innovationszyklen, die die wirtschaftliche Nutzungsdauer der Systeme stark verringern, der geringen Flexibilität sowie fehlender dezentraler Zugriffsmöglichkeiten ungeeignet. Die geforderten Kriterien erfüllte eine Lösung im Rahmen eines ASP-Konzeptes, die neben der Investitionssicherheit, der Flexibilität und den dezentralen Zugriffsmöglichkeiten auch weiteren Anforderungen, wie zum Beispiel Revisionssicherheit und eine hohe Verfügbarkeit, genügte. Der Zugriff auf das Dokumentenmanagementsystem ist über handelsübliche Web-Browser möglich, sodass keine zusätzlichen Mitarbeiterschulungen anfallen. Die Datenübertragungen finden hochverschlüsselt über ein Virtual Private Network (VPN) statt, mit dem eine sehr hohe Sicherheit bei der Datenübertragung gewährleistet wird.

1060 Vgl. Graefen (2002).
1061 Vgl. o.V. (2004a).

Ein weiteres Beispiel für ASP-Lösungen in Sparkassen ist das Angebot der perbit Software GmbH.[1062] In Zusammenarbeit mit der heutigen Sparkassen Informatik hat perbit die Branchenlösung S-Personal entwickelt, die Kreditinstituten Personalsoftware im ASP-Modell zur Verfügung stellt. Neben den bekannten Vorteilen einer ASP-Lösung wird von den Anwendern vor allem die Möglichkeit geschätzt, dass die Anwendung ohne Programmierkenntnisse entsprechend dem individuellen Bedarf der Anwender eingerichtet werden kann und dass bekannte Bildschirmdarstellungen bisheriger Personalsoftware weitgehend übernommen werden konnten.

Es ist ersichtlich, dass Kreditinstitute bereits umfangreiche Erfahrungen im Outsourcing, teilweise bereits im Einsatz mit ASP-Lösungen, haben.[1063] Im Folgenden soll daher geklärt werden, inwiefern diese Erfahrungen und weitere Ressourcen der Bank auch für ein eigenes Angebot von ASP-Lösungen dienen können.

5.4.2. ASP als Spezialgeschäft von Banken

In den vorigen Ausführungen wurden einige Beispiele aufgeführt, die zeigen, dass Kreditinstitute bereits als Nachfrager von ASP-Lösungen auftreten. Die häufig geforderte Schaffung von Mehrwert durch Banken für ihre Kunden kann in einem schnellen Erkennen von Kundenproblemen, einer aktiven Ansprache des Kunden und der Bereitstellung intelligenter Lösungen zum konkreten Kundenbedarf bestehen.[1064] Dabei kommt Banken zugute, dass diese über ein breites Spektrum an Fähigkeiten und Dienstleistungen verfügen, die als Grundlage für

---

[1062] Vgl. www.perbit.de, Stand 15.03.2004.

[1063] Weitere Beispiele von ASP-Lösungen für Kreditinstitute sind das Angebot der eXtrahyp AG (Onlinebaufinanzierung), das von der Commerzbank verwendet wird, der Swissrisk AG (internetbasiertes Portfolio- und Risikomanagement), deren Angebot von Standard & Poor's genutzt wird, oder der afb Application Services AG (Lösung für Kreditgeschäfte), deren Lösung von der FFS Bank GmbH in Anspruch genommen wird. Vgl. www.extrahyp.de, Stand 15.03.2004; www.swissrisk.com, Stand 15.03.2004; www.afb.de, Stand 20.04.2004.

[1064] Vgl. Heintzeler (2002), S. 117; zum Relationshipmanagement als zentralem Erfolgsfaktor im Firmenkundengeschäft vgl. auch Schierenbeck (2001).

die Erweiterung des bestehenden Produktspektrums dienen können.[1065] Interessant im Rahmen dieser Arbeit ist insbesondere die Deckung eines möglichen Kundenbedarfs durch ein Angebot von ASP-Lösungen durch Kreditinstitute. Ein ASP-Angebot kann zunächst als bankneutrale Spezialdienstleistung interpretiert werden, denn das Angebot informationstechnologischer Lösungen ist weder zu den Basis- noch zu den Standarddienstleistungen eines Kreditinstituts zu zählen, noch besitzt es banktypischen oder bankmäßigen Spezialdienstleistungscharakter.[1066] Bei der Betrachtung eines ASP-Angebots durch Banken stellt sich die Frage, welche Gründe für ein entsprechendes Angebot sprechen, welche Voraussetzungen Kreditinstitute bezüglich eines solchen Angebots erfüllen müssen und aus welcher strategischen Positionierung ein Angebot erfolgen sollte.

Ansatzpunkte, die ein latentes Bedürfnis von KMU nach dem Angebot informationstechnologischer Lösungen von Banken und damit verbundener weitergehender Leistungen aufzeigen, finden sich bereits in der Literatur. So war nach GREBE bereits vor dem Jahr 2000 mehr als jeder dritte Firmenkunde eines Kreditinstituts an Beratungsleistungen bezüglich Finanzsoftware und an einer Beratung hinsichtlich Hardware- und Netzwerkauswahl interessiert,[1067] wenngleich die Zahlungsbereitschaft für solche Leistungen als relativ gering eingeschätzt wurde.[1068] Aufgrund der rapiden technologischen Entwicklung und der Notwendigkeit des Einsatzes informationstechnologischer Systeme dürfte sich die Beratungsnachfrage seitens der Unternehmen jedoch inzwischen deutlich erhöht haben.[1069] Auch PICOT/NEUBURGER sehen erhebliche Geschäftspotenziale bei

---

[1065] Vgl. Gloystein (2001), S. 111.
[1066] Vgl. GP 1.1.
[1067] Ähnlich Schmoll (1996), S. 11.
[1068] Vgl. Grebe (1998), S. 195-197. Zur Bedeutung von Beratungsleistungen im Firmenkundengeschäft durch Kreditinstitute vgl. auch Grebe (1998), S. 83.
[1069] Das Interesse an der Nutzung neuer Technologien wird zum Beispiel durch die von MIND (2001), S. 70-71 veröffentlichten Zahlen deutlich. Die Internetnutzung des deutschen Mittelstands ist demnach zwischen 1999 und 2001 von 56,2% auf 80,7% gestiegen, wobei auch die Nutzungsintensität des Internet in den Unternehmen stark zugenommen hat. Mittelständische Entscheider verzichten nur noch zu 5,1% auf die Nutzung informationstechnologischer Hard- und Software.

bankneutralen Spezialdienstleistungen.[1070] So weisen sie darauf hin, dass das Angebot einer informationstechnologischen Unterstützung seitens der Bank für ihre Kunden sinnvoll erscheint, da unter anderem die von den Unternehmen in Anspruch genommenen kostenintensiven Beratungsleistungen auch von Banken geleistet werden können. Als gewichtigen Vorteil der Banken führen sie dabei an, dass diese ihre Firmenkunden schon sehr lange und dementsprechend gut kennen.[1071]

Vor allem das Bedürfnis von KMU nach Komplettlösungen aus einer Hand können Banken aufgreifen. Nach GREBE wünschen sich KMU im elektronischen Firmenkundengeschäft eine Full-Service-Bank.[1072] Zu dem gewünschten Full-Service gehören beispielsweise die Beratung hinsichtlich geeigneter Produkte und nach erfolgtem Verkauf der Systeme Integrations- und Anpassungsleistungen, die Schulung der Mitarbeiter sowie die Wartung der Systeme, sprich Leistungen, wie sie auch im ASP-Modell angeboten werden.[1073] Aber auch einfache Leistungen wie die Garantie der Zuverlässigkeit der operativen Systeme oder das Angebot von Services, wie dem Antrag einer Domäne, der Besorgung eines Providers und der Beratung bei der Vertragsgestaltung, können Gegenstand eines Angebots sein.

Für die meisten Kreditinstitute ist jedoch die IV keine Kernkompetenz und so werden sie aufgrund von Ressourcendefiziten nicht den kompletten Leistungskatalog einer ASP-Lösung erbringen können.[1074] Die Positionierung als Full-Service-Provider ist daher für Banken im Regelfall nicht realisierbar. Die vorhandenen Defizite lassen sich jedoch umgehen, indem auf zum Teil bereits bestehende Kontakte zu Geschäftspartnern beziehungsweise Dienstleistern zu-

---

[1070] Vgl. Picot/Neuburger (2000), S. 320.
[1071] Ähnlich auch Kiefer (2000), S. 310.
[1072] Vgl. Grebe (1998), S. 202, S. 204; ähnlich auch Fischer (2000), S. 38; Bartmann (1999), S. 6.
[1073] Vgl. Grebe (1998), S. 202, S. 60.
[1074] Vgl. Huber (1993), S. 85.

rückgegriffen wird, um die notwendigen Leistungen einzukaufen.[1075] Da gerade die Überwindung von Informationsasymmetrien eine Existenzberechtigung von Banken ist und die Informationstransformationsfunktion von Banken insbesondere im Firmenkundengeschäft eine Kernkompetenz darstellt,[1076] bietet sich eine stark intermediäre Funktion der Banken im ASP-Markt an, denn die Transformation von Informationen ist ebenfalls zentrales Element eines eigentlichen ASP. Banken können ihre traditionelle Rolle als Intermediär auf das E-Business übertragen, indem sie ebenfalls als Vermittler, Schaltstelle oder Bindeglied zwischen Wirtschaftssubjekten tätig werden.[1077] Ihnen kommen dabei vor allem ihr spezielles Know-how beim Management zahlreicher Lieferanten- und Kundenbeziehungen sowie ihre breite Kundenbasis zugute.[1078] Die Positionierung als eigentlicher ASP muss nicht zwangsläufig ideal für ein Kreditinstitut sein. Weniger intermediäre Formen sind entsprechend den vorhandenen Ressourcen des jeweiligen Anbieters denkbar. Banken weisen jedoch vornehmlich die in GP 3.7.3. aufgeführten idealtypischen Merkmale eines Intermediärs auf, wie in den folgenden Ausführungen deutlich wird.[1079]

Von Vertriebsbanken wird gefordert, den Kunden ganzheitlich zu beraten und zu betreuen, als kompetenter Ansprechpartner zur Verfügung zu stehen, vor dem Hintergrund der Probleme, Wünsche und Bedingungen des Kunden das entspre-

---

[1075] Die Möglichkeit, über Kooperationen das eigene Leistungsspektrum auszuweiten, erwägt auch Grebe (1998), S. 140. Ähnlich schlagen auch Fotschki (1998), S. 145-146 und Bartmann (1999), S. 6 zum Beispiel eine Kooperation von Banken mit Internet-Service-Providern vor, um die Produkt- und Dienstleistungspalette von Kreditinstituten zu erweitern. So erachten auch Schulte/Degel (2001), S. 30-31 ein Angebot von Internetzugängen über Kreditinstitute als Erfolg versprechend. Laut Zimmermann (1995) können durch eine Kooperation mit einem ISP kundensegmentspezifisch Produktbündel geschaffen werden, die neben klassischen Bankleistungen speziell aufbereitete Inhalte, Angebote, Diskussionsforen und Anwendungen wie zum Beispiel E-Mail enthalten.

[1076] Vgl. Kley (2004), S. 169; Priewasser (2002), S. 33-35. Auch Hellinger (1999), S. 188 beschreibt in diesem Zusammenhang, dass Banken in der Informationsbeschaffung, -aufbereitung, -auswertung und -übermittlung spezielle Kenntnisse und Fähigkeiten besitzen.

[1077] Vgl. Fischer (2000), S. 38.

[1078] Vgl. Hellinger (1999), S. 187.

[1079] Vgl. die Ausführungen in diesem GP sowie in GP 5.4.3. und GP 5.4.4.

chende Leistungsbündel zu konfigurieren, die Durchführung und Abwicklung desselben zu steuern und zu koordinieren sowie Kooperationsbeziehungen zu externen potenziellen Partnern aufzubauen und zu pflegen, um sie in die Konfiguration des Leistungsbündels bei Bedarf integrieren zu können.[1080] Auch wenn sich diese Forderungen auf das Angebot von Finanzprodukten beziehungsweise Finanzdienstleistungen beziehen, sind genau diese Anforderungen auch an einen eigentlichen ASP zu stellen. Die reine Intermediärsfunktion der Vertriebsbank als Vertriebsknoten mit Schwerpunkt im Kundenbeziehungsmanagement lässt sich damit auf das Angebot von ASP-Lösungen übertragen. Kernelement eines eigentlichen ASP ist das Kundenbeziehungs- und Servicemanagement. Die grundlegenden Voraussetzungen für eine solche Positionierung werden im Allgemeinen von einer Bank mit vertriebstechnischer Positionierung erfüllt.

Banken offerieren im Rahmen von Spezialgeschäften bereits Leistungen aus dem IV-Bereich.[1081] Etabliert hat sich das Angebot von Finanzportalen über Kreditinstitute. Diese wurden teilweise zu allgemeinen Serviceportalen ausgebaut, um den Kunden weitere Dienstleistungen, wie zum Beispiel Zugang zu Übersetzungsservices, Flugbuchungsservices, Informationsservices,[1082] Bewertung von Handelspartnern oder Routenplanern zu bieten.[1083] Die mit dem E-

---

[1080] Vgl. Picot/Neuburger (2000), S. 325.

[1081] Vgl. Böhme (1997), S. 82; Picot/Neuburger (2000), S. 320; Schotters (1992), S. 195-197; GP 5.4.3. Dass Banken eigene informationstechnologische Kompetenzen für ein Angebot auf dem Markt verwerten können, zeigt das Beispiel der Aareal Bank AG. Die Aareon AG, als Tochter der Aareal Bank AG und hervorgegangen aus der ehemaligen DePfa Bank AG, ist heute das führende Beratungs- und Systemhaus für das Immobilienmanagement in Deutschland und bietet neben anderen Lösungen und Services auch eine umfangreiche ASP-Lösung an. Vgl. www.aareon.de.

[1082] Hierzu gehört beispielsweise das Angebot von aktuellen Nachrichten, Brancheninformationen, Marktberichten und Research für Firmenkunden in Zusammenarbeit mit Drittanbietern, wie zum Beispiel Reuters oder Bloomberg. Vgl. Gloystein (2001), S. 112.

[1083] Vgl. Gloystein (2001), S. 112; auch Dambmann (2001), der am Beispiel des Finanzportals der Dresdner Bank die Erschließung neuer Geschäftsfelder unter Verwendung neuer IuK-Technologien beschreibt. Über das Firmenfinanzportal der Dresdner Bank wird zum Beispiel auch der Zugang zur Internet-Einkaufsplattform für Büroartikel „allago“ angeboten. Vgl. www.allago.de.

Commerce verbundenen Leistungen werden auch in Zukunft im Angebotsportfolio der Bank wichtiger, denn Banken sind dafür prädestiniert, ihren Kunden weitere Leistungen wie Zertifizierungsdienstleistungen,[1084] Ratingauskünfte, Factoring Services und Transaktionsabwicklungen anzubieten. Diese Leistungen sind auf B2B-Marktplätzen zu finden und bilden nahezu die gesamte Prozesskette bei der Kundennutzung eines solchen Marktplatzes ab.[1085] Die Nachfrage nach bankneutralen Leistungen ist jedoch hinter den Erwartungen zurückgeblieben.[1086] Fraglich ist allerdings, inwiefern dieser Umstand auf die allgemeine konjunkturelle Lage und die Zurückhaltung von Unternehmen gegenüber dem Einsatz moderner IuK-Technologien nach Abkühlung des Internet-Hype zurückzuführen ist, denn die Bedeutung von Mehrwertdiensten im Sinne des E-Business, wie zum Beispiel elektronische Marktplätze und Web-Shop wird nach wie vor als sehr hoch eingestuft.[1087] Ausgangspunkt für ein solches Angebot sind die bestehende Kundenbeziehung und die Integration weiterer traditioneller Bankdienstleistungen, wie des Zahlungsverkehrs, in die neuen Angebote.[1088] Banken können dabei die wichtige Rolle übernehmen, ihren Kunden Zugang zum E-Commerce zu verschaffen.[1089] Als hilfreich kann sich in diesem Zusammenhang erweisen, dass deutsche mittelständische Unternehmen das Internet in betrieblichen Funktionen zusammen mit der Beschaffung speziell in der Abwicklung von Bankgeschäften nutzen und damit bereits Erfahrungen im elektronischen Datenaustausch mit der Bank gesammelt haben.[1090] Interessant für eine

---

[1084] Zu Zertifizierungsdienstleistungen vgl. auch Kiefer (2000); Kiefer (2001), S. 193-205.

[1085] Vgl. Harbou (2001), S. 133.

[1086] Vgl. Roßbach/Nusser (2003), S. 315.

[1087] Vgl. Werner (2002), S. 511; Schulte/Degel (2001), S. 30-31. Die Bedeutung des E-Commerce im Firmenkundengeschäft belegen auch Pester/Jacobs (2002), S. 620, die anhand einer Studie aufzeigen, dass eine Beratung zum E-Commerce am ehesten durch die Hausbank erwünscht ist.

[1088] Vgl. Duhnkrack (2001), S. 97-98.

[1089] Vgl. Bartmann (1999), S. 6; Kiefer (2001). Als wesentliche Tätigkeitsfelder bei Banken sehen Hamm-Beckmann/Kohl (2003), S. 29 im Bereich des E-Commerce daher Intermediärsleistungen in Form der Informationssuche und -selektion für Kunden, der Hilfe bei der Wahl von Produkten und Dienstleistungen, der Identifikation von Transaktionspartnern und der Zahlungsabwicklung.

[1090] Vgl. MIND (2001), S. 75.

weitergehende Betreuung der Bankkunden durch ihr Kreditinstitut kann dabei sein, dass gerade Anwendungen aus dem Bereich des E-Commerce für die meisten potenziellen ASP-Nachfrager von Interesse sind.[1091]

5.4.3. Banken als Application Service Provider in der Praxis

Kreditinstitute haben spezifisches Know-how bei informationstechnologischen Lösungen im Finanzbereich und können nach GREBE KMU bei der Bewertung, Beschaffung, dem Einsatz und der Integration neuer Lösungen unterstützen.[1092] Bisher hat daher insbesondere ein Angebot bankfachlicher ASP-Lösungen über Kreditinstitute stattgefunden, weil die Bank auf diesem Gebiet das meiste Know-how besitzt, zum Teil eigene Anwendungen mit speziellen Vorteilen entwickelt hat und ihr von den Kunden auf diesem Themengebiet am ehesten technologisches und fachliches Know-how zugetraut wird. Darüber hinaus können Banken aber auch ASP-Lösungen vermarkten, die sie nicht selbst entwickelt oder im Einsatz haben oder die nicht bankfachlich sind. Banken treten bereits als Ansprechpartner und Berater vieler Mittelständler auf, die am E-Commerce partizipieren möchten, und bilden so einen Ausgangspunkt für das Angebot zusätzlicher Services wie beispielsweise ASP-basierter E-Commerce-Lösungen. Bei zunehmend unternehmensübergreifender Vernetzung kann die Bank zudem auf Basis der ASP-Technologie von einer (Teil-)Integration der Kundenanwendungen in die bankbetrieblichen Geschäftsprozesse profitieren oder eine Einbindung der eigenen Systeme in die Informationsströme beziehungsweise Geschäftsprozesse zwischen den Firmenkunden und den Kunden oder deren Zulieferern erreichen.[1093]

In der Praxis ist bereits ein Angebot einiger ASP-Lösungen von Kreditinstituten zu beobachten. Es erfolgt vorwiegend ein Angebot nahe liegender bankspezifi-

---

[1091] Vgl. Tamm (2003), S. 207.

[1092] Vgl. Grebe (1998), S. 60.

[1093] Vgl. Grebe (1998), S. 60. Beispielsweise bietet die Onventis GmbH eine E-Procurement-Lösung als ASP-Modell an, die Banken ihren Firmenkunden zur Verfügung stellen können. Dabei ist es möglich, Leistungen wie Cash-Management, Sammelrechnungen oder Kreditierungen in die Lösung einzubinden. Vgl. Schlotmann/Kiefer (2001); www.onventis.de.

scher Applikationen, wie zum Beispiel Anwendungen zur Abwicklung des Zahlungsverkehrs oder für das Cash-Management. Sowohl die Commerzbank mit ihrem Produkt COTEL^{WEB} wie auch die Deutsche Bank mit „bankline"[1094] sind beispielsweise Anbieter ASP-Technologie-basierter Dienste, die ihren Kunden Applikationen für den Zahlungsverkehr zur Verfügung stellen.[1095] Auch in der Sparkassenorganisation existieren bereits ASP-Angebote. Die Sparkassen im Saarland beispielsweise bieten in Zusammenarbeit mit der FinanzIT GmbH als deren IT-Dienstleister sogar nicht-bankfachliche ASP-Lösungen, wie zum Beispiel ein Shopsystem, an. Dieses Shopsystem wird den Kunden der Sparkassen im Saarland oder weiteren Interessenten zur Verfügung gestellt.[1096] Ein weiteres ASP-Angebot der Sparkassen ist eine Onlinesteuererklärung, welches Privatkunden gegen eine Gebühr nutzen können.[1097] Auch die Aareal Bank AG bietet über ihre Tochter, die Aareon AG, eine ASP-Lösung an. Diese Lösung nennt sich Blue Eagle und ist eine umfangreiche Softwarelösung für die Immobilienwirtschaft. Das Angebot ist an Unternehmen aus der Immobilienwirtschaft gerichtet, die traditionell die Kundschaft der Aareal Bank AG ausmachen.[1098] Ein weiteres Beispiel ist das Angebot der Dresdner Bank/Allianz Gruppe, die ihr Wissen, welches sie in eigenen ASP-Projekten gesammelt hat, inzwischen vermarktet. Dieses erfolgt nicht direkt, sondern mithilfe ihrer Partner, insbesondere

---

[1094] „bankline" beispielsweise ist eine universelle E-Banking-Plattform zur Nutzung der Funktionen des Deutsche-Bank-Systems (insbesondere Abwicklung von Finanztransaktionen). Der Kunde benötigt lediglich einen Browser und einen Internetzugang und kann räumlich und zeitlich unabhängig die zur Verfügung stehenden Anwendungen nutzen. Neuinstallationen oder Updates sowie Hardwareinvestitionen sind für den Kunden nicht mehr relevant. Eine klare Benutzerführung, einfache Eingabemasken und die Einrichtung eines benutzerindividuellen Funktionszugriffs sorgen für die Akzeptanz beim Kunden und seinen Mitarbeitern. Informieren können sich potenzielle Kunden über den Electronic-Banking-Berater in der regionalen Filiale. Vgl. www.db-bankline.deutsche-bank.com/willkommen_DE.htm, Stand 15.03.2004.

[1095] Vgl. Schwietzke (2000); www.db-bankline.deutsche-bank.com/willkommen_DE.htm, Stand 15.03.2004.

[1096] Vgl. www.finanzit.com, Stand 05.01.2004.

[1097] Vgl. zum Beispiel http://www.die-sparkasse.de/frame.php?url=ihre_sparkasse/service .php, Stand 01.08.2004.

[1098] Vgl. www.aareal.de, Stand 20.04.2004; www.aareon.de, Stand 20.04.2004.

der visionapp GmbH. Allerdings sind die Kunden nicht Firmenkunden der Dresdner Bank, sondern in erster Linie andere Kreditinstitute.[1099] Weitere beispielhafte Bereiche für vom Kreditgewerbe angebotene ASP-Lösungen sind Kontoführung, Kredit- und Dokumentengeschäft, Geld- und Devisenhandel sowie Lösungen für das Personal- und Risikomanagement.[1100]

5.4.4. ASP-Angebot von Banken: eine transaktionskostentheoretische Betrachtung

Die Bedeutung der Transaktionsatmosphäre für die Höhe der Transaktionskosten in institutionellen Arrangements wurde in GP 3.6.3. erläutert. Insbesondere für die Problematik, dass aufgrund von Ressourcendefiziten in KMU eine interne Bereitstellung von ASP-Lösungen nicht realisierbar ist und zwangsläufig nicht ideale institutionelle Arrangements, insbesondere für komplexe Lösungen, gewählt werden müssen, ist die Transaktionsatmosphäre zur Senkung der Transaktionskosten von erheblicher Bedeutung. Banken verfügen im Regelfall über eine besondere Transaktionsatmosphäre mit ihren Firmenkunden. Von übergeordneter Bedeutung sind in diesem Zusammenhang die soziokulturellen Rahmenbedingungen, vor allem Vertrauen und Reputation, deren Wirkungsweise entscheidend für die Höhe der Transaktionskosten eines bestimmten institutionellen Arrangements sein kann. Die Nutzung von expliziten und vollkommenen Verträgen für den Bezug von ASP-Lösungen ist für KMU, insbesondere aufgrund von deren Ressourcendefiziten, sehr transaktionskostenaufwendig, sodass dem transaktionskostensenkenden Faktor Vertrauen gerade bei mittleren und komplexen Lösungen eine bedeutende Stellung zukommt. Diese Rahmenbedingung wird im Folgenden für die Firmenkunden-Bank-Beziehung näher betrach-

---

[1099] Anbieter der starship-Lösung ist die visionapp GmbH mit Sitz in Frankfurt am Main. Sie entstand aus einer Ausgliederung der Dresdner Bank beziehungsweise eines Spin-off des starship-Projektes. Vgl. www.visionapp.de, Stand 02.03.2004.

[1100] Vgl. beispielsweise die ASP-Lösungen der Sparkassen-Informatik-Services-West GmbH (swest), www.swest.de, Stand 05.01.2004.

tet. Die rechtlichen sowie die technologischen Rahmenbedingungen werden in die nachfolgenden Betrachtungen nicht gesondert einbezogen.[1101]

5.4.4.1. Vertrauen und Reputation

Gerade für Entscheidungsfindungen beim Outsourcing und den Erfolg von Outsourcing-Projekten sind Vertrauen und Reputation wichtige Kriterien.[1102] Nach KIEFER prädestiniert gerade die Existenz hohen Vertrauens in der Kunde-Bank-Beziehung Banken dazu, neue Geschäftsfelder im E-Commerce aufzubauen.[1103] Als soziokultureller Faktor kommt dem Vertrauen in der Kunde-Bank-Beziehung beziehungsweise der Reputation von Banken eine besondere Bedeutung zu. Verfügt ein Intermediär über ein hohes Vertrauen und eine hohe Reputation gegenüber potenziellen Transaktionspartnern, wird er in der Lage sein, Transaktionsbeziehungen unter wesentlich geringeren Transaktionskosten zu vereinbaren und durchzuführen, sowie häufiger die Möglichkeit haben, diese einzugehen, als dieses ohne Vertrauen und Reputation möglich wäre.

Im Folgenden wird betrachtet, inwiefern Vertrauen und Reputation in Kreditinstituten generiert wird, das für Transaktionen verwendet werden kann, die sich durch technologisch orientierte Transaktionsobjekte auszeichnen. Als eine wesentliche Vertrauensquelle und als Informationsträger wird dabei der Reputation besondere Beachtung geschenkt.[1104] Gerade bei einem Angebot von ASP-

---

1101 Für die rechtlichen Aspekte der Transaktionsatmosphäre bestehen in einer Bank-Kunde-Beziehung keine wesentlichen Bank-Kunde-beziehungsspezifischen Rahmenbedingungen. Rechtliche Rahmenbedingungen sind in diesem Sinne grundsätzlich institutionenübergreifend und werden von übergeordneten Instanzen geschaffen. Spezifische technologische Rahmenbedingungen sind teilweise vorhanden und können transaktionskostensenkend in der Kunde-Bank-Beziehung wirken. Auf sie wird jedoch im Folgenden aufgrund der höheren Bedeutung der sozioökonomischen Faktoren nicht weiter eingegangen.

1102 Vgl. Barthélemy (2003), S. 545; ähnlich in Bezug auf die Kooperation mit technologischen Dienstleistern für den E-Commerce Eggs (2001), S. 84-93. Vgl. zu einer Übersicht von Arbeiten, die die Bedeutung von Vertrauen für den Erfolg von Outsourcing-Projekten herausstellen, Goles/Chin (2002), S. 233-234.

1103 Vgl. Kiefer (2001).

1104 Die herausragende Bedeutung von Reputation als Vertrauensquelle betont auch Vogt (1997), S. 67. Es ist zu beachten, dass neben Reputation aufgrund der in GP 3.6.3.1.1. getrof-

Lösungen können große Informationsasymmetrien zwischen den (potenziellen) Transaktionspartnern bestehen. Zum Beispiel ist es schwierig, die objektive Qualität der neuen Leistungen zu ermitteln. Hier weist SIMON auf die Bedeutung der Reputation des Herstellers und des darauf zurückzuführenden Vertrauens hin, das umso wichtiger wird, je schwieriger es ist, die Qualität der Leistung zu beurteilen, und je größer das wahrgenommene Risiko ist.[1105] Entsprechend hoch ist die Bedeutung von Vertrauen und Reputation bei einem Angebot von ASP-Lösungen, insbesondere bei steigender Komplexität der Lösungen.

In den folgenden Ausführungen werden die beiden Wirkungsweisen der Reputation, zum einen als Selbstbindungsmechanismus, zum anderen als Informationssubstitut, betrachtet. Reputation stellt als Reputationskapital einen Faktor dar, der als Geisel die Gefahr einer opportunistischen Verhaltensweise des Transaktionspartners stark einschränken kann. Von Interesse in diesem Kontext sind Fragen nach der Existenz von Reputationskapital bei Banken und einer möglichen Verwertung dieses Kapitals. Dabei ist eine Differenzierung der Reputationsarten insofern sinnvoll, als bestimmte Reputationsarten einen anderen Geiselwert besitzen als andere. Aus Sicht der Reputation als Informationsträger ist eine Aufteilung der Reputation in Reputationsarten ebenfalls von Interesse, weil die unterschiedlichen Reputationsarten verschiedene Informationen beinhalten. Zu beachten ist, dass als Voraussetzung des Reputationsmechanismus die Eigenschaft der Reputation als Informationsträger und die Existenz einer positiven Reputation notwendige Voraussetzungen sind. Beinhaltet eine Reputation keine positiven Informationen, ist diese auch als Geisel wertlos.

Fraglich ist, welche Arten der Reputation Banken im Kontext des Angebots von ASP-Lösungen für ihre klein- und mittelständischen Firmenkunden besitzen.

---

fenen Vertrauensdefinition Vertrauen auch auf anderen Quellen beruhen kann. Zum Beispiel kann Vertrauen in einer bilateralen Beziehung schon deshalb entstehen, weil beide Transaktionspartner auch in Zukunft Transaktionsbeziehungen unterhalten wollen und sich damit eine opportunistische Verhaltensweise aufgrund interdependenter Transaktionen nicht leisten können. Vgl. GP 3.6.3.4.1.

[1105] Vgl. Simon (1985), S. 35.

Als Hindernis einer möglichst fundierten Diskussion dieser Aspekte stellt sich dabei heraus, dass empirisch gesicherte und verwertbare Kenntnisse über das den Banken von ihren Firmenkunden entgegengebrachte Vertrauen oder die Reputation von Banken außerhalb finanzwirtschaftlicher Fragestellungen kaum vorliegen.[1106] Es stellt sich daher die Frage, in welchem Maße positive Reputation, die die Bank in bisherigen Geschäften und Beziehungen erworben hat, für ein Angebot weiterer Produkte genutzt werden kann, das heißt ob ein Reputationstransfer möglich ist.

Zum Transfer von Reputation im Rahmen der Neuen Institutionenökonomik lassen sich in der Literatur nur wenige Hinweise finden. Aufgrund des häufig beschriebenen Geisel- und Informationsträgercharakters der Reputation in neuartigen Transaktionen lässt sich jedoch vorerst schließen, dass in der Literatur zur Neuen Institutionenökonomie von einer solchen Transfermöglichkeit ausgegangen wird.[1107] Auch aus dem Allfinanzbereich ist zum Beispiel bekannt, dass der Kunde bereit ist, gute Erfahrungen,[1108] die er mit einer Bank bei Basis- und Standarddienstleistungen gemacht hat, auf andere Leistungen zu übertragen.[1109] Dass ein solcher Transfer weitergehend möglich ist, zeigen auch die auf Kon-

---

[1106] Hingegen beschäftigen sich einige Autoren damit, welche Bedeutung der Kunde vertrauensvollen Beziehungen beimisst oder wie Banken vertrauensvolle Beziehungen aufbauen können. Vgl. zum Beispiel Eschenbach (1997); Gierl (1999).

[1107] Auch Vogt (1997), S. 149 geht von einer teilweisen Übertragbarkeit von Reputation aus, insbesondere dann, wenn sie Informationen über generelle Verhaltensweisen des Transaktionspartners beinhaltet. Ähnlich Rapold (1988), S. 96.

[1108] Unter guten Erfahrungen ist an dieser Stelle sowohl die generelle als auch die spezifische Erfahrung als Reputationsart gemeint.

[1109] Vgl. Wieland (1995), S. 201. Die Übertragbarkeit von Reputation wird auch bei Barthélemy (2003), S. 545 deutlich. Dieser beschreibt ein Beispiel, in dem ein Akteur über längere Zeit mit einem Leistungslieferanten zusammengearbeitet hat und eine vertrauensvolle Beziehung zu diesem gepflegt hat. Als dieses Unternehmen einen Outsourcing-Partner für seine IV suchte, hat es direkt, ohne weitere Ausschreibungen und genauere Kenntnis über die technologisch bezogenen Fähigkeiten des Anbieters, aufgrund des hohen Vertrauens auf die vorhandene Geschäftsbeziehung zurückgegriffen und an diesen Leistungslieferanten die komplette IT ausgelagert. Sowohl ein spezifischer Ruf als auch eine spezifische Erfahrung fehlen dem Leistungsnachfrager damit. Die generelle Erfahrung als Reputationsart reichte aus, um vorhandene Bedenken zu beseitigen oder gar nicht erst aufkommen zu lassen.

sumgütermärkten beobachtbaren Image-, Marken- und Goodwilltransfers,[1110] die besonders in der Marketingliteratur ausgiebig behandelt werden.[1111] In der deutschsprachigen Literatur findet grundsätzlich eine separate Betrachtung von Image-, Marken- und Goodwilltransfer statt,[1112] wobei zwischen den Begrifflichkeiten und den dahinter stehenden Konstrukten enge Verbindungen bestehen. Die Informationen, die sich hinter diesen Begriffen über ein Unternehmen und über dessen Leistungswillen, -fähigkeit und -qualität verbergen, finden sich auch in der Reputation des jeweiligen Unternehmens wieder. Da sich zwischen den verschiedenen Transferansätzen erhebliche Schnittmengen feststellen lassen, können einige Aussagen für einen möglichen Reputationstransfer verwendet werden.[1113]

[1110] Nach Hätty (1989) sind Marken gekennzeichnete Produkte. Marken übernehmen Identifikations-, Individualisierungs-, Vertrauens-, Sicherheits- und Nutzenfunktionen und sind daher ähnlich wie Reputation Informationsträger. Für den Begriff des Image findet sich in der Literatur eine Vielzahl von Be-griffsdefinitionen. Vgl. Hätty (1989), S. 78-81. Grundsätzlich beschreibt ein Image Assoziationen gegenüber Produkten. Dazu gehören unter anderem auch Kenntnisse und Erfahrungen über diese Produkte. Vgl. auch Reiter (1991), S. 211. Reputation umfasst damit Teile des Image, allerdings nicht Inhalte wie Wünsche, Gefühle oder Einstellungen, die ebenfalls dem Imagebegriff subsumiert werden. Unter Goodwill wird, gerade in der englischsprachigen Marketingliteratur, häufig das Vertrauenskapital verstanden, über das eine Unternehmung bei ihren aktuellen und potenziellen Kunden verfügt, womit ebenfalls die enge Verbindung zum in dieser Arbeit verwendeten Reputationsbegriff deutlich wird. Vgl. Simon (1985), S. 15. Auch Spremann (1988), S. 613 weist auf die Ähnlichkeit von Goodwill und Reputation hin.

[1111] Die folgenden Ausführungen zum Marken-, Image- und Goodwilltransfer sind nicht vertiefend, sondern sollen eine abstrakte Hilfestellung beim Reputationstransfer bieten. Vgl. daher weiterführend beispielsweise zum Imagetransfer Sullivan (1990) oder Meffert/Heinemann (1990); zum Markentransfer Hätty (1989) und zum Goodwilltransfer Simon (1985).

[1112] Vgl. hierzu und zu weiterführender Literatur Müller (1996), S. 146.

[1113] Die grundsätzliche Möglichkeit, Reputation in Form von Marken auf die Neueinführung von Produkten zu transferieren und dadurch Vertrauen und Glaubwürdigkeit zu beziehungsweise bei den Konsumenten aufzubauen, haben zum Beispiel Sattler/Schirm (1999) empirisch nachgewiesen, wobei sie jedoch darauf hinweisen, dass die Erkenntnisse nicht ohne weiteres auf andere Produktgruppen übertragbar sind und sich primär auf die Glaubwürdigkeit langlebiger technischer Konsumgüter beziehen.

Auf Konsumgütermärkten,[1114] auf denen im Regelfall Qualitätsunsicherheit besteht, sind Marken und Images wichtige Informationsträger für Konsumenten. In der Konsumgüter- und Markenartikelindustrie ist häufig zu beobachten, dass vorhandene Reputation beziehungsweise existentes Vertrauen auf andere Produkte oder Unternehmensteile übertragen wird.[1115] Bestehendes Vertrauen gegenüber dem Unternehmen kann so auf mehrere Produkte transferiert werden. Diese Vorgehensweise wird verwendet, um mithilfe eines Vertrauensbonus neue Produkte in Märkte einzuführen und bestehende, aber verblasste Produkte im Zuge eines Relaunches oder einer Neupositionierung wieder erfolgreich an den Markt zu bringen.[1116] Eine grundlegende Erkenntnis der Ansätze zum Marken-, Image- und Goodwilltransfer ist, dass möglichst ähnliche Güter für einen solchen Transfer infrage kommen.[1117] Ideal wäre daher eine spezifische Reputation der Banken im Angebot von informationstechnologisch orientierten Dienstleistungen, denn spezifische Reputation ist bei möglicher Übertragbarkeit grundsätzlich von größerem Nutzen als generelle Reputation. Allerdings verfügen Banken nur ansatzweise über spezifische Reputation, die für ein Angebot von ASP-Produkten relevant ist, da sie nur sehr eingeschränkt Leistungen aus dem informationstechnologischen Bereich anbieten. Eine direkte Übertragung von Reputation, in diesem Fall spezifischer Reputation, auf das Angebot von ASP-Lösungen ist vorerst relativ kritisch zu sehen und wird im Folgenden näher betrachtet. Im Fall der Existenz von spezifischer Reputation ist zu beachten, dass sie nicht ohne weiteres beim Angebot neuer Dienstleistungen übernommen werden kann, sondern die jeweilige Transfermöglichkeit von weiteren Faktoren abhängt, die beispielsweise die persönliche Risikoneigung des Nachfragers, das

---

1114 Die auf Konsumgütermärkten gewonnenen Erkenntnisse können zum großen Teil auf Dienstleistungsmärkte übertragen werden. Vgl. Müller (1996), S. 145.

1115 Es sei jedoch auf die Möglichkeit hingewiesen, dass sich auch negative Erfahrungen bei neuen Produkten, die in Verbindung mit der Reputation oder dem Image eines Unternehmens oder anderer Produkte auf den Markt gebracht wurden, auf die ursprüngliche Reputation oder das ursprünglich verwendete Image Rückwirkungen haben können. Zu diesem Negativeffekt vgl. Sullivan (1990); Wernerfeld (1988); vgl. weiterführend auch Reiter (1991), S. 211.

1116 Vgl. Müller (1996), S. 156.

1117 Vgl. Schweiger (1982), S. 321; Müller (1996), S. 169.

Niveau der existierenden Qualitätsunsicherheit oder die Bereitschaft des Nachfragers, Vertrauen gegenüber dem Anbieter aufzubauen, betreffen.[1118]

5.4.4.2. Technologiespezifische Reputation

Reputation, die sich auf das konkrete Angebot informationstechnologischer Lösungen bezieht, gründet sich auf spezifische Reputation, das heißt Reputation, die sich im spezifischen Ruf des Anbieters und in der spezifischen Erfahrung des Nachfragers mit dem Anbieter wieder findet.[1119] Ein spezifischer Ruf im Angebot informationstechnologischer Lösungen kann Banken grundsätzlich nicht attestiert werden.[1120] Auch PICOT/NEUBURGER unterstellen Kreditinstituten, dass sie keine spezifische Reputation bei bankneutralen beziehungsweise informationstechnologischen Leistungen besitzen.[1121] Es existiert im Allgemeinen allenfalls der Ruf, dass das Unternehmen selbst sehr auf die IT angewiesen ist, Erfahrungen im Outsourcing besitzt und nahezu alle Bankprozesse informationstechnologisch abgewickelt beziehungsweise unterstützt werden. Banken kann damit zumindest eine hohe Technologie- und Outsourcing-Affinität zugesprochen werden.

Jedoch können Kunden bereits spezifische Erfahrung beim Bezug technologisch geprägter Leistungen von Kreditinstituten gesammelt haben.[1122] Insbesondere die Zusammenarbeit mit Banken im E-Commerce, bei der Nutzung von Web-Shops, Web-Auftritten oder Marktplätzen kann zu technologiespezifischer Erfahrung des Kunden mit der Bank geführt haben. Auch die inzwischen starke Verbreitung des Onlinebanking, nicht nur im Privatkunden-, sondern vor allem im Firmenkundengeschäft, hat zumindest teilweise spezifisches Reputationska-

---

[1118] Vgl. Rapold (1988), S. 96.

[1119] Vgl. GP 3.6.3.1.2.

[1120] Vgl. Kiefer (2001), S. 158. Banken wird geringeres technologisches Know-how zugesprochen als zum Beispiel Technologieanbietern und Telekommunikationsunternehmen, die ebenfalls auf dem ASP-Markt als Anbieter auftreten. Vgl. Kiefer (2000), S. 311.

[1121] Vgl. Picot/Neuburger (2000), S. 321.

[1122] Vgl. dazu die in den vorangegangenen Gliederungspunkten beschriebenen technologisch orientierten Bankdienstleistungen.

pital bei den Banken entstehen lassen. Die Erfahrungen beruhen auf der Inanspruchnahme technologischer Leistungen über Banken. Die Kreditinstitute müssen dabei nicht selbst Leistungserbringer sein, sondern primär zentraler Ansprechpartner des Kunden. In eingeschränktem Maße haben Kunden sogar bereits ASP-spezifische Erfahrungen gemacht, indem sie ASP-Lösungen über Banken in Anspruch genommen haben.[1123] Aufgrund des erst kürzlich erfolgten Eintritts von Banken in den Markt für informationstechnologisch geprägte Dienstleistungen hat sich bis heute insbesondere spezifische Reputation aufgrund persönlicher Erfahrungen gebildet. Wenn die technologisch orientierten Angebote von Banken auch weiterhin erhalten bleiben oder sogar noch ausgeweitet werden, wird sich mit der Zeit auch ein entsprechender spezifischer Ruf entwickeln.

5.4.4.3. Vertrauen und generelle Reputation

Die geringe spezifische Reputation von Banken in Bezug auf ein informationstechnologisches Angebot kann teilweise kompensiert werden, wenn Kreditinstitute über Vertrauen und generelle Reputation verfügen, die in der neuen Situation, einem Angebot von ASP-Lösungen, verwendbar sind. ASP-Nachfrager erwarten von ASP-Anbietern die in GP 4.5. aufgeführten wesentlichen Eigenschaften,[1124] die als vertrauensbildende Faktoren angesehen werden können. Zu diesen Faktoren gehört auch die Reputation, die wiederum Aussagen über unterschiedliche Charakteristika und Fähigkeiten des Anbieters umfasst.[1125] Je stärker

---

[1123] Vgl. 5.4.3.

[1124] Die Eigenschaften spiegeln sich in der Reputation des Anbieters und damit in den Informationen über den Leistungswillen, die Leistungsfähigkeit und die Leistungsqualität wider.

[1125] Diese Faktoren spiegeln deutlich die von H.K.P. Consult (2004), S. 29 in einer Studie ermittelten Bedenken wider, Daten auszulagern und in eine Abhängigkeit zum Leistungsanbieter zu gelangen. Ähnlich fordert auch Gloystein (2001), S. 110-111 bereits beim Angebot von Spezialdienstleistungen durch Banken, dass die Bank als Spezialdienstleister vor allem Beratungskompetenz, Kundenorientierung sowie Kooperationsbereitschaft und -fähigkeit besitzen muss und dass bei einem Angebot von Spezialdienstleistungen eine enge und vertrauensvolle Zusammenarbeit zwischen Vertrieb, Kunde und Spezialdienstleister erfolgskritisch ist. Inhalt solcher Spezialdienstleistungen können dabei die Beratung, Anpassung, Weiterentdiese Faktoren bei einem Anbieter ausgeprägt sind, desto stärker wirkt die jeweilige Transaktionsatmosphäre transaktionskostenmindernd.

Einige dieser Eigenschaften lassen sich bereits aus dem Charakteristikum des Bankgeschäfts ableiten.[1126] Bankdienstleistungen zeichnen sich häufig durch einen Vertrauenscharakter aus, sodass dem Faktor Vertrauen beziehungsweise der damit zusammenhängenden Reputation eine besondere Bedeutung zukommt.[1127] Gerade aus Sicht der Firmenkunden ist Vertrauen zum Kreditinstitut für die Inanspruchnahme der häufig komplexen Dienstleistungen essenziell.[1128] Da die eigentlichen Produkte und Leistungen, die einem Bankangebot zugrunde liegen, im Regelfall leicht imitierbar beziehungsweise substituierbar sind, differenzieren sich Banken häufig durch eine persönliche und vertrauensvolle Beziehung zum Kunden vom Wettbewerb, die zudem durch eine räumliche Nähe der Bank zu ihrem Kunden geprägt ist.[1129] Denn ein beständiges Vertrauensverhältnis ist das Ergebnis akkumulierter Erfahrungen der persönlichen Beziehungsgeschichte zwischen Bank und Kunde über einen langen Zeitraum und mehrere Transaktionen hinweg und lässt sich nicht kurzfristig imitieren beziehungsweise

---

wicklung und Bündelung von Services und Know-how zur Lösung besonderer Problemstellungen sein.

[1126] Vgl. auch Gloystein (2001), S. 111.

[1127] Vgl. Burr (2003), S. 112-134; Wieland (1995), S. 201; Hellinger (1999), S. 187; Renker (2002), S. 81-82. Zinnbauer/Bakay/Schwaiger (2004) stellen in einer empirischen Untersuchung Reputation als den wesentlichen Einflussfaktor zur Kundenbindung im Privatkundengeschäft der Kreditinstitute heraus. Dieser Aspekt lässt sich zu einem großen Teil auf das Firmenkundengeschäft übertragen. Ähnlich Gierl (1999).

[1128] Vgl. Renker (2003), S. 41.

[1129] Vgl. Hölzer (2004), S. 818, der als immer noch dominierenden Ansatz im mittelständischen Firmenkundengeschäft das klassische Relationship-Banking sieht. Auch Schierenbeck (2001) betont den essenziellen Charakter des Relationship-Managements im Firmenkundengeschäft der Banken. Von Firmenkunden werden bezüglich ihrer verbundenen Bank insbesondere die räumliche Nähe und die schnelle Erreichbarkeit hoch geschätzt. Vgl. Simon/Laker (1995), S. 465. Auch Kiefer (2000), S. 311 bestätigt in einer Studie den gegenüber Technologieanbietern und Telekommunikationsunternehmen bestehenden Vorteil der Banken, über ein dichtes Netz an Kontaktstellen zu verfügen.

substituieren.[1130] Der Faktor Vertrauen ist somit ein wichtiger und strategisch bedeutsamer Vermögenswert und eine erfolgskritische Ressource der Bank,[1131] der aus dem intensiven Beziehungsmanagement resultiert, das auf eine langfristige und mehrere Transaktionen übergreifende Beziehung zum Kunden abzielt,[1132] hohe Wechselkosten des Kunden verursacht und eine große Kontaktintensität zwischen beiden Geschäftspartnern voraussetzt. Notwendige reputationsrelevante Informationen zur Bildung von Vertrauen können dabei am deutlichsten in der direkten, persönlichen Interaktion wahrgenommen und bewertet werden.[1133] Zudem ist zu beachten, dass auch aus Sicht des Kunden Bankdienstleistungen häufig nur zufrieden stellend erbracht werden können, wenn eine Integration des Leistungsempfängers in die Leistungserstellung erfolgt.[1134] Wesentlich für den Reputationsaufbau und deshalb auch besonders ausgeprägt in Banken sind daher die Intensität, Individualität und Offenheit der Kommunikation.[1135]

Bestehende Geschäftsbeziehungen und die Zukunftssicherheit der Geschäftsbeziehung ergeben sich aus den zahlreichen interdependenten Transaktionen, die zwischen der Bank und ihren Firmenkunden erkennbar sind. Der Vorteil, den Banken als Bündelungsspezialist haben, liegt gerade in dem bestehenden Kundenzugang, über den sie durch bestehende Kundenbeziehungen bereits verfü-

---

1130 Vgl. Heintzeler (2002), S. 114; Kley (2004), S. 170; Hellinger (1999), S. 187; Böhme (1997), S. 79. Gerade bei einem Angebot von Vertrauensgütern, was teilweise auf Bankprodukte zutrifft, ist es viel schwieriger, in den Ruf eines Anbieters mit hoher Leistungsqualität zu kommen. Vgl. Rapold (1988), S. 121.

1131 Vgl. Grebe (1998), S. 85; Hellinger (1999), S. 187; Renker (1993), S. 19, S. 25.

1132 Banken schließen häufig mit ihren Kunden vertragliche Vereinbarungen mit langfristigem und unvollständigem Charakter ab, was beiderseitiges Vertrauen voraussetzt. Denn ohne eine Vertrauensbasis wären solche Verträge mit neoklassischem oder relationalem Vertragscharakter aufgrund der opportunistischen Verhaltensspielräume nicht denkbar. Vgl. Hellinger (1999), S. 189.

1133 Vertrauen als Ressource besitzt die Eigenschaft, durch seinen Gebrauch nicht verbraucht zu werden, sondern, im Gegenteil, sich durch seinen wiederholten und bestätigten Gebrauch zu mehren. Vgl. auch Vollmar (2000), S. 188.

1134 Vgl. Renker (2003), S. 30.

1135 Vgl. Sako (1992), S. 126-133.

gen.[1136] Die Bank tätigt beziehungsspezifische Investitionen, die nur in der jeweiligen Firmenkunden-Bank-Beziehung verwendet werden können. Diese spezifischen Investitionen und die daraus resultierende Quasirente veranlassen die Bank zu einer kooperativen Verhaltensweise und führen damit zu einer Einsparung von Transaktionskosten seitens des Kunden.[1137] Spezifische Investitionen sind beispielsweise Kosten für Beziehungspflege oder für den Erwerb kundenspezifischer Informationen.[1138] Das Interesse an einer langfristig angelegten Geschäftsbeziehung ergibt sich seitens der Bank neben einer Abschöpfung der Quasirente aufgrund von weiteren potenziellen Transaktionen mit dem Kunden. Die Zukunftssicherheit der Geschäftsbeziehung kann damit insbesondere durch die zahlreichen interdependenten Transaktionen begründet werden.[1139] Für die Bank ist nicht eine einzelne Transaktion von Relevanz, sondern die gesamte Geschäftsbeziehung mit dem Kunden, denn langfristig persönliche Beziehungen zwischen Firmenkunde und Bankbetreuer führen über das operative Tagesgeschehen häufig zu weiteren Kontakten bei finanzbezogenen, unternehmensstrategischen und zukunftssichernden Grundsatzfragen.[1140] Die Existenz eines Großteils der vertrauensbildenden Faktoren in der speziellen Transaktionsatmosphäre von Banken und ihren Firmenkunden ist grundsätzlich nicht anzuzweifeln.[1141] Allerdings lassen sich keine konkreten, allgemeingültigen Antworten auf die

---

[1136] Vgl. Wieland (1995), S. 202.

[1137] Zur Transaktionskosteneinsparung durch langfristig angelegte Geschäftsbeziehungen vgl. auch Bogaschewsky (1995), S. 172-175.

[1138] So sieht auch Huber (1993), S. 85 die Kompetenzen einer Bank in der intimen Kenntnis der Kundenbedürfnisse und der bestehenden engen Beziehung zum Kunden. Kley (2004), S. 174 betont in diesem Zusammenhang die hohe Bedeutung der Wiederverwendung von Informationen für ein mögliches Cross-Selling-Potenzial, insbesondere von Hausbanken.

[1139] Zudem treffen die finanziellen Bedenken bezüglich vieler anderer ASP-Anbieter nicht zu, dass keine genügenden finanziellen Ressourcen beim Anbieter vorhanden sind. Umfangreiche gesetzliche Regelungen führen dazu, dass Banken nur in absoluten Ausnahmefällen in Konkurs gehen.

[1140] Vgl. Heintzeler (2002), S. 114.

[1141] Kiefer (2001), S. 221 weist in einer empirischen Untersuchung als Stärken von klassischen Banken (Universalbanken) Sorgfalt, Diskretion, Reputation, Kontinuität, Kompetenz im Beziehungs-management, Solidität, persönliche Kommunikation sowie die Abwicklung

Fragen nach der Transparenz im Leistungserstellungsprozess und der Auskunftsbereitschaft des Anbieters geben.

Die unter der Reputation zusammengefassten Informationen sind bei Banken zum größten Teil ebenfalls anzufinden, wie im Folgenden dargestellt wird. Auf die fehlenden ASP-Erfahrungen der Bank wurde bereits hingewiesen. Ausgeprägte Fähigkeiten im Beziehungsmanagement sollten Banken grundsätzlich aufweisen.[1142] Gerade die Diskussion um das CRM und das Total Quality Management (TQM) in den letzten Jahren hat in Kreditinstituten dazu geführt, dass umfangreiche CRM- und TQM-Modelle implementiert wurden. Für viele kleine und mittelständische Kunden ist die Bank der erste Ansprechpartner, nicht nur in finanziellen Fragen. Kreditinstitute haben eine hervorragende Ausgangsposition, weil sie über eine Vielzahl von Informationen über ihre klein und mittelständischen Firmenkunden verfügen und speziell bei Hauptbankverbindungen über den Firmenkundenbetreuer einen fortlaufenden persönlichen Kontakt zum Unternehmen unterhalten und daher Informationen über bestimmte Vorkommnisse und Wünsche erhalten können. Banken besitzen zudem das notwendige Verständnis für ihre Kunden und sind gerade im Finanzbereich fähig, ein passendes Leistungsportfolio bei hoher Leistungsqualität für ihre Kunden anzubieten.[1143] Aufgrund der zahlreichen vertraglichen Vereinbarungen, die Kreditinstitute sowohl mit ihren Kunden wie auch mit ihren Zulieferern treffen, besitzen sie umfangreiches Wissen im Vertragsmanagement. Banken stehen im Rahmen ihrer eigenen Leistungserstellung in Geschäftsverbindung zu zahlreichen Unternehmen, deren Angebot auch für KMU von Interesse sein kann, und verfügen über umfassendes juristisches Know-how. Zusätzlich sind sie dazu gezwungen, sehr zuverlässig zu arbeiten, um das Vertrauen ihrer Kunden zu gewinnen und zu halten. Da Banken mit Informationen arbeiten, die hochsensibel sind und eines besonderen Schutzes bedürfen, besitzen sie auch weit reichende Erfahrung in

---

unterschiedlichster Transaktionen auf hohem Sicherheitsniveau nach und unterstützt damit die vorhergehenden Aussagen.

[1142] Vgl. Hellinger (1999), S. 189-190.

[1143] Durch das Angebot eines Leistungsportfolios können sie die Transaktionskosten für ihre Kunden und für sich selbst teilweise erheblich senken. Vgl. GP 3.7.3.

Sicherheitsfragen. Sie verfügen über den Ruf, sowohl für die Informationen ihrer Kunden als auch für die eigenen Prozesse und Daten hoch entwickelte Sicherheitsvorkehrungen zu besitzen,[1144] verschwiegen zu sein und den Sicherheitsgedanken in den Unternehmensleitbildern integriert zu haben, was sich auch in der Sorgsamkeit widerspiegelt, die Banken häufig nachgesagt wird.[1145]

Das Bemühen um Vertrauen und Reputation bei ihren Kunden zahlt sich für Banken aus, sodass Kreditinstituten in aller Regel hohes Vertrauen seitens ihrer Kunden entgegengebracht wird und Banken eine hohe positive Reputation, entsprechend den vorausgehend dargestellten Erwartungen der ASP-Nachfrager, besitzen.[1146] Damit Kreditinstitute kontinuierlich über die hohe Vertrauenswürdigkeit gegenüber ihren Firmenkunden verfügen, werden sie der immensen Bedeutung des Vertrauensverhältnisses im Firmenkundengeschäft durch eine entsprechende, dem Kunden gegenüber kooperative Verhaltensweise Rechnung tragen.[1147]

[1144] Dieses Merkmal ergibt sich letztendlich auch aus den gesetzlichen Anforderungen, die Banken einzuhalten haben.

[1145] Kiefer (2000), S. 311 bestätigt diesen Sachverhalt, indem er die in einer Studie ermittelten Ergebnisse hinsichtlich der Einschätzung von Kunden gegenüber potenziellen Anbietern von Trust-Center-Anbietern darstellt. Banken werden demnach sowohl in der Diskretion als auch bei der Sicherheit stärker eingeschätzt als Technologieanbieter und Telekommunikationsunternehmen.

[1146] Vgl. Hellinger (1999), S. 187; Schotters (1992), S. 194-195; Simon/Laker (1995), S. 465; Weber (2001), S. 532; Kiefer (2000); Kiefer (2001), S. 57-58. Nach Pieper (2000), S. 209 wird Vertrauen unter anderem durch (hohe) spezifische Investitionen, eine gute Reputation, aktive Informationsweitergabe und glaubhafte Langfristplanung des Partners sowie eine große Bedeutung der Beziehung für den Partner, die Existenz von Austauschmöglichkeiten und geringes eigenes Risiko ermöglicht. Diese Kriterien erfüllen Banken in der Regel. Spezifische Investitionen sind dabei die bereits beschriebenen Investitionen in die Kundenbeziehung. Die Rolle von Banken als Vertrauensintermediär in Zusammenhang mit deren Rolle als Sicherheitsintermediär nutzen diese unter anderem auch für das Angebot von Zertifizierungsdienstleistungen. Vgl. Roßbach/Nusser (2003), S. 320; Weber (2001), S. 532-533; Kiefer (2000); Kiefer (2001), S.193-205. Die Reputation in den einzelnen Bankengruppen ist jedoch zum Teil sehr unterschiedlich. Vgl. dazu Wiedmann/Buckler/Boecker (2004).

[1147] Vgl. Kailich (1990), S. 212; Hellinger (1999), S. 187; Renker (1993), S. 19, S. 25.

Auch wenn einige dieser Merkmale sich nicht direkt auf das Angebot informationstechnologischer Lösungen übertragen lassen, so schaffen sie dennoch eine Vertrauensbasis und Reputation, die die Qualitätsunsicherheit auf dem ASP-Markt einschränken und in der Transaktionsbeziehung transaktionskostenmindernd wirken kann. SIMON weist ausdrücklich darauf hin, dass qualitativ gute Leistungen eines Herstellers in einem Bereich von den Nachfragern generalisiert und auf technisch nicht unbedingt ähnliche Produkte übertragen werden können.[1148] Wenn sich diese Aussage verallgemeinern lässt, sind nicht nur Qualitätsaspekte bezüglich des Produktes beziehungsweise der Leistung übertragbar, sondern auch die anderen aufgeführten Reputationsinhalte.[1149]

5.4.4.4. Grenzen der Nutzung von Vertrauen und Reputation für KMU

5.4.4.4.1. Reputationsmechanismus

Reputation als Selbstbindungsmechanismus (Reputationsmechanismus) kann ein starkes Instrument zur Verringerung eines opportunistischen Gefahrenpotenzials sein. Dabei ist jedoch zu beachten, dass dieser Selbstbindungsmechanismus nur unter bestimmten Bedingungen zum Tragen kommt. Zum einen ist es, aus informationsökonomischer Sicht, wichtig, ob es sich um Leistungen mit Such-, Erfahrungs- oder Vertrauenseigenschaften handelt. Bei Leistungen mit Sucheigenschaften spielt Reputation als Selbstbindungsmechanismus keine Rolle, weil Leistung und Gegenleistung eindeutig festgelegt sind und keine opportunistischen Verhaltensspielräume existieren.[1150] Damit der Reputationsmechanismus greift, darf es sich jedoch nicht ausschließlich um Leistungen mit überwiegenden Vertrauenseigenschaften handeln, denn bei etwaigen Leistungen kann eine opportunistische Verhaltensweise vom Leistungsempfänger auch ex post nicht aufgedeckt werden. Relevant ist der Reputationsmechanismus daher nur bei Leistungen mit Erfahrungseigenschaften, wie bei ASP-Lösungen. Bei diesen

---

[1148] Vgl. Simon (1985), S. 24.

[1149] Auch Reiter (1991), S. 213 weist aus der Marketingperspektive darauf hin, dass auch ein nicht produktgeprägtes Image auf ein Produkt übertragen werden kann.

[1150] Vgl. Vogt (1997), S. 155.

wird offensichtlich, ob die Leistung auch im Interesse des Leistungsempfängers und entsprechend den getroffenen Vereinbarungen erbracht wurde.

Zur Funktionstüchtigkeit des Reputationsmechanismus ist es jedoch zusätzlich notwendig, dass der Leistungsnachfrager seine gewonnenen Eindrücke auch vermitteln kann. Gerade für KMU ist Reputation jedoch als Geisel nur begrenzt verwertbar, weil KMU negative Informationen über den Anbieter nur schwer an relevante Marktakteure weitergeben können. Das bezieht sich besonders auf den Ruf eines Unternehmens, der zudem den höchsten Geiselwert einnimmt. KMU verfügen normalerweise nicht über die notwendigen engen und umfassenden Kontakte zu anderen Unternehmen, die potenzielle oder tatsächliche Transaktionspartner des Reputationsträgers sind. Eine schnelle und weitflächige Diffusion der Information des KMU bleibt daher im Regelfall aus. Für KMU ist es deswegen wichtig, dass der Transaktionspartner grundsätzlich an einer vertrauensvollen Beziehung zum KMU interessiert ist, zum Beispiel aufgrund eines Cross-Selling-Potenzials.[1151] In diesem Fall greift der Reputationsmechanismus zumindest bei der generellen und spezifischen Erfahrung, denn diese kann ebenso durch das KMU relativ einfach beeinträchtigt werden. Die auf Erfahrung beruhende Reputation kann allerdings je nach Interesse des Reputationsinhabers an der gesamten Geschäftsbeziehung einen relativ geringen Geiselwert besitzen.[1152]

5.4.4.4.2. Reputation als Informationsträger

Abgesehen vom Geiselcharakter der Reputation ist diese insbesondere als Informationsträger in der Transaktionsbeziehung zwischen dem KMU und seinen (potenziellen) Vertragspartnern relevant. Vorhandene Reputation des Leistungsanbieters erspart dem Leistungsnachfrager umfangreiche Such- und Informationskosten, da es diesem zeigt, ob ein Transaktionspartner grundsätzlich für eine angestrebte Transaktionsbeziehung geeignet ist. Bei Leistungen geringer Spezi-

---

[1151] Vgl. auch GP 3.6.3.4.1. Das betrachtete KMU und die Beziehung zu diesem muss für den Anbieter der Leistungen von so hohem Interesse sein, dass dieser opportunistisches Verhalten unterlässt.

[1152] Vgl. GP 3.6.3.1.2.

fität sind die Einsparungen in den Anbahnungskosten bereits vorhanden, jedoch relativ gering. Reputation wird dann besonders relevant, wenn erhebliche Informationsdefizite beim Leistungsnachfrager bestehen, die durch den Informationsgehalt der Reputation behoben werden können.[1153] Insbesondere in Transaktionen mit erhöhter Spezifität spielen daher das Vertrauensverhältnis zwischen den Transaktionspartnern und ein mögliches Reputationskapital eine bedeutende Rolle.[1154] Als Problem kann sich jedoch herausstellen, dass KMU aufgrund ihrer eingeschränkten Ressourcen selbst öffentlich zugängliche Informationen teilweise nicht nutzen, da sie zum Beispiel aus Zeitgründen oder Zugangsproblemen zu den entsprechenden Informationen deren Beschaffung unterlassen. Insbesondere für KMU können daher eine bereits bestehende Geschäftsbeziehung und die in dieser Beziehung gesammelten Erfahrungen einen wesentlich größeren Nutzen darstellen als der öffentliche Ruf persönlich unbekannter Unternehmen.

Während ein Transfer genereller Reputation mit Inhalten über den Leistungswillen eines Transaktionspartners für spezifische Leistungen relativ einfach vorgenommen werden kann, wird dieser bei Reputationsinhalten über die Leistungsqualität und -fähigkeit schwieriger. Gerade bei Informationen über die Leistungsfähigkeit kann fehlende spezifische Reputation nur schwer durch generelle Reputation substituiert werden,[1155] weil die Fähigkeit zur Erbringung der vereinbarten Leistung stark von vorhandenen Erfahrungen und Kompetenzen in dem betreffenden Feld abhängt.

5.4.4.4.3. Vertrauen im Allgemeinen

Selbst bei hohem Vertrauen und hoher Reputation des Transaktionspartners werden in der Praxis umfangreiche vertragliche Regelungen geschlossen, was auf dem besonderen Charakter von Outsourcing-Leistungen beruht. Denn zu

---

[1153] Den potenziellen Nachfragern auf dem ASP-Markt wird ein erhebliches Informationsdefizit bezüglich der Eigenschaften von ASP-Lösungen bescheinigt. Vgl. Tamm (2003), S. 23.
[1154] Vgl. Böhme (1997), S. 169; Ripperger (1998), S. 191-192.
[1155] Vgl. Vogt (1997), S. 151.

hohe Einsparungen in der Anbahnungs- und Vereinbarungsphase können gerade bei Outsourcing-Leistungen aufgrund ihrer geschäftskritischen Bedeutung zu extrem hohen Folgekosten in den nachfolgenden Phasen führen. In den Verträgen können wegen der hohen Unsicherheit nicht alle Eventualitäten erfasst werden, sodass Vertrauen besonders in der Durchführungsphase relevant wird. In vertrauensvollen Beziehungen können insbesondere gewünschte Veränderungen schnell und unkompliziert herbeigeführt und Kontrollkosten durch die Einsparung mehrfacher Kontrollen vermindert werden.[1156] Aber auch in der Anbahnungs- und Vereinbarungsphase führt Vertrauen zu einer Transaktionskostenminderung, denn auf eine detaillierte Informationsbeschaffung kann zumindest teilweise verzichtet werden und Vertragsverhandlungen und -formu-lierungen können schneller vorgenommen werden. Ebenso kann Vertrauen auch für die Höhe der Beendigungskosten in ASP-Transaktionen erheblich sein; vor allem, wenn am Ende der Transaktionsbeziehung Probleme bei einer Rückführung der Daten auftreten und wenn eine Übergangslösung fehlt, die den weiteren Betrieb der Systeme für das laufende Geschäft sicherstellt. In vertrauensvollen Beziehungen wird der Dienstleister daran interessiert sein, zur Zufriedenheit des Leistungsnachfragers die Beendigungsphase durchzuführen und sowohl eine Datenmigration im Sinne des Kunden vorzunehmen als auch in Zusammenarbeit mit diesem eine Übergangslösung für den Betrieb der Systeme zu finden. Die Bedeutung von Vertrauen in Transaktionsbeziehungen ist damit unbestritten. Vertrauen kann jedoch in ASP-Transaktionen keine expliziten Verträge vollständig ersetzen, sodass erfolgreiche Outsourcing-Vorhaben in Unabhängigkeit der vorliegenden opportunistischen Verhaltensspielräume gerade aus der Kombination von Vertrauen und gut ausgearbeiteten Verträgen resultieren.[1157]

[1156] In ASP-Geschäftsbeziehungen können doppelte Kontrollen vermieden werden, indem eine Seite die Kontrolle durch den Transaktionspartner durchführen lässt und diesem vertraut. Dieses ist vor allem bei einem Einsatz von ASP-Lösungen in KMU relevant, da diese im Regelfall nicht die Ressourcen haben, eine umfassende Kontrolle und Dokumentation der vereinbarten Leistungen vorzunehmen.

[1157] Vgl. Barthélemy (2003), S. 544; auch Riedl (2004), S. 244.

Zuletzt sei auf die Problematik hingewiesen, dass Vertrauen sowohl interpersonell als auch systemisch bedingt sein kann. Vertrauen wird in der Kunde-Bank-Beziehung häufig gerade den Firmenkundenbetreuern entgegengebracht. Für den Firmenkunden ist Vertrauen daher insbesondere interpersonelles Vertrauen und im Firmenkundenbetreuer fokussiert.[1158] In den vorangegangenen Ausführungen wurde eine Unterscheidung zwischen interpersonellem und systemischem Vertrauen unterlassen. Auswirkungen könnten sich vor allem bei einer dynamischen Betrachtungsweise ergeben, denn allein der Wechsel eines Firmenkundenbetreuers kann sich signifikant im Vertrauensverhältnis niederschlagen. Zudem ist darauf hinzuweisen, dass vor allem Hausbanken die Vorteile eines hohen Vertrauens und einer engen Bindung zum Firmenkunden besitzen, da sie eine besonders intensive Kundenbeziehung pflegen. Neben der Hauptbankverbindung im Sinne der Hausbank unterhalten Unternehmen jedoch noch weitere Nebenbankverbindungen, die sich ebenfalls durch ein gesteigertes Vertrauensverhältnis auszeichnen können, welches jedoch nicht an das Verhältnis zur Hausbank heranreicht. Es ist somit eine Unterscheidung zwischen Hausbank- und anderen Bankverbindungen zu treffen. Auch die Reputation einzelner Institute kann sich voneinander unterscheiden. In den vorangegangenen Ausführungen wurde diesbezüglich eine Verallgemeinerung vorgenommen.

5.4.5. Fazit

Durch die Berücksichtigung der Vertrauenskomponente werden die in GP 5.3. herausgestellten Vertragstypen der jeweiligen Lösungskategorie um eine zusätzliche relationale Komponente ergänzt. Zwar kann auf explizite Verträge und auf das Bestreben, möglichst vollkommene Verträge zu schließen, nicht verzichtet werden, die besondere Transaktionsatmosphäre mit ihrer starken Vertrauenskomponente führt jedoch dazu, dass relationale Vertragskomponenten in die Transaktionen einfließen.

KIEFER schlägt folgende Stoßrichtungen von Banken vor, um aus der schwierigen Lage der Banken deren Bedeutungsinhalt zu erhöhen und neue Ertragsfelder

---

[1158] Vgl. Renker (2003), S. 80.

zu schaffen:[1159] Banken sollen ihre Kunden durch Transaktionskostenreduktion im Bereich von intransparenten und riskanten Transaktionsbeziehungen unterstützen, durch intensive individuelle Beratungsleistungen gewinnen und binden, indem auf die Intentionen der Kunden kosteneffizient, aber dennoch individuell und umfassend eingegangen wird. Des Weiteren sollten die eigenen Betriebskosten durch das „Outsourcing“ der Serviceleistungen an die Kunden gesenkt werden und die Banken sollten gleichzeitig als Abwickler für ihre Kunden auftreten (Insourcing), indem diesen die Leistungstiefe der Produktion einer Bank offeriert wird. In den vorigen Ausführungen wurden unter anderem diese Punkte betrachtet. Als Ergebnis wurde festgehalten, dass ASP-Transaktionen und ASP-Leistungsbeziehungen, die für Nachfrager erhebliche Risiken beinhalten, auf dem intransparenten ASP-Markt mithilfe eines Intermediärs durchgeführt werden sollten. Dabei sollten die Kundenbeziehung sowie die Lösungen persönlich und individuell sowie durch ein hohes Vertrauen geprägt sein.

KIEFER bezeichnet die Nutzung eines Vertrauensintermediärs als „Trustmediation“. „Trustmediation impliziert die Existenz von Intermediären, die Vertrauen zwischen Transaktionspartnern erzeugen (Vertrauensintermediäre) und dabei als Mittler Transformationsfunktionen übernehmen, mit dem Ziel, Transaktionskosten zu reduzieren und die Realisierungswahrscheinlichkeit von Transaktionen mit ungewissem Ausgang zu erhöhen.“[1160] Der Nutzen von Banken als Intermediär, sowohl in ihrer traditionellen Funktion als auch in einer neuen oder moderneren Funktion, kann in der Rolle als Vertrauensintermediär und in der Nutzung von Verbundeffekten aus Querschnittsfunktionen bestehen. Bereits existierende oder neu zu schaffende Infrastrukturkomponenten, Prozesse, Informationen von Kunden und Kundenbeziehungen können für mehrere Transaktionen genutzt werden. Die Kundenkenntnisse beziehungsweise das Kundenwissen der Banken und das Vertrauen, das ihnen seitens der Kunden entgegengebracht wird, können als strategisch bedeutsame Ressourcen angesehen werden, die auch für neue Geschäftsfelder zu verwenden sind. Insbesondere im ASP-Modell ist die Kenntnis

---

[1159] Vgl. Kiefer (2001), S. 95.
[1160] Kiefer (2001), S. 231-233.

des Anbieters über den Kunden, das Geschäft des Kunden, die Geschäftsprozesse des Kunden, die Bedürfnisse und Risiken auf Kundenseite sowie bereits bestehendes Vertrauen von essenzieller Bedeutung. Diesen Vorteil können andere Wettbewerber nur teilweise kompensieren. Als wesentliche Hürde dürfte sich herausstellen, dass Banken über keine ausgeprägte technologische Reputation verfügen und sie damit vom Kunden nicht mit Selbstverständlichkeit als geeignete Anbieter betrachtet werden. Vertrauen, Reputation, Markt-, Technologie- und insbesondere Kundenzugang sowie die gesellschaftliche Stellung von Banken sind die wesentlichen Faktoren, die für Banken ein Fundament für erfolgreiches Handeln als Intermediäre im ASP-Markt, aber auch in anderen neuen Geschäftsfeldern darstellen. Diese Faktoren in Verbindung mit ihrer traditionellen Rolle als Partner der KMU und der Möglichkeit einer Integration der Kundenprozesse in die eigenen Geschäftsprozesse stellen in ihrer Summe auch die wesentlichen Vorteile von Banken gegenüber anderen Akteuren auf dem ASP-Markt dar. Die Bank kann für Firmenkunden durchaus als Vertrauensintermediär und Koordinator in Transaktionen mit technologisch geprägten Transaktionsobjekten für ihre Firmenkunden auftreten.

TAMM bejaht die Notwendigkeit von Intermediären auf dem ASP-Markt ebenfalls,[1161] fokussiert seine Betrachtungen jedoch auf eine Intermediation über einen elektronischen Marktplatz. Er stellt explizit heraus, dass die Nutzer des Marktplatzes grundlegendes IT-Wissen, Outsourcing-Wissen und ASP-Wissen besitzen müssen, um einen Marktplatz für IT-Lösungen transaktionsmindernd einsetzen zu können. Auch hier tritt die spezielle Problematik der KMU bezüglich der Ressourcendefizite auf. Grundlegendes IT-Wissen mag in den meisten kleinen und mittelständischen Unternehmen vorhanden sein. Die Existenz von Wissen über Outsourcing-Prozesse und das ASP-Modell ist jedoch im Regelfall anzuzweifeln. Dieses Wissensdefizit lässt sich auch nicht kurzfristig transaktionskostengünstig beheben.[1162] Die Probleme, die aus dem Wissensdefizit resul-

---

[1161] Vgl. Tamm (2003).
[1162] Diese Schwierigkeit beschreibt auch Tamm (2003), S. 243-244.

tieren, lassen sich jedoch durch Informationssubstitute beziehungsweise eine entsprechende Transaktionsatmosphäre wie im beschriebenen Fall verringern.

6. Resümee

Die viel versprechenden Prognosen für das Application Service Providing haben sich bisher nicht erfüllt. Durch die bedeutenden Vorteile des ASP-Modells, die Konsolidierung auf dem ASP-Markt, den Trend zum Outsourcing, das Erkennen der Fehler seitens der ASP-Anbieter und daraus abgeleitete neue Handlungsstrategien zeichnet sich jedoch ein zunehmendes Wachstum auf dem ASP-Markt ab. Aktuell beweisen Unternehmen wie salesforce.com oder Datasec mit ihrem Geschäftserfolg nachdrücklich, dass es möglich ist, mit dem ASP-Geschäftsmodell erfolgreich zu sein.[1163] Problematisch für einen fundamentalen Erfolg des ASP-Modells sind jedoch nach wie vor Informationsdefizite seitens potenzieller Nachfrager beziehungsweise Informationsasymmetrien auf dem ASP-Markt und fehlende Instrumente, um die bestehenden Unsicherheiten zu beseitigen, sodass die Anzahl potenzieller Transaktionen auf dem ASP-Markt bei weitem nicht ausgeschöpft wird.

Im Fokus der ASP-Angebote steht das Kundensegment der KMU, für das sich aus Sicht der Anbieter bisher kein bedeutender Vertriebserfolg abgezeichnet hat. Aus transaktionskostentheoretischer Sicht liegt eine Begründung hierfür speziell in den hohen Transaktionskosten, die für KMU in ASP-Transaktionen anfallen. In einer für KMU zunehmend komplexen, dynamischen und wettbewerbsorientierten Umwelt mit einem starken technologischen Wandel bleibt jedoch die Forderung nach einer Inanspruchnahme innovativer informationstechnologischer Lösungen bestehen und es wird für einzelne KMU zunehmend schwieriger, gewünschte oder notwendige IV-Funktionen autark zu erfüllen. KMU sehen sich aufgrund ihrer Ressourcendefizite daher vor das Problem gestellt, kostspielige interne Lösungen nicht realisieren zu können und gleichzeitig einer hohen Unsicherheit bei der Inanspruchnahme externer Dienstleister ausgesetzt zu sein.

Vorrangiges Ziel der Arbeit war es, normative Aussagen hinsichtlich der effizienten Koordinationsform von ASP-Lösungen für KMU unter Einbezug von

---

[1163] Vgl. Heilmann/Koenen (2004); www.salesforce.com; www.datasec.de.

Banken als marktunterstützende Institutionen zu treffen. Zu diesem Zweck wurde ein transaktionskostentheoretisches Modell entwickelt, welches die klassische Transaktionskostentheorie in einigen Bereichen erweitert, um für den Sachverhalt relevante Einflussfaktoren auf eine mögliche Outsourcing-Entscheidung zu berücksichtigen. Dazu gehörte vor allem eine Berücksichtigung der hohen informatorischen Unzulänglichkeiten auf dem ASP-Markt und geeigneter Instrumente zur Verringerung der daraus erwachsenden Unsicherheit. Wesentlich für eine Akzeptanz der Lösungen von Drittanbietern ist demnach die Nutzung intermediärer Arrangements und einer speziellen Transaktionsatmosphäre, die die Transaktionskosten so weit senkt, dass ein Bezug von ASP-Lösungen für KMU attraktiv wird. Die in der Arbeit vorgenommene transaktionskostentheoretische Betrachtung verstärkt daher die Forderung nach einer Erweiterung des klassischen transaktionskostentheoretischen Modells. Um den Erklärungsgehalt dieses Modells zu erhöhen, ist der Bedeutung fallspezifischer Komponenten, wie beispielsweise einer besonderen Transaktionsatmosphäre, Rechnung zu tragen.

Als marktunterstützende Institutionen können Banken auf dem ASP-Markt auftreten. Banken besitzen im Vergleich zu anderen Institutionen einen erheblichen Vorteil beim Kundenzugang. Sie verfügen über vertrauensvolle Kundenbeziehungen und können Kundenbedürfnisse erkennen sowie entsprechende Lösungen anbieten. Sie sind gezwungen, neue Geschäftsfelder zu erschließen, und besitzen Ressourcen, die bei einem Angebot von ASP-Diensten von großer Bedeutung sind. Für zukünftige Geschäftserfolge von Banken ist die Nutzung dieser Ressourcen essenziell. Denn sie sind nicht nur im traditionellen Bankgeschäft, sondern gerade in neu aufkommenden Märkten, wie dem E-Commerce, von erheblicher Relevanz. Aufgrund dieser Ressourcen sind Banken aus Sicht kleiner und mittelständischer Unternehmen geeignete Institutionen für ein Angebot informationstechnologischer Lösungen, im Speziellen von ASP-Lösungen, auf einem mit hoher Unsicherheit behafteten Markt.

Zusammenfassend können aufgrund der sowohl deskriptiven als auch theoretischen Analysen folgende Ergebnisse festgehalten werden:

- KMU sind gezwungen, neue informationstechnologische Möglichkeiten zu nutzen. Für sie ist in diesem Zusammenhang das ASP-Modell grundsätzlich von sehr großer Attraktivität.
- Durch hohe Wissensdefizite seitens potenzieller ASP-Kunden, im Speziellen der KMU, fehlender oder fehlgeleiteter Bemühungen der ASP-Anbieter sowie fehlender marktunterstützender Institutionen bestehen auf dem ASP-Markt hohe Informationsdefizite beziehungsweise -asymmetrien. Diese führen zu einer erheblichen Beeinträchtigung tatsächlicher und potenzieller Transaktionen auf diesem Markt.
- Der ASP-Markt bedarf marktunterstützender Institutionen.
- Intermediäre Institutionen können erheblich zu einer informatorischen Verbesserung auf dem ASP-Markt beitragen, die Angst vor drohenden Abhängigkeiten mindern und folglich eine Senkung der Transaktionskosten erreichen. Sie dienen der Bewältigung der Probleme, die aus den auf dem ASP-Markt bestehenden Unvollkommenheiten resultieren, und können zu einer Erhöhung der Anzahl und einer qualitativen Verbesserung von Leistungsvereinbarungen führen.
- Wesentlich für den Erfolg von Intermediären auf dem ASP-Markt sind die Auswirkungen interdependenter Transaktionen und das aus diesen erwachsende Vertrauen.
- Im ASP-Markt wird dem Besitz bereits bestehender Kundenbeziehungen und bereits verfügbarer Kundeninformationen sowie vorhandenen Vertrauensverhältnissen fundamentale Bedeutung beigemessen.
- Die Transaktionsatmosphäre ist bei der Wahl von Transaktionspartnern auf dem unvollkommenen ASP-Markt von besonderer Bedeutung und hat einen starken Einfluss auf die Wahrscheinlichkeit des Zustandekommens von Leistungsvereinbarungen.
- Banken müssen sich der Herausforderung der Disintermediation stellen. Diesem Trend können sie entgegenwirken, indem sie ihre Kompetenzen beziehungsweise Ressourcen einsetzen und als Vertrauensintermediär am Markt auftreten, um neue Erfolg versprechende Geschäftsfelder zu erschließen. Für Banken kann ein ASP-Angebot zu einer erhöhten Kundenbindung, zusätzli-

chem Ertragspotenzial, einer Integration der Kundengeschäftsprozesse in bankbetriebliche Prozesse sowie zu einer Gewinnung zusätzlicher Informationen über den Firmenkunden und sein Geschäft führen.
- Banken können aufgrund ihrer Ressourcen einen Beitrag zur Verbesserung der Situation auf dem ASP-Markt für KMU als intermediäre Institution leisten.

Die Nutzung der Transaktionskostentheorie führt zu einer Abstraktion des zu untersuchenden Problems, einer vereinfachten Entscheidungsfindung sowie der Verwendung relativer Vorteilhaftigkeitsvergleiche bei der Ermittlung effizienter Koordinationsformen für Transaktionen. In der vorliegenden Arbeit wurden Kritikpunkte am transaktionskostentheoretischen Modell aufgegriffen und teilweise durch eine weitergehende Ausgestaltung des ursprünglichen Modells berücksichtigt. Eine Ausweitung und Verfeinerung des klassischen transaktionskostentheoretischen Modells ist zwar grundsätzlich anzustreben; jedoch ist abzuwägen, wann dieses Vorgehen nicht mehr zu einem zusätzlichen Erkenntnisgewinn führt und die Komplexität bei einem Einbezug weiterer Aspekte die transaktionskostentheoretische Methodik unpraktikabel macht. Aufgrund der Komplexität des in der Arbeit betrachteten Sachverhalts wurden daher nicht alle Aspekte im Zusammenhang mit einem ASP-Angebot von Banken für KMU berücksichtigt. Folgende Aspekte sind daher für ein entsprechendes Angebot ebenfalls von Interesse und bieten Ansatzpunkte für zukünftige Forschungen:

- Die vorgenommene Konzentration auf die soziokulturellen Faktoren in der Transaktionsatmosphäre vernachlässigt die besonderen technologischen Rahmenbedingungen, die in der Kunde-Bank-Beziehung gegeben sein können. Der Frage nach einer spezifischen technologischen Transaktionsatmosphäre wurde jedoch nicht tiefer gehend nachgegangen und bietet ein weiteres, interessantes Forschungsfeld.
- Als wesentliche Informationssubstitute wurde dem Vertrauen und der Reputation besondere Beachtung geschenkt. Weitere Instrumente wie Zertifikate, Gütesiegel, Tests oder Demoversionen für ASP-Lösungen wurden nicht wei-

tergehend diskutiert. Eine etwaige Betrachtung steht oder stand bereits im Zentrum einiger Arbeiten, bedarf jedoch weiterer Forschung.[1164]

- Empirisch fundierte Erkenntnisse über das Vertrauen in Kunde-Bank-Beziehungen sind nur sehr eingeschränkt vorhanden und bieten besonders unter dem Aspekt einer Differenzierung interpersonellen und institutionellen Vertrauens ein weiteres interessantes Forschungsfeld. In diesem Zusammenhang kann die tiefer gehende Betrachtung unterschiedlicher Vertrauensquellen unter besonderer Berücksichtigung nichtfinanzspezifischer Reputation von Banken interessante Erkenntnisse ermöglichen.
- Darüber hinaus wurde eine vertiefende Betrachtung vertrieblicher Konzepte von ASP-Lösungen in Banken nicht vorgenommen. Grundsätzlich ist eine Diskussion darüber von Interesse, welchen Beitrag verschiedene Konzepte leisten können. In der vorliegenden Arbeit wurde eine Verallgemeinerung des Firmenkundengeschäfts von Banken vorgenommen und es wurden verallgemeinerte Aussagen getroffen. Differenzierte Firmenkundenansätze und Verhältnisse im Firmenkundengeschäft wurden nicht betrachtet. Bei der Ausgestaltung eines konkreten ASP-Angebots ist eine weitergehende Differenzierung unter den Kreditinstituten und einzelner Firmenkundensegmente relevant, da unterschiedliche Kundengruppen unterschiedliche Ansprüche an ihren Lösungsanbieter stellen und eine entsprechende Ausrichtung des Angebots erfolgen muss.
- Ebenfalls ist eine detaillierte und konkretere Betrachtung hinsichtlich der Frage von Interesse, welche Banken aufgrund ihrer spezifischen Ressourcen bestimmte Wertschöpfungsaktivitäten beziehungsweise strategische Positionierungen einnehmen können.
- In der vorliegenden Arbeit wurde ebenso davon ausgegangen, dass die Bank als Intermediär im Sinne eines Vertragspartners des Kunden auftritt. Grundsätzlich zu überprüfen sind noch andere Möglichkeiten eines intermediären Arrangements. Denkbar ist beispielsweise, dass eine Bank nicht als Vertragspartner auftritt sondern lediglich vermittelnde Funktionen übernimmt. Die Wirkungsweise einer intermediären Institution hängt zu einem erheblichen

[1164] Vgl. dazu vor allem Tamm (2003); Buchegger/Riedl (2004).

Teil davon ab, ob diese als direkter Vertragspartner des Kunden oder lediglich mit durchleitender Funktion auftritt.

Wurde das ASP-Modell zu Beginn als Revolution in der Bereitstellung von Software dargestellt, so hat es sich in den letzten Jahren in der Form etabliert, dass es zu keiner revolutionären aber dennoch zu einer evolutionären Veränderung im Bereich der Softwarebereitstellung geführt hat beziehungsweise führen wird, denn wenn die in dieser Arbeit beschriebenen Probleme, die eine letztendliche Akzeptanz seitens potenzieller Kunden verhindern, durch entsprechende Maßnahmen beziehungsweise Institutionen verringert werden, kann das Application Service Providing einen bedeutenden Anteil zu der Verbreitung innovativer, im Speziellen netzbasierter, Technologien beitragen.

Literaturverzeichnis

A

Akerlof (1970)
Akerlof, G.A., The Market for Lemons: Quality Uncertainty and the Market Mechanism, in: the Quarterly Journal of Economics, Vol. 84 (1970), No. 3, S. 488-500.

Albach (1980)
Albach, H., Vertrauen in der ökonomischen Theorie, in: Zeitschrift für die gesamte Staatswissenschaft (ZgS), H. 1, 136. Jg. (1980), S. 2-11.

Albach (1988)
Albach, H., Kosten, Transaktionen und externe Effekte im betrieblichen Rechnungswesen, in: Zeitschrift für Betriebswirtschaft (ZfB), H. 11, 58. Jg. (1988), S. 1143-1170.

Alchian (1977)
Alchian, A. A., Some Economics of Property Rights, in: Alchian, A. A. (Hrsg.): Economic Forces at Work, Indianapolis (1977), S. 127-149.

Alchian/Demsetz (1972)
Alchian, A. A./Demsetz, H., Production, Information Costs, and Economic Organization, in: American Economic Review, No. 2, 61. Jg. (1972), S. 777-795.

Alpar/Saharia (1995)
Alpar, P./Saharia, A.N., Outsourcing Information System Functions: An Organization Economics Perspective, in: Journal of Organizational Computing, Vol. 3 (1995), S. 197-217.

Ang/Cummings (1997)
Ang, S./Cummings, L.L., Strategic Response to Institutional Influences on Information Systems Outsourcing, in: Organization Science, Vol. 8, No. 3 (1997), S. 235-256.

Ang/Straub (1998)
Ang, S./Straub, D., Production and transaction economics and IS outsourcing: A study of the U.S. banking industry, in: MIS Quarterly, No. 4, Vol. 22 (1998), S. 535-552.

Ang/Straub (2002)
Ang, S./Straub, D., Costs, Transaction-Specific Investments and Vendor Dominance of the Marketplace: The Economics of IS Outsourcing, in: Hirschheim, R./Heinzl, A./Dibbern, J.: Information Systems Outsourcing, Berlin 2002, S. 47-76.

Arrow (1958)
Arrow, K. J., The economics of agency, in: Principals and agents: the structure of business, Boston (1958), Harvard Business School Press, S. 37-51.

ASP Industry Consortium (2002)
ASP Industry Consortium, http://www.aspindustry.org/builder.asp?cname= glossary, Stand 28.04.2002.

ASP Konsortium (2003)
ASP Konsortium, Service Level Agreements, http://www.asp-konsortium.de/ de/download/106.pdf, Stand: 05.06.2003.

ASP Konsortium (2002)
ASP Konsortium, www.aspkonsortium.de, Stand: 06.05.2002.

Aubert/Patry/Rivard (2002)
Aubert, B. A./Patry, M./Rivard, S., Managing IT Outsourcing Risk: Lessons Learned, in: Hirschheim, R./Heinzl, A./Dibbern, J. (Hrsg.): Information Systems Outsourcing, Berlin/Heidelberg/New York 2002, S. 155-176.

Axelrod (1984)
Axelrod, R., The Evolution of Cooperation, New York 1984.

B

Baligh/Richartz (1964)
Baligh, H. H./Richartz, L. E., An Analysis of Vertical Market Structures, in: Management Science, Vol. 10 (1964), S. 667-689.

Balakrishnan (1993)
Balakrishnan, S., Information Asymmetry, Adverse Selection and Joint-Ventures – Theory and Evidence, in: Journal of Economic Behavior and Organization, No. 1, Vol. 20 (1993), S. 99-117.

Barnard (1970)
Barnard, C., Die Führung großer Organisationen, Essen 1970.

Barney (1991)
Barney, J., Firm Resources and Sustained Competitive Advantage, in: Journal of Management, No. 1, Vol. 17 (1991), S. 99-120.

Barthélemy (2003)
Barthélemy, J., The Hard and Soft Sides of IT Outsourcing Management, in: European Management Journal, No. 5, Vol. 21 (2003), S. 539-548.

Bartmann (1999)
Bartmann, D., Neue Märkte – wo liegen die zukünftigen Marktchancen für private Banken?, in: Management-Information: Neue Märkte, neue Produkte, neue Vertriebswege als strategische Herausforderung für die Geschäftsleitungen der privaten Banken, vbo – Vereinigung für Bankbetriebsorganisation, Oktober 1999, S. 10-28.

Baur (1990)
Baur, C., Make-or-Buy-Entscheidungen in einem Unternehmen der Automobilindus-trie: empirische Analyse und Gestaltung der Fertigungstiefe aus transaktionskostentheoretischer Sicht, München 1990.

Baxmann (1997)
Baxmann, U., Überlegungen zur Neugestaltung bankbetrieblicher Vertriebswege, in: Baxmann, U. (Hrsg.): Vertriebswege im Wandel, Frankfurt am Main 1997, S. 1-24.

Baxmann (1999)
Baxmann, U., Hintergründe und Facetten der Bankenkonzentration um Überblick,
in: Baxmann, U. (Hrsg.): Konzentrationsprozesse in der Kreditwirtschaft, Frankfurt am Main 1999, S. 1-32.

Baxmann (2002)
Baxmann, U., Einführende Überlegungen zur Allfinanz-Entwicklung, in: Baxmann, U. (Hrsg.): Financial Services – Allfinanzkonzepte, Frankfurt am Main 2002, S. 1-40.

BdB (2004)
BdB (Bundesverband deutscher Banken) (Hrsg.), Banken 2004, Berlin 2004.

Bechtolsheim/Loth (2000)
Bechtolsheim, M. von/Loth, B., Chancen und Risiken für Anwender und Anbieter von Application Service Providing, in: Information Management & Consulting, 15. Jg. (2000), Sonderheft, S. 14-20.

Beckmann (2000)
Beckmann, V., Transaktionskosten und institutionelle Wahl in der Landwirtschaft: zwischen Markt, Hierarchie und Kooperation, Berlin 2000.

Beer (1998)
Beer, M., Outsourcing unternehmensinterner Dienstleistungen: Optimierung des Outsourcing-Entscheidungsprozesses, Wiesbaden 1998.

Bensaou/Anderson (1999)
Bensaou, M./Anderson, E., Buyer-Supplier Relations in Industrial Markets: When Do Buyers Risk Making Idiosyncratic Investments?, in: Organization Science, Is. 4, Vol. 10 (1999), S. 460-481.

Benston/Smith (1976)
Benston, G.J./Smith, C.W., A Transaction Cost Approach to the Theory of Financial Intermediation, in: Journal of Finance, Vol. 31 (May 1976), S. 215-231.

Bettinger/Scheffelt (2001)
Bettinger, T./Scheffelt, M., Application Service Providing: Vertragsgestaltung und Konfliktmanagement, in: Computer und Recht, H. 11 (2001), S. 729-741.

Bieberbach (2001)
Bieberbach, F., Die optimale Größe und Struktur von Unternehmen: der Einfluss von Informations- und Kommunikationstechnik, Wiesbaden 2001.

Bliesener (1994)
Bliesener, M.-M., Outsourcing als mögliche Strategie zur Kostensenkung, in: Betriebswirtschaftliche Forschung und Praxis (BFuP), H. 4 (1994), S. 277-290.

Blohm (1980)
Blohm, H., Kooperation, in: Grochla, E. (Hrsg.): Handwörterbuch der Organisation, 2. Aufl., Stuttgart 1980, Sp. 1112-1117.

Böhm/Wurdack (2001)
Böhm, K.-O./Wurdack, A., ASP – Eintrittskarte in die standardisierte digitale Ökonomie, in: Köhler-Frost, W. (Hrsg.): Application Service Providing – Die neue Herausforderung für Unternehmen, Berlin 2001, S. 27-38.

Boehme (1986)
Boehme, J., Innovationsförderung durch Kooperation, Zwischenbetriebliche Zusammenarbeit als Instrument des Innovationsmanagements in kleinen und mittleren Unternehmen bei Einführung der Mikroelektronik in Produkte und Verfahren, Berlin 1986.

Böhme (1997)
Böhme, M., Die Zukunft der Universalbank: Strategie, Organisation und Shareholder Value im Informationszeitalter, Wiesbaden 1997.

Bössmann (1983)
Bössmann, E., Unternehmungen, Märkte, Transaktionskosten: Die Koordination ökonomischer Aktivitäten, in: Wirtschaftswissenschaftliches Studium (WiSt), H. 3, 12. Jg. (1983), S. 105-111.

Bogaschewsky (1995)
Bogaschewsky, R., Vertikale Kooperationen – Erklärungsansätze der Transaktionskostentheorie und des Beziehungsmarketing, in: Kaas, K. P. (Hrsg.): Kontrakte, Geschäftsbeziehungen, Netzwerke, Düsseldorf 1995, S. 159-177.

Bongard (1994)
Bongard, S., Outsourcing-Entscheidungen in der Informationsverarbeitung: Entwicklung eines computergestützten Portfolio-Instrumentariums, Wiesbaden 1994.

Brand (1990)
Brand, D., Der Transaktionskostenansatz in der betriebswirtschaftlichen Organisationstheorie: Stand und Weiterentwicklung der theoretischen Diskussion sowie Ansätze zur Messung des Einflusses kognitiver und motivationaler Persönlichkeitsmerkmale auf das transaktionskostenrelevante Informationsverhalten, Frankfurt am Main (1990).

Breuer (1995)
Breuer, W., Finanzintermediation und Reputationseffekte, in: Kredit und Kapital, H. 4, Bd. 28 (1995), S. 516-534.

Brockhaus (1999)
Brockhaus – Die Enzyklopädie in 24 Bänden, 20. Aufl., Leipzig 1999.

Brousseau (2002)
Brousseau, E., The Governance of Transactions by Commercial Intermediaries: An Analysis of the Re-engineering of Intermediation by Electronic Commerce,

in: International Journal of the Economics of Business, No. 3, Vol. 9 (2002), S. 353-374.

Bruch (1995)
Bruch, H., Erfolgsfaktoren und Hindernisse für Outsourcing, in: io Management Zeitschrift, H. 7/8, 64. Jg. (1995), S. 25-27.

Buchanan/Linowes (1981)
Buchanan, J.R./Linowes, R.G., Das Konzept der distribuierten Datenverarbeitung, in: HARVARD manager, H. 4 (1981), S. 79-90.

Buchegger/Riedl (2004)
Buchegger, R./Riedl, R., Qualitätsunsicherheit am ASP-Markt – Befunde einer empirischen Untersuchung in Österreich, in: Riedl, R./Auinger, T. (Hrsg.): Herausforderungen der Wirtschaftsinformatik, Wiesbaden 2004, S. 21-50.

Büchs (1991)
Büchs, M.J., Zwischen Markt und Hierarchie – Kooperationen als alternative Koordinationsform, in: ZfB-Ergänzungsheft, H. 1 (1991), S. 1-37.

Bühner/Tuschke (1997)
Bühner, R./Tuschke, A., Outsourcing, in: Die Betriebswirtschaft (DBW), H. 1, 57. Jg. (1997), S. 20-29.

Bullinger/Groh/Groß/Bartenschlager (1998)
Bullinger, H.-J./Groh, G./Graß, G./Bartenschlager, F., Praxisorientierte TCO-Untersuchung: Ein Vorgehensmodell, in: Information Management, H. 2 (1998), S. 13-18.

BaFin (2001)
BaFin (Bundesanstalt für Finanzdienstleistungsaufsicht), Auslagerung von Bereichen auf ein anderes Unternehmen gemäß § 25a Abs. 2 KWG, Rundschreiben 11 (2001), http://www.bafin.de/cgi-bin/drucke. pl?datei=/rundschreiben/93_2001/rs11_01.htm, Stand: 08.09.2004.

Burr (2002)
Burr, W., Kategorien, Funktionen und strategische Bedeutung von Service Level Agreements, in: Betriebswirtschaftliche Forschung und Praxis (BFuP), H. 5 (2002), S. 510-523.

Burr (2003)
Burr, W., Fundierung von Leistungstiefenentscheidungen auf der Basis modifizierter Transaktionskostenansätze, in: Zeitschrift für betriebswirtschaftliche Forschung (ZfbF), März, 55. Jg. (2003), S. 112-134.

C

Campbell/Kracaw (1980)
Campbell, T.S./Kracaw, W.A., Information Production, Market Signalling, and the Theory of Financial Intermediation, in: Journal of Finance, No. 4, Vol. 35 (1980), S. 863-882.

Carli (2001)
Carli, B., Software für Application Service Provider – Wie wird Software fit fürs Web?, in: Köhler-Frost, W. (Hrsg.): Application Service Providing – Die neue Herausforderung für Unternehmen, Berlin 2001, S. 68-79.

Cezanne/Mayer (1998)
Cezanne, W./Mayer, A., Neue Institutionenökonomik – Ein Überblick, in: Das Wirtschaftsstudium (WISU), H. 11, 27. Jg. (1998), S. 1345-1353.

Chemmanur/Fulghieri (1994)
Chemmanur, T.J./Fulghieri, P., Investment Bank Reputation, Information Production, and Financial Intermediation, in: The Journal of Finance, No. 1, Vol. 49 (1994).

Chen/Soliman (2002)
Chen, L./Soliman, K.S., Managing IT Outsourcing: a value-driven approach to outsourcing using application service providers, in: Logistics Information Management, No. 3, Vol. 15 (2002), S. 180-191.

Cherry Tree Co. (1999)
Cherry Tree Co., "Application Service Providers" (ASP) Spotlight Report, 1999, www.triple-tree.com.

Cherry Tree Co. (2000)
Cherry Tree Co., "2nd Generation ASP" Spotlight Report, 2000, www.triple-tree.com.

Chiles/McMackin (1996)
Chiles, T.H./McMackin, J.F., Integrating Variable Risk Preferences, Trust, and Transaction Cost Economics, in: Academy of Management Review, No. 1, Vol. 21 (1996), S. 73-99.

Choi/Stahl/Whinston (1997)
Choi, S.-Y./Stahl, D.O./Whinston A.B., The Economics of Electronic Commerce, Indianapolis 1997.

Clemons/Reddi/Row (1993)
Clemons, E. K./Reddi, S. P./Row, M. C., The Impact of Information Technology on the Organization of Economic Activity: The "Move to the Middle" Hypothesis, in: Journal of Management Information Systems, No. 2, Vol. 10, (1993), S. 9-35.

Coase (1937)
Coase, R.H., The Nature of the Firm, in: Economica, Vol. 4 (1937), S. 386-405.

Coase (1960)
Coase, R.H., The Problem of Social Cost, in: The Journal of Law and Economics, Vol. 3 (1960), S. 1-44.

Coenenberg/Fischer (1998)
Coenenberg, A. G./Fischer, T. M., Transaktionskostenanalyse als Grundlage zur Gestaltung der Qualitätsorganisation, in: Glaser, H. (Hrsg.): Organisation im Wandel der Märkte: Erich Freese zum 60. Geburtstag, Wiesbaden 1998.

Commons (1996)
Commons, J.R., Institutional Economics, in: American Economic Review, Dezember 1931, S. 648-657, nachgedruckt in: Rutherford, M./Samuels, W.J. (Hrsg.): John R. Commons: Selected Essays, Vol. 2, London 1996, S. 443-452.

Cross (1995)
Cross, J., IT Outsourcing: British Petroleum's Competitive Approach, in: Harvard Business Review, May-June (1995), S. 94-102.

Currie (2000)
Currie, W., The Global Information Society, Chichester 2000.

Currie/Seltsikas (2001)
Currie, W./Seltsikas, P., Exploring the supply-side of IT outsourcing: evaluating the emerging role of application service providers, in: European Journal of Information Systems, H. 3, Bd. 10 (2001), S. 123-134.

Currie/Seltsikas (2002)
Currie, W./Seltsikas, P., A Market Segmentation Strategy for Developing an ASP Business, in: Hirschheim, R./Heinzl, A./Dibbern, J.: Information Systems Outsourcing, Berlin 2002, S. 474-496.

D

Dalluege/Neumeyer/Rößß (1990)
Dalluege, C.A. /Neumeyer, C. /Röß, J., Handbuch Praxis der Informations- und Kommunikationstechnik – Organisations- und Anwenderhandbuch zur Durchführung von Bürokommunikationsprojekten im Mittelstand, München 1990.

Dambmann (2001)
Dambmann, W., www.firmenfinanzportal.de - Geschäftsmodell im Internet, in: Die Bank, H. 3 (2001), S. 200-203.

Daum (2002)
Daum, R., Die Rolle öffentlicher Unternehmen im Application Service Providing, in: Zeitschrift für öffentliche gemeinwirtschaftliche Unternehmen (ZögU), H. 3, Bd. 25 (2002), S. 263-276.

Dean/Jackson (2000)
Dean, G.H./Jackson, G.A., Application Service Providers: Exploring the Theory of Evolution, London 2000.

Dearden (1987)
Dearden, J., The Withering Away of the IS Organization, in: Sloan Management Review, H. 4 (1987), S. 87-91.

Diamond (1984)
Diamond, D.W., Financial Intermediation and Delegated Monitoring, in: Review of Economic Studies, Vol. 51 (1984), S. 393-414.

Dibbern/Heinzl (2001)
Dibbern, J./Heinzl, A., Outsourcing der Informationsverarbeitung im Mittelstand: Test eines multitheoretischen Kausalmodells, in: Wirtschaftsinformatik, 43. Jg. (2001), H. 4, S. 339-350.

Dibbern/Güttler/Heinzl (2001)
Dibbern, J./Güttler, W./Heinzl, A., Die Theorie der Unternehmung als Erklärungsansatz für das selektive Outsourcing der Informationsverarbeitung – Entwicklung eines theoretischen Bezugsrahmens,
in: ZfB, 71. Jg. (2001), H. 6, S. 675-699.

Dibbern/Heinzl/Leibbrandt (2003a)
Dibbern, J./Heinzl, A./Leibbrandt, S., Interpretation des Sourcings der Informationsverarbeitung. Hintergründe ökonomischer, strategischer und politischer Einflussgrößen, in: Working Papers in Information Systems 1, University of Mannheim, Nr. 5 (2003).

Dibbern/Heinzl/Leibbrandt (2003b)
Dibbern, J./Heinzl, A./Leibbrandt, S., Interpretation des Sourcings der Informationsverarbeitung – Hintergründe und Grenzen ökonomischer Einflussgrößen, in: Wirtschaftsinformatik, 45. Jg. (2003), H. 5, S. 533-540.

Diebold Management Report (2000)
Diebold Management Report, Application Service Providing (ASP) – Revolution oder Flop?, Nr. 10 (2000).

Dieckmann (2002)
Dieckmann, W., ASP – Die strategische Option für Unternehmen der Energiewirtschaft, in: Köhler-Frost, W. (Hrsg.): Grundlagen des Application Service Providing, Berlin 2002, S. 91-111.

DiRomualdo/Gurbaxani (1998)
DiRomualdo, A./Gurbaxani, V., Strategic Intent for IT Outsourcing, in: Sloan Management Review, Sommer (1998), S. 67-80.

Dorow/Weiermair (1984)
Dorow, W./Weiermair, K., Markt versus Unternehmung: Anmerkungen zu methodischen und inhaltlichen Problemen des Transaktionskostenansatzes, in: Schanz, G. (Hrsg.): Betriebswirtschaftslehre und Nationalökonomie: wissenschaftstheoret. Standortbestimmungen u. Perspektiven, Wiesbaden 1984, S. 191-223.

Duhnkrack (2001)
Duhnkrack, T., Segmentierung und ertragsorientierte Ausrichtung des Firmenkundengeschäfts, in: Rolfes, B./Schierenbeck, H./Schüller, S. (Hrsg.): Das Firmendkundengeschäft – ein Wertvernichter?, Frankfurt am Main 2001, S. 81-99.

Duncan (1972)
Duncan, R.B., Characteristics of Organizational Environments and Perceived Environmental Uncertainty, in: Administrative Science Quarterly (1972), S. 313-327.

E

Ebers (1994)
Ebers, M., Die Gestaltung interorganisationaler Informationssysteme – Möglichkeiten und Grenzen einer transaktionskostentheoretischen Erklärung, in: Sydow, J./Windeler, A.: Management interorganisationaler Beziehungen – Vertrauen, Kontrolle und Informationstechnik, Opladen 1994, S. 22-48.

Ebers/Gotsch (1995)
Ebers, M./Gotsch, W., Institutionenökonomische Theorien der Organisation, in: Kieser, A. (Hrsg.): Organisationstheorien, Stuttgart/Berlin/Köln 1995, S. 185-235.

Eckardt (2002)
Eckardt, C., Die IT als Business führen, in: Diebold Management Report, H. 1 (2002), S. 17-19.

Eggs (2001)
Eggs, H., Vertrauen im Electronic Commerce: Herausforderungen und Lösungsansätze, 1. Aufl., Wiesbaden 2001.

Eigler (1996)
Eigler, J., Transaktionskosten als Steuerungsinstrument für die Personalwirtschaft, Frankfurt am Main 1996.

Einwiller (2003)
Einwiller, S., Vertrauen durch Reputation im elektronischen Handel, Bamberg 2003.

Eisenbacher (2001)
Eisenbacher, P., ASP und die neue Wirtschaft, in: Köhler-Frost, W. (Hrsg.): Applica-tion Service Providing – Die neue Herausforderung für Unternehmen, Berlin 2001, S. 15-26.

Ekanayaka/Currie/Seltsikas (2002)
Ekanayaka, Y./Currie, W.L./Seltsikas, P., Delivering enterprise resource planning systems through application service providers, in: Logistics Information Management, No. 3, Vol. 15 (2002), S. 192-203.

Engstler (2004)
Engstler, M., Der Bankarbeitsplatz der Zukunft, in: Die Bank, H. 9 (2004), S. 65-69.

Erlei/Jost (2001)
Erlei, M./Jost, P., Theoretische Grundlagen des Transaktionskostenansatzes, in: Jost, P. (Hrsg.), Der Transaktionskostenansatz in der Betriebswirtschaftslehre, Stuttgart 2001, S. 35-75.

Ernst (1990)
Ernst, M., Neue Informations- und Kommunikationstechnologien und marktwirtschaftliche Allokation: eine informations- und transaktionskostentheoretische Analyse, München 1990.

Eschenbach (1997)
Eschenbach, S., Wenn Kunden ihrer Bank vertrauen ...: Das Vertrauen zwischen Banken und ihren Geschäftskunden – empirisch untersucht, Wien 1997.

Esser (1994)
Esser, W.-M., Outsourcing als Reoganisationsstrategie – Konzeptionelle Überlegungen und empirische Ergebnisse am Beispiel des Outsourcing der Informationsverarbeitung, in: Engelhard, J./Rehkugler, H. (Hrsg.): Strategien für nationale und internationale Märkte: Konzepte und praktische Gestaltung, Wiesbaden 1994, S. 63-86.

F

Factor (2002)
Factor, A., Analyzing Application Service Providers, Palo Alto 2002.

Fahy (1996)
Fahy, J., Competitive Advantage in International Services: A Resource-Based View, in: Int. Studies of Mgt. & Org., No. 2, Vol. 26 (1996), S. 24-37.

Fama (1980)
Fama, E., Agency Problems and the Theory of the Firm, in: Journal of Political Economy, Vol. 88 (1980), S. 288-307.

Fielding (2002)
Fielding, R., ASPs failing the SME market, in: vnunet.com (27.05.2002), http://vnunet.com/News/1132146 (Zugriff am 11.03.2003).

Finken (1997)
Finken, T., Entscheidungskriterien für das Outsourcing der betrieblichen Datenverarbeitung, Aachen 1997.

Fischbacher (1986)
Fischbacher, A., Strategisches Management der Informationsverarbeitung, München 1986.

Fischer (2001)
Fischer, S., Virtuelle Unternehmen im interkulturellen Austausch: Möglichkeiten und Grenzen von Kooperation in Netzwerken, Wiesbaden 2001.

Fischer (2000)
Fischer, T., Altes Vertrauen und neue Standards – die Bank als Partner des Mittelstands im E-Commerce, in: Zeitschrift für das gesamte Kreditwesen (ZfgK), H. 10, 53. Jg. (2000), S. 536-540.

Fotschki (1998)
Fotschki, C., Kooperationen an der elektronischen Bank-Kunde-Schnittstelle, Heidelberg 1998.

Franck/Bagschick/Opitz (1997)
Franck, E./Bagschik, T./Opitz, C., Der Flottenmanager als Intermediär zwischen Hersteller und Nutzer, in: Die Betriebswirtschaft (DBW), H. 2, 57. Jg. (1997), S. 203-217.

Fraunhofer-Institut (2001)
Fraunhofer-Institut (Hrsg.), Marktstudie „Application Service Providing“ – Zusammenfassung: Branchenspezifische ASP-Potenziale, Fraunhofer-Institut für Systemtechnik und Innovationsforschung (ISI), Karlsruhe 2001.

Freiling (2001)
Freiling, J., Ressourcenorientierte Reorganisation, Wiesbaden 2001.

Freimark (2003)
Freimark, A., Outsourcer kämpfen um den Mittelstand, in: Computerwoche online, 16.06.2003, http://www.computerwoche.de/index.cfm?pageid=254&artid=49951, Stand: 14.10.2003.

Freischütz (2001)
Freischütz, J., E-Commerce-Lexikon, Frankfurt am Main 2001.

Furubotn/Pejovich (1972)
Furubotn, E.G./Pejovich, S., Property Rights and Economic Theory: A Survey of Recent Literature, in: Journal of Economic Literature, Vol. 10 (1972), S. 1137-1162.

G

Gabler Wirtschaftslexikon (2001)
Gabler Wirtschaftslexikon, Gabler Wirtschaftslexikon, A-Z die ganze Welt der Wirtschaft: Betriebswirtschaft – Volkswirtschaft – Recht – Steuern, 15. Aufl., Wiesbaden 2001.

Ganesan (1994)
Ganesan, S., Determinants of Long-Term Orientation in Buyer-Seller Relationships, in: Journal of Marketing, Vol. 58, April (1994), S. 1-19.

Gantzel (1962)
Gantzel, K.J., Wesen und Begriff der mittelständischen Unternehmung, Köln 1962.

Gierl (1999)
Gierl, H., Das Vertrauen der Kunden gewinnen, in: Die Bank, H. 6 (1999), S. 388-391.

Gillis (2002)
Gillis, A., Features – IT Trends – Future of outsourcing, in: ABA banking journal, H. 2, Bd. 94 (2002), S. 23-30.

Gloystein (2001)
Gloystein, P., Strategische Herausforderungen für das Firmenkundengeschäft durch das Internet, in: Krumnow, J./Lange, T.A. (Hrsg.): Management Handbuch eBanking, Stuttgart 2001, S. 105-114.

Goles/Chin (2002)
Goles, T./Chin, W. W., Relational Exchange Theory and IS Outsourcing: Developing a Scale to Measure Relationship Factors, in: Hirschheim, R./Heinzl, A./Dibbern, J. (Hrsg.): Information Systems Outsourcing, Berlin/Heidelberg/New York 2002, S. 221-250.

Graefen (2002)
Graefen R., Dresdner Bank schmeißt RS6000 raus, in: I Week: IT-Management, 3. Ausg. (2002), www.informationweek.de/print.php3?/channels/channel46/020318.htm, Stand: 05.08.2002.

Grebe (1998)
Grebe, M., Das elektronische Firmenkundengeschäft der Kreditinstitute mit dem industriellen Mittelstand – ein strategisches Marketing-Konzept für die Bankpraxis, Heidelberg 1998.

Grenzebach (2003)
Grenzebach, E., Mittelstand und IT-Outsourcing, in: ASP Magazin, http://www.asp-magazin.de/texte/3887.asp?r=1, Stand: 02.06.2003.

Griese (1992)
Griese, J., Informationsverarbeitung: Anwendungs-Software, in: Frese, J. (Hrsg.): Handbuch der Organisation, Stuttgart 1992, S. 968-978.

Grohmann (2002)
Grohmann, W., ASP – Application Service Providing: Software auf Mietbasis: Kosten sparen - Wettbewerbsvorteile nutzen, Köln 2002.

Grote (1990)
Grote, B., Ausnutzung von Synergiepotentialen durch verschiedene Koordinationsformen ökonomischer Aktivitäten – zur Eignung der Transaktionskosten als Entscheidungskriterium, Frakfurt am Main 1990.

Grover/Cheon/Teng (1994)
Grover, V./Cheon, M.J./Teng, J.T.C., A descriptive study on the oursourcing of information systems functions, in: Information & Management, H. 1 (1994), S. 33-44.

Gründer (2001)
Gründer, T., Die Lizenz zum Mieten, http://www.zdnet.de//internet /artikel/scene/200007/ ASPpec01_00-wc.html, Stand: 04.12.2001.

Gründler (1997)
Gründler, A., Computer und Produktivität: das Produktivitätsparadoxon der Informationstechnologie, Wiesbaden 1997.

Gruhler (1994)
Gruhler, W., Outsourcing von Dienstleistungen zu Dienstleistungsunternehmen, in: Corsten, H./Hilke, W. (Hrsg.): Dienstleistungsproduktion, Wiesbaden 1994, S. 152-175.

Gümbel (1985)
Gümbel, R., Handel, Markt und Ökonomik, Wiesbaden 1985.

Günther/Tamm/Hansen/Meseg (2001)
Günther, O./Tamm, G./Hansen L./Meseg, T., Application Service Providers: Angebot, Nachfrage und langfristige Perspektiven, in: Wirtschaftsinformatik, H. 6, 43. Jg. (2001), S. 555-567.

Gurbaxani/Kemerer (1989)
Gurbaxani, V./Kemerer, C. F., An agent-theoretic perspective on the management of information systems, in: Blanning, R./King, D. (Hrsg.): Proceedings of the Twenty-Second Annual Hawaiian International Conference on System Sciences, Vol. 3, Washington 1989, S. 141-150.

Gurbaxani/Whang (1991)
Gurbaxani, V./Whang, S., The Impact of Information Systems on Organizations and Markets, in: Communications of the ACM, No. 1, Vol. 34 (1991), S. 59-73.

H

Hackmann (2004a)
Hackmann, J., Adidas und seine ASP-Erfahrungen, in: computerwoche-online, http://www.computerwoche.de/index.cfm?pageid=256&artid=26992&type=detail&kw=Adidas, Stand: 20.04.2004.

Hackmann (2004b)
Hackmann, J., Buchstabensalat im xSP-Markt, in: computerwoche-online, http://www.computerwoche.de/index.cfm?pageid=256&artid=27004&type=detail&kw=Buchstabensalat, Stand: 20.04.2004.

Händschke (2003)
Händschke, E., Das Gefühl spricht gegen ASP, in: Personalwirtschaft, H. 3 (2003), S. 16-19.

Hätty (1989)
Hätty, H., Der Markentransfer, Heidelberg 1989.

Hagemeyer (2001)
Hagemeyer, H., Billing und Accounting, in: Köhler-Frost, W. (Hrsg.): Application Service Providing – Die neue Herausforderung für Unternehmen, Berlin 2001, S. 153-167.

Hamer (1990)
Hamer, E., Mittelständische Unternehmen: Gründung, Führung, Chancen, Risiken, Landsberg am Lech 1990.

Hamer (1997)
Hamer, E., Volkswirtschaftliche Bedeutung von Klein- und Mittelbetrieben, in: Pfohl, H.-C. (Hrsg.): Betriebswirtschaftslehre der Mittel- und Kleinbetriebe: Größenspezifische Probleme und Möglichkeiten zu ihrer Lösung, 3. Aufl., Berlin 1997, S. 27-49.

Hamm-Beckmann (2003)
Hamm-Beckmann, A./Kohl, B., Markt für das Firmenkundengeschäft, in: Dahmen, A./Jacobi, P./Roßbach, P. (Hrsg.): Corporate Banking – Zukunftsorientierte Strategien im Firmenkundengeschäft, 2. Aufl., Frankfurt am Main 2003, S. 17-32.

Hammes/Poser (1992)
Hammes, M./Poser, G., Die Messung von Transaktionskosten, in: Das Wirtschaftsstudium (WISU), H. 11, 21. Jg. (1992), S. 885-889.

Hanke (1993)
Hanke, J., Hybride Koordinationsstrukturen: Liefer- und Leistungsbeziehungen kleiner und mittlerer Unternehmen der Automobilzulieferindustrie aus transaktionskostentheoretischer Sicht, Köln 1993.

Hanker (1990)
Hanker, J., Die strategische Bedeutung der Informatik für Organisationen - Industrieökonomische Grundlagen des Strategischen Informatikmanagements, Stuttgart (1990).

Hans/Warschburger (1998)
Hans, L./Warschburger, V., Outsourcing von Datenverarbeitungsleistungen, in: Das Wirtschaftsstudium (WISU), H. 5, 27. Jg. (1998), S. 577-583.

Harbou (2001)
Harbou, J. von, Das Firmenfinanzportal der Dresdner Bank – Banking Modell für den Mittelstand, in: Krumnow, J./Lange, T.A. (Hrsg.): Management Handbuch eBanking, Stuttgart 2001, S. 127-151.

Heilmann/Koenen (2004)
Heilmann, D./Koenen, J., Revoluzzer mit mildtätigem Herzen, in: Handelsblatt vom 07.07.2004, S. 18.

Heinrich (1992)
Heinrich, W., Liegt die Bedeutung von Outsourcing in der Entlastung der DV-Budgets?, in: Office Management, H. 9 (1992), S. 48-53.

Heinrich (2002)
Heinrich, L. J., Informationsmanagement: Planung, Überwachung und Steuerung der Informationsinfrastruktur, 7. Aufl., München/Wien 2002.

Heintzeler (2002)
Heintzeler, F., Die Firmenkundengeschäftsstrategie einer großen Regionalbank, in: Juncker, K./Priewasser, E. (Hrsg.): Handbuch Firmenkundengeschäft – Technologie, Rating und Risikosteuerung als Kernkompetenz der Banken, 2. Aufl., Frankfurt am Main 2002, S. 111-124.

Heinzl (1992)
Heinzl, A., Die Ausgliederung der betrieblichen Datenverarbeitung: eine empirische Analyse der Motive, Formen und Wirkungen, 2. Aufl., Stuttgart 1992.

Held (2001)
Held, M., Outsourcing vs. Application Service Providing?, in: Köhler-Frost, W., Application Service Providing – Die neue Herausforderung für Unternehmen, Berlin 2001, S. 94-101.

Held (2002)
Held, S., ASP – ein neuer Markt?, in: Hentschel, B. (Hrsg.): ASP in der Personalarbeit – Software aus der Steckdose, 1. Aufl., Frechen 2002, S. 19-26.

Hendry (1995)
Hendry, J., Culture, Community and Networks: The Hidden Cost of Outsourcing, in: European Management Journal, H. 2, 13. Jg. (1995), S. 193-200.

Hennart (1982)
Hennart, J.-F., A Theory of Multinational Enterprise, Ann Arbor 1982.

Herff (2002)
Herff, M. von, Outsourcing-Entscheidungen: Beurteilungshilfen bei der Wahl zwischen „Eigenfertigung und Fremdbezug" unter Berücksichtigung von qualitativen und quantitativen Aspekten, in: Schriftenreihe des Fachbereichs 3 der Fachhochschule Frankfurt am Main – University of Applied Sciences, Bd. 1, Aachen 2002.

Hillenbrand (2004)
Hillenbrand, T., Der Partymeister räumt ab, http.//www.spiegel.de/wirtschaft/0,1518,305572,00.html, Stand: 24.06.2004.

Hirschheim/Dibbern (2002)
Hirschheim, R./Dibbern, J., Information Systems Outsourcing in the New Economy – An Introduction, in: Hirschheim, R./Heinzl, A./Dibbern, J. (Hrsg.): Information Systems Outsourcing, Berlin/Heidelberg/New York 2002, S. 3-23.

H.K.P. Consult (2004)
H.K.P. Consulting GmbH (Hrsg.), ASP-Studie 2004: Der deutsche Markt für Application Service Providing (ASP-)Lösungen – Marktbeobachtungen und Lösungskatalog, Sonderdruck, München 2004, http://hkp-consulting.de/html/sonder_asp.html, Stand: 19.07.2004.

Hölzer (2004)
Hölzer, K., Herausforderungen im mittelständischen Firmenkundengeschäft, in: Zeitschrift für das gesamte Kreditwesen (ZfgK), H. 15, 57. Jg. (2004), S. 818-821.

Hofer/Schendel (1978)
Hofer, C./Schendel, D., Strategy Formulation: Analytical Concepts, St. Paul (1978).

Hormozi/Hostetler/Middleton (2003)
Hormozi, A./Hostetler, E./Middleton, C., Outsourcing Information Technology: Assessing Your Options, in: S.A.M. Advanced Management Journal, No. 4, Vol. 68 (2003), S. 18-23.

Hopper (1990)
Hopper, M., Rattling SABRE, in: Harvard Business Review, May-June (1990), S. 118-125.

Hornacek (2002)
Hornacek, H., Sparen bei den Servicekosten, in: Die Wirtschaft, Nr. 2 (2002), S. 40.

Huber (1993)
Huber, R. L., Als die Continental Bank ihre „Kronjuwelen" in fremde Hände gab, in: Harvard business manager, H. 3, Bd. 15 (1993), S. 83-91.

Huff (1991)
Huff, S. L., Outsourcing of Information Services, in: Business Quarterly, H. 4 (1991), S. 62-65.

Hummel (2000)
Hummel, J., Die Grundlagen der Digitalen Ökonomie – Eine Analyse aus Sicht der Neuen Institutionenökonomie, St. Gallen 2000.

Hummel (2002)
Hummel, J., Auswahl und Gestaltung transaktionsorientierter Geschäftsmodelle im Internet – Eine Betrachtung aus Sicht der neuen Institutionenökonomie, in: Zeitschrift für Betriebswirtschaft (ZfB), H. 7, 72. Jg. (2002), S. 713-733.

I

IDC (2002)
IDC (International Data Corporation), ASP and Application Management Services Markets do Both Reach the $20 Billion Mark by 2006, http://www.idc.com/getdoc.jhtml?containerId=pr2002_03_18_135531, Stand: 06.05.2002.

IfM (2004)
IfM (Institut für Mittelstandforschung), Mittelstand – Definition und Schlüsselzahlen, http://www.ifm-bonn.org/dienste/daten.htm, Stand: 16.02.2004.

Instenberg/Kohl (2002)
Instenberg, G./Kohl, B.-J., IT-Management in Banken: Der Ritt auf der Kanonenkugel, in: Die Bank, H. 1 (2002), S. 22-26.

J

Janitz (2002)
Janitz, L., Was vom ASP-Modell übrig blieb, in: Computerwoche online, 15.11.2002, http://www.computerwoche.de/index.cfm?pageid=256&artid=43069&type=detail&kw=ASP, Stand: 14.10.2003.

Jarillo (1988)
Jarillo, J. C., On Strategic Networks, in: Strategic Management Journal, Vol. 9 (1988), S. 31-41.

Jensen/Meckling (1976)
Jensen, M. C./Meckling, W. H., Theory of the firm: managerial behavior, agency costs and ownership structure, in: Journal of Financial Economics, No. 3 (1976), S. 305-360.

Joskow (1988)
Joskow, P.L., Asset Specificity and the Structure of Vertical Relationships: Empirical Evidence, in: Journal of Law, Economics, and Organization, No. 1, Vol. 4 (1988), S. 95-117.

Jost (2001)
Jost, P., Der Transaktionskostenansatz im Unternehmenskontext, in: Jost, P. (Hrsg.), Der Transaktionskostenansatz in der Betriebswirtschaftslehre, Stuttgart 2001, S. 9-34.

Juncker/Lippmann (2002)
Juncker, K./Lippmann, I., Firmenkundenbank der Zukunft – ein Szenario, in: Juncker, K./Priewasser, E. (Hrsg.): Handbuch Firmenkundengeschäft – Technologie, Rating und Risikosteuerung als Kernkompetenz der Banken, 2. Aufl., Frankfurt am Main 2002, S. 177- 193.

K

Kaas/Fischer (1993)
Kaas, K.P./Fischer, M., Der Transaktionskostenansatz, in: Das Wirtschaftsstudium (WISU), H. 8-9, 22. Jg. (1993), S. 686-693.

Kahle (1998)
Kahle, E., Vertrauensbasierte Netzwerke als Chancen für kleine und mittlere Unternehmen, in: Pleitner, H.J. (Hrsg.): Renaissance der KMU in einer globalisierten Wirtschaft, St. Gallen 1998, S. 535-544.

Kailich (1990)
Kailich, N., Qualität der Bankberatung im Firmenkundengeschäft: Theoretische Analyse der Beratungsqualität und empirische Untersuchung ihrer Beurteilung durch mittelständische Unternehmen, Bergisch Gladbach 1990.

Kappich (1989)
Kappich, L., Theorie der internationalen Unternehmungstätigkeit: Betrachtung der Grundformen des internationalen Engagements aus koordinationskostentheoretischer Perspektive, München 1989.

Karer/Müller (1994)
Karer, A./Müller, B., Client/Server-Technologie in der Unternehmenspraxis: Vision und Realität, Berlin 1994.

Kavan/Miranda/O'Hara (2002)
Kavan, C.B./Miranda, S.M./O'Hara, M.T., Managing the ASP process: a resource-oriented taxonomy, in: Logistics Information Management, No. 3, Vol. 15 (2002), S. 170-179.

Kern/Willcocks (2002)
Kern, T./Willcocks, L., Service Provision and the Net: Risky Application Sourcing, in: Hirschheim, R./Heinzl, A./Dibbern, J.: Information Systems Outsourcing, Berlin 2002, S. 513-533.

KfW (2002)
KfW (Kreditanstalt für Wiederaufbau), Unternehmensfinanzierung im Umbruch, Die Finanzierungsperspektiven deutscher Unternehmen im Zeichen von Finanzmarktwandel und Basel II – Auswertung einer Unternehmensbefragung –, Frankfurt am Main 2002.

Kiefer (2000)
Kiefer, T., Electronic Commerce – Vertrauen als Erfolgsfaktor, in: Die Bank, H. 5 (2000), S. 308-312.

Kiefer (2001)
Kiefer, T., Die Rolle von Banken im Electronic Business: Trustmediation als strategische Basis, Wiesbaden 2001.

Kieser (1974)
Kieser, A., Der Einfluss der Umwelt auf die Organisationsstruktur der Unternehmung, in: Zeitschrift für Organisation (ZO), H. 6 (1974), S. 302-314.

Kim/Chung (2003)
Kim, S./Chung, Y.-S., Critical Success Factors for IS Outsourcing Implementation from an Interorganizational Relationship Perspective, in: The Journal of Computer Information Systems, No. 4, Vol. 43 (2003), S. 81-90.

Klein (2000)
Klein, B., Banchenlösungen als ASP-Kernkomponente, in: Information Management & Consulting, 15. Jahrgang (2000), S. 67-71.

Klein (2002)
Klein, H. K., On the Theoretical Foundations of Current Outsourcing Research, in: Hirschheim, R./Heinzl, A./Dibbern, J. (Hrsg.): Information Systems Outsourcing, Berlin/Heidelberg/New York 2002, S. 24-44.

Klein/Crawford/Alchian (1978)
Klein, B./Crawford, R./Alchian, A.: Vertical Integration, Appropriable Rents, and the Competitive Contracting Process, in: Journal of Law and Economics, Vol. 21 (1978), S. 297-326.

Klenk/Szinovatz (2002)
Klenk, P./Szinovatz, A., Worauf es beim Gestalten von ASP-Verträgen ankommt, in: geldinstitute, H. 6 (2002), S. 14-16.

Klepper (1998)
Klepper, R., Outsourcing Information Technology, Systems, and Services, New Jersey (1998).

Kley (2004)
Kley, C.R., Inwieweit können Hausbankbeziehungen die Finanzierungsprobleme von mittelständischen Betrieben mindern?, in: Finanz Betrieb, H. 3 (2004), S. 169-178.

Klimek (2002)
Klimek, O. A., Zugangsbeschränkungen im Rahmen des Application Service Providing – Typische Klauseln und Inhaltskontrolle, in: Zeitschrift für Kommunikation & Recht – Betriebsberater für Medien, Telekommunikation, Multimedia, H. 12 (2002), S. 633-641.

Kloss (2002)
Kloss, K., ASP in neuen Schläuchen, in: Informationweek, Nr. 2 (2002), www.informationweek.de.

Knöfel/Holzer (2002)
Knöfel, S./Holzer, T., Ein ASP-Produktbeispiel: HRworks, in: Hentschel, B. (Hrsg.): ASP in der Personalarbeit – Software aus der Steckdose, 1. Aufl., Frechen 2002, S. 76-91.

Knolmayer (1991)
Knolmayer, G., Die Auslagerung von Servicefunktionen als Strategie des IS-Managements, in: Heinrich, L. J./Pomberger, G./Schauer, R. (Hrsg.): Die Informationswirtschaft im Unternehmen, Linz 1991, S. 323-341.

Knolmayer (1992a)
Knolmayer, G., Modelle zur Unterstützung von Outsourcing-Entscheiden, in: Arbeitsbericht Nr. 30, Universität Bern, Bern 1992.

Knolmayer (1992b)
Knolmayer, G., Informationsmanagement – Outsourcing von Informatik-Leistungen, in: Wirtschaftswissenschaftliches Studium (WiSt),), H. 7, 21. Jg. (1992), S. 356-360.

Knolmayer (1993)
Knolmayer, G., Bedeutung und Gestaltung computergestützter Informationssysteme in schlanken Unternehmen, in: Management & Computer (m&c), H. 2, 1. Jg. (1993), S. 77-85.

Knolmayer (1994a)
Knolmayer, G., Zur Berücksichtigung von Transaktions- und Koordinationskosten in Entscheidungsmodellen für Make-or-Buy-Probleme, in: Betriebswirtschaftliche Forschung und Praxis (BFuP), H. 4 (1994), S. 316-332.

Knolmayer (1994b)
Knolmayer, G., Der Fremdbezug von Information-Center-Leistungen, in: Information Management, H. 1 (1994), S. 54-60.

Knolmayer (1995)
Knolmayer, G., Co-Sourcing: Kooperative Lösungen bei der Erbringung von Informatik-Leistungen, in: Berchtold, D./Hess, J. (Hrsg.), Informatik Controlling: Downsizing, Rightsizing, Outsourcing, Gesellschaft für Verwaltungswissenschaften, Bern 1995, S. 152-176.

Knüppel/Heuer (1994)
Knüppel, L./Heuer, F., Eine empirische Untersuchung zum Outsourcing aus der Sicht potentieller und tatsächlicher Nutzer, in: Betriebswirtschaftliche Forschung und Praxis (BFuP), H. 4, 46. Jg. (1994), S. 333-357.

Knyphausen (1993)
Knyphausen, D. zu, Why are Firms different? Der Ressourcenorientierte Ansatz im Mittelpunkt einer aktuellen Kontroverse im Strategischen Management, in: Die Betriebswirtschaft (DBW), 53. Jg. (1993), S. 771-792.

Köhler/Walter (2002)
Köhler, P./Walter, N., Deutsche Banken unterschätzen IT-Kosten, in: Handelsblatt vom 15.10.2002, S. 23.

Köhler-Frost (2002)
Köhler-Frost, W., Grundlagen des Application Service Providing, Berlin 2002.

Krass (1990)
Krass, P., The Dollars and Sense of Outsourcing, in: Informationweek, 26. Februar (1990), S. 26-31.

Krcmar (1997)
Krcmar, H., Zum Einfluß der Informations- und Kommunikationstechnologien auf Bankbetriebe, in: Hummel, D./Bühler, W./Schuster, L.: Banken in globalen und regionalen Umbruchsituationen: Systementwicklungen, Strategien, Führungsinstrumente, Stuttgart 1997, S. 81-97.

Krcmar (2003)
Krcmar, H., Informationsmanagement, 3. Aufl., Berlin 2003.

Kronman (1985)
Kronman, A.T., Contract Law and the State of Nature, in: Journal of Law, Economics, and Organization, No. 1, Vol. 1 (1985), S. 5-32.

Krüger (1993)
Krüger, W., Die Transformation von Unternehmungen und ihre Konsequenzen für die Organisation der Information und Kommunikation, in: Betriebswirtschaftliche Forschung und Praxis (BFuP), H. 6 (1993), S. 577-601.

Kubicek/Rolf (1985)
Kubicek, H./Rolf, A., MIKROPOLIS – Mit Computernetzen in die „Informationsgesellschaft“, Hamburg 1985.

Küchler (2001)
Küchler, P., Vermarktungsstrategien für Application Service Providing, in: Köhler-Frost, W. (Hrsg.): Application Service Providing - Die neue Herausforderung für Unternehmen, Berlin 2001, S. 168-176.

L

Lachnit (1989)
Lachnit, L. (Hrsg.), EDV-gestützte Unternehmensführung in mittelständischen Betrieben: Controllingsysteme zur integrierten Erfolgs- und Finanzlenkung auf operativer und strategischer Basis, München 1989.

Lancelotti/Schein/Spang/Stadler (2003)
Lancellotti, R. /Schein, O. /Spang, S. /Stadler, V., ICT and Operations outsourcing in banking – Insights from an interview-based pan-European survey, in: Wirtschaftsinformatik, 45. Jg. (2003), H. 2, S. 131-141.

Lacity/Hirschheim (1999)
Lacity, M.C./Hirschheim, R., Information Technology Outsurcing – What Problems are we Trying to Solve?, in: Currie, W./Galliers, B.: Rethinking Management Information Systems – An Interdisciplinary Perspective, New York 1999, S. 326-360.

Lacity/Willcocks (2003)
Lacity, M./Willcocks, L., IT sourcing reflections – Lessons for customers and suppliers, in: Wirtschaftsinformatik, H. 2, 45. Jg. (2003), S. 115-125

Lacity/Willcocks/Feeny (1995)
Lacity, C./Willcocks, L.P./Feeny, F., IT Outsourcing: Maximize Flexibility and Control, in: Harvard Business Review, May-June (1995), S. 84-93.

Lacity/Willcocks/Feeny (1996)
Lacity, C./Willcocks, L.P./Feeny, F., The value of selective IT sourcing, in: Sloan Management Review, Vol. 37 (1996), H. 3, S. 13-25.

Lammers (2004)
Lammers, M., Make, Buy or Share – Combining Resource Based View, Transaction Cost Economics and Production Economies to a Sourcing Framework, in: Wirtschaftsinformatik, H. 3, 46. Jg. (2004), S. 204-212.

Langecker (2002)
Langecker, F., Service statt Software, in: Hentschel, B., ASP in der Personalarbeit - Software aus der Steckdose, Frechen 2002.

Langerfeldt (2002)
Langerfeldt, M., Transaktionskostentheorie, in: Das Wirtschaftsstudium (WISU), H. 5, 31. Jg. (2002), S. 653-655.

Langerfeldt (2003)
Langerfeldt, M., Neue Institutionenökonomik, in: Das Wirtschaftsstudium (WISU), H. 1, 32. Jg. (2003), S. 55-58.

Laux (1989)
Laux, H., Die Steuerung von Entscheidungsprozessen bei Informationsasymmetrie und Zielkonflikt als Gegenstand der neueren betriebswirtschaftlichen Organisationstheorie, in: Zeitschrift für Wirtschafts- und Sozialwissenschaften (ZWS), H. 4, 109. Jg. (1989), S. 513-583.

Leclerque (2003)
Leclerque, K., Kosten kappen, Kompetenz konzentrieren, in: Computerwoche online, 09.10.2003, http://www.computerwoche.de/index.cfm?pageid= 256& artid=53958&type=detail&kw=ASP, Stand: 14.10.2003.

Lediger (2002)
Lediger, A., Vereinbarung von Service-Leveln – Dogmatik und Rechtsfolgensystematik der SLA –, http://www.graefe-partner.de, Stand: 06.03.2002.

Lee/Huynh/Kwok/Pi (2002)
Lee, J./Huynh, M./Kwok, R./Pi, S., Current and Future Directions of IS Outsourcing, in: Hirschheim, R./Heinzl, A./Dibbern, J. (Hrsg.): Information Systems Outsourcing, Berlin/Heidelberg/New York 2002, S. 195-220.

Lehner (1996)
Lehner, F., Multimedia und Telekooperation: Herausforderung für mittelständische Unternehmen, in: Elektronischer Marktplatz Bayern: Stärkung der Wettbewerbsbasis von Kleinen und Mittleren Unternehmen (KMU), insbesondere in strukturschwachen Regionen, Gemeinsame Vortragsveranstaltung der Universität Regensburg und der Industrie- und Handelskammer Regensburg am 10. Mai 1996, Regensburg 1996, S. 17-51.

Lehner (2001)
Lehner, F., Application Service Provider (ASP), in: Das Wirtschaftsstudium (WISU), H. 1, 30. Jg. (2001), S. 96-105.

Liess (2000)
Liess, A., ASP: Service Realität in Deutschland 2000, in: Information Management & Consulting, 15. Jg. (2000), Sonderausgabe, S. 7-13.

Leong (2000)
Leong, N., Application Service Providers – A Market Overview, Los Altos 2000.

Loose/Sydow (1994)
Loose, A./Sydow, J., Vertrauen und Ökonomie in Netzwerkbeziehungen – strukturtheoretische Betrachtungen, in: Sydow, J./Windeler, A. (Hrsg.): Management inter-organisationaler Beziehungen, Opladen 1994, S. 160-193.

Lücke (1967)
Lücke, W., Betriebs- und Unternehmungsgröße, Stuttgart 1967.

Luhmann (1989)
Luhmann, N., Vertrauen: ein Mechanismus der Reduktion sozialer Komplexität, 3. Aufl., Stuttgart 1989.

M

Macneil (1978)
Macneil, I.R., Contracts: Adjustment of Long-Term Economic Relations under Classical, Neoclassical, and Relational Contract Law, in: Northwestern University Law Review, No. 6, Vol. 72, (1978), S. 854-905.

Mahler (2001)
Mahler, A., Diffusion von Telekommunikationsdienstleistungen im Bankensektor: Determinanten und Auswirkungen, Wiesbaden 2001.

Malone/Yates/Benjamin (1987)
Malone, T.W./Yates, J./Benjamin, R.I., Electronic Markets and Electronic Hierarchies, in: Communications of the ACM, Nr. 6, Vol. 30 (1987), S. 484-497.

Männel (1981)
Männel, W., Die Wahl zwischen Eigenfertigung und Fremdbezug: theoretische Grundlagen – praktische Fälle, 2. Aufl., Stuttgart 1981.

Martiny (1987)
Martiny, L., Informationsmanagement auf der Basis gewachsener Unternehmensstrukturen – Zusammenhänge, Probleme, Lösungsansätze in der Organisation und Datenverarbeitung –, Berlin 1987.

Mata/Fuerst/Barney (1995)
Mata, F.J./Fuerst, W.L./Barney, J.B., Information Technology and Sustained Competitive Advantage: A Resource-Based Analysis, in: Management Information Systems Quarterly (MIS), Vol. 4 (1995), S. 487-505.

Matalla (2000)
Matalla, T., Optimale Internet-Infrastruktur für erfolgreiches Application Service Providing, in: Information Management & Consulting, 15. Jg. (2000), Sonderausgabe, S. 59-65.

Maurer (2002)
Maurer, O., Total Cost of Ownership – Eine Annäherung aus lebenszyklusorientierter Sichtweise am Beispiel des Department für Betriebswirtschaft, Ludwig-Maximilians-Universität München (2002).

McFarlan/Nolan (1995)
McFarlan, F.W./Nolan, L., How to Manage an IT Outsourcing Alliance, in: Sloan Management Review, Winter (1995), S. 9-23.

McLellan/Marcolin (1994)
McLellan, K./Marcolin, B., Information Technology Outsourcing, in: Business Quarterly, H. 1 (1994), S. 95-104.

Meffert/Heinemann (1990)
Meffert, H./Heinemann, G., Operationalisierung des Imagetransfers – Begrenzung des Transferrisikos durch Ähnlichkeitsmessungen, in: Marketing – Zeitschrift für Forschung und Praxis (ZFP), H. 1, 1. Quartal (1990), S. 5-10.

Meitner/Seufert (2000)
Meitner, H./Seufert, J. A., Anforderungen an die Markteintrittsstrategie von Application Service Providern, in: Information Management & Consulting, 15. Jg. (2000), Sonderausgabe, S. 21-27.

Mercer (2002)
Mercer Management Consulting, ASP: Where are the real profit zones?, http://www.mercermc.com/defaultFlash.asp?section=Press, Stand: 14.11.2002.

Mertens/Schumann/Hohe (1998)
Mertens, P./Schumann, M./Hohe, U., Informationstechnik als Mittel zur Verbesserung der Wettbewerbsposition – Erkenntnisse aus einer Beispielsammlung, in: Spremann, K./Zur, E. (Hrsg): Informationstechnologie und strategische Führung, Wiesbaden 1998, S. 109-135.

Meyer/Leuppi (1992)
Meyer, U./Leuppi, R., Outsourcing – ein neuer Megatrend in der Informatik, in: io Management Zeitschrift, H. 4, 61. Jg. (1992), S. 49-51.

Michaelis (1985)
Michaelis, E., Organisation unternehmerischer Aufgaben – Transaktionskosten als Beurteilungskriterium, Frankfurt am Main 1985.

Mies/Reiners (2003)
Mies, A./Reiners, T., Application Service Providing, in: Das Wirtschaftsstudium (WISU), H. 1, 32. Jg. (2003), S. 58-62.

Milgrom/Roberts (1992)
Milgrom, P./Roberts, J., Economics, organizations, and management, New Jersey (1992).

MIND (2001)
MIND, Mittelstand in Deutschland, Impulse und Dresdner Bank, Köln 2001, www.mind-mittelstand.de/studie/pdf/gesamt.pdf, Stand: 01.07.2004.

Minoli (1995)
Minoli, D., Analysing Outsourcing – Reengineering Information and Communication Systems, New York 1995.

Moormann (2000)
Moormann, J., Die Digitalisierung des Bankgeschäfts, in: Rebstock, M./Weber, G./Daniel, S. (Hrsg.): Informationstechnologie in Banken, Berlin 2000, S. 3-16.

Moschandreas (1997)
Moschandreas, M., The role of opportunism in transaction cost economics, in: Journal of Economic Issues, No. 1, Vol. 31, (1997), S. 39-57.

Mugler (1993)
Mugler, J., Betriebswirtschaftslehre der Klein und Mittelbetriebe, Wien 1993.

Müller (1996)
Müller, J., Diversifikation und Reputation: Transferprozesse und Wettbewerbswirkungen, Wiesbaden 1996.

Müller (2002)
Müller, A., Antrieb: Mittelstand, in: Handelsblatt, 15.04.2002, S. N1.

Müller/Ott (2001)
Müller, R./Ott, A., Lock-in to Application Service Providers, in: Buhl, H.U./Huther, A./Reitwiesner, B. (Hrsg.): Information Age Economy, Heidelberg 2001, S. 729-741.

Müller-Hagedorn/Spork (2002)
Müller-Hagedorn, L./Spork, S., Zur (Dis-)Intermediation von Handelsunternehmungen – ein integrierter Transaktions- und Logistikkostenansatz, in: Böhler, Heymo (Hrsg.): Marketing-Management und Unternehmensführung, Festschrift für Richard Köhler zum 65. Geburtstag, Stuttgart 2002, S. 547-569.

N

Nagel (1990)
Nagel, K., Nutzen der Informationsverarbeitung: Methoden zur Bewertung von strategischen Wettbewerbsvorteilen, Produktivitätsverbesserungen und Kosteneinsparungen, 2. Aufl., München/Wien 1990.

Nagengast (1997)
Nagengast, J., Outsourcing von Dienstleistungen industrieller Unternehmen: eine theoretische und empirische Analyse, Hamburg 1997.

Neuhaus (2000)
Neuhaus, K., Application Service Providing (ASP) – Revolution oder Flop, in: Diebold Management Report, Nr. 10 (2000), S. 9-12.

Neus (2001)
Neus, W., Finanzierung, in: Jost, P. (Hrsg.): Der Transaktionskostenansatz in der Betriebswirtschaftslehre, Stuttgart 2001, S. 107-153.

Noorderhaven (1996)
Noorderhaven, N. G., Opportunism and Trust in Transaction Cost Economics, in: Transaction Cost Economics and Beyond, Boston 1996, S. 105-128.

Nooteboom (1993)
Nooteboom, B., Firm Size Effects on Transaction Costs, in: Small Business Econo-mics, No. 5 (1993), S. 283-295.

O

Ossadnik/Dorenkamp/Ellinghorst (2001)
Ossadnik, W./Dorenkamp, A./Ellinghorst, A., Transaktionskosten bei Zulieferbeziehungen in der Automobilindustrie, in: Zeitschrift für Betriebswirtschaft (ZfB), H. 8, 71. Jg. (2001), S. 869-891.

Ouchi (1980)
Ouchi, W.G., Markets, Bureaucracies, and Clans, in: Administrative Science Quarterly, Vol. 25 (1980), S. 129-141.

Ouchi/Price (1993)
Ouchi, W. G./Price, R. L., Hierarchies, Clans, and Theory Z: A New Perspective on Organization Development, in: Organizational dynamics: a quarterly review of organizational behaviour for professional managers, Vol. 21 (1993), S. 62-70.

o.V. (2002a)
o.V., ASPs und Outsourcer finden die Nischen – Kunden-Management als Dienstleistung, in: Computerwoche, Nr. 18 (2002), S. 36.

o.V. (2002b)
o.V., Nachholbedarf im Mittelstand: Bedeutung von IT noch immer nicht erkannt http://www.informationweek.de/index.php3?/studien/studie11.htm, Stand 06.05.2002.

o.V. (2002c)
o.V., Vertikal ausgerichtete Angebote versprechen Erfolg – ASPs brauchen Branchen-Know-how, in: Computerwoche, Nr. 6 (2002), S. 38.

o.V. (2002d)
o.V., ASP: Vom „Rundum-Sorglos Paket" noch entfernt, http://de.internet.com /dynamic/print.html?id=2004989, Stand: 28.01.2002.

o.V. (2002e)
o.V., Dresdner Bank spart durch ASP Kosten, in: VDI-Nachrichten, Nr. 22 (2002), S. 31.

o.V. (2003a)
o.V., Böses Erwachen für ASP-Branche, in: APA Journal, 25.02.2003, http://www.asp-group.at/www/getFile.php?id=171, Stand: 28.09.2003.

o.V. (2003b)
o.V., Die zweite ASP-Welle ist auf dem Weg, in: Computerwoche online, 27.06.2003, http://www.computerwoche.de/index.cfm?pageid=267&type= ArtikelDetail&id=80112633, Stand: 14.10.2003.

o.V. (2003c)
o.V., Konzept – ASP-Marktstudie, in: Institut für Personal- und Organisationsentwicklung, Johannes Kepler Universität Linz (Hrsg.), Version 1.0, Auftraggeber: ASP Group Austria, Linz 2003, http://www.ipo.jku.at/aktuelles /Konzept%20-%20ASP-Marktstudie%20(Version%201.0).pdf, Stand: 03.11. 2003.

o.V. (2003d)
o.V., Amazon.com gründet ASP-Tochter, in: Computerwoche, H. 25 (2003), S. 6.

o.V. (2004a)
o.V., Dresdner Bank: Kostenreduzierende Portallösung mit PRIMERGY Servern, http://www.visionapp.de/fileadmin/documents/success_Dresdner_Bank_FINAL.pdf, Stand: 2.3.2004.

o.V. (2004b)
o.V., Blick in die Glaskugel/Metagroup definiert Megatrends – Wachstum in nur einzelnen Märkten, in: Computerwoche, H. 1/2 (2004).

P

Pester/Jacobs (2002)
Pester, M./Jacobs, B., E-Commerce als kritischer Erfolgsfaktor im Firmenkundengeschäft von Kreditgenossenschaften, in: Juncker, K./Priewasser, E. (Hrsg.): Handbuch Firmenkundengeschäft – Technologie, Rating und Risikosteuerung als Kernkompetenz der Banken, 2. Aufl., Frankfurt am Main 2002, S. 613-626.

Pfüller (2001)
Pfüller, G., Consulting-Schwerpunkte bei der Entwicklung eines Application Service Providers (ASP), in: Consulting: Wissen für Strategie-, Prozess- und IT-Beratung, 2. Aufl., Berlin 2001, S. 235-249.

Patterson (2001)
Patterson, J., ASP and the curse of Microsoft, in: vnunet.com vom 16.07.2001, http://vnunet.com/news/1123997, Stand: 11.03.2003.

Penrose (1959)
Penrose, E., The Theory of the Growth of the Firm, Oxford 1959.

Pfohl (1997)
Pfohl, H.-C., Abgrenzung der Klein- und Mittelbetriebe von Großbetrieben, in: Pfohl, H.-C. (Hrsg.): Betriebswirtschaftslehre der Mittel- und Kleinbetriebe: größenspezifische Probleme und Möglichkeiten zu ihrer Lösung, 3. Aufl., Berlin 1997, S. 1-25.

Pfohl/Large (1992)
Pfohl, H.-C./Large, R., Gestaltung interorganisatorischer Logistiksysteme auf der Grundlage der Transaktionskostentheorie, in: Zeitschrift für Verkehrswissenschaft, 63. Jg. (1992), S. 15-51.

Pfüller (2001)
Pfüller, G., Consulting-Schwerpunkte bei der Entwicklung eines Application Service Providers (ASP), in: Scheer, A.-W./Köppen, A. (Hrsg.): Consulting: Wissen für Strategie-, Prozess- und IT-Beratung, 2. Aufl., Berlin 2001, S. 235-249.

Picot (1981)
Picot, A., Transaktionskostentheorie der Organisation, Hannover 1981.

Picot (1982)
Picot, A, Transaktionskostenansatz in der Organisationstheorie: Stand der Diskussion und Aussagewert, in: DBW, H. 2, 42. Jg. (1982), S. 267-284.

Picot (1985)
Picot, A., Transaktionskosten, in: DBW, H. 2, 45. Jg. (1985), S. 224-225.

Picot (1986)
Picot, A., Transaktionskosten im Handel – Zur Notwendigkeit einer flexiblen Strukturentwicklung in der Distribution, in: Betriebsberater: Zeitschrift für Recht und Wirtschaft, Beilage 13 zu H. 27 (1986).

Picot (1989)
Picot, A, Zur Bedeutung allgemeiner Theorieansätze für die betriebswirtschaftliche Information und Kommunikation: Der Beitrag der Transaktionskosten- und Principal-Agent-Theorie, in: Kirsch, W. (Hrsg.): Die Betriebswirtschaftslehre im Spannungsfeld zwischen Generalisierung und Spezialisierung: Edmund Heinen zum 70. Geburtstag, Wiesbaden 1989.

Picot (1990)
Picot, A., Organisation von Informationssystemen und Controlling, in: Controlling, H. 6 (1990), S. 296-305.

Picot (1991)
Picot, A., Ein neuer Ansatz zur Gestaltung der Leistungstiefe, in: Zeitschrift für betriebswirtschaftliche Forschung (ZfbF), H. 4, 43. Jg. (1991), S. 336-357.

Picot (1992a)
Picot, A., Ronald H. Coase – Nobelpreisträger 1991, in: Wirtschaftswissenschaftliches Studium (WiSt), H. 2 (1992), S. 79-83.

Picot (1992b)
Picot, A., Analyse- und Gestaltungskonzepte für das Outsourcing, in: Information Management, H. 4 (1992), S. 14-27.

Picot (1992c)
Picot, A., Marktorientierte Gestaltung der Leistungstiefe, in: Reichwald (Hrsg.): Marktnahe Produktion, Wiesbaden 1992, S. 103-124.

Picot (1993)
Picot, A., Contingencies for the Emergence of Efficient Symbiotic Arrangements, in: Journal of Institutional and theoretical Economics (JITE), No. 4, Vol. 149 (1993), S. 731-740.

Picot/Buttermann/Walters (2000)
Picot, A./Buttermann, A./Walters, R., Erfolgsfaktoren für Application Service Providing, in: Information Management & Consulting, 15. Jg. (2000), Sonderausgabe, S. 44-50.

Picot/Dietl (1990)
Picot, A./Dietl, H., Transaktionskostentheorie, in: Wirtschaftswissenschaftliches Studium (WiSt), H. 4 (1990), S. 178-184.

Picot/Dietl/Franck (2002)
Picot, A./Dietl, H./Franck, E., Organisation: eine ökonomische Perspektive, Stuttgart 2002.

Picot/Jahn (2000)
Picot, A./Jahn, A., ASP als innerbetriebliches Allheilmittel?, in: Information Management & Consulting, 15. Jg., Sonderausgabe (2000), S. 72-77.

Picot/Maier (1992)
Picot, A./Maier, M., Analyse- und Gestaltungskonzepte für das Outsourcing, in: Information Management, H. 4 (1992), S. 14-27.

Picot/Neuburger (2000)
Picot, A./Neuburger, R., Auswirkungen der Informations- und Kommunikationstechnik auf Bankgeschäft und Bankorganisation, in: Häflinger, G.E./Meier,

J.D. (Hrsg.), Aktuelle Tendenzen im Innovationsmanagement, Heidelberg 2000, S. 311-327.

Picot/Reichwald (1994)
Picot, A./Reichwald, R., Auflösung der Unternehmung? Vom Einfluß der IuK-Technik auf Organisationsstrukturen und Kooperationsformen, in: Zeitschrift für Betriebswirtschaft (ZfB), 64. Jg. (1994), H. 5, S. 547-570.

Picot/Reichwald/Schönecker (1985)
Picot, A./Reichwald, R./Schönecker, G., Eigenerstellung oder Fremdbezug von Organisationsleistung – ein Problem der Unternehmensführung, in Office Management, 33. Jg. (1985), S. 818-821 und 1029-1034.

Picot/Reichwald/Wigand (2001)
Picot, A./Reichwald, R./Wigand R., Die grenzenlose Unternehmung: Information, Organisation und Management, Wiesbaden 2001.

Picot/Ripperger/Wolff (1996)
Picot, A./Ripperger, T./Wolff, B., The Fading Boundaries of the Firm: The Role of Information and Communication Technology, in: Journal of Institutional and Theoretical Economics (JITE), Vol. 152 (1996), S. 65-79.

PAC (2004)
PAC Pierre Audoin Consultants, Outsourcing Program Germany, Update March 2004 – Market Figures by Industries and Type of Contract, März 2004.

Pieper (2000)
Pieper, J., Vertrauen in Wertschöpfungspartnerschaften – Eine Analyse aus Sicht der Neuen Institutionenökonomie, Wiesbaden 2000.

Pietsch/Martiny/Klotz (1998)
Pietsch, T./Martiny, L./Klotz, M., Strategisches Informationsmanagement: Bedeutung und organisatorische Umsetzung, 3. Aufl., Berlin 1998.

Pisano (1989)
Pisano, G.P., Using Equity Participation to Support Exchange: Evidence from the Biotechnology Industry, in: Journal of Law, Economics, and Organization, No. 1, Vol. 5 (1989), S. 109-126.

Porter/Millar (1985)
Porter, M.E./Millar, V.E., How Information gives you Competitive Advantage, in: Harvard Business Review, No. 4, Vol. 63 (1985), S. 149-160.

Preston/Brohman (2002)
Preston, D./Brohman, K., Outsourcing opportunities for data warehousing business usage, in: Logistics Information Management, No. 3, Vol. 15 (2002), S. 204-211.

Priewasser (2000)
Priewasser, E., Die Priewasser-Prognose zum Firmenkundengeschäft, Frankfurt am Main 2000.

Priewasser (2002)
Priewasser, E., Aus dem Blickwinkel der Zukunftsforschung: Umweltbedingungen und Funktionen des Firmenkundengeschäfts, in: Juncker, K./Priewasser, E. (Hrsg.): Handbuch Firmenkundengeschäft – Technologie, Rating und Risikosteuerung als Kernkompetenz der Banken, Frankfurt am Main 2002, S. 23-62.

R

Rapold (1988)
Rapold, I., Qualitätsunsicherheit als Ursache von Marktversagen: Anpassungsmechanismen und Regulierungsbedarf, München 1988.

Reiter (1991)
Reiter, G., Strategien des Imagetransfers, in: Jahrbuch der Absatz- und Verbrauchsforschung, H. 3 (1991), S. 210-222.

Renker (2003)
Renker, C., Relationship Marketing im Firmenkundengeschäft: Konzepte – Erfolgsfaktoren – Umsetzung, Stuttgart 2003.

Reese (1991)
Reese, J., Unternehmensflexibilität, in: Kistner, K.P./Schmidt, R. (Hrsg.): Unternehmensdynamik, Wiesbaden 1991, S. 361-387.

Reese (1994)
Reese, J., Theorie der Organisationsbewertung, München 1994.

Renker (1993)
Renker, C., Firmenkundenmarketing: Erfolg im Bankmarketing gegenüber Unternehmen und Selbständigen, Stuttgart 1993.

Reus (1998)
Reus, P., Merkmale und ökonomische Effekte elektronischer Märkte unter besonderer Berücksichtigung der Bankenmärkte, in: Burkhardt, T./Lohmann, K. (Hrsg.): Banking und Electronic Commerce im Internet, Berlin 1998, S. 48-82.

Richter (1990)
Richter, R., Sichtweise und Fragestellungen der Neuen Institutionenökonomik, in: Zeitschrift für Wirtschafts- und Sozialwissenschaften (ZWS), H. 4, 110. Jg. (1990), S. 571-591.

Richter/Bindseil (1995)
Richter, R./Bindseil, U., Neue Institutionenökonomik, in: Wirtschaftswissenschaftliches Studium (WiSt), H. 3 (1995), S. 132-140.

Richter/Furubotn (1999)
Richter, R./Furubotn, E., Neue Institutionenökonomik: eine Einführung und kritische Würdigung, 2. Aufl., Tübingen (1999).

Ridder (2000)
Ridder, F., IT aus der Steckdose, in: Information Management & Consulting, 15. Jg. (2000), Sonderausgabe, S. 51-55.

Riedl (2004)
Riedl, R., Asymmetrische Information und Service Level Agreements, in: Riedl, R./Auinger, T. (Hrsg.): Herausforderungen der Wirtschaftsinformatik, Wiesbaden 2004, S. 225-249.

Rieker (2001)
Rieker, B., Das Zwei-Milliarden-Dollar-Modell, in: Köhler-Frost, W. (Hrsg.): Application Service Providing – Die neue Herausforderung für Unternehmen, Berlin 2001, S. 39-53.

Riemer/Ahlemann (2001)
Riemer, K./Ahlemann, F., Application Service Providing – Erfahrungsbericht aus Sicht eines Providers, in: Buhl, H.U./Huther, A./Reitwiesner, B. (Hrsg.):Information Age Economy, Heidelberg 2001, S. 743-756.

Riemer/Klein (2001)
Riemer, K./Klein, S., E-Commerce erfordert Vertrauen, in: Das Wirtschaftsstudium (WISU), H. 5 (2001), S. 710-717.

Riepl (1998)
Riepl, L., TCO versus ROI, in: Information Management, H. 2 (1998), S. 7-12.

Rindfleisch/Heide (1997)
Rindfleisch, A./Heide, J., Transaction cost analysis: Past, present, and future applications, in: Journal of Marketing, No. 4, Vol. 61, (1997), S. 30-54.

Ring/Hope/Leston (2000)
Ring, K./Hope, M./Leston, J., Application Service Providers: Opportunities and Risks, London 2000, www.ovum.com.

Ripperger (1998)
Ripperger, T., Ökonomik des Vertrauens: Analyse eines Organisationsprinzips, Tübingen 1998.

Rode (2001)
Rode, M., Banken und Internet: Umstellung in allen Bereichen, in: bank und markt, Nr. 8, 30. Jg. (2001), vom 01.08.2001, S. 24.

Röhrborn/Sinhart (2000)
Röhrborn, J./Sinhart, M., Application Service Providing, Rechtliche Beurteilung, Haftung und Vertragsgestaltung, 2000, http://www.krp-group.de/frames /frame_veranstalt.html, Stand: 06.03.2002.

Rometsch (1996)
Rometsch, S., Das Firmenkundengeschäft im Zeitalter global vernetzter Kommunikationssysteme: I. Strategische Grundlagen, in: Die Bank, H. 10 (1996), S. 586-592.

Rose (1999)
Rose, F., The Economics, Concept, and Design of Information Intermediaries – A Theoretic Approach, Heidelberg 1999.

Roßbach/Nusser (2003)
Roßbach, P./Nusser, J., E-Business im Firmenkundengeschäft, in: Dahmen, A./Jacobi, P./Roßbach, P. (Hrsg.): Corporate Banking - Zukunftsorientierte Strategien im Firmenkundengeschäft, 2. Aufl., Frankfurt am Main 2003, S. 299-331.

Rumer (1994)
Rumer, K., Internationale Kooperationen und Joint Ventures: Standortvorteile nutzen, neue Märkte und Technologien erschließen, Wiesbaden 1994.

Ruthekolck/Kelders (1993)
Ruthekolck, T./Kelders C., Effizienzsteigerung durch Outsourcing oder interne Maßnahmen?, in: Office Management, H. 4 (1993), S. 56-61.

S

Sako (1992)
Sako, M., Prices, quality and trust: Inter-firm relations in Britain and Japan, Cambridge 1992.

Saliger (1993)
Saliger, E., Betriebswirtschaftliche Entscheidungstheorie: Einführung in die Logik individueller und kollektiver Entscheidungen, 3. Auflage, München 1993.

Sambamurthy/Zmud (1999)
Sambamurthy, V./Zmud, R.W., Arrangements for Information Technology Governance: A Theory of Multiple Contingencies, in: MIS Quarterly, No. 2, Vol. 23 (1999), S. 261-290.

Sattler/Schirm (1999)
Sattler, H./Schirm, K., Der Einfluß von Marken auf die Glaubwürdigkeit von Produkt-Vorankündigungen – ein internationaler empirischer Vergleich, Zeitschrift für Betriebswirtschaft (ZFB), Ergänzungsheft 2 (1999), S. 63-86.

Sauter (1985)
Sauter, F., Transaktionskostentheorie der Organisation, München 1985.

Schäfer (2001)
Schäfer, T., ASP Value Chain, in: Köhler-Frost, W. (Hrsg.): Application Service Providing – Die neue Herausforderung für Unternehmen, Berlin 2001, S. 80-93.

Schätzer (1999)
Schätzer, S., Unternehmerische Outsourcing-Entscheidungen – Eine transaktionskostentheoretische Analyse, Wiesbaden 1999.

Schellenberg (2001)
Schellenberg, M., Haftungsrisiken für den Application Service Provider, http://www.legamedia.net/legapractice/andersen-luther/2001/01-03/0103_schellenberg_martin_asp-haftung.php, 2001, Stand: 10.10.2003.

Scherer (1995)
Scherer, N., Kooperationsentscheidungen in Forschung und Entwicklung, Frankfurt am Main 1995.

Schierenbeck (2001)
Schierenbeck, H., Relationship-Management als zentraler Erfolgsfaktor im Firmenkundengeschäft, in: Rolfes, B./Schierenbeck, H./Schüller, S. (Hrsg.): Das Firmendkundengeschäft – ein Wertvernichter?, Frankfurt am Main 2001, S. 187-216.

Schlotmann/Kiefer (2001)
Schlotmann, R./Kiefer, L., So haben Banken einen strategischen Vorteil, in: geldinstitute, H. 4-5 (2001), S. 56-58.

Schmidt (1997)
Schmidt, D.O., Unternehmenskooperation in Deutschland: Voraussetzungen und Verbreitung, Wiesbaden 1997.

Schmitz (1992)
Schmitz, P., Informationsverarbeitung, in: Frese, E. (Hrsg.): Handwörterbuch der Organisation, Stuttgart 1992, S. 958-967.

Schmoll (1996)
Schmoll, A., Firmenkunden aktiv und erfolgreich betreuen: Konzepte – Checklisten - Tips, Wiesbaden 1996.

Schneider (1984)
Schneider, D., Erklären Lieb-Coase-ungen mit einem „Marktversagen“ die Existenz von Unternehmungen?, in: Schanz, G. (Hrsg.): Betriebswirtschaftslehre und Nationalökonomie: wissenschaftstheoret. Standortbestimmungen u. Perspektiven, Wiesbaden 1984, S. 225-246.

Schneider (1985)
Schneider, D., Die Unhaltbarkeit des Transaktionskostenansatzes für die „Markt oder Unternehmung“-Diskussion, in: Zeitschrift für Betriebswirtschaft (ZfB), H. 12, 55. Jg. (1985), S. 1237-1254.

Schober (1993)
Schober, F., Informationsmanagement im Mittelstand – Probleme und Lösungsansätze, in: Zeitschrift für Planung, H. 4 (1993), S. 295-314.

Schotters (1992)
Schotters, M., Informationsmanagement in mittelständischen Unternehmungen: Möglichkeiten und Grenzen einer Implementierung unter besonderer Berücksichtigung der Funktionsausgliederung (Outsourcing), Münster 1992.

Schulte/Degel (2001)
Schulte, H.-W./Degel, J., E-Business im Firmengeschäft: neue Produkte für den Wettbewerb, in: bank und markt, H. 6, 30. Jg. (2001), S. 28-31.

Schwarze (1995)
Schwarze, J., Strategische Konzeption von Outsourcing-Architekturen, in: Fachzeitschrift für öffentliche Verwaltung, H. 1, 17. Jg. (1995), S. 4-9.

Schwarze (2000)
Schwarze, J., Einführung in die Wirtschaftsinformatik, 5. Aufl., Herne/Berlin 2000.

Schweiger (1982)
Schweiger, G., Imagetransfer, in: Marketing Journal, H. 4 (1982), S. 321-322.

Schwietzke (2000)
Schwietzke, B., COTELWEB – elektronischer Zahlungsverkehr via Internet, in: EB-Update, H. 2 (2000), S. 3.

Seidel (2001)
Seidel, B., ASP: Großes Angebot – schleppende Nachfrage, in: Computerwoche Extra, Nr. 1 (2001).

Selchert (1971)
Selchert, F. W., Die Ausgliederung von Leistungsfunktionen in betriebswirtschaftlicher Sicht, Berlin (1971).

Seven One - Media (2001)
Seven One - Media, Marktstudie Application Service Providing – Dienstleistung auf den Punkt gebracht (erstellt im Auftrag des ASP-Konsortiums e.V.), 2001.

Sharma/Gupta (2002)
Sharma, S.K./Gupta, J.N.D., Application service providers: issues and challenges, in: Logistics Information Management, No. 3, Vol. 15 (2002), S. 160-169.

Siebecke (1999)
Siebecke, D., Outsourcing der Weiterbildung – Checkliste zur Vorbereitung der strategischen Entscheidung, Planung und Umsetzung, in: Wißkirchen, F. (Hrsg.):Outsourcing-Projekte erfolgreich realisieren, Stuttgart 1999, S. 149-164.

Siepermann (2002)
Siepermann, C., Das Outsourcing von Logistikdienstleistungen, in: Das Wirtschaftsstudium (WISU), H. 8-9, 31. Jg. (2002), S. 1049-1051.

Simon (1985)
Simon, H., Goodwill und Marketingstrategie, Wiesbaden 1985.

Simon/Laker (1995)
Simon, H./Laker, M., Kundennähe – Herausforderung für Banken, in: Die Bank, H. 8 (1995), S. 464-465.

Smith (2002)
Smith, M., Application Service Provision: The IS Infrastructure Context, in: Hirschheim, R./Heinzl, A./Dibbern, J.: Information Systems Outsourcing, Berlin 2002, S. 451-473.

Sobol/Apte (1995)
Sobol, M.G./Apte, U., Domestic and global outsourcing practices of America's most effective IS users, in: Journal of Information Technology, H. 10 (1995), S. 269-280.

Spence (1974)
Spence, A.M., Market signalling: informational transfer in hiring and related screening processes, Cambridge, Mass. 1974.

Spremann (1988)
Spremann, K., Reputation, Garantie, Information, in: Zeitschrift für Betriebswirtschaft (ZfB), H. 5/6, 58. Jg. (1988), S. 613-629.

Spremann (1990)
Spremann, K., Asymmetrische Information, in: Zeitschrift für Betriebswirtschaft (ZfB), H. 5/6, 60. Jg. (1990), S. 561-586.

Spulber (1996)
Spulber, D.F., Market Microstructure and Intermediation, in: Journal of Economic Perspectives, No. 3, Vol. 10 (1996), S. 135-152.

Spulber (1999)
Spulber, D.F., Market Microstructure: Intermediaries and the Theory of the Firm, Cambridge 1999.

Stadelmann (1996)
Stadelmann, M., Informationstechnologie als Hilfsmittel der Führung in Klein- und Mittelunternehmen (KMU), Bern 1996.

Stahl/Wimmer (2000)
Stahl, E./Wimmer, A., Informationsverarbeitung in Banken – Innovative Technologien und Konzepte, in: Banking and Information Technology (BIT), H. 2 (2000), S. 7-17.

Stahlknecht (1999)
Stahlknecht, P., Einführung in die Wirtschaftsinformatik, 9. Aufl., Berlin 1999.

Stamm (2001)
Stamm, H., Vom IT-Outsourcing zum Application Service Providing, in: Köhler-Frost, W. (Hrsg.): Application Service Providing – Die neue Herausforderung für Unternehmen –, Berlin 2001, S. 54-67.

Steffen (2000)
Steffen, G., Blick zurück nach vorn, in: Köhler-Frost, W. (Hrsg.): Outsourcing: Eine strategische Allianz besonderen Typs, Berlin 2000, ohne Seitenangabe.

Sullivan (1990)
Sullivan, M.W., Measuring Image Spillovers in Umbrella-branded Products, in: Journal of Business, No. 3, Vol. 63 (1990), S. 309-329.

Sydow (1992)
Sydow, J., Strategische Netzwerke: Evolution und Organisation, Wiesbaden 1992.

Sydow (1995)
Sydow, J., Konstitutionsbedingungen von Vertrauen in Unternehmensnetzwerken – Theoretische und empirische Einsichten, in: Die Dimensionierung des Unternehmens, Stuttgart 1995, S. 177-200.

Sydow (1999)
Sydow, J., Quo Vadis Transaktionskostentheorie? – Wege, Irrwege, Auswege, in: Edeling, T./Jann, W./Wagner, D. (Hrsg.): Institutionenökonomie und Neuer Institutionalismus – Überlegungen zur Organisationstheorie, Opladen 1999.

Sydow (2001)
Sydow, J., Zwischenbetriebliche Kooperationen, in: Jost, P. (Hrsg.): Der Transaktionskostenansatz in der Betriebswirtschaftslehre, Stuttgart 2001, S. 241-271.

Szyperski (1993)
Szyperski, N., Outsourcing als strategische Entscheidung, in: online, H. 2 (1993), S. 32-41.

Szyperski/Schmitz/Kronen (1993)
Szyperski, N./Schmitz, P./Kronen, J., Outsourcing: Profil und Markt einer Dienstleistung für Unternehmen auf dem Wege zur strategischen Zentrierung, in: Wirtschaftsinformatik, H. 3, 35. Jg. (1993), S. 228-240.

T

Takac (1994)
Takac, P., Outsourcing: a key to controlling escalating IT costs, in: International journal of technology management, Vol. 9 (1994), No. 2, S. 139-155.

Tamm (2003)
Tamm, G., Netzbasierte Dienste – Angebot, Nachfrage und Matching, Berlin 2003, http://edoc.hu-berlin.de/dissertatione/tamm-gerrit-2003-05-09/PDF/Tamm .pdf, Stand: 06.09.2004.

Tamm/Günther (2000)
Tamm, G./Günther O., Business Models for ASP Marketplaces, in: Hansen, H.R./Bichler, M./Mahrer, H. (Hrsg.): ECIS 2000, Vol. 2, Vienna 2000, S. 968-975.

Thome/Hennig/Friedrich (2001)
Thome, R./Hennig, A./Friedrich, M., Werkzeugbasierte Einführung von Softwarekomponenten für das E-Business in KMU, in: Das Wirtschaftsstudium (WISU), H. 2 (2001), S. 230-237.

Thürbach (1974)
Thürbach, R.P., Die elektronische Datenverarbeitung in Klein- und Mittelbetrieben des Einzelhandels – Einsatzmöglichkeiten und Einsatzerfahrungen in der Praxis, Göttingen 1974.

Tirole (1995)
Tirole, J., Industrieökonomik, München 1995.

Toigo (2002)
Toigo, J.W., The Essential Guide to Application Service Providers, New York 2002.

Toporowski (1999)
Toporowski, W., Der Baligh-Richartz-Effekt, in: Wirtschaftswissenschaftliches Studium (WiSt), H. 2, 28. Jg. (1999), S. 81-83.

Toporowski (2000)
Toporowski, W., Auswirkungen von E-Commerce auf den Einzelhandel – der Erklärungsbeitrag der Transaktionskostentheorie, in: Müller-Hagedorn, L. (Hrsg.): Zukunftsperspektiven des E-Commerce im Handel, Frankfurt am Main 2000, S. 73-120.

Triple Tree (2003)
Triple Tree, 2003 Outsourcing Update, http://www.triple-tree.com/reports/2003 outupdate.pdf, Stand: 08.05.2003.

V

Vogt (1997)
Vogt, J., Vertrauen und Kontrolle in Transaktionen: eine institutionenökonomische Analyse, Wiesbaden (1997).

Vollmar (2000)
Vollmar, B. H., Vertrauen in Online-Transaktionen – Überlegungen am Beispiel des elektronischen Bankgeschäfts im Internet, in: Holst, J./Wilkens, M. (Hrsg.): Finanzielle Märkte und Banken – innovative Entwicklungen am Beginn des 21. Jahrhunderts, Berlin 2000, S. 175-199.

W

Wainewright (2002)
Wainewright, P., Direct Approach Not Best for Euro ASPs, http://www.asp-news.com/strategies/technologies/article/0,,10584_974341,00.html, 2002, Stand 08.10.2003.

Wall (1993)
Wall, F., Organisatorische Aspekte der Informationsverarbeitung in mittelständischen Unternehmen, in: Mucksch, H./Rosenthal, W./Ruf, W. (Hrsg.): Entwicklungstendenzen der Informationsverarbeitung in Klein- und Mittelbetrieben, Ammersbek bei Hamburg 1993, S. 1-23.

Ward/Griffiths/Whitmore (1990)
Ward, J./Griffiths, P./Whitmore, P., Strategic planning for information systems, West Sussex 1990.

Weber (2001)
Weber, M., Das Bankgeschäft der Zukunft, in: Krumnow, J./Lange, T.A. (Hrsg.): Management Handbuch eBanking, Stuttgart 2001, S. 515-538.

Weber/Weißenberger/Löbig (2001)
Weber, J./Weißenberger, B.E./Löbig, M., Operationalisierung der Transaktionskosten, in: Jost, P.J. (Hrsg.): Der Transaktionskostenansatz in der Betriebswirtschaftslehre, Stuttgart 2001, S. 147-447.

Wegehenkel (1981)
Wegehenkel, L., Gleichgewicht, Transaktionskosten und Evolution – Eine Analyse der Koordinierungseffizienz unterschiedlicher Wirtschaftssysteme –, Tübingen 1981.

Weiber/Adler (1995)
Weiber, R./Adler, J., Informationsökonomisch begründete Typologisierung von Kaufprozessen, in: Zeitschrift für betriebswirtschaftliche Forschung (ZfbF), H. 1, 47. Jg. (1995), S. 43-65.

Werner (2002)
Werner, J., Onlinebanking für Firmenkunden, in: Juncker, K./Priewasser, E. (Hrsg.): Handbuch Firmenkundengeschäft – Technologie, Rating und Risikosteuerung als Kernkompetenz der Banken, 2. Aufl., Frankfurt am Main 2002, S. 507-522.

Wernerfelt (1984)
Wernerfelt, B., A Resource-based View of the Firm, in: Strategic Management Journal, Vol. 5 (1984), S. 171-180.

Wernerfelt (1988)
Wernerfelt, B., Umbrella branding as a signal of new product quality: an example of signalling by posting a bond, in: RAND Journal of Economics, No. 3, Vol. 19 (1988), S. 458-466.

Westerholt (2002)
Westerholt, M. Gräfin von/Berger, K., Der Application Service Provider und das neue Schuldrecht, in: Computerrecht, H. 2 (2002), S. 81-89.

Wiedmann/Buckler/Boecker (2004)
Wiedmann, K.-P./Buckler, F./Boecker, C., Reputation als Ertragsfaktor, in: Bankmagazin, H. 9 (2004), S. 36-37.

Wildemann (1998)
Wildemann, H., Make or Buy & Insourcing: Leitfaden zur Optimierung von Leistungsumfängen, 6. Aufl., München 1998.

Willcocks/Fitzgerald/Lacity (1996)
Willcocks, L./Fitzgerald, G./Lacity, M., To outsource IT or not?: recent research on economics and evaluation practice, in: European Journal of Information Systems, No. 5 (1996), S. 143-160.

Williams (2003)
Williams, A., ASP Outsourcing: the Customer Experience, 2003.

Williamson (1971)
Williamson, O.E., The Vertical Integration of Production: Market Failure Considerations, in: American Economic Review, LXI (2), May (1971), S. 112-123.

Williamson (1975)
Williamson, O.E., Markets and Hierarchies: Analysis and Antitrust Implications, New York 1975.

Williamson (1981a)
Williamson, O.E., The Modern Corporation: Origins, Evolution, Attributes, in: Journal of Economic Literature, Vol. 19 (1981), S. 1537-1568.

Williamson (1981b)
Williamson, O.E., The Economics of Organization: The Transaction Cost Approach, in: The American Journal of Sociology, Nr. 3, Vol. 87. (1981), S. 548-577.

Williamson (1983)
Williamson, O.E., Organizational Innovation: The Transaction-Cost Approach, in: Entrepreneurship, Lexington (1983), S. 101-133.

Williamson (1985)
Williamson, O.E., The Economic Institutions of Capitalism, New York 1985.

Williamson (1990)
Williamson, O.E., Transaction Cost Economics, in: Schmalensee, R./Willig, R. D.: Handbook of Industrial Organization, Amsterdam 1990, S. 135-182.

Williamson (1991)
Williamson, O.E., Comparative Economic Organization: The Analysis of Discrete Structural Alternatives, in: Administrative Science Quarterly, 36 (1991), S. 269-296.

Williamson (1996)
Williamson, O.E., Transaktionskostenökonomik, in: Dietl, H./Erlei, C./Erlei, M./Leschke, M.: Ökonomische Theorie der Institutionen, Bd. 3, Hamburg 1996.

Windsperger (1983)
Windsperger, J., Transaktionskosten in der Theorie der Firma, in: Zeitschrift für Betriebswirtschaft (ZfB), H. 9, 53. Jg. (1983), S. 889-903.

Windsperger (1991)
Windsperger, J., Transaktionskosten und Informationsstruktur, in: Heinrich, L. J./Pomberger, G./Schauer, R. (Hrsg.): Die Informationswirtschaft im Unternehmen, Linz 1991.

Windsperger (1996a)
Windsperger, J., Transaktionskostenansatz der Entstehung der Unternehmensorganisation, Heidelberg 1996.

Windsperger (1996b)
Windsperger, J., Transaktionsspezifität, Reputationskapital und Koordinationsform, in: Zeitschrift für Betriebswirtschaft (ZfB), H. 8, 66. Jg. (1996), S. 965-978.

Windsperger (1999)
Windsperger, J., Die Entwicklung der Unternehmenstheorie seit Gutenberg, in: Albach, H./Eymann, E./Luhmer, A./Steven, M.: Die Theorie der Unternehmung in Forschung und Praxis, Berlin 1999, S. 145-166.

Windsperger (2001)
Windsperger, J., Strategie und Organisationsstruktur, in: Jost, P. (Hrsg.): Der Transaktionskostenansatz in der Betriebswirtschaftslehre, Stuttgart 2001, S. 155-181.

Wirth (1996)
Wirth, A., Technologische und institutionelle Aspekte bei der Bereitstellung von Informationsverarbeitungsleistungen, Frankfurt am Main 1996.

Wißkirchen (1999)
Wißkirchen, F., Beurteilung der Vorteilhaftigkeit von Outsourcing unter Berücksichtigung von Prozesskosten und Transaktionskosten, in: Wißkirchen, F. (Hrsg.): Outsourcing-Projekte erfolgreich realisieren, Stuttgart 1999, S. 283-313.

Wittmann (1995)
Wittmann, W., Unternehmung und unvollkommene Information, Köln/Opladen 1995.

Wittstock (1987)
Wittstock, M., Die Auswirkungen neuer Informations- und Kommunikationstechniken auf mittelständische Unternehmen, Stuttgart 1987.

Wolff/Neubuger (1995)
Wolff, B./Neuburger, R., Zur theoretischen Begründung von Netzwerken aus der Sicht der Neuen Institutionenökonomik, in: Jansen, D./Schubert, K. (Hrsg.): Netzwerke und Politikproduktion: Konzepte, Methoden, Perspektiven, Marburg 1995, S. 74-94.

Wollnik (1988)
Wollnik, M., Ein Referenzmodell des Informationsmanagements, in: Information Management, H. 3 (1988), S. 34-43.

Wüllenweber (2002)
Wüllenweber, J., Diagnose und Optimierung strategischer Wettbewerbsvorteile durch technikgestützte Informationsverarbeitung: eine auf Logistikunternehmen fokussierte Konzeption, Frankfurt am Main 2002.

Wurl/Lazanowski (2002)
Wurl, H.-J./Lazanowski, M., Outsourcing – ein strategisches Entscheidungsproblem, in: Das Wirtschaftsstudium (WISU), H. 12, 31. Jg. (2002), S. 1541-1547.

Z

Zahn/Barth/Hertweck (1998)
Zahn, E./Barth, T./Hertweck, A., Outsourcing unternehmensnaher Dienstleistungen in der Region Stuttgart – Ergebnisse einer empirischen Untersuchung –, in: Gassert, H. (Hrsg.): Innovative Dienstleistungspartnerschaften: neue Formen der Zusammenarbeit zwischen Industrie und Dienstleistern, Stuttgart 1998, S. 109-137.

Zimmermann (1995)
Zimmermann, H.-D., Online-Dienste: Stand und aktuelle Entwicklungen, in: Schmid, B. (Hrsg.): Electronic mall: Banking und Shopping in globalen Netzwerken, Stuttgart 1995, S. 315-342.

Zinnbauer/Bakay/Schwaiger (2004)
Zinnbauer, M./Bakay, Z./Schwaiger, M., Hohe Reputation stärkt die Kundenbindung, in: Betriebswirtschaftliche Blätter, H. 6, 53. Jg. (2004), S. 271-274.

Zorbach (2002)
Zorbach, R., Financial Application Service Providing – Technologien und strategische Positionierung, in: Banking and Information Technology, H. 1, Bd. 3, (2002), S. 33-41.

Internetressourcen

www.aareon.de
www.afb.de
www.allago.de
www.amazon.com
www.aol.com
www.asperado.de
www.aspstreet.com
www.datasec.de
www.datev.de
www.db-bankline.deutsche-bank.com/willkommen_DE.htm
www.efiport.de
www.die-sparkasse.de
www.exitec.de
www.extrahyp.de
www.finanzit.com
www.gmx.de
www.javias.de
www.lohndirekt.com
www.onventis.de
www.perbit.de
www.rag-informatik.de
www.salesforce.com
www.swest.de
www.swissrisk.com
www.tuul.de
www.uddi.org
www.visionapp.de
www.web-kaufmann.de

Gesetzestexte

BGB
HGB
KWG

Anhang I

Unternehmensführung	
Klein- und Mittelbetriebe	Großbetriebe
Eigentümer-Unternehmer	Manager
mangelnde Unternehmensführungskenntnisse	fundierte Unternehmenskenntnisse
technisch orientierte Ausbildung	gutes technisches Wissen in Fachabteilungen und Stäben verfügbar
unzureichendes Informationswesen zur Nutzung vorhandener Flexibilitätsvorteile	ausgebautes formalisiertes Informationswesen
patriarchalische Führung	Führung nach Management-by-Prinzipien
kaum Gruppenentscheidungen	häufig Gruppenentscheidungen
große Bedeutung von Improvisation und Intuition	geringe Bedeutung von Improvisation und Intuition
kaum Planung	umfangreiche Planung
durch Funktionshäufung überlastet; wenn Arbeitsteilung, dann personenbezogen	hochgradige sachbezogene Arbeitsteilung
unmittelbare Teilnahme am Betriebsgeschehen	Ferne zu Betriebsgeschehen
geringe Ausgleichsmöglichkeiten bei Fehlentscheidungen	gute Ausgleichsmöglichkeiten bei Fehlentscheidungen
Führungspotenzial nicht austauschbar	Führungspotenzial austauschbar

Organisation	
Klein- und Mittelbetriebe	Großbetriebe
auf den Unternehmer ausgerichtetes Einliniensystem, von ihm selbst oder mithilfe weniger Führungspersonen bis in die Einzelheiten überschaubar	personenunabhängig an den sachlichen Gegebenheiten orientierte komplexe Organisationsstruktur
Funktionshäufung	Arbeitsteilung
kaum Arbeitsbildung	umfangreiche Arbeitsbildung
kurze direkte Informationswege	vorgeschriebene Informationswege
starke persönliche Bindungen	geringe persönliche Bindungen
Weisungen und Kontrolle im direkten personenbezogenen Kontakt	formalisierte unpersönliche Weisungs- und Kontrollbeziehungen
Delegation in beschränktem Umfang	Delegation in vielen Bereichen
kaum Koordinationsprobleme	große Koordinationsprobleme
geringer Formalisierungsgrad	hoher Formalisierungsgrad
hohe Flexibilität	geringe Flexibilität

Beschaffung	
Klein- und Mittelbetriebe	Großbetriebe
schwache Position am Beschaffungsmarkt	starke Position am Beschaffungsmarkt
häufig auftragsbezogene Materialbeschaffung (Ausnahme: Handel)	überwiegend auftragsunabhängige Materialbeschaffung, abgesichert durch langfristige Verträge mit Lieferanten

Produktion	
Klein- und Mittelbetriebe	Großbetriebe
arbeitsintensiv	kapitalintensiv
geringe Arbeitsteilung	hohe Arbeitsteilung
überwiegend Universalmaschinen	überwiegend Spezialmaschinen
geringe Kostendegression mit steigender Ausbringungsmenge	starke Kostendegression mit steigender Ausbringungsmenge
häufig langfristig gebunden an eine bestimmte Basisinnovation	keine langfristige Bindung an eine Basisinnovation

Absatz	
Klein- und Mittelbetriebe	Großbetriebe
Deckung klein dimensionierter individualisierter Nachfrage in einem räumlich und/oder sachlich schmalen Marktsegment	Deckung groß dimensionierter Nachfrage in einem räumlich und/oder sachlich breiten Marktsegment
Wettbewerbsstellung sehr uneinheitlich	gute Wettbewerbsstellung

Entsorgung	
Klein- und Mittelbetriebe	Großbetriebe
oft extreme Verhaltensweisen (Umgehung abfallpolitischer Normen oder aber Nutzung entsorgungsrelevanter Innovationspotenziale)	häufig reaktive Politik der Risikobegrenzung
kein öffentliches Interesse an der Entsorgungspolitik	Entsorgungspolitik oft Bestandteil der Public Relations, da großes öffentliches Interesse

Forschung und Entwicklung	
Klein- und Mittelbetriebe	Großbetriebe
keine dauernd institutionalisierte Forschungs- und Entwicklungsabteilung	dauernd institutionalisierte Forschungs- und Entwicklungsabteilung
kurzfristig-intuitiv ausgerichtete Forschung und Entwicklung	langfristig-systematisch angelegte Forschung und Entwicklung
fast ausschließlich bedarfsorientierte Produkt- und Verfahrensentwicklung, kaum Grundlagenforschung	Produkt und Verfahrensentwicklung in engem Zusammenhang mit Grundlagenforschung
relativ kurzer Zeitraum zwischen Erfindung und wirtschaftlicher Nutzung	relativ langer Zeitraum zwischen Erfindung und wirtschaftlicher Nutzung

Finanzierung	
Klein- und Mittelbetriebe	Großbetriebe
im Familienbesitz	in der Regel breit gestreuter Besitz
kein Zugang zum anonymen Kapitalmarkt, dadurch nur begrenzte Finanzierungsmöglichkeiten	ungehinderter Zugang zum anonymen Kapitalmarkt, dadurch vielfältige Finanzierungsmöglichkeiten
keine unternehmensindividuelle, kaum allgemeine staatliche Unterstützung in Krisensituationen	unternehmensindividuelle, staatliche Unterstützung in Krisensituationen wahrscheinlich

Personal	
Klein- und Mittelbetriebe	Großbetriebe
geringe Anzahl von Beschäftigten	hohe Anzahl von Beschäftigten
häufig unbedeutender Anteil von ungelernten und angelernten Arbeitskräften	häufig großer Anteil von ungelernten und angelernten Arbeitskräften
wenige Akademiker beschäftigt	Akademiker in größerem Umfang beschäftigt
überwiegend breites Fachwissen vorhanden	starke Tendenz zum ausgeprägten Spezialistentum
vergleichsweise hohe Arbeitszufriedenheit	geringe Arbeitszufriedenheit

Logistik	
Klein- und Mittelbetriebe	Großbetriebe
keine systematische Umsetzung von Logistikkonzepten	oft Logistikkonzeption vorhanden
keine institutionalisierte Logistikabteilung	meist institutionalisierte Logistikabteilung
Schwerpunkt auf der Ausführung der operativen logistischen Tätigkeiten	operatives und strategisches Logistikmanagement

Informationstechnologie	
Klein- und Mittelbetriebe	Großbetriebe
dezentrale Aufgabenerfüllung	zentrale Aufgabenerfüllung
geringes informationstechnologisches Know-how	spezifisches und umfassendes informationstechnologisches Know-how
geringer zwischensystemischer Datenaustausch	hoher zwischensystemischer Datenaustausch
informationstechnologischer Nachholbedarf, geringe Adaption neuer Technologien	informationstechnologisch häufig auf aktuellem Stand, starke Adaption neuer Technologien

Anhang I: Charakteristische Merkmale - Vergleich zwischen KMU und Großunternehmen
Quelle: in Anlehnung an Pfohl (1997), S. 19-22.

FSC
www.fsc.org
MIX
Papier | Fördert gute Waldnutzung
FSC® C083411

Kolibri 360 GmbH
Ferdinand-Jühlke-Straße 7
99095 Erfurt, Deutschland
produktsicherheit@kolibri360.de

Druck:
CPI Druckdienstleistungen GmbH
im Auftrag der
Kolibri 360 GmbH
Ferdinand-Jühlke-Str. 7
99095 Erfurt